# 信贷与风险

——信贷之门　风险之槛　经营之魂

■ 张衢　著

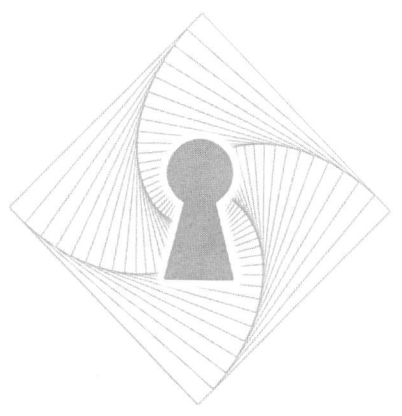

中国金融出版社

责任编辑：肖　炜
责任校对：张志文
责任印制：丁淮宾

## 图书在版编目（CIP）数据

信贷与风险/张衢著.—北京：中国金融出版社，2020.5
ISBN 978-7-5220-0517-1

Ⅰ.①信…　Ⅱ.①张…　Ⅲ.①信贷管理—风险管理　Ⅳ.①F830.51

中国版本图书馆 CIP 数据核字（2020）第 033597 号

信贷与风险
Xindai yu Fengxian

出版
发行　中国金融出版社
社址　北京市丰台区益泽路 2 号
市场开发部　（010）66024766，63805472，63439533（传真）
网上书店　http://www.chinafph.com
　　　　　（010）66024766，63372837（传真）
读者服务部　（010）66070833，62568380
经销　新华书店
印刷　保利达印务有限公司
尺寸　169 毫米×239 毫米
印张　30.5
字数　432 千
版次　2020 年 5 月第 1 版
印次　2020 年 5 月第 1 次印刷
定价　80.00 元
ISBN 978-7-5220-0517-1
如出现印装错误本社负责调换　联系电话　（010）63263947

# 开篇　信贷的经营

**信**贷是什么？贷款占社会总融资 7 成多，是主体；贷款占企业融资 7 成多，是主债；信贷占银行资产近 6 成，是主角；住户消费信贷占 1/3 多，持续快速增长。信贷关联经济运行，是核心；信贷贯彻货币政策，是杠杆；信贷体现政策动向，是信号；信贷配置社会资源，是抓手。
**这是社会的信贷。**

信贷收入占银行收入 7 成，举足轻重；信贷风险决定银行的盈亏，事关成败；信贷服务带着信用风险，火中取栗；信贷千万级数量借款人，惠及社会。最大的金融风险源自信贷，信贷质量是金融风险的标志，信贷安则社会稳，信贷险则经济乱。信贷受各方面关注，是多重监管的重点。
**这是经营的信贷。**

**最大的执业风险在哪里？** 在信贷，有人说是炒股，不，代客交易不包风险。信贷专业有最大的资产业务队伍，约占银行人员的 10%。从业信贷是一种挑战与担当，要勇敢并有勇气，风险使

信贷与风险——信贷之门　风险之槛　经营之魂

多少人出事，也让多少人成功，风险培养出无数金融骨干和综合人才，也造就了无数成熟的高管。**这是专业的信贷。**

一半是政策，一半是市场，信贷两重性；一半是业绩，一半是风险，信贷靠修炼。贷款时每一笔都是播种希望，信贷人期待着成果，尽职尽责尽心；收贷时每一次都充满着喜兴，收获了预期与成功，迈出下一步；遇险时每一次都忐忑不安，期盼减少损失别受处分，谁都畏惧，这是经营心态，敬畏市场、敬畏规则、敬畏风险、敬畏客户、敬畏专业。法治与政策带来合规性思维、红线思维，风险与规矩带来规范性思维、规则思维。依法合规经营是信贷的生命线，是非有准绳，风控有底线，经营不违规。**这是规则的信贷。**

信贷是国家的，国际关系、社会发展、政治动态以及政府管理都约束它。信贷是市场的，经济金融、企业兴衰、供求变化和经营管理规律在支配它。信贷是国民的，财富规律、富裕程度、消费方式与金融需求会改变它。实务中，信贷是金融中介，在社会、股东、经理人、员工与借款人等各种利益关系中，扮演着充满矛盾的角色。信贷不易，牵一发而动全身，一笔贷款可以誉满天下，一笔贷款也会坏了一家银行，每一笔都不可小视。我们的信贷比西方银行难多了，不只是难在市场，更是难在经营之外，责任重于泰山，大意失荆州，演不好就下台。**这是责任的信贷。**

经济周期使信贷苦乐交替，市场动荡使信贷风雨交加。经济上行期信贷过好日子，如在行善、如同布施；经济下行期信贷过苦日子，如是炼狱、如同讨债，时间更长。信贷从来是银行最被关注的热点，是非功过全在它。自明者假如上行期节制规矩点，则下行期自信自豪点，然而在经济金融大潮中没有局外人。信贷是银行代表，系着经营命运，永远在以胜求进、反败求稳、前赴后继的路上，波动式前行，螺旋式上升，这是事物发展的自身规律。信贷者需要一种顽强精神和无畏气概，高智慧、高人才、高技术、高管理，一切都定格在最高层境界上，人才与经验就是这样炼成的，银行就是这样改革发展的。**这就是信贷。**

**我在银行三十年**，无数经历和磨练，给了我谈论信贷与风险的视角。

## 开篇　信贷的经营

1979年我进入人民银行杭州市行计划信贷部当上了信贷员，从此注册了专业身份，从这个岗位起步，结下不解之缘，走上一条信贷之路。从业银行第一个岗位是信贷，第一次培训是信贷，第一项工作是做技术改造贷款综合，第一次与计经委衔接的事项也是信贷，第一个感受以为银行就是信贷。因为那时银行存款支付业务很弱，而信贷统管企业流动资金，地位显要。我用心学业务，深入企业调查，入行第2年写的两篇信贷调研报告登上了总行简报，大家都很高兴，我也更热爱信贷工作。市行调我去当秘书，我拗着不去，直到行长亲自找我谈话，怕了才到任，心里仍留恋信贷。我感激这个专业给了我知识与才干，使我有了更广阔的平台与眼光。

我担任工行杭州市分行行长后，一直把信贷当作经营重器，从营销、审批、管理到清收，求得快发展高质量，管理到位，不容忍风险，我以熟悉和掌握信贷而自信。记得2000年我担任总行副行长分管了风险管理工作，2005年工行股改前在下达剥离不良贷款计划时，我特别安排对杭州市分行不下达剥离指标，因为该行的不良率一直很低，可以在经营中自我消化过关。目的是将其作为信贷经营的优秀典范，说明在最困难的经济环境下，照样能够做得好信贷。这应该是四大银行中唯一特例吧，只是没有宣扬。杭州市分行的信贷有着优良的管理传统，聚集起丰富的管理经验和人才，走出一条信贷成功之路，我以曾在这里从业信贷而自豪。

我担任浙江省分行行长后，走访国企民企寻找好的资产市场，营销贷款是重头戏，要比走访的存款户都多。1997年时逢亚洲金融危机，经济下行、困难低迷，又面临金融整顿严控风险问责，尽管国家大力启动信贷，但普遍存在惜贷抵触。唯有浙江省分行抓住机会放贷，贷款增量一度占总行的1/2、1/3、1/4，逆流勇进、管好质量，留下前所未有的纪录，带来了业务大发展。1998年7月，工行浙江省分行被国家授予全国先进单位称号，我有幸在表彰大会上发言，主题内容就是信贷支持经济建设。我因这光荣的经历而自豪，也从中充分地认识了信贷。

广东省分行的扭亏无不与信贷紧密相关。1998年8月我调广东省分行，到任时令我匪夷所思的是，这个经济最发达、最大的省分行，全年只

信贷与风险——信贷之门　风险之槛　经营之魂

安排新增20亿元贷款规模，第三季度末贷款余额比年初还下降。那时广东正在试行由4级分类向5级分类转换预测，测算中该行的不良率达到了6成，经营性亏损40亿元，一片哀鸿，各地泛出不敢贷、惜贷、怕问责的情绪与氛围。没有信贷何以扭亏？我在行务会上态度坚决，决意从信贷跨大步，狠抓进度，落实行长风险责任制。我在总行的分行长会议上介绍了启动信贷的做法，那时人们还停留在怀疑和犹豫中，但捷足先登者成功了。因为多数省行的惜贷才有广东省行多贷的指标机会，只有其他银行普遍的惜贷才有更多的市场机会，好企业正是在经济下行时最容易被竞争捕获。广东省分行一度再现了贷款增量占总行的1/2、1/3、1/4，成为一道亮丽的风景线，待人们一拥而上时，广东省分行已稳操胜券。我任职2年3个月，贷款大增918亿元，增长55.8%，且严管好质量；存款增加1123亿元。在当年，这些都是"放卫星"的数字，构造起盈利的业务基础，这就是2年半扭亏为盈的业务路径与秘密。信贷给了我认识和经营银行的有效策略与武器，我崇尚信贷并以为自豪。

我兼任工总行信贷审查委员会主任直至退休，2001~2008年每年参加二三十次会议，累计审议过贷款2.57万亿元、审议授信12.74万亿元，是签字人。我从最底层信贷员岗位到最高层审批者、领导者，亲历了一条完整的信贷链；我去过许多企业调研，与厂长技术人员、政府部门考察评审过许多项目；我给许多银行机构讲过信贷与风险，一辈子与信贷携手，耳濡目染于信贷文化之中，我以信贷人生为自豪。

一路走来伴随无数的信贷风险，这种经历可谓前无古人后无来者。我担任工总行风险委员会主任直至退休，从分管风险部门、组织清收处置不良贷款到构建全行风险体系，亲历了一整条完整的风险管理链、风险框架设计全过程；从质量最优的杭州走到亚洲金融危机前沿的广东，从试行5级分类起步，走过中国银行业风险的最高点，终于又回落恢复到正常状态；我成了最大的信贷风险处置者，亲历了清收、处置、剥离金额达近万亿元不良资产的全过程，亲历过许多次上门催收、与企业家谈判、与省市长洽谈，很多贷款核销需要亲自一笔笔审核，责任重大。这种场景与心态，如同守候在地狱之门的生死判官一般，为核销贷款开出一笔笔死亡证明。没有一张好看的脸，心情差极了，糟透了，沮丧愤慨，天天淋在风险中。那些年我总是在反思，为什么会这样、该怎么办？艰难日子何时度过去？这大概就是风险从业者的心境，当然，也有成功收回贷款时的欣喜。2004年工行全年清收不良贷款突破1000亿元，风险管理部召开了一个总结再战的大会，大家开心的氛围一扫阴霾，希望在信心倍增，命运已握在手中，把来年再清收1000亿元当作了大礼包。信贷路上种种风险经历，尤其是那些失误，都深深镌刻在心中，终身伴随人生，成了一种磨灭不掉的苦痛。

改革开放以来有三代信贷员建功立业，在此向他们致敬和问候。第一代是开创者，很多人已经老去，他们是师长辈领路人，我印象中个个严谨守信、专业信仰、一丝不苟，为信贷打基础垫了底，我敬仰和感激他们。第二代是我的同辈们，与上一代有十年断层，有很多是下乡回城知青，自学的大专文凭多，他们成长于旧体系又拆除了旧体系，是最初信贷改革的历史担当者；经验丰富、业务扎实、敬业奉献，但大多都经受了转型风险之伤累，或受过问责处罚，充满着无辜和无奈，都已退休。第三代接棒人都是天之骄子的大学生，个个都聪明潇洒，重要的是在2012年后的经济低潮中尝到了苦头，品到了敬畏，在成长中变得成熟起来，未来依靠他们挑起更加沉重的担子。

**信贷与风险共舞，随风随影**。风险压力之大，甚至有银行一时找不到信贷员，没人竞聘。其实，风险责任不能都由员工承担，信贷面对的是整个转型期市场和体制，风险集中出现在企业贷款中，信贷员经常只是一个操作者。例如，过去几十万国企关停并转中没有谁被问责，却处罚处分了数万信贷人员，谁放贷款谁担责。今天在深化市场转型中，风险变得更加复杂，处罚时应当尽职免责，得以充分保护银行的人才。只有对违规者另当别论，对谋私者要严厉惩戒，告诫人们应当忠于职守，尽职尽责从业。当年我当信贷员时，信贷职责主要是直接配置与管理社会资金，没有风险

## 信贷与风险——信贷之门　风险之槛　经营之魂

盈利一说；如今盈利与风险重重地落到每个人的肩上，要牢记风险的危害，常掂一掂责任的分量。

多么向往有一个成熟诚信的生态环境，能够依据市场一心一意做业务，无需遭遇体制之弊端。但是，天下哪有桃花源？在无形与有形两只手的作用下，执行政策是行政能力，应对市场是专业能力，信贷需要两种能力，从业者领导者应当去寻找到政策与市场的交汇点。这才是关键，是本领，是安全点，找不准会出风险。市场与体制之变带动一切都跟随其变，信贷在变换中，刚成功的模式不久又要拆建翻新，老经验会过时被翻了过去，风险形态变出了新式样，唯有应变，适者生存。从全面小康到基本实现现代化，再到全面建成社会主义现代化强国，未来30年中银行将走向成熟。因此，银行的成长期至少会延续10年，几乎所有的重要转型都将在这个时期完成，变化最大、风险最大，责任也最大，同时充满着机遇与挑战。

但凡有长期信贷风险的经历者，内心会变得审慎冷酷，冷眼评价不再轻信。2012年互联网金融挟带影子银行泡沫泛起的时候，大批缺乏信贷风险意识的人，幼稚地以为技术能够解决风控，无知者漠视和挑战信贷，那些年银行受人指责深感压抑。例如，几年间冒出了6430家P2P，可谓全球第7大奇迹，可是仅仅5年绝大多数都栽了，乱象丛生、哀鸿遍野。要知道，美欧国家法制监管规则十分严厉，不允许电商从业金融，一国才有几家P2P。冒犯信贷就是冒犯市场规则和金融法规，是他们制造了千万家庭、千百亿财富损失的痛苦。在对待消费者财富风险损失上，违法经营不是一般的过失，无知闯入、不尽职都等同于犯罪，非法金融者岂能没有罪过？千夫所指，违者必究。信贷无情，这条赛道只讲规则，银行信守传统才越来越强，笑到了最后。

**借贷本质永续**，永远是市场的、实践的、进取的。几百年来，社会经济与市场演绎着制度的更迭和模式转换，时过境迁，但商业银行的经营依旧扎根于存贷款。假如新设一家银行或机构，你一定会真实地体会到抓存款、放贷款还是最基本的套路和手法，把钱贷放出去，再安全地收回来，体现了最原始、最基本的信贷管理。亘古借贷代代传承，未来依旧延续下去。无论大小银行机构，哪怕是网络银行，不同的只是渠道，而贷款方式与风险管理都一样。

**信贷以不变应万变，万变之中恒有定力**。万变的是客户与环境，市场在变、政策在变、借款人在变，不变不适应；竞争在变、风险在变、格局在变，不变不适合。信贷有其不变的内核，是借贷还钱、风险防范、优选借款人的原则，是政策红线、合规底线、规则界线的制度，是信贷管理、经营盈利、经营责任制的使命，这些都出自信用原理、规律、规则和纪律，是行业的基因和守则，唯有坚守而丝毫不能去怀疑，更不能违背触动。信贷者要信奉审慎稳健，任凭风浪起，稳坐钓鱼台，守住规矩合规经营；如果动摇了，信贷就会违规出格，出事出风险。

**信贷又以变应变、以变应不变，适者生存**。变化的是策略、服务与创新，从形式到内容都变得更加丰富多彩，力量更强大，使得社会经济更加离不开它。经营在变、技术在变、业务在变，不变不适时；制度在变、对策在变、管理在变，不变不适用。信贷投向变了，从国企到民企、到小微、到个人，领域越来越深透，业务越来越广泛；管理方式也与时俱进，效率越来越求实，技术越来越高新，能动地适应市场，而不是被动地拖着走，提升了水准和能力。当然，市场越大风险也增大，需要更加可靠的风控，以保障经营绩效的稳定，收获社会的满意度。

**信贷变则银行变，信贷未变则银行未变**。信贷是经营的学问，银行的变与不变，主要看信贷有没有变。看什么？看信贷的总量、增量，里面是市场地位与发展；看信贷的份额、客户，里面是经营定位与能力；看信贷的结构、投向，里面是政策与市场；看信贷的利率、财务，里面是市场化程度与控制；看信贷的风控、质量，里面是管理方式与效果；看信贷的人才、机制，里面是银行的强弱与活力，等等。一切内容组合成信贷的经营思想与方式，变得丰富多彩，一个充满探索的无限的经营世界，信贷永远是市场的、实践的、进取的。**这是信贷的灵魂**。

**信贷资产仍会大发展吗？** 站在全面小康向现代化社会迈进的起跑线

信贷与风险——信贷之门　风险之槛　经营之魂

上,谈论信贷发展问题的意义十分重要,回答是肯定的,应当还有10年增长期。三大理由是:第一,信贷始终是我国经济的基本金融模式,企业长期运营在这种经营方式下,唇齿相依,改变它的力量还很薄弱,这是惯性驱动。第二,看国情背景,我国经济转型以发展战略性新兴产业、服务业与现代制造业为基础的发展模式,正强力地推进产业结构调整、新旧动能转化,亟待大量投融资,而企业资本的积累能力不足,指望信贷挑重担。这是需求驱动。第三,政府管理金融模式下信贷是最佳抓手,想改变这种体制需要条件环境与渐进积累的长过程。这是制度驱动。三种动力强大已结成基础模式,不会轻易改弦易辙,至少在中期内依旧。因此,信贷必须做好再翻番的准备,开创一条有中国特色的发展之路。我国的信贷从来与制造业共生,为工商业服务,相互依存鱼水难分,在未来经济发展中依然扮演最重要的金融力量。当然,强大的银行也已具备这种实力与能力。

**金融要回归本源**,对银行而言最直观的不就是借贷吗?银行吸收存款,不就是经营存贷利差吗?这是基本方式。信贷折射经济、市场和客户关系,与社会的关系极为紧密,充分体现了银行的功能。信贷是通往市场的纽带与桥梁,不懂信贷,很难知道货币政策是怎样落实到实体经济的,很难懂得信贷风险是在哪些环节发生形成的,很难搞懂银行是怎样经营盈利与管住风险的。懂得信贷,才会去关心政策、市场、经济、企业的运行变化,这些因素与信贷紧密关联。不懂信贷不接地气,只能是坐而论道地推断数据,缺乏鲜活的市场动态。做信贷才能真实感知有形与无形之手的强大动作,政策与市场都决定着信贷的命运。政策体现经济导向,市场体现经济惯性;政策会使信贷受伤,市场会使信贷失误;一切落脚于经营者的素质与能力,以及经营价值观。因此,我总是鼓励行长们,一定要学习了解信贷业务,做信贷的内行领导。

懂信贷者知银行、管信贷者知风险。信贷始终是银行的本业、本职和本事,是经营的指向,是银行之本。在银行,信贷决策是最重要的事项,常有两大难处:一是不懂信贷的外行不敢决策,心中无底怕失误,或在下属定夺后,自己无力去履行否决权;二是不懂信贷不知经营中风险的状态程度，云雾山中依赖别人的判断，自身无知而没有发言权。这样当领导何以胜任？信贷与财务都是高管任职必需的业务素质与要求，是职务必须具备的基本能力，绝不是可有可无的。应当深刻地认识信贷，懂得基本原理和管理要求，因为信贷是银行的核心功能，经营主要是收获利差。负债业务如采购，资产业务是生产销售，收回贷款本息才有经营成果。信贷更体现经营的市场精神，渗透在点点滴滴之中，一家银行只有充满了浓厚的信贷氛围，才会有强劲的竞争力。

信贷权力威严是在前期放贷时，而风险痛苦是在回收本息时。由于是在连续动态地放贷→收贷的循环之中，尽管每一笔贷款都简单清晰，但多笔、多种、多家银行贷款在日期交叉重叠之中，加上增量、存量信贷规模的交织增长、循环，变数难控，信贷经营和风险管理变得十分复杂，终究不是一锤子买卖。加上内部其他专业也需要借助、依托或寄生于贷款的力量，贷款难以独善其身，不能特立独行，而要综合营销、协同发展。信贷管理不能自我封闭，是处在与各种业务的共同发展之中，受到全局整体的约束，要合作、要忍让、要承担，要承接各种的社会关系，经营信贷变得十分不易。

因此，信贷经营从来不单纯，是政策与市场的信贷，是社会与企业的信贷，是全行的而不是部门的信贷。经营中的信贷是风险实务，要获取利差，要综合收益，商业本性十足，专业能力逞强。铁打的信贷流水的客户，借款人生生死死、进进出出不断变化，信贷在放放收收、起起伏伏中不断发展，如门神在守卫银行，保障经营的安全。

**信贷的优势在哪里？** 有三大重要因素奠定了信贷成功的基础：

第一，十几年间经历了两次全球性金融大危机的潮起潮落，一次是重灾区的受害者，一次是借势崛起的成功者。以中国特色的金融改革发展跻身全球之先，成功蹚出了一条通往未来的发展之路，将坚定地走下去，这是走向现代化的道路。

第二，初步建立起基本完善的银行制度和经营体系，成功构建了银行业务的基础系统平台，拥有完善的管理和竞争力，质量稳定可靠。银行家具有成熟的经验和才干，我们实现了全面小康社会的银行目标，满怀信心地拥抱未来30年现代化。

第三，有党和国家的正确领导，每当银行最困难的时候，总能拨开迷雾渡过难关，使得我国金融业始终没有形成金融危机式的大风险。依靠国家的信用，依靠强大的银行实力，依靠严格的金融监管，中国银行业充满着成功的期待和自信。

信贷优势越是强大，银行越要加强党的领导忠诚履职，越是要发挥运用优势服务于经济建设，才能勇敢坚定地走向未来。

**信贷的弱点在哪里？**规模不足以说明强大，要从必然走向自由。信贷尚有三点不足：

第一，对经济规律缺乏研究，对市场的了解不深不透。市场能力不强不到位，更谈不上顺应遵循规律。业务中常是被动地贯彻服从政策导向，以执行替代对市场的认识研究，失去了能动性。

第二，对企业行业缺乏研究，对当下企业市场化经营生疏了。业务围着指标、流程与系统转，追求形式的合规性，不再以企业经营、行业发展为中心，盯不准借款人经营风险，管理偏离了。

第三，对信贷经营缺乏研究，满足于单纯业务的角色。当经营越来越市场化，当风险越来越复杂化，当管理越来越信息化，现实告诉我们，新时代的信贷面临着管理转型，需要探寻新路子。

这也是中西方银行的根本差异所在，了解经济规律（周期与风险）、公司规律（企业与市场）、政策管理（政府与环境）、信贷管理（业务与经营），得以认识信贷与风险的规律，不了解谈何经营信贷？经营有软肋，信贷要害在风险管控。

**信贷的难点在哪里？**信贷是传统业务、有传统难题，难点不在业务与管理自身，而在适应环境。包括两个方面：第一是法制环境，法治缺失则一切规则如空中楼阁，法制不强则野蛮人横行无所约束；第二是道德环境，诚信缺失则一切皆成为风险，防不胜防。法制是市场基础平台，道德是参与者品质，信贷运作离不开品德的润滑剂。只有当法治更加完善，诚信更加通行，则信贷风险才能真正降低。无论经济活动存在什么困难，只要依照规则行事，评估道德风险，是非责任就变得清晰，管理经营就更加有效。

建行原行长张建国曾对总理说，银行也是弱势群体，一时成为社会的笑柄。这其实存在一种理解的歧义，社会以为银行拥有垄断权势，而银行自叹更需要依法维护经营权益、对抗逃废债。我只是说，法治与诚信都是治国的最基本要求，完善的法治与道德并非轻而易举，需要为之付出艰难的过程与代价，坚信未来会越来越好。未来15年向着现代化社会前进，是最重要的改革完善期，信贷仍将忍辱负重地前进。

在本书写作中，原先划分为信贷、风险、财务与经营几个篇章，写着写着板块间的界限模糊起来，彼此渗透难以分得清了。这些都是信贷的本质要素，都是融合不可分离的，只得重新规划。有四点特别深刻的感受，分享给读者：

第一，信贷与风险难解难分。信贷是一本风险之书，通篇都写着风控，始于投向终于清收，贯穿始终。贷款过程就是风险管控过程，不谈风险不成信贷，如同一个硬币的两面。经营处处有风险，信贷过程中要么是控住风险，要么被风险吞噬，从来没有风平浪静的海湾，否则要专业水准、要问责机制、要严厉监管干什么？

第二，信贷与政策难解难分。信贷是一本政策的书，通篇都写着调控、合规与监管。信贷与市场、货币政策是命运共同体，既是两大动力源，也是两大风险源。市场似乎无所不能，危机袭来却伤天下，需要政治与行政力量去驾驭制衡。西方也一样，只是政治以市场方式出面而已。我们信贷自有特色，是值得自信自豪的。

第三，信贷与经营难解难分。信贷是一本经营的书，通篇都写着盈利，不盈利不叫信贷。经营有强大的机制、资本有强大的力量，银行已经是庞大的帝国。但是资本并不一定听话，它促使经营走向牟利之路，不都热衷于经济与企业，还会利用市场而把风险留给社会。这就要加强党的领导和政策导向，紧紧牵住资本的笼头。

第四，信贷与市场难解难分。信贷是一本企业的书，通篇写着企业兴衰，是服务也是博弈，服务实体经济是金融本源，信贷是主力。信贷与企业不能太远，远了丢失了热情也看不清；也不能太近，近了会失去防控混为了一体。都是市场同路人，信贷连结成为风险共同体，合作共赢，又要划清风险，亲兄弟明算账不含糊。

因而再来看信贷的属性，服务是社会属性，由政策导向；盈利是资本属性，由激励导向；风险是市场属性，由监管导向；管理是经营属性，由责任导向。**这就是复杂的信贷。**

信贷从实务中来，从业者靠规则指引、靠工作要求、靠实践摸索、靠师长传授、靠培训交流、靠案例教训，但这些都是零散浅层的经验、做法与传承，多属一些常识、判断与价值观，因人而异地存在。有智慧但不及真理，有理念但未成规矩，参差不齐，尚未定型为普遍操作性的规范，尚未升华为高水准的演绎能力。现今信贷管理的最大特点是，具有极强的对政策环境随机应变能力，短期效率强但缺少长期效应，走着一种痛着不记痛、问责后又重犯的怪圈，反映出了信贷缺乏一些应用理论知识的根基。实践只有在正确理论指导下才能少走弯路，力求避免每个人都去试错，否则信贷的风险代价实在太大，无论于公于私，有时是不能犯错的。世上关于银行经营的书稀缺，信贷风险的书很少，人们需要它，我在成长过程中总是期待，总是遗憾。

我想为信贷写作，用亲历、感悟与思考写作，用梦想去敲开理论的大门，试探为信贷与风险管理专业砌上几块基石，为后来人蹚出一段路来。我以感知与体会抛砖引玉，期待后来人把它建造成大厦，在新时代征途上传承下去。未来的目标更远大、任务更艰巨、担子更重，亟待信贷专业的年轻人激流勇进，构建起丰富的信贷宝库，使明天更加美好。有朋友建议我写些信贷作业、营销实务的内容，其实那是各家银行自身的策略与行为方式，信贷方法各异，殊途同归，因而本书未过多涉及。最后需指出，书中引用的案例绝大多数来自财经媒体，可能存在出入，但本人毫无指向之意，风险丑事都过去了，只是借以从剖析中得到教训和阐明信贷至理。600年前，佛罗伦萨的马基雅维利有劝言：千万不要浪费一场好危机。金融没好危机，但在造成风险损失过后，可借以进行信贷风险教育，把坏事变成好事。

  本书写完后，得到了工行公司信贷部、信贷与投资管理部、计财部和邮储银行公司业务部门的认真审核，本人十分感谢他们的热情支持。

张 衢

**2020 年 2 月 3 日于北京**

# 目 录

## 第一篇　信贷之门

### 第1章　信贷功能与地位　3
　　一、银行因信贷而重要　3
　　二、银行因信贷而强大　5
　　三、银行因信贷而演进　7
　　四、信贷造就了银行的社会地位　11
　　五、信贷一白遮百丑　15
　　六、信贷的经营至理与使命　17
　　七、信贷是专业之尊　20

### 第2章　信贷的运营机理与行为特征　23
　　一、信贷方式：寻找政策与市场的交汇点（机理一）　24
　　二、经营行为：上行期与下行期各不同（机理二）　27
　　三、信贷习性：寻优逐劣、锦上添花、救急不救穷（机理三）　30
　　四、借贷方式：企业借新还旧、借东还西（机理四）　34
　　五、市场定位：门当户对的核心客户群（机理五）　37

001

六、业务定向：低风险市场与薄利多销（机理六）　　40

　　七、贷款轮回：关注下一次贷款（机理七）　　44

## 第3章　信贷之锚：规律与逻辑　　48

　　一、规律之一：信息不对称是信贷基本原理　　48

　　二、规律之二：贷款增量的规律：周期性节奏与平台式上升　　52

　　三、规律之三：信贷与经济周期性规律共振　　57

　　四、规律之四：企业的生存周期规律——贷款风险的短周期仅三五年　　66

## 第4章　信贷的基础层次　　72

　　一、角色与地位：信贷是银行第一职能　　72

　　二、人才管理：专业人才是经营信贷的第一要素　　74

　　三、借款人：选好借款人是信贷第一原则　　77

　　四、风险主体：盯住实质性风险是第一重要　　79

　　五、经营机制：提升信贷竞争力是第一要义　　81

　　六、行为规则：合规经营是第一行为准则　　84

## 第5章　信贷体制的顶层设计　　87

　　一、信贷改革要放权，不能收权　　87

　　二、传统信贷系统问题在哪里？　　91

　　三、对条块信贷职能划分的设计　　93

　　四、建立企业分析师制度　　97

　　五、机关办信贷更容易失误　　100

　　六、中大型银行总行信贷职能的转型　　101

## 第6章　信贷人、脸谱与理念　　105

　　一、信贷基因的生成　　105

　　二、行长与信贷　　107

　　三、行为方式：信贷是实务，信贷要务实　　110

四、信贷权力、立场与责任　　113
　　五、人才可贵：等身于黄金、等同飞行员　　116
　　六、信贷是不错的职业　　119
　　七、信贷工作宝典　　121

## 第7章　西方银行信贷的主要特征　　125

# 第二篇　风险之槛

## 第8章　信贷设起风控的门槛　　135
　　一、信贷经营风险的基础常识　　135
　　二、风险原理与实务风险　　145
　　三、行业风险与企业风险　　147
　　四、宏观风险与微观风险　　149
　　五、风险概念与风险损失　　151
　　六、风险调控与风险实务　　153

## 第9章　风险警示录：7类风险及重案名案　　157

## 第10章　贸易融资如何演变成系统性风险　　172
　　一、贸易融资的风险成因分析　　173
　　二、创新的贸易融资为何很快遭遇失败？　　175
　　三、贸易融资风险的教训　　178

## 第11章　信贷形成风险的机理　　182
　　一、风险机理：风险伴随信贷，危机根治信贷　　182
　　二、风险暴露：击鼓传花　　185
　　三、还款原理：关注第一还款来源的可靠性　　187
　　四、还款风险：第二还款来源聚集的信贷风险　　190
　　五、风险财务：风险成本对ROA、ROE盈利的逻辑关系　　193

003

六、风险相对性：早发现、跑得快就安全　　197

七、价格风险：价格跳水会拖垮贷款　　199

## 第12章　风险的五大源头　　202

一、有许多风险挡不住　　202

二、源头之一：大风险潮常有大政策背景　　204

三、源头之二：险在借款人，已成风险共同体　　207

四、源头之三：经营失策酿成系统性风险（内因）　　213

五、源头之四：不当管理引出操作风险（内因）　　216

六、源头之五：金融风波起于银行集体失责　　220

## 第13章　风险管控理念、能力与机制　　224

一、风险会疯狂吞噬贷款收益　　224

二、经营成败落脚在风控与管理　　226

三、发现风险：隐性风险有反常迹象　　229

四、险隐于债务结构：盯住核心资产　　232

五、风险观：风险幼稚症与恐惧症　　235

六、为了忘却的教训　　238

七、根治做假文化　　241

## 第14章　西方银行信贷的风险特性　　244

一、国际金融危机十年一轮回　　244

二、中西方银行的信贷风险特征及差异性　　247

三、与西方同行交流的思考　　258

# 第三篇　经营之魂

## 第15章　对信贷的经营评判与标准　　265

一、优劣的标准与选择的策略　　265

二、优秀机构的信贷标志　　268

三、为信贷定标经营参照系　　271
　　四、对信贷现状的评判　　276
　　五、前方的目标：五大趋势、五项标高　　279

## 第 16 章　信贷的财务观　　282
　　一、信贷盈利的逻辑　　282
　　二、信贷的风险定价　　285
　　三、损益的轨迹　　288
　　四、信贷财务的秉性　　290
　　五、构造信贷的财务结构　　293
　　六、利率是信贷的财务准星　　295
　　七、浮动是利率之魂　　298

## 第 17 章　信贷的经营观　　302
　　一、有作为、不作为、乱作为？　　302
　　二、贷与不贷、贷多贷少、怎么贷？　　305
　　三、信贷运营的三种机制　　308
　　四、授权要前倾、下沉、人格化　　311
　　五、好苹果怎么吃？　　315
　　六、自我救赎：信贷在翻番，出路靠自强　　318
　　七、对经济周期应当敏感　　321

## 第 18 章　信贷的市场观　　324
　　一、信贷市场在哪里？　　325
　　二、竞争未到激烈时　　328
　　三、借贷的姻缘　　330
　　四、贷款走向普惠　　332
　　五、信贷需要市场盟友　　336
　　六、竞争与合作：走向银团　　338
　　七、小微小企信贷事关命运　　340

八、平台模式的信贷管理　　344

## 第 19 章　五大信贷经营难题　　350

一、服务方向：宗旨内涵的冲突　　350

二、规模控制：成长扩张的忧虑　　353

三、业务结构：结构的转型破局　　358

四、市场选择：定位的迷茫　　361

五、经营机制：责权利的错配　　366

## 第 20 章　鉴别求证好企业　　371

一、看企业，寻找贷款好市场　　371

二、看股东，从资本找好公司　　376

三、看债务，负债轻的更可靠　　380

四、看资信，寻找守信的借款人　　384

五、鉴别的三点常识、六条线索　　388

## 第 21 章　是非成败缘由借款人　　392

一、选好借款人不易　　392

二、借款人不是上帝，是债务人、是交易对手　　396

三、优劣只隔一张纸，捅破见真容　　398

四、贷对的，别只想贷好的　　399

五、对差企业能放贷吗？　　402

六、基石客户的联络图谱　　404

## 第 22 章　信贷责任与问责机制　　409

一、责任的区分：三类风险，三类责任　　409

二、信贷责任的含义　　412

三、问责的逻辑　　416

四、问责方式：秋后算账是清算、了结风险与追责　　420

五、职务责任、集体责任与个人责任　　423

  六、贷审会的责任机制：专家审贷，责任到人　　425
  七、首要是保护好自己　　429

## 结语　历史见证未来　　433
  一、风险历程：四行涅槃，危机重生　　433
  二、审时度势：对银行业风险趋势的基本判断　　444
  三、未来信贷的风险挑战与难点在哪里？　　450
  四、我国的金融模式：信贷唱主角　　457

第一篇

# 信贷之门

◎第1章　信贷功能与地位
◎第2章　信贷的运营机理与行为特征
◎第3章　信贷之锚：规律与逻辑
◎第4章　信贷的基础层次
◎第5章　信贷体制的顶层设计
◎第6章　信贷人、脸谱与理念
◎第7章　西方银行信贷的主要特征

## 第1章　信贷功能与地位

信贷是银行的主体核心功能，构建起银行在社会的重要地位。它是政策执行者、经济杠杆、社会融资主体、资金配置者、债权人、贷款管理者，等等。信贷权力形成于法律规则、信用权威、政策政令以及银行地位与实力，债权人对于债务人，调控者对于被控者、分配者对于接收者、管理者对于被管理者、政策对于市场等，拥有信贷的身份与地位，才能有效行使其功能与作用。

## 一、银行因信贷而重要

借贷亘古，资金的商业模式；信贷永恒，银行的生存方式。

没有信贷不成银行，银行的核心功能和地位出自信贷，银行通过信贷联通经济，信贷成就了银行。最简明的案例是，信贷使邮政储蓄成为银行。没有信贷时，早年的邮储收收付付，风平浪静为人做嫁衣裳，如今已是号称中国第5大银行。银行因信贷功能而重要，因配置社会资金而强大，因作为金融杠杆而独尊。信用将资金转换成信贷，银行通过信贷介入了经济活动，进入到市场企业，谁都能感知它的重要地位。政策调控着信贷投向投量，信贷是货币政策的抓手和渠道，继而调控到货币资金和所有借款人，紧密关联经济的运行状态与发展。

银行吸收存款主要用于信贷，在存款不足时，央行便输入资金支持放贷。上世纪八九十年代，商业银行缺少存款，央行通过发行货币借给商业银行放贷，这至少表明，无论银行存款够不够用，经济的运行与发展都需要银行发放贷款。因为信贷始终是社会最为重要的融资源头,并通过货币杠杆派生数倍存款。国家需要运用信用的力量,为经济输入更多的血液,使机体变得强大。这是信贷的金融功能。

**信贷肩负着经济赋予的职能分工,履行政府授予的职权,发挥资本经营的力量,形成对社会经济运行与政策引导的强大功能。借贷的本质,是资金使用权有偿让渡的价值行为,这种财富运用的规律在市场经济中永续。**未来假如银行存款再出现不足,同样不妨碍信贷的功能,因为贷款存量已十分庞大,也因解决存款约束的办法很多,政策会随之调整。例如,通过资产证券化的路径,银行信贷可从做存量转变为做流量,将贷款引入金融市场,这也是西方银行信贷的经营方式。

1995年之前商业银行普遍是贷差,信贷头寸不足时,中央银行运用发行货币支持信贷。1995年存贷款比重出现逆转,商业银行首次实现了存差3324亿元,转变为依靠存款发放贷款,真正以市场逻辑经营信贷,成为重要的分界线。1996年以后 $M_2$ 越来越多,2008年贷存比下降到历史最低点的67%。例如,1984年工行成立时,存款余额仅1706亿元,贷款余额2808亿元,贷存比为164.6%;直到1995年末存款余额14443亿元,贷款余额14045亿元,首次存大于贷,贷存比降为97%。

1995年之前 $M_2$ < GDP,例如,1990年差额为 -3374亿元,1995年降至 -43.2亿元。1996年以后 $M_2$ > GDP[①],并逐年拉开差距,2005年 $M_2$ 是GDP的1.62倍,2018年达2.06倍,表明经济金融发展带来存款不断地增长,为信贷增长提供了资金来源,贷存比也逐步提升。截至2019年末贷存比达80.0%,已经不低,攀升的速度加快,信贷占到社会融资的7成多,表明经济对贷款的渴望与依赖。

1995年是历史的里程碑,结束了银行贷存比倒挂、依赖向中央银行借款放贷的日子,从此有了自主经营的基础。1995年《商业银行法》设定了

---

① 王国刚.“货币超发说”缺乏理论和实践根据[N].中国证券报,2011-09-22.

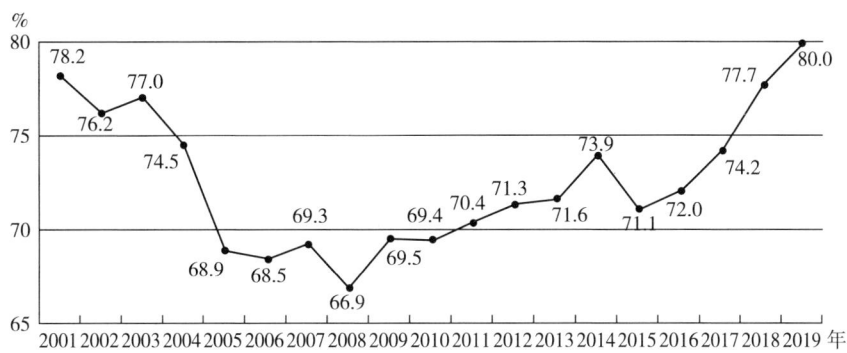

资料来源：央行数据。

图 1-1　2001~2019 年贷存比情况

贷存比为 75% 的风险约束，到 2015 年国家取消了对贷存比的限定。20 年演进中，变化的是存款的数量，不变的是借贷的手法。至今已积累起庞大的贷款余额、增量，假如再开放信贷证券化以及可售出贷款，会形成每年巨大的贷款发放额，足以支撑起市场向直接融资转型后银行信贷的活力。

未来信贷仍然在大幅增长中，有尽头吗？至少这 5~10 年慢不下来，这给银行带来发展的动力、压力。银行以信贷为主体的经营模式不会大变，因为经济发展的基本模式未变，仍然需要依靠信贷的支撑，短期内别无替代的渠道，贷款只会增加不能下降。其实，西方银行的贷存比一样很高，贷款不少放，累计发放额更多，说明它们已将贷款功能运用到极致，这是信贷的本性；同时，他们的服务类业务也很强，两者并不矛盾，两者相辅相成。强大的信贷不断地强化银行的功能作用，四大银行早已位居全球最大的、最重要的信贷银行。截至 2018 年末，工商银行信贷余额已是西方最大银行摩根大通的 2.3 倍，地位不可撼动。

## 二、银行因信贷而强大

市场从来以资金资本实力示强弱，过去的银行很小，只能当出纳，如今银行强大了自然是寡头核心。这种强大主要是指信贷功能的力量，它在经济发展中举足轻重，在各项业务的经营中独占鳌头，规模与能力强化了银行的地位和作用。

**1. 信贷实力增强了银行的地位**

资金是经济的血液，信贷将存款转换为贷款，杠杆力倍增，继而驾驭影响了企业；信贷调控配置金融资源，支持、撬动和影响了经济。**何况是国家在把握金融杠杆，行政力放大了资金效应，直接导向着信贷方向、着力点和效应，信贷是强力的货币工具。通过信贷，银行获取了最大债权人的强势地位、拥有了聚集配置社会资金的能力，成为资金枢纽的基础平台**。信贷影响到千百万工商企业的命运，大中企业基本都受到信贷的约束调控。

银行因信贷而强势，信贷因实力而强大，形成了信贷的控制力、渗透力和调控力。信贷占社融、占企业负债的两个 7 成多的份额，奠定了无可替代的强大地位，通过信贷的命脉，企业对银行的依恋深入骨髓，根本无法摆脱。截至 2019 年末，银行本外币贷款余额为 141.8 万亿元，其中人民币贷款余额 136.3 万亿元。同时，庞大的贷款规模构成了经营的雄厚实力，当一家银行的信贷资产超万亿元、十万亿元的时候，聚成的金融能量和力量变得巨大，经济必然顺其调控。

信贷的强大功能体现在四个方面：一是调配存量贷款，在信贷周转中支撑企业的运行；二是增加新贷款，支持企业发展中的资金需求；三是在投向中调整结构，支持和扶持经济重点和薄弱环节发展；四是在回收清收贷款中，清除淘汰落后生产力者。由于新增信贷规模以及累计发放额极为庞大，信贷的力量得以充分体现。

**2. 风险控制能力决定信贷是否强大**

经营状态取决于信贷的状态，信贷强大则经营厚实，因为信贷收入占银行营业收益的 7 成多。信贷弱了，其他大量依附于信贷的中间业务也无力拓展。再深看一层，风险管理能力强则信贷就发力逞强，而只要信贷强大，银行就张扬进取。

信贷系统本应有一种与生俱来的抵御风险的机能，围绕着放得出、控得住、收得回。一旦这种机能缺失，信贷就不成其信贷，变成了雷区灾区，使银行不得安宁。具有了有效的信贷能力，银行才得以自强自信，敢立于市场风浪之中弄潮，能在经济风潮中自立前行。信贷风险控制能力从来是银行强弱的标志，既能助力经济繁荣，也能抵御危机侵袭，构成了强大银行的基本特征。经营风险多是信贷风险惹的，缺乏信贷能力的银行愁眉苦脸度日如年，如无舵之船不能把控命运。

在信贷规模与信贷能力之间，规模大小只是个外壳，内力强大才是真的强大，起关键作用的是整体经营本领与管理素质。经营成败总是牵出信贷风险控制的成败，这早已是经营常识。高管们都深有体验，当风险有效控制时才能勇往直前，敢为天下先；一旦风险失控问题严重时，信贷即刻转入整顿而不敢前行，一缓就数年，不良贷款的血盆大口甚至吃掉数年的盈利，叫你声名狼藉。

信贷多大，银行多大；信贷多强，银行多强；银行多大，信贷多大；银行多强，信贷多强。信贷有多大，银行的社会作用和地位就有多重要，既是银行发言权的背景，也是政府眼里的尺度。信贷存量大流量大，增量大势头大，如同大江大河，水量、水速都蕴藏着能量。当然，水急不决堤，浪大不翻船，这才是信贷管理者的职责。

## 三、银行因信贷而演进

纵观银行发展的轨迹，步步与信贷相关。上世纪 80 年代初，因由信贷职能的分工，使人民银行分立形成四大银行；从新开办技术改造贷款，使银行进入了固定资产投融资领域；从消费信贷、按揭贷款兴起，到住户贷款占据信贷余额的三分天下；从贷存比的提升，到修改商业银行法取消对贷存比的限制，再到央行一次次调整存款准备金率；从信贷支持小微，到改变银行细分市场定位，改变考核责任制及一系列监管的要求。每一次经济政策调整中，都要求信贷同步配合，也推动了银行制度的发展演进；每一次实质性的信贷突破,都使银行开启一扇新的市场之门,跨上了一个新领域平台,强化了地位与作用。

未来银行向哪里去?只需关注信贷动态,观其动向端倪。信贷总是踏着经济的脉动,跟随实体经济需求的动向,向着资本市场、向着资产管理、向着消费信贷三大重点市场。

**1. 资本领域在呼喊,召唤信贷拓展延伸,解决企业资本短缺提上改革议程**

2018年末,我国企业资产负债率接近60%,与美国的43.7%相比高出很多;尤其是贷款,我国企业占6成多,而美国只占15.11%,差距正是信贷风险所在,见表1-1。原因是,好企业发展太快,但资本积累远跟不上发展中的资本缺口;差企业积累更少,亏损又消蚀资本。企业发展要资本、转型要资本、投资要资本,但缺少增资渠道。资本市场无力,社会财富积累不多,发展中环境差风险大,法制不完善民间投资不敢进入,还有政策多变、各种各样的偏见与阻力等。现有金融法规也有限定,银行贷款主要用于解决生产性、临时性、季节性资金的短缺,限制用于弥补生产资本的不足,一时占用也当作权宜之计。

表1-1　　　　美国非金融企业负债结构　　　　单位:%

| 年份 | 广义资产负债率 | 资产负债率 | 贷款 | 股票、投资基金份额 | 其他应付款项 | 债务凭证 | 保险、养老金和标准化担保计划 |
|---|---|---|---|---|---|---|---|
| 2018 | 94.72 | 43.74 | 15.11 | 53.82 | 19.52 | 10.54 | 1.00 |
| 2010 | 91.22 | 46.56 | 16.78 | 48.95 | 21.82 | 10.98 | 1.46 |
| 2000 | 97.17 | 42.69 | 14.02 | 56.06 | 20.52 | 9.83 | -0.44 |
| 1990 | 64.77 | 41.04 | 26.52 | 36.64 | 21.71 | 12.97 | 2.16 |
| 1980 | 48.99 | 31.22 | 25.70 | 36.28 | 25.63 | 10.91 | 1.49 |
| 1970 | 59.01 | 29.11 | 24.00 | 50.66 | 8.54 | 12.35 | 4.46 |
| 1960 | 52.85 | 23.43 | 18.57 | 55.66 | 7.96 | 11.57 | 6.22 |

资料来源:Wind数据库,原始数据来自美国商务部经济分析局(BEA)[1]。

---

[1] 资料来源:Wind数据库,原始数据来自美国商务部经济分析局(BEA),其中将股票和投资基金算作总负债一部分,认为是总融资的一部分。广义资产负债率=总负债(包含股票和投资基金)/总资产,资产负债率=(总负债-股票和投资基金)/总资产。美国把非金融企业分为非金融非公司企业和非金融公司企业,数据是两者加总计算。

在两难之中，资本问题必定成为绕不过去的瓶颈，根本出路是开启直接融资的市场通道。这是解决企业资本短缺的市场方式，但过程是漫长的，远水不解近渴。面对实体经济中的重大难题，国家不可能让信贷避而远之、洁身自好，在金融市场向直接融资转型的改革中，信贷应当在资本市场有所作为，因而早晚会启动信贷方式的改革创新，以解燃眉之急。

出路有三种：第一，直接投资或配置资本类的中长期贷款，西方银行有此模式。第二，以市场方式参与企业并购、增资，信贷搭桥过渡。第三，通过信贷证券化方式，既能解决自身资本不足，也能转变贷款进入债市。其实，银行建立资产管理、投资子公司等，都是在积极尝试推进改革。

**2. 消费信贷路子宽阔，期待形成专业、集约、成熟的经营模式**

消费信贷是市场铺就的阳光大道，早年因政策严管、利率又低，银行不想走。近10年来，随着公司信贷风险严峻及按揭利率的提升，银行意识到个人业务市场更具有安全性、盈利性，蜂拥而入，逐年高涨。进入21世纪以来，每年提升1~2个百分点，截至2019年末住户贷款已占人民币各项贷款余额的36.26%，增量显著，走势明确（见图1-2）。

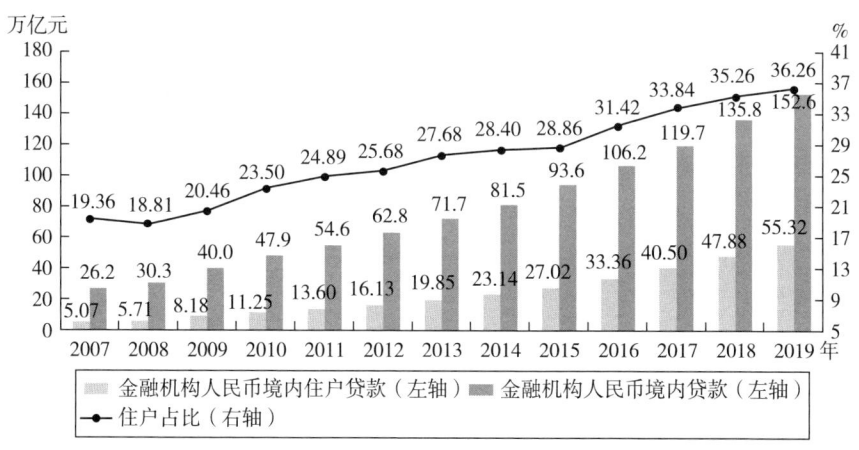

资料来源：Wind。

图1-2 2016~2019年金融机构住户贷款结构变化图

但是，数量的增长并不说明业务思想已经成熟，银行对消费金融的本质、格局和定位仍然不清晰，还未落位。由于受到政策的严格管控，银行个贷未形成商业化的经营模式机制,总体来看仍然只停留在业务层面,未进入到成熟的消费金融阶段。未来市场空间不会小,预计10年间会提高到40%~45%。理由很简单:

第一,从投资驱动走向消费驱动具有社会性动因。背景是未来的10年城市化发展仍处在推进期,城市化进程将达到60%~65%,随着经济增长与生活方式的改变,越富裕越会增加住户贷款,消费类贷款存在庞大的增长市场。

第二,消费贷款最安全,安全性导向是经营动因。例如,房价稳定在涨、住房产权明晰、抵押到位、风险敞口逐年减小;自然人承担无限责任,银行处于强势。相比之下企业的经营风险更大,生存周期短、资产易贬值,诉讼难执行难、过程漫长,损失大责任重。

自上世纪80年代以来的30多年间,西方银行个人信贷市场业务兴起,改变了经营模式。观察美国大银行的信贷结构,居民贷款占四五成。如果这是市场的信贷范式,那么我国住户贷款是否还有上升的空间?

**3. 公司金融召唤信贷走向大资管,从单纯贷款走向综合信贷**

企业规模扩张和市场的深化,使公司客户需求从传统结算、融资走向资本市场、股权融资、金融交易、国际往来等全方位发展。单纯的信贷模式已难以对接和满足,必须提升全面经营的综合服务能力,发展投行、资产证券化、金融交易、资产管理、托管、产业基金等业务,满足企业综合金融服务的要求。

**银行功能的扩展一定会触发信贷功能的分化,从小信贷走向大信贷,成为"贷款商+金融市场坐市商+混业金融服务商",形成综合信贷竞争力**。有两大趋势:

第一,在利率市场化下,银行从抓存款转向为各类成本的资金寻找投资市场,或为资产业务去配置各类资金,形成"以存定贷""以贷定存"各种经营方式,不再拒绝高成本的资金来源。这是负债业务转型对信贷的挑战,亟待开发高难度的信贷市场。

第二,资产经营模式在发生全新的改变。例如,试行投贷联动模式:权益上是"股权+债权"两权并行,收益上是"息、费、红利"并得。又如,投贷互动模式:权益上是股权、债权、期权并立,收益上是"息、费、红利、权"并获。假如这是未来解决企业资本不足的重要模式,那么需要充分调动内部各种资源,依托和对接资本市场,整合信托、基金、保险、租赁以及 PE/VC 等各类金融渠道。这是资产业务发展对信贷的挑战,也将极大地提升信贷的附加值、专业技术与风险控制的难度。

近年来,在产业结构调整转型中,银行在做积极的尝试。一是推动大信贷经营,运用资产负债的期限与利率结构错配赚取利差;通过业务联动综合经营,信贷、同业、交易和投资类资产协同,提供一揽子金融解决方案,建立"股(权)+债(权)+贷(款)+代(理)+租(赁)+顾(问)"六位一体的综合化金融服务。二是以提供综合金融服务方案为主,运用"商行+投行""融资+融智""表内+表外"等模式,扩展信贷功能,信贷从贷款提供者逐步向资金组织、撮合交易和财富管理者扩张。

## 四、信贷造就了银行的社会地位

银行的社会地位与影响力出自信贷功能,信贷之根扎得很深,将银行与经济社会紧密连为一体,成为经济信息中心、借贷中心、资讯中心、资源配置中心。银行资本的力量、资金信用的力量、业务功能的力量、品牌信誉的力量、金融人才的力量,一切皆因信贷。使银行业成为国家稳定、经济发展的基石,成为执政者的金融抓手、国家安全的稳定器,成为金融的核心竞争力。

信贷使银行扮演着两种经济角色,一是经济发展最重要的资金供应者,举足轻重,深入命脉。二是调节经济的杠杆,是资金管理者,是经济信息中心,是服务中介。银行与企业、部门间相辅相成,通过信贷活动与借贷关系直接掌握了信息动态,使自己更强、更灵敏、更加有效。

**1. 银行因信贷功能成为现代经济的核心**

**(1) 信贷不断地扩张,促使银行不断增加资本,积聚起巨额资本。** 任何一家公司在拥有百亿、千亿、万亿级的资本时，本身就是一种强大的力量，更何况金融有杠杆效应！据英国《银行家》杂志发布的2019年"全球银行1000强"榜单，以一级资本排序，工行3365亿美元、建行2866亿美元、农行2422亿美元、中行2293亿美元，居全球前4位（见表1－2）。

表1－2　　　　　2019年全球银行1000强榜单前十名

| 本期排名 | 上期排名 | 银行 | 国家 | 一级资本 金额（亿美元） | 变动（%） |
|---|---|---|---|---|---|
| 1 | 1 | 中国工商银行 | 中国 | 3365 | 9.6 |
| 2 | 2 | 中国建设银行 | 中国 | 2866 | 11.2 |
| 3 | 5 | 中国农业银行 | 中国 | 2422 | 17.2 |
| 4 | 3 | 中国银行 | 中国 | 2293 | 7.8 |
| 5 | 4 | 摩根大通 | 美国 | 2091 | 0.2 |
| 6 | 6 | 美国银行 | 美国 | 1890 | －0.6 |
| 7 | 7 | 富国银行 | 美国 | 1679 | －5.4 |
| 8 | 8 | 花旗集团 | 美国 | 1581 | －2.6 |
| 9 | 10 | 汇丰控股 | 英国 | 1471 | －3.3 |
| 10 | 9 | 三菱UFJ金融集团 | 日本 | 1467 | －4.1 |

**（2）信贷使银行拥有强大的信用力量**。当一家银行的信贷资产超千万亿、十几万亿元时，早已令人畏惧，其经济渗透力、作用力变得极其巨大，自然成为现代经济核心。银行具备经营货币的实力，具有派生货币的极大能力，得以发挥货币能量。信贷使银行拥有成为最大债权人的强势地位、聚集配置社会资金的能力，成为国家的资金枢纽平台。截至2019年末，人民币贷款资产达158.6万亿元，占银行业总资产290万亿元的54.1%，若加上外币贷款、承兑汇票及表外信贷类资产等更高。

国家通过信贷实施货币政策调控，银行通过信贷配置资源、掌控信息，集成最重要的金融权力，对经济运行与政策引导形成强大的管理功能。信贷附着于政策，行政力放大了资金效应，牵制影响借款人的命运，信贷杠杆撬动和影响经济运行态势，何况是国家在把控。

**（3）信贷纽带，使银行与众多借款人结成深层的往来联系**。当一家银行有万计、百千万数量级的借款人，庞大的借贷群就形成一种强大的社会力量。谁都离不开银行，实体经济借款人是最重要的群体，代表主流生产力与方向。信贷业务渗透入企业，因为信贷，借款人必须如实向银行报告经营信息与状态，银行汇集起社会经济的核心信息。凭借信贷职能和权力，银行拥有市场运行与政策管理的强大行政力量，牵动着国民经济的神经。

**2. 信贷占企业融资 7 成多，是主渠道，舍其别无替代者**

信贷从来是社会主融资渠道。现状是：经济运行越难，信贷担当越多，企业根本离不开，自然围着转，过高的信贷比重提升了银行的话语权、控制权。据央行披露的数据分析，2010～2018 年，信贷融资的比重一直在 76%～88% 波动。新增贷款规模年年提高，毫无减少的迹象。

从全社会融资的存量结构看（见表 1-3），截至 2019 年末，企业债券与股票融资合计只有 30.83 万亿元，占社会融资总额的 12.27%，比重较低。而以银行为主渠道的间接融资仍占据 7 成多的绝对地位。

表 1-3　　　　　　　　2019 年末社会融资结构表

|  | 2019 年增量 |  |  |  | 2019 年存量 |  |  |  |
|---|---|---|---|---|---|---|---|---|
|  | 总增量 | 增加额（万亿元） | 结构（%） | 变化（%） | 总余额（万亿元） | 增长（%） | 结构（%） | 变化（%） |
| 人民币贷款 | 16.88 | 1.22 | 69.52 | -4.63 | 151.57 | 12.53 | 60.31 | 0.99 |
| 外币贷款 | -0.1 | 0.17 | -0.41 | 0.87 | 2.11 | -4.52 | 0.84 | -0.13 |
| 承兑汇票 | -1.7 | -1.07 | -7.00 | -4.02 | 2.11 | -44.62 | 0.84 | -0.84 |
| 委托贷款 | -0.92 | 0.71 | -3.79 | 3.93 | 11.44 | -7.44 | 4.55 | -0.89 |
| 信托贷款 | -0.4 | 0.22 | -1.65 | 1.29 | 7.45 | -5.10 | 2.96 | -0.49 |
| 企业债券 | 3.34 | 2.06 | 13.76 | 7.70 | 23.47 | 16.59 | 9.34 | 0.47 |
| 股票融资 | 0.35 | -0.01 | 1.44 | -0.26 | 7.36 | 4.99 | 2.93 | -0.16 |
| 政府债券 | 4.73 | -0.12 | 19.48 | -3.48 | 37.73 | 14.33 | 15.01 | 0.48 |
| 资产支持证券 | 0.40 | -0.19 | 1.65 | -1.15 | 1.68 | 31.25 | 0.67 | 0.10 |
| 贷款核销 | 1.06 | 0.04 | 4.37 | -0.46 | 4.07 | 35.22 | 1.62 | 0.29 |
| 社会融资总量 | 24.28 | 3.16 | — | — | 251.31 | 10.69 | — | — |

注：1. 自 2019 年 12 月起，人民银行将"国债"和"地方政府一般债券"纳入社会融资规模统计。

2. 自 2019 年 9 月起，人民银行将"交易所企业资产支持证券"纳入"企业债券"指标。

3. 贷款不包括境外贷款和非银行业金融机构贷款。

资料来源：人民银行。

一个基本事实是,在几乎所有国家的金融活动中,企业通常都首选银行信贷,住户贷款也要找银行,是信贷解决了百万级公司、千万级小微、数千万级个人的借贷需求。股市只为极少数企业服务,从来不是大众企业、个人普惠的融资渠道,况且上市公司也得向银行贷款。例如,截至2019年末,我国股市30年来共有3769家企业上市,只占同期全国1.2亿各类市场主体的0.03‰;占法人企业总量3474万家(2018年)的0.1‰。孰重孰轻,都能掂量,一目了然。

**3. 银行资产占金融资产近9成,信贷资产独占鳌头**

银行强大吗?总资产约占金融总资产九成,信贷半壁天下,地位显赫,力量在有形无形之中。信贷独大是金融国情,未来仍将延续。据披露,截至2018年末,我国金融业总资产约为292.94万亿元,其中银行业总资产255.01万亿元,占87.05%;非银行金融机构总资产13.23万亿元,占4.52%;保险业总资产18.33万亿元,占6.26%;证券及期货公司总资产6.37万亿元,占2.17%。凭借信贷银行占据金融核心之主体,地位难以撼动,预计在未来5~10年中依然维系这种状态,至多缓慢地下降10个百分点。

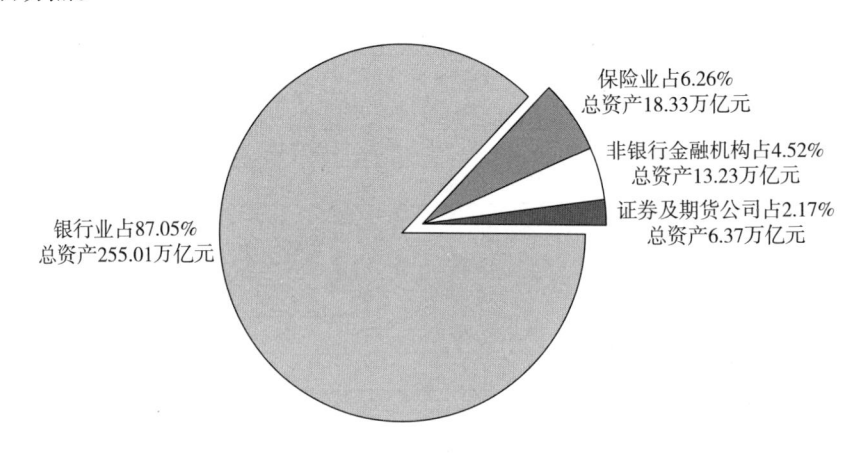

**图1-3 2018年中国金融业总资产构成**

结论:贷款是普惠普遍、低成本的融资渠道,正是信贷主导的金融功能,才有银行独大的体制。所有金融体制改革都需要信贷压阵,构筑起了银行地位。国家走向现代化社会，需要强力有效的信贷杠杆，以保障和支持经济稳定、持续、高速发展。

## 五、信贷一白遮百丑

信贷状态从来是银行经营状态的标志，是经营能力、水准的证明。无论经营局面如何复杂，信贷安好则银行多彩活跃、心定气和，若信贷出事瞬即灰头土脸、心情沉重。2016年工行董事长易会满曾在再造信贷中强调：信贷赢，全盘主动；信贷输，满盘皆输。

**信贷为经营定基、定调、定局，是经营的压舱石；信贷构成银行资产的基石和主体，如定海神针**。它才是银行经营中最本质、最艰难的那个部分，是银行家履职中拼命守护的神圣家园，丝毫不能松懈、不敢大意，更不能玷污。用第三只眼盯着，以四只眼模式，一旦疏忽就不得安宁，要为之付出沉重的代价。

理由古老而充足，因为信贷是银行第一风险，是牵动经济的首要大事。银行的分支行大体8成营业收益来自信贷，不良率高低与机构经营的状态基本合一。在资产质量完好的时候，人们在平安中常感觉不到，不以为然。一旦变差仿佛变天，如同跌入深渊般无奈无助、无能为力。压力陡然升起，状态瞬即跌落，心态精力被不良贷款钳制住，难以摆脱；风声鹤唳，敏感怀疑起其他贷款有没有问题？怀疑自身的信贷能力，失去了定力；指标变坏绩效下降，影响奖金薪酬，人心惶惶情绪低落；上级也生出疑虑，控制住该行的增量贷款规模，客户埋怨声四起，对公存款也大受影响；不良数额增大时，稽核、内控、专业的检查接踵而来，变得不信任……如果情况延续2年，对机构评级下降，对行长差评四起，甚至调离；如果伤得很深，三四年不能翻身，过往的荣誉和信心殆尽，好端端的分行降格了。

**因而，信贷是第一要务，优秀的行长始终不敢松懈**。首先要抓好这项基本业务，如同骑手紧紧牵住了烈马的缰绳，去驾驭它。它是一切成绩的基础，是一切压力的根源，信贷质量变坏了，严重时会绊倒以往的功劳，对一家银行的经营重新评价。2002年我在山东一家分行调研时指出，你们的一家县支行是总行树立的文明单位榜样，千万要把握好信贷质量，如果大批不良贷款涌出，荣誉就蒙羞了。这叫信贷出事地动山摇，损毁了一切。

信贷优劣反映出业务水准，实际反映出行长的领导能力、机构的经营能力、市场的竞争应变能力和信贷文化的定力，体现在选择、管理、风控、收贷与清收诸多环节之中。**什么叫信贷之优良？不看某个时点，而是要保持住几个经济周期之优，保持在几任班子交替中之优，尤其在经济下行期表现稳定。不是不出不良贷款，而是能够有效地解决问题，及时控制住风险**。在风险动荡大潮中最能验出谁优谁劣，当大潮退去时，才看见谁在裸泳。

**信贷之优是进取者所为，是审慎稳健+积极进取**。外面的市场风高浪大，稳健经营不易，吐故纳新最难，唯有进取才能扩展新市场好客户，这是保持信贷肌体健康的唯一路径。外面的世界更精彩，新事物新业务天天涌现，唯有进取不能守旧，才能跟进时代欣欣向荣。外面的竞争更激烈，信贷不进则退，在成长性市场中，经济金融年年扩张，唯有挺身进取。

**信贷业务是进攻型的，带着竞争性、外向型的市场风格**。好银行都善于运用信贷对市场施展影响力，经营绩效当然会不错。信贷不努力，经营就苍白，成长的养分从市场来，发展的活力从竞争来，进取的动力从经营来，都需要信贷率先垂范。信贷是主力军，应当冲锋在前勇当排头兵，有所作为勇于贡献。

时代万千，银行万变不离其宗，放贷收贷，防控风险，收回本息；寻优祛劣，严格把关，坚守底线，这是银行的生存至理。始终坚守的是质量，是银行生存之本，是国家嘱咐，是银行家的使命。风险控制是考官冷眼观望，评价功过检验经营，标准答案就是质量两字，这是经营逻辑。

信贷的风险教训太多太多了，每个信贷员都曾遭遇过，每家机构档案中都有数不清的案例，信手拈来。**经历了习惯了，不必害怕市场出现风险灾难，这是一种工作常态，怕就怕不记住教训，这是一种人性病态。**每次风险事件发生时，贷款的风险场景都有所不同，管理者不能就事论事，因为经验都是用信贷损失换来的，还带着问责，一家银行信贷史就是一本风险成本的教科书。最重要的是揭示风险本质，最需要的是汲取经验教训，最关键的是亡羊补牢，应当及时总结，去提高人才的素质与能力；问责处分终究是第二位的。以积极良好的心态做信贷，以努力学习的精神提高本领，勇于实践，就能成为勇敢者、成功者。每家银行的成长过程都是如此，每个行长、每个信贷员成熟的历程都是这样。

信贷的经营最难最难，信贷的故事太多太多，都镌刻在心中。精彩之处，一是进取的故事，反映银行的发展之不易；二是抗险的故事，反映银行生存之艰难。

## 六、信贷的经营至理与使命

贷款少时，债权人说了算，收放自如；贷款多后，借款人说了算，还款不易。这个道理清朝李鸿章认识最深刻，和洋人借钱不下于百次的他说：借钱少了，你是孙子，他是大爷；借钱多了，你就是大爷了！例如，贷款 100 万元，他唯唯诺诺以求再借，按时守信付息还本，怕你不高兴；贷款 10000 万元，你天天恳求他还本付息，收贷得看他的脸色，怕他不高兴。这是量变到质变，可称为态度转换定律。如今的企业贷款都多，信贷早已落入天天求人、日日担忧的地步，难得强势。**这是借贷的场景。**

俗话称：斗米感恩，担米结怨。世上没有无缘无故的爱和恨，市场的严酷使银企间情薄如纸，是非问题都因风险。关系的底线是企业经营状态，状态越差关系越紧张，而对失败者谁都避而远之。借贷关系充满着恩恩怨怨，来自企业成长的起起伏伏，使得信贷紧紧松松。成功者的人际关系变得宽松，没有压力，但过程中常留有心结，总怕有变。**这是信贷的关系论。**

风险场上别自作多情，多情必自危。信贷姓险不姓情，因为失败者多于成功者，信贷在收收贷贷中选择诚信者，只会得罪更多的人，因而不需要他们从心里为你点赞。如果贷款中揉入太重的情感，到时管松了易生隐患，管紧了必伤感情，心软了不敢下手，听之任之是失职。所谓职业人，最重要的是坚守职责秋毫无犯，再重要的私人关系也得建立在合规经营与职业道德上，严守操守底线，不忘"防人之心不可无"。**这是忠告，是信贷的情感论。**

借贷本是一种市场交易，你贷款我付息，或你借款我收息，以商人看谁也不欠谁，扯平了。之所以还在说银行信贷支持企业，是因为贷款利率最低、规模有限，谁借到谁能获利发展。以支持的名义，公权也派生私情，银企关系引出私人关系，但实质在工作关系之下，风险始终落在信贷一头。切记，贷款人与借款人的私人关系应当纳入管理，有度有控有底线，别太深别上当。千万记住，风险袭来时老板首先要贷款、不还款、欠利息，利益至上，少有先维护关系还贷款的。**这是提醒，是信贷关系的至理。**

激烈竞争的风尘，被迷住眼的一定是风险，只顾同室操戈遗忘了经营底线，鹬蚌相争债务人得利。当多家银行对一家企业有更多的贷款时，企业常会利用银行间竞争，变成由企业说了算。银企关系被风险捆绑得更紧更难挣脱，形成事实上的风险盟友。一旦企业危机了，为了稳定和救助，政府要求收回的贷款也得贷回去，谁都不能抽贷；企业破产了，一批不良贷款陪葬，银行组织债务清算委员会共商分摊损失，了结后事。这不是个案，早已是真实市场的模式。**告诫信贷竞争要有度。**

信贷管理讲究度，设定底线、红线、围栏，明确规则、责任、纪律。对最优秀的公司的贷款都要有度，额度之度、时间之度、关系之度，设定指标，发生超警戒信号，需止步退出。机会与风险同在，揽多大份额＝担多大风险，包揽贷款＝包揽风险，带来远高于贷款自身的风险。对贷款多的企业千万要留神,大山一倒你先被埋葬;特别要留意同业进退动态的信号,千万警惕别麻痹大意。底线文化缺失说明经营有漏洞,经营不设防,员工不懂底线,行长不守底线,总之表明了信贷不成熟。**这是信贷管理的度**。

"眼看他起朱楼,眼看他宴宾客,眼看他楼塌了",信贷没有责任吗?楼塌了,贷款伤了大头,留给银行除了后悔的教训外,应当是责任。贷多少就有多少责任,介入越深越难推脱,原本银行只是个收点利息的中介,多贷了角色就变了。信贷从旁观者转变成了企业经营的相关责任人,社会责任也随之加重。信贷不再单纯,社会责任不再虚拟,过量贷款、不当贷款都有社会性不良后果,能回避得掉吗?**这是信贷的责任**。

银行从来依据央行下达的规模放贷,不能突破,不能不贷。在经济上行时,信贷关注繁荣的机会放贷,对未来潜在的风险谁也看不清说不准;当经济下行时,尽管不良贷款压力大,从严审贷,但依然要完成配给的信贷规模。政府说信贷是经济的杠杆,这是从国家宏观经济视角的定义;银行说信贷只是具体业务,每一笔贷款并没有宏观标签,这是微观经营的视角,不同层面内涵不同。无数的贷款集合成大局,国家把控着趋势大局,政策调控着大势走向,而具体的每一笔贷款只遵循规则做个性化运动,情况极其复杂,并不代表整体。2019 年信贷总体不良率是 1.86%,仍在安全可控范围,无需慌张。实务中每一笔贷款风险的概率都是 50%,在 0~100% 都有可能,谁也猜不准。**这是信贷业务的个性**。

信贷是企业融资的大头,担当越多责任越大,铸就了职责与命运。再谨慎的银行都面对风险桎梏,这一点,全球银行大同小异,只是程度不同而已。2008 年当美欧金融危机袭来,几年中美国有 500 多家银行倒闭,曾几何时,那些不可一世的花旗、高盛们,不都低下了高贵的头?不都要政府出手救助吗?谁都得敬畏市场。从银企关系看,如今早已无法超脱于企业之外谈论什么风控,什么洁身自好,只能着眼于企业与经济发展的共同目标,去应对市场风险。在抵御经济金融风险的路上,需要携手共赢,这是银企合作与服务的真正意义。当然,不是被动去承担,而是能动地经营,才能减少那些不必要的、过度的风险损失。**这是信贷的宗旨使命**。

从信贷的逻辑规则与规律、关系与行为方式、责任与使命来看……都万变不离其宗。这二十年来经济金融动荡起伏,信贷够复杂了,恒定不变的是信贷之根,它是基本、基础、基准,依然由它印证趋势,未来的信贷也不会变,期待着信贷人遵循守望。

## 七、信贷是专业之尊

信贷平台是基础经营平台。对外,它是银行的市场利器,拥有债权人的强势地位和权利;对内,它是最主要的财务支柱、最重要的经营杠杆,受到各业务部门的期待和依赖。各专业中信贷是长兄,但信贷不能孤军作战、特立独行,它必须多承揽多担当经营责任,携手扶持他业,创造全面发展、拓展各种增值服务。

**1. 唯信贷独尊,是客户所求,属进攻型武器**

银行十八般武艺,信贷、存款、结算和服务样样强大,唯信贷马首是瞻。无论市场供求怎样在变,从买方求贷变为卖方营销,变的只是利率和贷款条件,不变的是银行债权人把控资源。经济需要贷款,政府、企业关心的终究是信贷。当银行间基本服务趋同,企业为何舍近求远来开户?因为贷款有招引力,能有效获客,中小银行离不开信贷先行,许多新设机构也常有贷差特征,贷存比很高。

**信贷具有占有性,贷款依法附带着约束性条件**。贷款一经放出,银行便获得监管、约束、话语权——权利和便利伴生而来。第一,信贷直接切入企业财务,甚至延伸至关联企业,发现、捕获更多的市场机会与关系,企业只能敞开其被隐秘的真容,接受监督。第二,信贷获得企业更真实的信息,便于接触到高层核心人物与圈子,建立起深层市场关系。第三,顺带推介营销各项业务,办理一揽子金融服务,构建广泛牢固的业务合作,提高营收能力。

**信贷客户数量少但价值高，从百万千万客户中淘出来、逐年积累起来**。不少银行中企业、个人贷款户只占总开户数量的 1%~2%，百里挑一、相对优秀、经营状态和成长性良好。第一，贷款企业更加守信，尤其那些国民经济的核心骨干企业、大小龙头企业，正是银行经营的主体市场。第二，他们有大量的金融服务需求，正是银行大有作为的天地。信贷与之相互依存，结成更紧密的关系，疏通渠道，能为各项业务发展打先锋铺路。

**2. 信贷是银行的本质形态和核心功能，代表经营力、市场力**

社会离不开信贷，信贷代表银行，这种核心地位，是其他银行业务不可替代的，也是其他金融渠道很难替代的。政府的金融杠杆落在信贷上，企业融资主要依赖贷款，住户信贷已占总额的 1/3 多。大量需求伴随贷款而来，没有贷款不称为银行，没有信贷谁重视银行，金融岂能是现代经济核心？不会。

**(1) 信贷是参与社会经济活动、介入市场的主要方式**。无论有形、无形之手都在争夺、紧紧牵动这根缰绳，毕竟信贷占 7 成多社会融资额，太重要了。货币政策直接把控信贷投量投向，各级政府最关心本地的信贷规模，这是最活跃的金融资源，自然成为银行牵手地方政府、进入市场的纽带。

**(2) 信贷是主体资产业务和盈利源头，创造存款和中间业务，是财务之核心**。信贷兴则经营兴，信贷败则经营败，7 成营收源自信贷，经营附身于信贷，牵一发动全身，踏踏实实做信贷是本分。贷款基础不强则发展如空中楼阁，每每规划财务时，真要想一想，信贷力量能跟得上吗？

**(3) 信贷前端有最新的市场需求和客户关系**。所谓资产创新，哪项都离不开信贷主体，多要从信贷延伸开去，前一时期财富管理风险事多，主要原因也在信贷脱位。从信贷动态或转折中，总能反映客户关系存续及变化的新动向，影响到存款及创新产品。资产新业务多以信贷为基础，贷款企业是关注市场与未来的着眼点，它们是生产力主体，是经济发展的主流，真正牵动着银行的未来。

### 3. 为尊即为难，需要机制和能力

资产业务与负债业务截然不同。通俗来讲，负债业务是客户经理求人，求到一笔存款就是成功，业务风险小，绩效清楚，存期越长效益越好、功劳越大。资产业务多是借款人求银行，审批一笔贷款就多担一笔风险责任，贷期越长风险越多，金额越大责任越大，余额越大压力越重。负债、理财业务更依赖银行的品牌，昭示安全性；唯独信贷对品牌依赖性弱，有贷就叫好，贷款是难关，越好的银行管得越严。

对于存贷款，上级银行显示的管理地位各不同。在揽存吸存求客户时，假如有上级领导出面拜客，客户觉得给面了，当然高兴，钱存在哪里都一样，客户只需要维护关系。贷款与存款不同，大多数情况下是借款人求银行，遇到一般贷款时领导层都会避嫌避难，只有对重要企业才出面拜访。除了极少数大客户的战略合作以外，绝大多数借款人找总行干什么？并无实质意义，还求人看脸色，只会增加营销成本。上级行上收审批权，加了一层审核多一道关，客户很无奈。因此，如何提高信贷效率，始终是经营管理的难点。

# 第 2 章 信贷的运营机理与行为特征

市场与政策、规律与规则、流程与权限、借款人与风险、指标与收益等，都是信贷从业者天天在盘点的要素。信贷与风险打交道，再聪明不过市场，再严厉不过政策，再取巧绕不过规则，再管理避不过规律，再专业不过流程，再压力不过指标与借款人风险，智者千虑必有一失，谋事在人成事在天，人算不如天算。信贷经营之道，只有遵循不能对抗，只有谦卑敬畏才清醒一点。

**摘录：**原高盛公司总经理 E·Gerald Corrigan 说："信贷最难把握，借贷双方在进行信贷交易时，通常都是他人的金钱。而这些钱多数是公众的储蓄，他们把钱存在他们信任的银行，相信这些银行会谨慎地放贷。所以，如果信贷交易大规模失败，危害的不仅是个别的借贷方，而且是公众对银行甚至银行体系的信心。"[1] 信贷文化"核心却源于一个简单的前提，即贷款人除非高度肯定债务能得到及时的清偿，否则不应该借出其他人的金钱。同样，借款人也不应该举债，除非其也有理由肯定债能及时还本付息。"他把信贷文化譬喻为一座大厦，根基于四大支柱：一是为信贷决策而进行的尽职调查过程；二是包括建立和贷款相关的财务、法律和其他合同条款的各种文件；三是借贷双方事后监督贷款的执行情况；四是处理问题和冲突的机制。

---

[1] 原高盛公司总经理 Corrigan 在"中国银行—国际金融协会"联合举办的银行风险管理研讨会上的演说（2001 年）。

# 一、信贷方式：
# 寻找政策与市场的交汇点（机理一）

寻求政策与市场的交汇点，是我国信贷的行为特征与特别能力。这在西方银行，以及在金融法规、教科书中没有提及，却是信贷经营的灵魂。国家最关注银行的信贷行为，调控投向投量，信贷自然敏感地反映了政策信号，它事关信贷命运，银行的职责功能就是有效地贯彻落实。

**1. 政策是规则、红线与导向，策略是落实、技术与路径，落脚点在微观**

执行政策是银行表明的政治态度，不能随意触动与违反，政府与监管最在意政令畅通，据以督查考核，不论政策是否切合实际。而经营信贷是要解决市场风险与财务绩效问题，政策与经营的结合点在微观业务中，实现政策条件下的市场化效益。因此，**寻找到政策与市场的交汇点，是经营者的基本职责，找不到、找不准、找不够都有风险**。例如，国家要求支持小微小企业贷款，银行必须找到合适的小微借款人，既要完成小微贷款指标，又要使贷款安全盈利，才算尽职。完不成贷款指标或放坏了贷款，都有问题、有责任，会受到政府、监管与上级的批评处罚。

**2. 政策与市场都在变化中，经营需不时调整策略，矫正交汇点**

我国的货币政策取向由紧到松，可分为"从紧""适度从紧""稳健""适度宽松"和"宽松"五个区间，"稳健"又可细分为"稳健偏从紧""稳健中性""稳健偏宽松"三个小区间。最能表明变化特征的是 2007 ~ 2016 年期间，在 2007 年下半年至 2008 年第一季度短暂实施"适度从紧"和"从紧"的货币政策，在 2008 年第四季度至 2010 年末实施两年零一个季度"适度宽松"的货币政策，2011 年起定为"稳健"。短短数年跨越了

4 个区间，其中，2007~2008 年实施了 3 种不同的货币政策[①]。此外，经济热点、结构与重点也在调整变化中，随时影响信贷，变得敏感、复杂，需适时而变，任何迟疑、出格都有风险。

**案例**：2008~2009 年货币政策反复多变。2008 年初，国家实施"稳健的财政政策和从紧的货币政策"；应对美国金融危机的袭来和扩散，央行将其调整为"适度从紧的货币政策"；至 11 月，国务院确定为"积极的财政政策和适度宽松的货币政策"。信贷政策随之一年三变：年初信贷规模按季按月分解严控，下半年转为明紧暗松管管放放，年底突然取消规模彻底放开；2009 年年初继续宽松放开，下半年回归严格的指标控制，形成了一条紧随货币政策的贷款曲线，直接影响商业银行的经营管理。同样，2018~2019 年宏观经济政策始终在微调中，但有时变化很大，可见经济运行的复杂性。

最受考验的是商业银行的信贷传导机制，如何紧跟快转？首要是要对国家货币政策的准确理解，任何自以为是都会出事，庞大的体系稍有迟缓就容易脱轨。如房地产及按揭贷款，时而收紧，时而放开，按揭成数、规模不时在变。一个信贷员告诉我，一份贷款合同下班后才送达，政策已公布，成了事实违规，他忧心忡忡怕被追责。

**政策牵动着信贷松紧和风险安危**。政策调控与市场运行总有摩擦和后遗症，市场自有规律，政策干预或调整想要牵住它的鼻子，有时相向有时逆向、随机多变。尤其当政策逆向性调控带来不小的风险，经济过热要降温，下滑要制动，结构要转型，弱点要补台……信贷是首当其冲的调控工具，当然要承担风险代价。过度产能要削减，风险事件要补救，弱小企业要扶持，信贷无不在其中，当企业 7 成负债来自信贷，岂能摆脱市场传导的风险？

---

① 孙国峰. 正确理解稳健中性的货币政策 [J]. 中国金融，2018（15）.

### 3. 找到交汇点是银行家必须具备的经营智慧

政策多变，信贷如何随之起舞？政策变化有三大动因：一是围绕着信贷总量增减的问题。二是投向问题，例如支持小微保障就业；支持民企不再以所有制歧视；淘汰限制落后产能、环保污染企业等。三是调控敏感行业问题，例如房地产业。从具体分析可见，增量多少的规模调控对于信贷风险的影响不大，后两条才是牵动风险的核心问题，需认真贯彻和重视。

政策性风险是涉及信贷的核心风险，如果经营早期就关注这三个因素，那么政策之变与信贷相向，经营顺势而行更加自信；如果信贷开始未顾及，投向了后来被限制淘汰的企业，就得赶快清退以免损失扩大；如果贷到了受调控的行业，就得千万小心，以免被困其中。因此，政策决定着信贷投向、企业转型走向，成为信贷应当把握的方向。只要远离敏感性市场，就没有政策性风险可言；只要立足国家政策的立场、观点与方法，与之合拍共振，就能达到顺势发展的境界。

### 4. 改善信贷机制，与政策、市场合拍

政策总在变，随社会、政治、经济波动，并受国际市场的牵连，变时难以预料。有转折时的偏离，有刹车时的惯性，还有摆动的折腾，考验着银行家应对风险的能力。经营要随机应变，观大势识大局，跟进即为理智，机会亦在其中，急慢有政治、经营两失。

**（1）信贷的范式：政策思维、市场运作、经营应变**。政策性、专业性、市场性是范式的内核。政策带着政治与规则的导向性，成为经营规矩，被货币调控牵动信贷随之起舞，银行密切观察经济环境动态，敏锐地寻找政策中蕴藏的市场机会。银行的专长与能力表现在，能否将政策变成可操作的业务规定，使风险管理细致可行，渗入每个环节，确保条条指令能贯彻到位，成为市场营销的依据。

政策多变、市场无序，找对信贷落脚点才是归宿。严肃的政策至高无上，触犯会受严厉处罚，实务中，不执行或违反政策比市场性风险更加严重，哪怕是政策的失误，照样有被问责的风险。因此，**信贷要长眼睛，看**

着安全点落地。唯有找好政策与市场结合的安全岛，才能落实三个负责：对政策负责、对经营负责、对自己负责。这是忠告，更是对信贷管理者职责与能力的要求。

**（2）总行擅长对政策的理解，基层强在市场能力，两者结合，确定业务市场。**需要有效的组织架构与运行机制来保障，条块结合，因地制宜，实行商业化运行。原则性坚定不移，灵活性落在流程与权限中，才有信贷业务的有效经营。集中式业务管理利于政策贯彻，但会减弱市场竞争力；过于分散经营容易发生政策性风险，因此，授权经营、条块结合的体制才有利于提升风控与效率。既有统一政策的传导机制，又留给分支行充分的经营权责任制，去应对千差万别的区域性经济生活特征，才有生命力、竞争力。

## 二、经营行为：
## 上行期与下行期各不同（机理二）

经济是本源，信贷是手段，经济周期生成信贷周期。信贷执行经济货币政策，总量随 GDP 而增长，质量从属于经济波动。经济上行、下行期的信贷管理松紧交替，上行期攻城略地扩张、下行期盘整清收不止，组合形成了信贷行为完整的周期性特征。行政管控下的银行服从政策、监管与考核，自然难逃经济的周期性约束，尤其当前市场遇到深层次的改革，政府强力地推进经济转型，每一步都影响到信贷的变化。

**1. 信贷质量呈现周期性：上行期表现为优良，下行期涌现出不良**

在信贷总量不断增长的货币政策下，信贷周期性不表现为贷款的增减，而体现在质量波动。上行期的不良贷款率，分子稳定而分母扩张，质量显优而稳定；下行期的分子增长快于分母增长，使不良率升高，这是质量指标变化的特征。

**（1）上行期、下行期的信贷行为不同。**优进劣退，经营好时加贷款，

**经营差时收贷款，是信贷市场本性的体现**。经济上行期需求旺盛，信贷活跃紧跟而上，一荣俱荣信贷繁荣；而经济下行期信贷信心受挫，谨慎而自顾风险，一紧具紧信贷收紧。信贷周期完全落在经济周期的格局中，时间错位不大，信贷从属于经济的周期性危机。

**金融市场上，投融资具有顺周期效应，而风险却是逆周期显现**。经济上行期市场繁荣，融资环境宽松，违约率低、借新还旧易，可预见的机遇促使企业加杠杆，借贷风险显得很低。而经济下行期企业状态变差，违约增多、相互拖累，但债务未减负债杠杆仍在，企业的再融资、续贷变难，层层触发信贷风险。

**（2）风险受制于企业发展周期与技术周期**。处在成长、成熟期的企业，因其市场性指标良好，容易吸引信贷的大量注入；而经营失败或处于衰亡期的企业，无力还本付息，贷款向不良演变，银行会更加收紧信贷。经济下行时首先冲击到差企业，使不良贷款暴露，并向市场蔓延。

经济上行期企业有发展冲动，扩大生产是经营的原动力。因为，如果规模上不去，市场份额就会降下来，产品会丧失成本价格的优势。问题在于，**投资具有逆周期性，关键是看项目的完工期，如果完工时适逢经济上行则效益好；反之，建成之日常是不良资产形成之时。这叫作：不做项目等死，做了项目找死，但做好了死里逃生**。

**（3）信贷从属于经济，身不由己，难以自我把控、洁身自好**。个别贷款风险是由企业经营困难造成的，周期性信贷风险是无数企业经营困难集合爆发的，还会无端殃及正常企业落难，信贷很无奈。信贷在市场规律下运行，贷款在企业规律下变化，受到两种规律交替作用的影响，信贷命不由己。

**2. 经济周期带给信贷管理的两种性格、两副脸孔**

银行依靠国家信用、按照政策导向与监管指引运作，并非完全市场化经营。

**（1）经济上行期、下行期的信贷具有两面性**。信贷在经济周期不同阶段的管理特征不同，上行期的重心在服务经济，下行期的重心在整治经营，交替中实现经营宗旨。上行期显示信贷扩张、经营进取的气势，既是资本在驱动，也有机制的动力；下行期表明信贷稳健审慎、提升管理意志，沉着冷静地清理风险，大力施行整治措施。在复杂的经济环境下，银行反反复复、起起落落亦属正常，哪有不颠簸的？只求不要失控。

上行期与下行期间信贷的财务特征亦完全不同。上行期如意收息，利息先入账，利润有虚，账面一派利好，财务生机勃勃得意忘形；下行期秋后算账，难在回收本金，风险捉襟见肘处处为难，核销经营损失笔笔见底。因此，只有从一个完整的经营长周期，才能真实全面地反映信贷效益的全貌。

**（2）经济上行期、下行期的信贷管理与经营方式不同。上行期的信贷如同漫灌，银行努力满足经济需求，全面地向市场渗透。**信贷冲动时麻痹轻信犯糊涂，风险意识淡化管控低效，错将风险当机会，看不清企业风险已经在积累，无所顾忌地做市场，误以为信贷太容易了。宽松的信贷更容易滋生风险，风险之花虚荣诱人，泡沫泛起指标向好，市场浮躁与冲动；企业核心风险被掩饰了，鱼龙混杂难辨，放了许多不该放的贷款。

**下行期时的信贷如滴管，更加严格精准有效。**尽管没有减少放贷——国家的信贷计划仍要执行，只是管严了。当不良贷款集中暴露，银行开始点刹，整治出事的分行，清除不良。逐步增大的风险压力使信贷回归审慎，着力调整优化结构，竭力清收不良贷款。管控抽紧了，市场弥漫着消极与悲观，泡沫退去苦果原形显露出来。监管无情地清算不守规矩者，上行期越激进的银行下行期越痛苦。下行期的信贷依靠专业水准和风控能力，重新审视、亡羊补牢，促使管理走上一个新平台。

**（3）不同阶段形成了不同的信贷管理经验。**上行期的信贷创新、进取、好强，屡屡试探着突破旧模式，形成了拓展新市场方面的经验；下行期爆出的信贷失误风险，使人得以清醒、反思和总结，也形成谨慎经营方面的教训，两个阶段的经验教训互补，都是必要且有益的。信贷的进步更多是从失败教训中积累起来，它们比成功经验更深刻，许多管理经验都从困难时期来，熬过困境才变得成熟，更有感悟。要将用风险成本得到的体验转化成为管理制度，改善提升信贷能力，应用于未来的发展。

印第安部落有一句谚语："让灵魂跟得上我们的脚步"。传说是一个欧洲的探险者在南美洲探险时，雇用了两个印第安人做向导。当旅行到第四天时，两个印第安人说什么也不走了，要休息一天，说的是这句谚语。我国银行信贷的规模几年翻番，一直在膨胀，管理压力可想而知。人们也常感到"灵魂"滞后了，管理跟不上，观念不适应，心灵受折磨，呼唤企盼着能在急行军中歇一歇，休整一下。似乎上一顿还没消化又进餐了，撑得难受。外人无法理解信贷之难，但发展没有等候的时间，或许平台式增长也是一种休整。

**案例**：贷款要均衡性发放，与用款进度相切合，与销售回款相适应，安排好分期贷款与还款。一位行长告诉我，有一家企业需贷款 3500 万元，如果一次性贷出等于加害企业。贷款到期日企业从哪里筹集大量的现金？好端端的企业会被还贷拖死。假如分为几次贷出，既符合用款进度的需要，也符合分次还款的能力。企业经营需要均衡管理，信贷不能自求效率，集中贷款常因信贷无序竞争，冲击了企业经营的有效性。

## 三、信贷习性：寻优逐劣、锦上添花、救急不救穷（机理三）

为什么有很多贷款贷给了差企业？原因是，不断有企业在竞争中衰败下去，这是企业生存周期所致；企业有经营波动，时好时坏，绝非一帆风顺；意外的市场冲击及区域性风险牵连，企业遭遇到流动性风险；也有差企业包装打扮隐瞒缺陷，银行审贷失误放了贷……因此，尽管银行优选客户，却总是存在不少差客户，这成为信贷的难题。

借款人好才有贷款的安全性，这是基本常识。所有的银行法规、信贷指引出于防范风险的要求，都明确贷款要贷给好的借款人，符合政策、合规用贷、按时还本付息是基本原则。因此，寻优逐劣、锦上添花是信贷永恒的逻辑，是信贷本性。

**1. 信贷是一把伞，经营核心首要是保护贷款的安全**

花旗银行的 LOGO 上有一把小红伞，自然使人联想到：信贷不正是一把伞吗？晴天为好企业打阳伞图发展，雨天打伞护着贷款免遭风雨，守得住信贷质量，才能履行支持经济发展本职。一位企业老板在一次政府召开的座谈会上提意见说："银行不是雨天送伞，贷款难"。明白人知道，第一，好企业不缺钱，差企业大概被银行冷落了；第二，寻优逐劣是信贷的逻辑，差企业才贷款难。

借贷依据法规，不属道德情理范畴，不是施舍只谈风险，不还款者才是道德缺失。不要指责银行嫌贫爱富势利眼，因为**全社会的投资人、债权人、市场参与者与政府管理者都寻优逐劣，拥抱优秀，鄙视不良，向强者投资，从差企业退出，向败者逼债、追讨瓜分殆尽，从不怜悯。这是社会的常识，是经济的逻辑**，哪家企业不是这样经营的？谁不都捂紧自己的钱袋？千百年来遵循着这个市场法则在运行，才有社会的进步和市场生命力，不容置疑，把信贷当作救济款的日子一去不复返了。

寻优逐劣不是缺点，而是信贷本性。优者更加体现先进生产力，信贷理应进入，而劣者将被淘汰，应当远离。自古以来借贷喜爱好客户，从优选客户开始，不断地清退差客户。这不叫无情无义，这是信贷内在的经营机制和行为特征。银行业天经地义关注风险，上有法律约束，下有职业规矩，还有责任考核，不能擅用公众存款的钱，否则你就会缺失职业道德。

**2. 寻优逐劣是信贷的价值观**

强者、优秀者是社会的榜样与导向，市场恃强凌弱、无情淘汰对手，从不怜悯失败的投资者，无论市场信贷、政策信贷都以此作为经营价值观。

**（1）法人与自然人的根本区别是人情、人性和道德。请记住，法人代**

**表资本，不同于人，人讲道德，法人讲规则**。人类生命至上，同情弱者，彼此依存相怜相爱。但法人逐利，市场依据公平与规则，讲竞争不讲人情，市场的生命力是清算、淘汰失败者，适者生存才有先进生产力。竞争无情，同行如冤家，拼死博弈优胜劣汰，强者荣光，败者出局，落子无悔，覆水难收，没有菩萨之心。市场从来是强者的盛会，从政府、媒体到大众都为优异者欢呼，都唾弃失败者，银行有限的信贷指标能投向差企业吗？不能，银行自有依法经营的准则和信贷标准，这是社会责任。

（2）**社会与市场都崇尚优秀者，从不赞赏失败的企业**。每当有公司败落倒闭，总是谴责声此起彼伏，中外皆是。为什么如此无情？因为，当失败者退出市场时，遭到破坏的一定是资金链。成本不能弥补，贷款无法清偿，工资、税收、应付款项等债务难以支付，其后果必定祸害社会，侵害债权人，员工失业，用户受损。失败者的呻吟只是最后的挽歌，周边更强烈的是愤怒的声讨。市场无情从不相信眼泪，只会严厉指责和追究他们对社会造成的损失与伤害，以致绳之以法，岂能同情？

**市场需要死亡，有死亡才有秩序，才有神奇的新生和传承**。市场不救赎死亡，如同挡不住新生。不断地清除失败的企业，不能让僵尸企业占用社会资源和市场关系，腾出空间留给新生者更宽阔的天地，吐故纳新创造生机勃勃的进步——这是市场的大智慧、大道德、大规律，银行信贷只能依据市场规律运作，否则走投无路。

（3）**退出劣质企业是职业道德与使命**。美国金融危机中对救助做出最明确的解读：**倘若你动用私人钱财，那是你个人的利益与决择；倘若你动用公共资源，就必须遵守社会利益与市场规则，依法决策，两者不能混用**。自然，信贷退出劣质企业转投更好的企业合乎市场逻辑。市场没有救世主，不拯救失败企业，救赎不是政府的职责，至多是特殊背景下的个案。

国内诉讼中常有法院宽容债务人，力免其破产。看似善心，结果有恶，说是慈悲，实为偏袒，一定会伤害了债权人，成为虚伪的公正。有个南极考察中的小故事说：一个队员看到身边的一只小企鹅掉进了冰坑里，它不断凄惨地叫着，出不来意味着死亡。虽有举手之劳就可挽救一个生命，但那位科考队员并不救助，他尊重自然规律，不能干预生态平衡。同样，法律和行政要维护市场公平、公正与公道的竞争环境，任何袒护都乱了规则秩序，一旦动用公权支持一方，只会伤及另一方利益。不能感情用事，不要好心办坏事！

**3. 追优逐劣是信贷责任，雪中送炭看对象，不救衰败**

险自企业来，企业的死亡率很高。但凡做过十年信贷的老信贷员，哪一个没经历过一批批公司倒下？"眼看他起朱楼，眼看他宴宾客，眼看他楼塌了"。**借款人风险是信贷风险之源，是风险管理的基本点。市场风险无常，信贷重要的是关注当下，不在久远。**要有危机感，时刻警惕与防范借款人信用状况的恶化。

**（1）亏损企业亏空资本，困难企业产品滞销，银行岂能帮忙？**信贷本是无情物，市场本是博弈场，不良贷款将仁义道德、社会责任与服务经济化作灰烬。一旦企业抵押担保落空，旧欠不还、本息收不回、信贷受损失时，被问责处分的一定是放贷人，当初拍板的官员从不会出来担当。因此，需要银行家信守执业道德，把控住风险是尽职的底线，只贷好的、坚守贷款安全是执业准则。

**（2）锦上添花与雪中送炭是两种经营意境。**企业经营似锦，若能添花，何乐而不为？前提是合规用款。守信用的好企业不愁资金，需送炭的企业先得查清属性，银行救急不救穷，前提也要挽救老贷款。靠信贷输血是饮鸩止渴，不挽救每况愈下者，再增加贷款如跳火坑，损失更多、责任更重。

好企业很省心，差企业真闹心。你看银行，大量的时间忙在收贷上，更多的精力花在不良贷款上，更大的成本耗在坏账上。因此，银行始终在优化信贷结构，每当企业风险端倪初显，精明的银行早已敏锐地部署撤退，抢在风险之前，及时发现、择机清收、边走边撤、从容退出。这是信贷风险管理的最高境界，以此检验银行经营水平与能力。

**4. 市场的逻辑是把资金移向先进生产力，退出落后生产力**

务必牢记《商业银行法》第七条："商业银行开展信贷业务，应当严格审查借款人的资信，实行担保，保障按期收回贷款。商业银行依法向借款人收回到期贷款的本金和利息，受法律保护。"

**（1）遵守信贷的行为方式与风险管理传统。**企业好时加贷款，衰落时收贷款，符合经济的、市场的、经营的逻辑规则，并无过错无须挑剔。**认识和遵循客观规律，不给落后者失败者输血，以免它耗用资源苟延残喘去对抗强者。**早撤离、远离衰落者，让信贷死里逃生，与先进企业伴行才有安全保障。竞争靠造血机制，对竞争中落败的企业，谁也救不了也无须救，企业要靠竞争力，怨不得信贷无情。手中有权别动情，因为是存款人的钱；重责之下无怜悯，因为市场要讲规则。

**（2）不怜悯、要决断。**看易行难，看不准更难。很难区分是一时性风险还是本质，曝出时已是癌症后期，为时已晚。企业在贷款维系下，牵一发而动全身，收哪笔都触发垮塌，无接手者出不来。因此，退出需要机制与谋略，有策略分步骤。一旦发现企业违反了借款合同，宜早出手不拖延，不动声色先下手为强，收一笔是一笔，收多少是多少，任何延误都丢失机会。

**许多情况下信贷凭一种经验与反应，市场如战场，时机一晃而过，不谈什么理性，不允许反复论证。**市场多险恶，真伪难甄别，工作常失误，企业多变、天有不测、风险无情，不良贷款形成于企业变坏、环境变差、银行失误，三种原因搅和在一起。丢掉幻想，盯住机会，务实不空谈，因为听过了太多故事，看过了太多假象，经历了太多的风险。

## 四、借贷方式：
## 企业借新还旧、借东还西（机理四）

**1. 什么是借新还旧？**

借新还旧是传统的融资形式，有信贷与企业两种涵义。信贷涵义是指一家银行对企业前后两笔贷款之间的转换方式，即发放的新贷款用于归还到期贷款。一般在贷款要素没有发生大变化的背景下，续贷给正常经营的借款人；假如情况发生了某些重要的变化，则银行在新贷款金额、期限、利率、还款以及约束条款等内容上，会提出修改补充。后来为加强风险管理，取消了这类贷款，设置了两笔贷款的间隔期，但并未改变企业融资中借新还旧的实质，许多变为在银行间接力。

企业的涵义，是指我国大多企业依赖间接融资，整体资金运作处于借新还旧状态。即借款人资金缺口大，依靠银行借款得以维系资金的流动性平衡，借款被长期占用，借入新贷款才能归还老贷款，增加贷款才能扩大经营，一旦银行抽紧贷款则运行困难，经营风险加大。

**2. 什么是借东还西？**

借东还西是企业资金管理的概念。借新债、还旧债是大多数企业的资金运作、归还到期借贷的主要方式，在贷款、发债、股东借款和其他借贷中广为采用。当某一笔借款到期时，企业通过向其他银行或金融机构借款，用以衔接转换。例如，向甲银行的借款到期了，当不能借新还旧或展期续贷时，可通过向乙银行借款用以归还甲银行到期的借款。

在企业日常资金管理中，经常是拆东墙补西墙、先以应急、避免流动性风险。企业内部的资金从来是一盘棋、一个资金池，由财务部门统管调度运作。各种借入资金一旦到账就融入资金池中，每天销售回笼和企业往来的现金流也大，除了特定用途的资金外很难分得清属性。这与银行资金管理的逻辑一样，永远搞不清是哪一笔存款被贷到了哪一家企业。

**3. 贷款方式应当服从与适应企业的需要**

上世纪80~90年代银行统管企业流动资金，由银行审核确定贷款总额，随着生产发展而不断增加贷款额，借新还旧是常见的贷款方式。2000年后，随着金融机构多元化的发展，中小银行不断设立，交叉开户逐步成为普遍现象，银行也开始限制借新还旧方式，因而推动了借东还西的融资方式，企业从多家金融机构借贷融资，平衡资金。多头贷款加大了信息不对称，使管理复杂化，企业对哪家银行的依赖性和忠诚度都减弱了。一家企业对应着多家金融机构及债权人，企业与银行之间充满博弈，银行与银行之间相互牵制，形成最为复杂的银企信贷关系。

借新还旧、借东还西已成为普遍的借贷方式。企业生产的连续性使银行分期发放贷款，形成稳定的贷款余额，企业高度地依赖信贷，发展中不断地增加借贷，融资渠道越来越多，依靠信贷融资弥补资本的不足。企业越好银行越是投入，哪家银行都不愿意退出。到企业变差时，多家银行的贷款早已陷入很深，很难收回。这也是一家企业曝出风险，多家银行牵连受难的原因。

**4. 借新还旧是形式，企业风险是实质，贷款期限长短、周转快慢不说明安全性**

改革中，监管与银行都企图通过限制借新还旧，来解决微观风险问题，但事与愿违，因为无法改变背后的市场规律与国情背景。当宏观无法解决企业高负债率下的资金缺口时，企图改变微观贷款形式岂能奏效？可见，从一家银行的借新还旧，转变为银行间相互接力式贷款，并无防范实质性风险的意义，还派生出更多的社会风险、监管与成本效率问题。

理由有两点：第一，企业资产负债率接近60%，资本缺口太大，企业无法摆脱借新还旧的局面，无法减少银行贷款。第二，经济发展的压力太大，企业自我积累不足，唯有依从信贷。如果硬关上门，定要开出一扇窗。限制借新还旧，企业就会找各种中介去解决过桥融资的难题，导致多头贷款盛行，稍大的公司都有七八家银行贷款；导致小贷、民间高息借贷、网贷钻营盛行，乱了金融、风险积聚、带来后遗症，结果输的还是企业。

**5. 重视借新还旧贷款的风险与机会**

**（1）借新还旧是重新审视借款人的重要机会**。每一次发放借新还旧贷款，都是银行对企业、对风险的一次阶段性重新审视，这是契约合同赋予的难得机会——既是对差企业压减收贷的收缩机会，不显山不露水地一笔笔降下来，理由是正当的；也是对优质企业借机增加投入、挤入市场的扩张机会，务必珍惜。

**(2) 借新还旧时应当同步落实严格的管理责任**。在信贷调查审查中，主要关注融资环境、渠道、能力和股东支持等因素的变化，与企业状态、风险变化、贷款结构结合起来分析，及早发现企业财务状况、融资和偿债能力的变动。企业财务及筹融资能力总在不断变化中，融资结构和总量也在变化，要评估企业偿债能力、授信总额及未用额度情况，关注融资渠道和借款人态度是否变化；关注股东的代偿和支持力度，包括股东借款或提供担保等，都是按期还贷的重要保障。此外，由于旧贷款已清偿，原设立的担保物权也随之消灭，因而千万别疏忽新贷款的安全性。

## 五、市场定位：
## 门当户对的核心客户群（机理五）

市场分层次，你做哪一块？客户千千万万，你要做多少？公司有百业，你选哪一类？实务中，每家银行都有自然形成的客户与业务市场，有的做国企，有的做小微小企，有的做周围区域，有的做全国市场，慢慢积累起对客户层次偏好，对业务的选择定位，积累起一家银行稳定的客户群，形成了专业特长与经营特色，并在专业服务中规避大风险。信贷与客户门当户对，有利于保持稳定的经营状态。

**1. 信贷定位：旨在培育形成经营特色、专业特长和优势**

为什么要定位？这是一个市场目标与方向问题。每家银行都有其经营特征，面对庞大的市场，选择一块做精做好更能培育优势，提高市场竞争力，因而定位体现经营战略的意愿。

**(1) 定位是集约经营的起点，扬长避短才能增强优势**。做什么最有效？不做什么最安全？这是信贷必须解决的核心问题。假如什么企业都做，涉及经济的各门类、客户结构就十分复杂，必定高成本、粗管理，难以精细化。因此，西方银行都讲究客户分类定位，选择做自己熟悉的行业和客户群。

找到定位才能看得清市场，不会漫天撒网，什么都敢贷，什么都想做，什么区域都去，什么领域都进，各种类别都要，大中小微全方位铺开……不符合市场的逻辑。这样满市场全面进攻，有天大本事也只能是应付，再大的精力、资源也被分化，再多的人力也难以支撑，做不精致形不成特长特色，不符合经营的逻辑。结果可想而知，很难形成系统化信贷管理，战略缺失、散乱无章、失控多事。只有明确的定位，才能引导分门别类，实现个性化定制和精细化管理的要求，以规范贷款标准、客户管理等行为。

**（2）定位出自风险战略的选择**。首要是风险度定位，保守式经营只选择安全的客户，但利率会低；激进式经营会进入风险高的客户，但利率也高。假如一家银行信贷定位不明确，风险管理与财务的冲突会使得信贷员左右为难。例如，定位于小微市场，在高风险与高成本下必定收益提高；定位于大型项目、大企业，其安全度高、贷款额大、管理成本低，但利率低必定收益降低。这是基本的事实。那么，面对不同的风险容忍度，管理中应当允许前者出现更多一些失误、更高不良率，对后者则要求控制住利率的总体水平。监管也一样，不能以同一个尺度考核要求大小的各类银行，否则结论定会误导。

信贷应定位在哪个风险层次？理应由股东确认，以确定一家银行信贷经营的风险度。理由很简单，假如资本谋求更高的收益，必驱使信贷进入风险更高的企业，后果会带来不良率、管理成本相应的提升，股东认可即能容忍出现这种经营状况，放宽问责的底线。假如没有风险定位，如同失去了经营参照系，很难进行全面评价，假如经营失败也缺少问责依据。当前的问题是，股东们外行多，缺乏定位意识，难以主动履职，因而由经理人说了算，遵照统一的监管指引，失去了特色。

**2. 为什么信贷的客户定位很难？**

早年改革初期，四大专业银行及中小银行信贷的分工定位十分清晰，不准跨界。在商业化改革以后才冲破了界限，不再提定位问题。其原因有：一是国家通过政策指令直接调控信贷投向，规划经济发展；二是银行在快速发展中仍未到定型阶段，诉求不强烈，竞争未到火候，确定未来模式的时机未到。

**(1) 信贷宗旨并不支持定位，银行不能自以为是**。所谓定位是以地域、企业规模、行业、风险偏好、业务品种等划定服务的客户群。例如，区域性定位限制信贷不跨地区贷款；风险偏好定位限定做某类标准的客户；行业、业务定位确定支持（退出）行业、企业、产品的类型等，都体现了一家银行的信贷战略。

日常信贷各项工作都具体完备，唯有缺少战略定位。现状是：银行都以政策、指示为导向，令行禁止步调一致，指向哪里就打向哪里。国家不准银行只为某些客户群服务，不能只挑选好客户怠慢了其他，不准银行只顾绩效忽视社会责任……其实，哪家银行不想自选市场和客户？尽管是市场大趋势，但现在环境气候不成熟，做不到也不提倡。

**(2) 信贷定位的本质是银行定位，得由国家确定，服从中心任务**。在经济转型期，国家越来越加强对信贷政策的监管约束，在商业化与政策干预之间，首先要服从政策、服从指挥，只能在政策框架下做某些技术性安排。加强党对金融工作的领导，每个阶段政府都有中心工作，银行必须有效贯彻执行，若过于强调定位只会干扰。从历史进程看，一个时期支持国企，这是主体和基本国策；一个阶段支持购房，推动消费按揭贷款迅速提升；一个阶段支持小微，疏解就业的压力；一个阶段支持民营，拟订民营贷款的比重等，信贷必须认真跟进落实。

### 3. 渐进式推进客户定位：逐步向目标靠拢

在市场机制驱动下，银行本能地向目标市场归拢，走向个性化经营，银行终究要明确定位目标，这是大趋势。看西方银行的经营特色都很强，而我国的银行类同缺乏个性，原因都在市场定位上。

**(1) 定位是战略也是策略，随市场演进**。应当看到，定位是一个筛选淘汰、微调渐进的过程，是一个打造经营优势、逐步营造业务市场的过程，是一个营造管理模式特长、培育人才的过程。市场发展也同时影响定位的变化，从来没有纯粹的质量与客户，一切在演变中。新客户在成长成熟，老客户会衰老退化，银行必须持续动态地甄别筛选、调整优化客户名单，是一个长期持续的、反复不间断的历程。这个目标，在未来十年中一定形成雏形。

**(2) 机构客户群的构成：定位客户群＋特征客户群**。定位客户群是一家银行的战略基础客户，这是共识。分支行也有当地经济特色的特征客户群，或许与全行定位偏离，但两者是共性与个性的关系。某些特征客户早已成为信贷基础客户，但是，做好了是地方特色，做不好有你的风险责任。如何协同？一是遵行总行既定战略，努力去营销壮大属于定位范畴的客户；二是管理维护好地方特征客户群，尤其要重视品质，寻求上级的认同，以减少风险责任。

**(3) 策略实施中注意避免两种倾向**：第一，实事求是，反对本本主义。由于各地经济千差万别，市场、客户的差异很大，过度强调定位反倒会使一些分支行找不到足够的客户量，影响经营能力。第二，坚持定位，反对机会主义。假如你行大幅度偏离了定位，就应当有危机感，努力向市场争回丢失的客户，不该满足于现状。过于强调本地特殊性，一时看似乎效率高，但缺少战略必出风险，历史上失控的教训最深，自搞一套难以形成一家银行的市场优势与管理。

# 六、业务定向：
# 低风险市场与薄利多销（机理六）

总有人埋怨融资贵，银行应降低利率为企业减负；应降低银行融资的比重，去大力发展网贷、P2P、众筹、小贷等各类多元化金融；要加快发展直接融资方式等。可是，巨大的社会性风险及其后遗症表明，不符合国情时宜的路走不通。信贷利率不高，相比最低，承受不了这点利率的企业有风险。他们不懂得银行的经营特征是薄利多销,信贷具有利率低、规模大的强大优势,成为社会的基础性融资来源。

**1. 信贷利率是社会融资中价格最低的**

国家依靠信贷利率来调控社会资金价格。据 2017 年社会融资(企业)平均融资成本的统计表披露(见表 2-1)。

表 2-1　　2017 年社会融资(企业)平均融资成本统计

| |
|---|
| 中国社会融资(企业)平均融资成本为 7.60%, |
| 银行贷款为 6.6%,融资规模占 54.84% |
| 承兑汇票为 5.19%,占 11.26% |
| 企业发债为 6.68%,占 16.5% |
| 融资性信托为 9.25%,占 7.66% |
| 融资租赁为 10.7%,战 3.95% |
| 保理为 12.1%,占 0.44% |
| 小贷公司为 21.9%,占 0.87% |
| 互联网金融(网贷)为 21.0%,占 1.10% |
| 上市公司股权质押的为 7.24%,占 3.39% |

注:中国社会融资成本指数由清华大学经管学院中国金融研究中心,财经头条新媒体、企商在线(北京)网络股份有限公司等机构联合发起。2018.2.1 发布。

**(1)信贷以最大的份额稳定融资市场**。在社会融资总额中,银行信贷占 54.84%,承兑汇票占 11.26%,股票质押类占 3.39%,三项合计为 69.49%,成为社会融资的主体。

**(2)信贷以最低的利率压轴融资市场**。在企业融资的价格中,贷款利率为 6.6%,承兑汇票为 5.19%,股票质押为 7.24%,均低于社会平均成本的 7.60%。而互联网金融贷款为 21.0%,小贷公司为 21.9%,保理为 12.1%,租赁为 10.7%,信托为 9.25% 等。与各项融资价格相比,银行贷款融资的价格最低,不及小贷、网贷的三分之一。

数据表明,银行贷款是社会最重要的融资来源,奠定了社会融资的基础价格,保持了金融稳定;是最便捷、最适合企业的融资方式,远比上市、发债流程简单、便利、快捷,且无须公开披露,有利于保护其商业秘密；是受众面最广泛的融资渠道，有千万数量级的借款人，只要经营正常、守信用能还款就有贷款的机会。再看那些网络金融产品追逐高利率、高利差，算计着高收益，骚扰借款人，必定造成极大的社会风险，它们缺乏基本的风险防范机制和风控能力，不出事才怪呢。

**2. 薄利多销：是经营贷款的基本模式**

**（1）所谓薄利，是指假如贷款利率在 5%，存款的综合成本达 3%，贷款实际利差仅为 2%，再减去风险拨备、费用、税收，所剩净利润率就很低了**。尤其中小银行负债成本高、费用高、风险损失大是不争的事实，不浮动利率很难经营。据 2018 年 6 月末四大银行披露的财务数据表明（见表 2 - 2），四大银行平均的净利息收益率 NIM 为 2.22，净利息差 NIS 为 2.08，信贷成本（拨备）为 0.95，这都是真实统计数据。另外，增值税为贷款利息收入的 6%，所得税税率为 25%，以此计算，贷款净利润率都不足 1%。中美银行的 NIM 相比，我国四大银行也处于低位，但信贷的风险成本更高。上述数值不高，表明信贷利润是依赖规模和低成本获取的。

薄利方式是信贷较为安全的市场定位。银行遵循政策宗旨，开展低利率经营，对比社会上那些高利率冒险方式，说明了薄利经营是银行业的基本特征。

表 2 - 2    2018 年四大银行 NIM、NIS 与信贷成本数值[①]

| 2018 年 | 工行 | 农行 | 中行 | 建行 | 平均值 |
| --- | --- | --- | --- | --- | --- |
| 净利息收益率 NIM | 2.30 | 2.33 | 1.90 | 2.31 | 2.21 |
| 净利息差 NIS | 2.16 | 2.20 | 1.79 | 2.18 | 2.08 |
| 信贷成本（拨备） | 0.96 | 1.15 | 0.92 | 1.04 | 1.02 |

---

① NIM 为利息净收入与生息资产总额的比值，反映了单位生息资产带来的利息净收入水平，计算公式：NIM = 利息净收入/生息资产平均余额；NIS 为生息资产收益率减去计息负债付息率，反映了资产端与负债端利差水平，计算公式：NIS = 生息资产收益率 - 计息负债付息率。综合来看，NIM 指标更为全面，除了反映资产端和负债端利差水平，还体现了资产负债结构情况。

表 2-3　　　　　　　2018 年中美四大银行 NIM 值的比较

|  | 富国银行 | 花旗银行 | 摩根大通 | 美国银行 | 工行 | 农行 | 中行 | 建行 | 平均值 |
|---|---|---|---|---|---|---|---|---|---|
| NIM（%） | 2.91 | 2.71 | 2.50 | 2.42 | 2.30 | 2.33 | 1.90 | 2.31 | 2.42 |
| NIM 位次 | 1 | 2 | 3 | 4 | 7 | 5 | 8 | 6 | — |
| 信贷成本 | 0.18 | 1.09 | 0.51 | 0.35 | 0.99 | 1.15 | 0.95 | 1.00 | 0.78 |

资料来源：2019 年英国《银行家》杂志。

**（2）所谓多销，是指银行经营必须依靠一定的资产规模，才能支撑起盈利的基本平台**。因为，存贷款利差×贷款余额规模＝毛利，当银行业定位于中低端风险市场，利差被限定在薄利的狭窄空间里时，增加利润的有效途径只能是做大规模。

看看我国银行业发展的轨迹，可见证做大资产规模正是银行业发展的基本原因。我曾深入地参与一家民商银行从新设立到成长发展的全过程，深刻体会到了规模决定命运，规模越小的银行经营的难度越大，如果总资产达不到 200 亿元，那么银行的经营始终是步步维艰，在管控信贷质量上几乎没有回旋的余地，哪怕是出了一笔不良贷款，都让经营者战战兢兢。小型银行必须达到一定的规模，才得以提升管理架构，当生存问题尚未解决时，一切所谓的经营战略和规范化基础性管理都是很难落地的。

**3. 薄利多销的经营方式符合稳健审慎的银行本性**

一旦发生一笔贷款损失，要用多少笔贷款的收益去弥补？形成信贷风险后，靠 1% 的拨备比率难以覆盖，后果特别严重。例如，江苏有几家银行在光伏、钢贸中的贷款损失，超过了这些机构自设立以来的盈利总和，多少年的经营成果付之东流，短期内缓不过劲来。相关分支行机构领导人也都受到了严厉的行政处分，教训惨痛，没了当初放贷时的光彩自信。

**信贷风险效应是怎样被放大的？**假如发放 100 元贷款获利 1 元，看似赚钱不难，一旦贷款发生损失收不回时，资金风险会呈十倍到几十倍地放大，当不良贷款大面积失控，银行就被拖入危机。财务上这样计算：

当贷款利息不能收回，银行仍需支付存款利息的 3%，清收中费用会增加到 1%，即合计损失 4 元，是原本预算获利的 4 倍。

当贷款本金损失 20%，同类推本息将损失 24 元，是预期获利的 24 倍；当贷款只收回 50%，将损失 54 元，是预期获利的 54 倍；一旦贷款完全不能回收，则损失是预期获利的 104 倍。如果设法去弥补这些损失，相当于再发放 10400 元一年期正常贷款的预期利润。这就是风险扩张的倍数，足以说明要弥补贷款损失之艰难。

## 七、贷款轮回：
## 关注下一次贷款（机理七）

信贷的本义是信用、风险和杠杆，一头是债权人，一头是债务人；一头放贷谋息，一头借款求生；银行当中介，夹在存款人与借款人之间。信贷的义务就是收回本息，保障资金的循环，使存款人获息，借款人用了款，银行经营获利。信贷始终在周转中，若不能回归经营就将终结。

信贷有一种高尚的义务，是帮助借款人度过资金缺乏的困难，前提当然是收回本息，这是无数存款人让渡资金使用权的先决条件。资金从银行不断地贷出、收回，周而复始，遵循着规则、规律，一次次反复中轮回。风险与收益都起始于放贷，终结于还款，这就是信贷资金运营的规律。在贷款→用贷→还贷的全过程中，假如顺利地收回了贷款本息，资金形成一个完美的闭环。一旦收不回出现断裂敞口，如同打开了潘多拉盒子，风险就爆发出来，致使信贷失败。当资金不能收回时，银行一定全力追索，直至将企业破产清盘。

我们以生产型企业为例，剖析贷款资金是怎样循环的。

**1. 贷款有四个阶段，资金形态发生了两次转换**

通常四个阶段包括：第一个阶段是银行审核核准发放贷款；第二个阶段是企业使用贷款；第三个阶段是生产销售商品变现；第四个阶段是企业归还贷款本息。

**第一个阶段**：企业借款银行放贷，资金从银行划入企业账户。一纸借款合同，资金的使用权转换了，控制权由银行转移到了企业。贷期开始计时，利息开始计算，风险开始计步。

**第二个阶段：企业用钱购物与开支**。通过采购生产资料，贷款转变为实物资产，进入到生产成本中。使用是否合规、生产是否正常、经营是否有效？这是复查贷款合规性的阶段。

**第三个阶段：产品销售变现回笼**。成本从收入中分摊，按期归还贷款本金和利息，信贷完成了周转，成功回归银行。但是，物变钱最难，商品到货币是市场中一次"惊险的跳跃"，跳过去则银企双赢，跳不过去则第一还款来源终止。价格是否合理、回款是否如期、现金流是否足额？企业经营盈亏成败于此，也在验证当初贷款预测的合理性。

**第四个阶段：贷款本息回归银行**。是否按期、是否足额、是否拖欠？款到险除，完成了信贷资金的一次周转，并重新进入下一次发放。到此，才能见证贷款行为的有效性。

**两次转换是：**信贷的价值不仅支持生产，更在于循环与周转的资金运动。贷款进入生产领域，完成了资金运动的第一次转换，这只是起步阶段；此后，贷款带着增值利息重返银行，完成了资金运动的第二次转换，这才是成败关键。经济政策往往是强调了资金第一次转换的服务功能，突出了信贷的社会性；而资金运动第二次转换中隐藏着风险，这是信贷的经营性，如果转换中发生大量的失败，就会爆发社会性的金融风险。

**2. 还贷的逻辑：经营变现的能力和路径是命门**

企业变现能力的不确定性是贷款的根本难题。信贷最关切企业的经营能力，包括生产增值能力和市场销售回笼能力。比较企业间的经营差异，最终体现在生产及变现的渠道和能力上，好企业变现还贷能力强，差企业销售难回款更难。所谓信息不对称，银行测算企业还款能力的落脚点也在变现能力，企业遮遮掩掩的正是变现能力。

在企业借款→生产→销售→还贷的过程中，前提条件是正常销售回笼。一旦出现销售异常——售价下降、货款拖欠、销量减少，一旦经营中消耗掉其他现金——采购异常、投融资失配、财务开销大了，都将危及变现影响还贷。

变现有两种渠道，一是靠生产赚钱，在生产经营正常时资产创造收入；二是当生产经营不正常时，营收减少现金流不足，只能通过其他渠道（包括处置资产）来弥补，此时，经营还贷变得相当艰难。

资金用时间差计价，引出了贷款期限；借款人风险成本，引出了利率浮动；资金的负债成本，引出了利差管控。期限越长，风险不确定性越大，带来利息率的提高；贷款期内企业必须生成利息的价值，才能覆盖还本付息的来源。借贷利息是一笔刚性的财务费用成本，期限拖长利息与日俱增，因此，利息率是选择借款人的大前提，不能还息表明生产不能增值变现，则不能贷款。

### 3. 企业常在借到款后原形渐露，信贷控制权急剧弱化与缺失

贷款未出手时，银行能够牢牢把控住，一旦放出进入企业账户，银行的控制瞬即转为间接方式，即成为履约问题，无法干预经营，不能扣收。银行控制权变得虚拟软弱，只能祈盼平安无事。居心不善、用款冒险、借了再说、没想过还款、不打算还款、对经营风险不测……各种各样的借款动机都有，当资金一到手，原形才会逐渐露出。

**贷款前银行说了算，贷出后企业说了算，放款前得千万谨慎**。在你最后决策之前仍有反悔机会，想好了，放出就受制于人了。贷款如是小媳妇，嫁鸡随鸡，中途不能反悔退约回娘家，直到合同期满。债权不同于股权，银行无能为力。钱在别人手里，即使发现了问题风险，也缺少纠错回退的机制，只能强颜欢笑等待机会。没有后悔药，煎熬吧，牢牢记住是怎样上当的，心中只留下苦苦的教训：放好下一笔。老信贷员在多少次失误中成熟了起来，才把命运慢慢掌握在自己手中。

**轮回的启示**：不要把还贷简单地当作一笔贷款的结束，而要当作下一次贷款的开始。因此，千万要关注在收回贷款时借款人的状态，这是一个最重要的信号反馈：假如企业是正常有序地从现金中还贷，说明借款人状态不错；如果是七拼八凑地还了款，就要注意了：下一笔贷款该不该发放？能不能归还？得打一个谨慎的问号。

**案例**：2013 年 6 月，某房地产公司向信托公司借入 18 亿元，期限 2 年，年利率 16%，以商铺、写字楼和在建住宅做抵押，抵押物评估价值约 36 亿元。到期后，由于销售不好有 13 亿元未能偿还。信托公司要求企业降价售楼还款，企业在降价销售与利息成本之间难做选择，因每天支付约 60 万元利息，几天抵销了一套房子，压力巨大。

# ▶第 3 章  信贷之锚：规律与逻辑

万物自有原理与规律，信贷也不例外。信贷行为体现在**借贷关系**、**贷款数量**、**企业状态**与**市场运行**四个方面的作用，分别对应着信息不对称原理、贷款增长规律、企业生命周期与经济周期等四大规律的支配与影响，哪一项规律要素的变动，都会影响和改变信贷活动的状态。

规律是什么？是原理、是周期、是本性、是逻辑、是常识，是一切信贷活动的肇始与归依。长期以来，我们的信贷始终在政策导向和货币杠杆之下运作，很少谈及规律的问题，因而淡漠忽视了，以为市场就得驾驭，以人定胜天去改变。其实本末倒置了，一切在规律面前是渺小无力，干预市场至多调节了波幅或延时，但付出了代价。规律无情地报复不从者，以危机纠正不良行为。记住，信贷者应当尊重、了解、顺应信贷规律，才能规避、减少主观性风险，敬畏市场与规律、敬畏规则与政策、敬畏信贷与风险，无论何时何事都牢记在心。

**规律是信贷之锚，将其稳稳地围锁在港湾，风险中回归理性**。信贷在与风险打交道，人们再聪明算不过市场，再取巧绕不过原理，再管理避不开规律，谋事在人成事在天。智者千虑必有一失，人算不如天算，天算是规律，唯敬畏才清醒一点，遵循它不能对抗它。

## 一、规律之一：信息不对称是信贷基本原理

什么是信息不对称？这个词语最早出于对二手车市场的研究。

举例，假设二手车市场上有两种车型，一种质量好的车价值5万元，另一种质量差的价值3万元，好车、差车各有一半；假设存在信息不对称，只有卖车人知道车的好与差。当一个买车人进入市场，由于缺乏信息无法知道买到的是好车还是差车，他最多愿意支付平均价4万元。结果是，好车车主一定不愿卖，而差车车主愿意卖，导致好车逐渐退出市场，这就是一个典型的信息不对称导致的逆向选择问题。社会中信息不对称比比皆是，例如房屋租赁、招聘求职、广告营销、婚恋相亲等，几乎有中介的地方就有信息不对称的存在。

为什么银行乐于锦上添花，对优秀公司会送贷上门？为什么贷款占到了企业融资的六七成？为什么贷款要采用抵押、担保？为什么对借款人行为严加限制？这些最基本的金融现象和事实，却是信贷的市场方式，源于货币金融学中一个最为重要的信息不对称原理。它还揭示：企业最重要的融资渠道是贷款，而不是股市，间接融资的数额远比直接融资大；金融市场受到最严格的监管，企业进入证券市场受到最严格的审核，等等，都因信息不对称。

**1. 信息不对称：逆向选择和道德风险问题**

金融行业广泛地应用信息不对称原理。"**信息不对称造成了两个问题：交易之前发生的逆向选择与交易之后发生的道德风险。逆向选择指的是，风险高的借款人们往往最积极地寻找贷款。道德风险指的是，借款者往往从事贷款者所不乐意的活动。**"① 从定义看信贷：

**(1) 贷款前发生的逆向选择问题**。由于风险高的借款人更难得到融资，自然积极去寻找贷款，善于去包装营销、承诺并愿意上浮利率，投银行所好，相对容易得到贷款，却增大了造成不良风险的可能性。同时，不当的信贷管理与经营考核也会诱导逆向选择，使银行漠视了诚实的借款人，形成贷款的错配。某些政策也以行政干预方式逆向选择，不得不放

---

① ［美］米什金. 货币金融学（第四版）[M]. 北京：中国人民大学出版社，1998.

贷，亦容易形成信贷风险与损失。

**（2）贷款后发生的道德风险问题**。借款人得到贷款后，未能按照所承诺的内容用款，或申请时的用途原本就不真实，这种道德风险直接影响到后期的还贷。银行管控的难点是，企业各种渠道、款项混合在账户中，很难理得清和管控住贷后资金的流向，原因也在于信息不对称。从法规看，银行缺少管控的行政手段，无从干预企业的资金使用权，风险临头的借款人也不顾丧失名誉，执意违约去使用贷款，是普遍现象。

西方银行的信贷增量有限，经营的主要方式是存量盘整，客户稳定，社会诚信度高、法治与监管严，因而信息不对称问题小。对比之下，我国的信贷规模年年呈两位数不断增长，逆向选择问题更为普遍严重，加上诚信缺失法治环境差，道德风险更多。而企业不认可移用贷款是道德问题，反倒认为银行管得太严、服务不佳。这是中国信贷之命。

**2. 金融在信息不对称状态中运营**

**（1）金融风险生成于逆向选择与道德风险的恶化**。信息不对称加大了信贷活动的不确定性，当市场波动时，促使逆向选择与道德风险问题更加严重，而银行只要严管贷款就会影响经济的活跃度。

传导的过程是：**金融市场出现信息不对称现象→逆向选择和道德风险增加→影响市场的有效运作→银行恐慌→逆向选择和道德风险增加……不断循环恶化致使债务萎缩，危机初生**。假如风险波及了整个银行业，出现了大面积的风险恶化，必定加剧银行业恐慌并收紧信贷，管紧贷款，导致企业经营急剧萎缩。

当市场严重恶化就会发生金融危机。只有在银行清除掉差企业、差贷款，加强信贷的风控措施，减弱了信息不对称时，信贷机制才能重新正常地运转。

**（2）金融市场现象都是因为信息不对称作祟**。例如，"有钱人更能借到钱"是基本的社会现象，因为他们拥有较大的资产净值，逆向选择问题不重要了，银行放贷的后顾之忧少了，甚至送贷上门、垒大户。又如，信誉优的成熟大公司更容易从证券等市场融资，因为社会正面信息多，投资者容易评价判定优劣，愿意直接参与投资，不太担心逆向选择，而社会上更多的公司只能去银行融资。

**3. 银行的专长：管控逆向选择和道德风险**

**（1）银行拥有管理信息的专长与优势。**正是存款人与贷款人之间存在着信息不对称，才有了金融中介的经营市场。银行持有大量账户及市场交易的核心信息，拥有甄别客户行为的人才、经验和办法，更擅长克服信息不对称，避险获利。加上资本实力强、风险管理能力强、管理成本低又受国家严格监管，就赢得更多存款人的信任，把钱存到银行，使银行拥有了资金优势。银行只关注还本收息，企业从银行融资无需多披露，借贷比上市融资成本更低，便利可行，自然信贷成为企业融资最重要的来源，因而银行的融资功能变得强大。

**（2）银行运用贷款合同和管理严格约束风险。**道德风险是人性和法人的缺陷，防不胜防，唯有依靠合同和贷后管理。合同契约是法律性文书，约束规范用款并提供信息，限制违约行为以确保还贷，使银行拥有监管和主张权利的法律地位。

解决逆向选择的路径是：加快信息化发展，深度掌控信息，增加公司净值。加快信息化发展有利于强化信息管理，有效选择借款人；深度把握信息可增加信息透明度，有效管控借款人行为；增加净值得以减少风险度，保障信贷安全。银行在全社会总是领先持续地采用高新技术，最早应用了大数据、云计算和互联网等技术，极大提升了信息管理能力，形成专业特征和制高点。

解决道德风险的三项措施是：力求银企利益一致、实施限制性契约、提高押品净值。利益趋同可降低借款人的违约动机，限制性合同条款直接约束违规行为，提高押品价值提高了违约成本，触及根本利益。这些信贷措施都需要事前在贷款合同中得到体现，并在贷后管理中监督履约状态。这些都是银行的信贷行为特征。

**4. 优化信贷管理，消解信息不对称**

不管借款人行为如何，终究是由银行决策放贷。信息不对称原理是怎样影响信贷决策的？

**(1) 信息传导中发生多重扭曲、失误**。一是营销调查不到位，对企业贷款用途的真实性，以及对生产经营、财务的真实状况了解不够充分，未能识别企业核心信息的真实性；二是审查人员缺乏判定信息真实性的依据，只是重点审核信贷要素之间的关系及程序合规性，因而难以识别和管住企业关键信息中的风险性。不对称信息＋糊涂审批，导致了信贷管理的失灵失效，酿成后期的风险。

**(2) 管理是为了减弱信息不对称**。任何信贷风险都有管理失误之因，不当管理容易放大信息不对称问题：信贷营销与审核之间的信息不对称，现存信息与借款企业真实信息不对称，预判企业趋势与真实市场不对称，信贷经营与政策要求不对称，现有信贷政策与市场变化不对称，货币政策与市场规律不对称……种种信息不对称造成的扭曲，都酿成信贷的风险性。

银行内部的信息不对称也产生管理型风险，机关与分支行之间、管理层与一线客户经理之间、财务考核与信贷业务之间，信息不对称问题很多。例如，客户经理最了解企业经营的信息，分支行最熟悉当地的市场变化，总行最掌控全局和宏观政策趋势，但条块沟通、专业沟通、客户信息沟通并不顺畅，信息传导慢、效率低、问题多是不争的事实，都会干扰决策，形成了信贷风险。

## 二、规律之二、贷款增量的规律：周期性节奏与平台式上升

独特的金融体制，造就了独大的银行，我国银行业资产约占金融资产的9成，似乎在演独角戏。银行是货币政策的传导、执行和承担者，信贷历来是融资主渠道，是经济最重要的资金供应者，每年的贷款增量都成为社会最为关注的指标。搞清了信贷增量规律，就懂得了银行发展

的规律。

**1. 增量的贷款规模：每几年上一个台阶**

改革开放以来，银行信贷连年增长，只升不降。从2001~2019年信贷增量图可见，在货币政策调控下，新增规模每隔五六年上一个大台阶（2008年以前有大银行剥离不良资产因素难以统计），**信贷增势少有波动性，而是强劲地增长，呈现一种台阶式上升、平台式发展、增长式盘整、非均衡的周期性：增长→盘整→再增长→再盘整，循序渐进但周期趋短**。增量受经济周期性的影响并不明显，经济上行期、下行期贷款都旺盛。这种特征显然与西方波动式增长的周期性不同，它们在经济回落时，信贷的降幅很大。

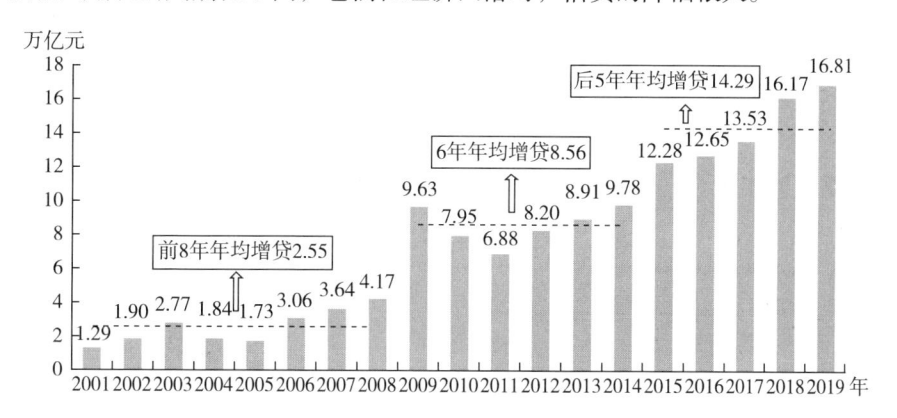

资料来源：中国人民银行金融机构人民币信贷收支表。

图 3-1 2001~2019 年新增人民币贷款额

在上世纪信贷总规模不大的年代，增长的量级不很明显，到如今平台效应越来越显著。主要原因：

一是信贷是我国社会融资主渠道，其他金融方式很单薄。

二是发展中市场信贷紧缺，信贷型经济高度依赖贷款，信贷随经济总量而增，经济体量越大信贷增量越大。

三是驱动力来自实体经济持续稳定地增长，社会融资需求旺盛，需要信贷发力支持。

四是政府最熟悉最擅长把控信贷，当作金融杠杆的抓手，无论经济状况好与差，调控信贷增量始终是最强烈的信号。

不同阶段的信贷增量有不同的背景动机。传统理论说，上行期的信贷对企业加杠杆，环境好、放贷易、放开贷；下行期对企业去杠杆，管得紧、压总量、紧收贷。但实务中并非如此，上行期信贷的动机是满足供应、促进推动，下行期信贷的动机是对抗下滑、启动需求。可见，信贷不是银行自身的经营行为，而是调控经济的重要杠杆，形成了信贷的使命。

**为什么下行期贷款反倒更多？** 因为在低潮期市场的启动中，信贷担当第一推动力。经济低迷压抑了各种投资，政府只能抓住信贷先行，去引导需求、发力推动走出低谷。银行在坚守阵地、推进结构调整，还要清理不良贷款，担当更多，工作更难，责任更重。不但贷款未下降，而且大量核销了坏账，腾出的额度又用于发放新贷款。

社会流传的银行收缩信贷常是一种误解，错将清收不良贷款误以为收紧贷款，下行期只是信贷风格变得谨慎，管理更严谨。

**2. 某些重要事件与背景引发信贷规模跃上新平台**

重要事件往往打破了货币政策的平衡，增量登上新高度后不能返回，构筑起新的平台。例如，2009年为应对美国爆发的金融危机，我国货币政策取向适度宽松；2015年为救助股市困境，亦增加信贷规模投放。2017年以来整治表外和同业违规经营，大量资产又逐步移入信贷规模内。

每一次突破之后，央行都试图重新控制信贷增量使之回落，但无济于事，因为对手是经济活动的市场规律，胳膊拧不过大腿。经济在变融资就得变，这是因果关系；经济多强金融就得多强，这是支撑效应。

西方是金融化社会，金融财富根基厚实；我国是发展中金融，还需通过未来30年的现代化发展，财富才能充盈和多元化。在这之前，至少在最近5~10年内还得靠信贷唱主角，因此，这种增长趋势难有颠覆性改变，越是市场进入逆境，越是国际压力增加，政府调控金融的意志越强。做一个简单预测，这种平台周期特征至少能再维持5年，每年的信贷增量会在17万亿元以上。

**3. 周期性平台式增长是信贷的发展方式**

伴随着规模的扩张，提升信贷管理能力；伴随着风控的到位，提升信贷经营能力。每一个平台周期都在积累信贷能量，聚集起跃上新平台的动能。一年年的增量聚合成总量与实力，一个个台阶往上走，勾画出银行发展的轨迹。如果说每年扩张的信贷只是量变，那么几年后筑成的新平台孕育着质变。

由表3-1可见，与信贷最为关联的经营指标印证了银行在改革、创新与进步。自2008年前后四大银行完成了股改的公司治理，业务结构得到持续改善。例如，2003~2018年的15年间，银行业总资产从26.8万亿元增加到255.0万亿元，增长了9.5倍；住户贷款比重上升到35.1%；公存比重从49.8%提升到60.3%；不良率从29.8%下降到1.89%的全球良好水平；利润总额从187亿元提升到18302亿元，增长了97.9倍。指标结构的改善表明银行发生了质变，当初是雏形，而今已成强者。

表3-1　　　　　　　2003~2018年银行业业务变化情况表

| 年份<br>业务变化 | 2003~2008 | 2009~2014 | 2015~2018 |
| --- | --- | --- | --- |
| 总资产（万亿元） | 26.8→62.0 | 78.0→167.3 | 192.9→255.0 |
| 对公存款比重（%） | 49.8→53.7 | 56.7→56.3 | 56.5→60.3 |
| 住户贷款比重（%） | →18.8 | 20.46→28.4 | 28.86→35.1 |
| 不良贷款率（%） | 29.8→2.4 | 1.60→1.25 | 1.67→1.89 |
| 利润（亿元） | 187→4984 | 5636→15546 | 15933→18302 |

资料来源：人民银行、银保监会。

**4. 信贷增量规律是央行调控货币方式的节奏**

经济发展具有台阶性，信贷也需要台阶，每上一个台阶都需要盘整，包括优化重构管理方式，以适应经济新特征。央行在平台式管控中新增规模，其动机也是稳健地管控货币增长，实现循序渐进。

**(1) 信贷规模是谁确定的?** 形式上由央行掌控，其实是政府与市场使然。几十年以来，人民银行对商业银行一直实行新增信贷规模的管理制度，构成了我国货币政策和宏观调控的基本体制，与西方市场经济下的央行管理体系完全不同。

外界看是央行对银行新增信贷规模的管理，实质反映了国家货币政策的调控运行制度。货币政策为支持和服务国家实现经济目标，**同时追求七个目标：通胀率、经济增速、就业、金融稳定、国际收支平衡（包括汇率稳定、外汇储备稳定、经常项目平衡，与某些国家的双边汇率和贸易平衡）、结构调整（支持某些特定产业）**。一切都不简单，牵一发而动全身，受制于经济规律和多种因素的驱动。因此，若要改变这种方式，如同是颠覆整个体制。

**（2）未来阶梯式增长能维系多久？**难以持久。因为规模式管理显然已不适应，金融体制在改革中，预计在未来10年内必定生变，市场会叫停它。国家经济总量、财富总量太大了，金融需求丰富了；银行经营方式在变，单靠贷款会束缚信贷功能、能量与领域。

假如央行放开直接融资渠道，信贷比重必定下降；假如存款大量分流甚至下降，资金不足何以增贷？这是基本原理；假如银行能自由地出售或以资产证券化转化贷款，信贷规模就失去了意义。2019年银行业贷存比已达80.0%，许多中小银行更高，到了央行不释放存款准备金便无钱放贷的地步，贷款规模有何用？当前政治经济形势极为复杂，内外不断的麻烦挤压货币政策，融资难融资贵企业嗷嗷待哺，从央行羞羞答答挤牙膏式的微调中，看得出转型期的无奈。

信贷发展规律依附于体制，是金融调控方式、经营方式，一旦根基变了，旧模式自然终结。但需坚信一点：无论何种方式取而代之，信贷只会更强大，因为它是本源。商业银行是货币经营者，拥有信贷基本优势，存量资金已经很大，周转量更大，不管货币多了少了、通胀通缩，信贷经营的是资金；不管政策紧了松了、宽了严了，信贷基础性功能别无替代。信贷的受众面广泛普惠、价格最低，发展中经济依赖信贷，社会离不开信贷。

信贷没有顺周期、逆周期，经营与经济周期吻合，但不同步。一个持续增长的中国式信贷，总量上没有下降的年份，增量上没有经济上行期、下行期的差异，也就没了逆周期、顺周期之谈，只有经营上的不同风格。上行期放贷易、管得松，因为环境适宜更具备放贷的条件；下行期管得紧、清收难，因为被大量不良贷款的涌出吓住了，机制转换为从紧管理，总体形成一种松紧反复的模式。

顺周期与逆周期是央行宏观货币政策的概念，商业银行自身经营没有这一说。银行职责体现在微观运作资金，受经营机制的牵动，财务上没有逆周期专属准备金，风险减值准备不按这个逻辑提取，经营只有法定年度的概念。

信贷不区分逆周期、顺周期，道理很简单：实务中谁都预测不了市场危机何时聚成、损害程度有多大，一旦临头，身在其中又撤离不去。信贷在宏观政策控制下运作，与经济形影不离，从来是命运共同体。信贷忠实地贯彻货币政策，严格执行会计制度，只能以良好的结构去规避大风险，以有效管理去防控单笔贷款风险。

## 三、规律之三：信贷与经济周期性规律共振

**经济周期如何在影响信贷？** 第一，影响投放数量（规模与周转）；第二，影响贷款质量（风险）；第三，影响信贷结构（投向）。在数量上，经济上行期需求旺盛，信贷大把地放贷，经营指标不错；经济下行期企业吃紧，信贷要分担，加大贷款支持。在质量上，经济上行期贷款不良率下降，信贷旺盛、自信与盲目；一旦经济下行不良涌现，经营转向谨慎、严管与清收。在投向上，不同经济发展阶段对重点产业、行业都各有要求。

经济周期始终左右着信贷行为，唯有认识周期，信贷才有能动性。当经济金融加快市场化转型，周期性规律就越来越显灵，信贷落在经济规律的节奏中，需要市场之舵应对大风险。要敬畏市场、尊重和遵循规律，尽管信贷是杠杆，但在规律面前，只是如来佛手掌上的孙悟空。

### 1. 四种重要的经济周期牵动信贷

投资领域最关注的经济周期中，最重要的是基钦周期、朱格拉周期、

库兹涅茨周期、康德拉季耶夫周期和熊彼特周期五种,它们都与信贷紧密关联,需要认真去研究应用。

**(1) 基钦周期(短周期)**。1923 年,英国统计学家基钦提出了一种为期 3~4 年的经济周期,认为库存变化引起经济波动,又称库存周期或存货周期。周期可分为 4 个阶段,分别是被动去库存、主动补库存、被动补库存、主动去库存,分别对应经济的复苏、繁荣、衰退、萧条,周期的可靠性较强,它主要决定了股票市场和债券市场。

以此理论分析,1998 年以来,我国经历了 5 轮完整的基钦周期,周期跨度在 38~48 个月之间,这五轮基钦周期平均长度为 42 个月,其中上行期平均为 27.8 个月,下行期平均为 14.4 个月。

表 3-2　　　　　　1998 年以来中国基钦周期统计表　　　　单位:个月

| 轮次 | 开始日期 | 周期高点 | 结束日期 | 上行期 | 下行期 | 长度 |
|---|---|---|---|---|---|---|
| 第一轮 | 1998.6 | 2000.6 | 2002.1 | 24 | 19 | 43 |
| 第二轮 | 2002.1 | 2004.3 | 2005.3 | 26 | 12 | 38 |
| 第三轮 | 2005.3 | 2007.8 | 2008.11 | 29 | 15 | 43 |
| 第四轮 | 2008.11 | 2010.11 | 2012.1 | 24 | 14 | 38 |
| 第五轮 | 2012.1 | 2015.1 | 2016.1 | 36 | 12 | 48 |
| 平均数 | | | | 27.8 | 14.4 | 42 |
| 第六轮 | 2016.1 | 2018.4 | 2019.7 | 27 | 15 | 42 |

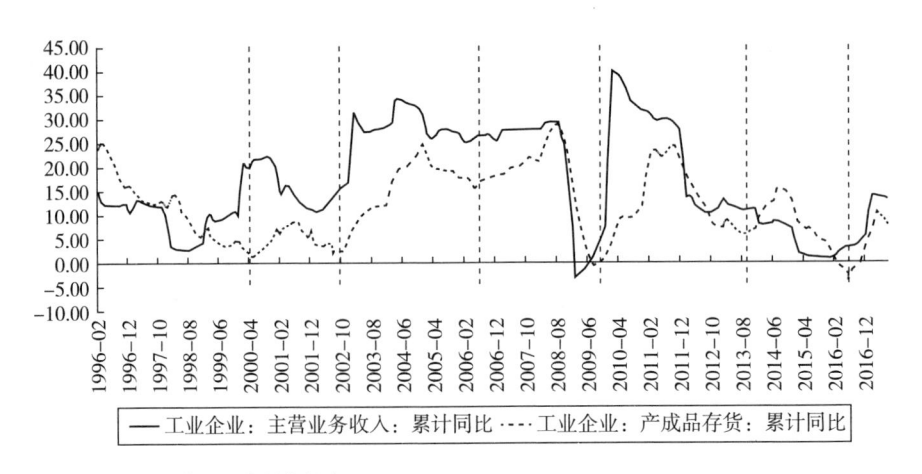

资料来源:华金证券研究报告。

图 3-2　1996 年以来中国主要的基钦周期

库存周期实质是主要工业产品销量的周期,反映了企业生产的市场供求状态,成为资金流动性周转状态的一种信号,直接影响货币供应量,因而库存周期对信贷极为敏感。国家对经济的调控中,库存从来是重要的宏观参照系指标之一。

**(2) 朱格拉周期(中周期)**。1860年,法国经济学家朱格拉提出的一种为期9~10年的经济周期,又称为设备投资周期,认为是由于就业、物价随着设备投资的波动变化,引起了周期性。

以此理论分析,自1978年我国改革开放以来,以固定资本形成同比增速测算,大概经历了四轮完整的朱格拉周期,平均周期长度为7~10年,其中上行期共计17年,下行期共计18年,见表3-3和图3-3。特征是上行期、下行期的时间大体相等。

表3-3　　　　　　　　1978年以来中国朱格拉周期统计表　　　　　　单位:年

| 轮次 | 开始年份 | 结束年份 | 上行期 | 下行期 | 周期长度 |
| --- | --- | --- | --- | --- | --- |
| 第一轮 | 1981 | 1989 | 6 | 3 | 9 |
| 第二轮 | 1990 | 1999 | 4 | 6 | 10 |
| 第三轮 | 2000 | 2006 | 4 | 3 | 7 |
| 第四轮 | 2007 | 2015 | 3 | 6 | 9 |
| 平均数 | — | — | 4.25 | 4.5 | 8.75 |

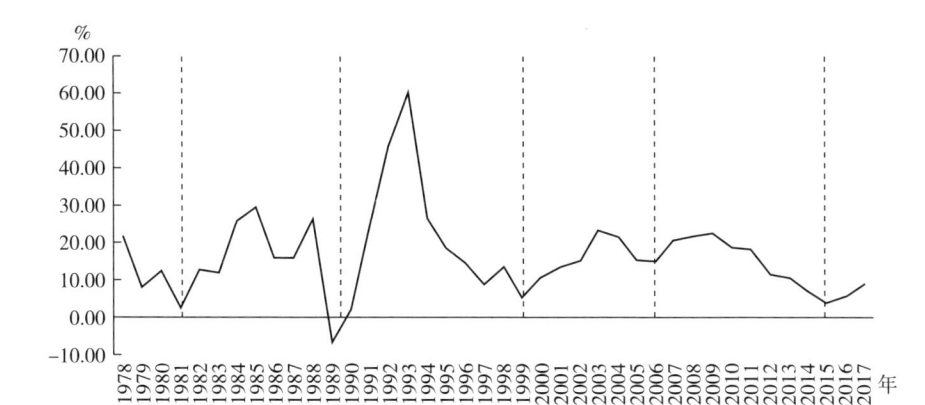

资料来源:Wind数据库。

图3-3　1978年以来固定资本形成同比增速

朱格拉周期主要影响制造业的设备投资。我国的银行信贷中，对技改、基建的贷款比重已经很高，因而该周期的信贷特征较为明显。银行不可不重视研究中周期对信贷的影响，而且信贷风险周期也具有中周期特征。

**（3）库兹涅茨周期（长周期）。** 1930年，美国经济学家库兹涅茨提出一种为期15~25年的经济周期，主要是以房地产和建筑业兴旺与衰落的周期性波动现象加以划分，又称"房地产周期"或"建筑周期"。房地产市场崩盘容易导致经济金融危机，例如1929~1933年经济大危机和2008年美国金融危机等，一般都在房地产及建筑业下行的库兹涅兹周期下行期，导致实体经济的大波动。

以此理论分析，自1978年改革开放以来，根据GDP核算中建筑业累计同比增长测算，我国大体经历了五轮周期，平均周期长度在8年左右，上升、下降期的时间大体相等，其中上行期累计共20年，下行期累计为20年，见表3-4、图3-4。

表3-4　　　　　　1978年以来中国建筑周期统计表　　　　　　单位：年

| 轮次 | 开始年份 | 结束年份 | 上行期 | 下行期 | 周期长度 |
| --- | --- | --- | --- | --- | --- |
| 第一轮 | 1978 | 1981 | 3 | 1 | 4 |
| 第二轮 | 1982 | 1989 | 4 | 4 | 8 |
| 第三轮 | 1990 | 1997 | 3 | 5 | 8 |
| 第四轮 | 1998 | 2008 | 7 | 4 | 11 |
| 第五轮 | 2009 | 2017 | 3 | 6 | 9 |
| 平均数 | — | — | 4 | 4 | 8 |

可见，我国房地产和建设周期具有自身的显著特征：第一，在大规模的城市化进程中需求旺盛，1978~2019年城市化率从17.9%提升到60.60%，年均提高1.04个百分点，城市常住人口从1.7亿人增加到8.48亿人。第二，国家对房地产采取最为严厉的行政管控与信贷约束，因而建筑周期大为缩短，成为一种中周期，明显与西方不同。2019年我国银行业房地产及按揭贷款的比重已有四成，房地产业与信贷的关系最为紧密，有关房地产调控政策对信贷的影响最为敏感，对未来的趋势最为关注。

资料来源：Wind 数据库。

**图 3-4　1978~2017 年 GDP 核算中建筑业累计同比增长**

房地产是市值最大的资产市场，2018 年末我国房地产市值约为 300 万亿元，而股票市值为 48.75 万亿元，债券市值为 85.74 万亿元，都小得多。**房地产市值的财富效应大概是 4%，即当市值缩水 100 元，影响投资和消费 4 元。**房价跌 1% 就跌去 3 万亿元，会导致减少需求 1200 亿元，占 GDP 的 0.13%。如果房价跌 10% 会导致需求减少 1.2 万亿元，影响当年 GDP 增长 1.3 个百分点。因此，**库兹涅茨周期对经济的影响很大，有人说房地产周期是经济周期之母。**①

**（4）康德拉季耶夫周期（长周期）。** 1926 年，俄国经济学家康德拉季耶夫提出的一种为期 50~60 年的经济周期，是以产业发展的科技进步为特征。该周期揭示了划时代性技术创新的规律，例如蒸汽机、火车、电力、计算机、互联网等，都是每个库兹涅茨周期的标志性产品，有一种从出现、渗透向普及的发展规律，对经济增长贡献也是一个由小到大再回落的过程。普及后对经济增长贡献度衰减了，亟待下一次划时代产品的出现。

以此理论分析，1962 年以来我国只经历了一个完整的长周期。大体上

---

① 郝联峰.《当前经贸形势与投资机会》学术报告，2019-05-31.

1970~1990年在下行阶段，1991~2007年在上行阶段，2008年以后又进入下行期，见图3-5。但就国情分析，我国互联网经济比西方晚十几年，工业互联网远未普及，因此，以"中国制造2025"为标志，未来10年仍在创新普及发展期。

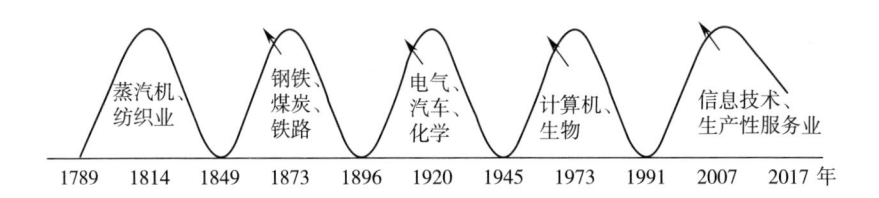

```
   蒸汽机、   钢铁、    电气、           信息技术、
   纺织业    煤炭、    汽车、   计算机、 生产性服务业
            铁路     化学     生物
1789  1814  1849  1873  1896  1920  1945  1973  1991  2007  2017 年
```

资料来源：华金证券研究报告。

**图3-5 世界主要的康德拉季耶夫周期**

新科技、新产业与新市场的出现，对于企业转型升级、技术更新换代、产品与模式创新，都具有跨越式、颠覆式的意义，新业态、新企业也层出不穷。对信贷而言，周期转换的市场风险大，在新生产力形成中多有失败与反复，并淘汰落后的产能，供给侧改革正是这个意义。信贷伴随着转型，既面对旧产能被淘汰的巨大风险损失，又面临进入新市场初期艰难的抉择，既充满着机会也是风险的挑战。

**(5) 熊彼特周期（综合周期）**。熊彼特以"创新理论"为基础，在对各种周期理论进行综合分析之后，阐述了各种周期之间的逻辑关系：即每个长周期中包含6个中周期，每个中周期包含3个短周期；短周期为3~4年，中周期为9~10年，长周期为48~60年。

该理论基于企业家的创新活动，构建了一个包括繁荣、衰退、萧条、复苏的四阶段经济周期模型，指出了由于创新浪潮的出现和消逝，带动了资本主义经济的繁荣和衰退。创新的产生、普及、消失和新一轮的开始，推动着资本主义经济呈现周期性增长和波动。

综上所述，宏观经济的各种周期之间具有相互嵌套的关系，基钦周期最为重要，是构成其他经济周期的基础，弄懂了基钦周期，就可揭示其他三个周期的构成。有专家认为，1个康德拉季耶夫周期（科技）包含3个库兹涅茨周期（房地产），1个库兹涅茨周期包含2个朱格拉周期（设备），1个朱格拉周期包含2~3个基钦周期（包含3个基钦周期和包含2个基钦周期的朱格拉周期交替出现）。2019年我国经济的周期阶段，基钦周期走过收缩期，而其他周期都处于扩张期。①

**2. 20年来我国经济大周期定格在10年**

假如将GDP增长率按照"波谷到波谷"的划分方法进行测算，从新中国成立以来我国经济大体经历了十个周期，扩张周期平均为2.9年，收缩周期平均为2.8年。具体划分为：在1990年以前周期的平均跨度约为5年，而进入至1990~1999年、2000~2009年两个时期，经济周期都在10年左右，跨度在明显增加，波幅在显著减小，收敛性不断增强，GDP增速在逐步下降，稳步进入一种新常态。它表明，20年来我国经济的市场化进程加快，市场经济的基本属性逐步形成，周期性规律也趋同合拍，它决定着信贷的经营规律。

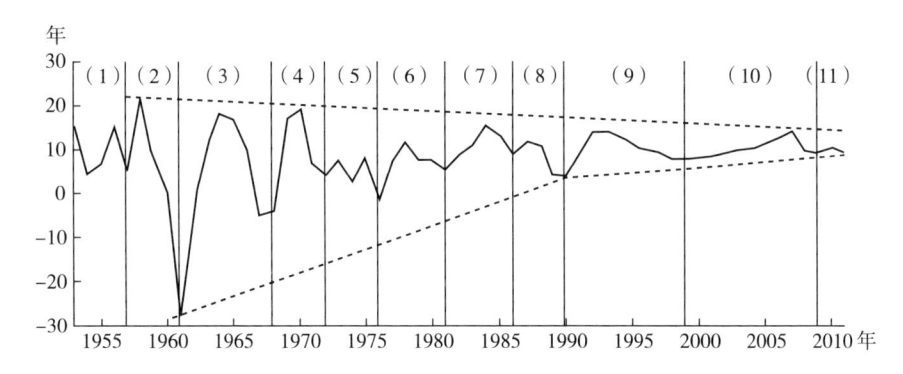

资料来源：姚敏，周潮. 中国经济周期波动的特征和影响因素研究［J］. 经济问题探索，2013（7）.

**图3-6　中国GDP增长率波动曲线**

---

① 郝联峰.《当前经贸形势与投资机会》学术报告，2019-05-31.

表 3-5　　中国经济周期的划分与特征参数（1953~2011 年）①

| 日期序号 | 起止时间 | 波动幅度 | 峰位 | 谷位 | 平均位势 | 周期长度 | 扩张长度 | 收缩长度 |
| --- | --- | --- | --- | --- | --- | --- | --- | --- |
| 1 | 1953~1957 | 11.4 | 15.6 | 4.2 | 9.4 | 5 | 3 | 2 |
| 2 | 1958~1961 | 48.6 | 21.3 | -27.3 | 0.6 | 4 | 1 | 3 |
| 3 | 1962~1968 | 24.0 | 18.3 | -5.7 | 5.8 | 7 | 4 | 3 |
| 4 | 1969~1972 | 15.6 | 19.4 | 3.8 | 11.8 | 4 | 2 | 2 |
| 5 | 1973~1976 | 10.3 | 8.7 | -1.6 | 4.3 | 4 | 2 | 2 |
| 6 | 1977~1981 | 6.5 | 11.7 | 5.2 | 8.0 | 5 | 3 | 2 |
| 7 | 1982~1986 | 6.4 | 15.2 | 8.8 | 11.5 | 5 | 3 | 2 |
| 8 | 1987~1990 | 7.8 | 11.6 | 3.8 | 7.7 | 4 | 1 | 3 |
| 9 | 1991~1999 | 6.6 | 14.2 | 7.6 | 10.7 | 9 | 3 | 6 |
| 10 | 2000~2009 | 5.9 | 14.2 | 8.3 | 10.3 | 10 | 7 | 3 |
| 11 | 2010— | — | — | — | — | — | — | — |

四大周期特征影响和决定了**银行信贷的四项基本特征：**

（1）我国是工业化国家，制造业库存与设备投资周期构成了最显著的**工业经济特征。**

（2）我国是城市化进程最快的国家，房地产周期成为最重要的**社会发展**特征。

（3）我国处在经济结构调整的转型经济中，创新与技术进步成为**转型经济**的基本特征。

（4）我国商业银行主要经营中短期借贷，以 10 年为长度的经济中周期，构成**信贷风险**的周期特征。

**3. 经济周期构成了信贷的风险特征**

信贷的行为逻辑是：有贷款规模就放贷，不能不放少放；出不良就去消化，压到考核指标以内。实务中很少研究周期，缺少预测和精准把控的管理方略。经济与金融的周期同步吗？一个周期中几年上行、几年下行？贷款质量变动周期与经济周期重叠吗？可以从 2009 年后的数据中寻找特征（2000~2009 年四大银行股改多次剥离了不良资产，不成规律）。

---

① 郝联峰.《当前经贸形势与投资机会》学术报告，2019-05-31.

**（1）在经济进入下行期 2 年之后，不良贷款集中涌现**。2009~2019 年的经济增长与不良贷款率之间，呈现一种明显的反向关系（见图 3-7）。其间，由于"4 万亿"投资刺激计划，银行贷款快速扩大，2009~2010 年 GDP 增速提高至 12%，经济明显回暖，不良贷款率持续下降。之后，经济步入下行，不良贷款率由降转升，拐点出现在 2012 年，显示出对经济周期反应的滞后性，滞后时间大约是 2 年。银行不良资产首先在几个省市集中暴露，逐年在多个省市蔓延，至 2019 年末不良贷款率为 1.86%，已回升至 2009 年实施"适度宽松"货币政策前的程度。当东部经济下行而中西部经济上行的背后，往往伴随风险转移的特征，要引起关注。

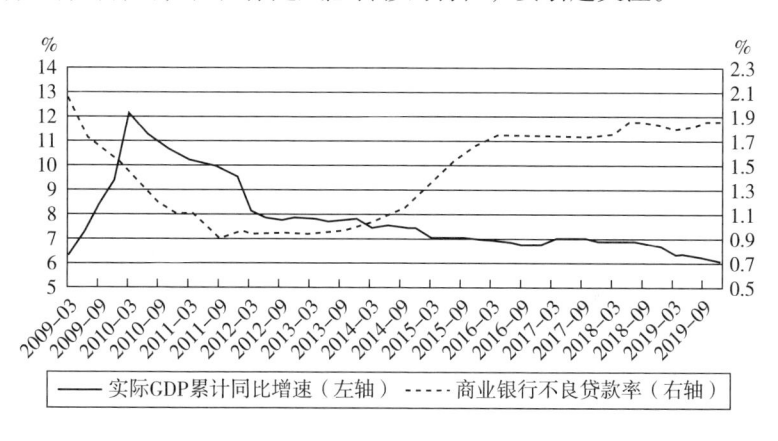

资料来源：Wind 数据库。

图 3-7 2009~2019 年 GDP 增长与不良贷款率

信贷工作的心态也随经济周期起伏变换，快活几年、低沉几年地波动轮回，形成经营的规律，经济上行期激情、亢奋和进取，下行期疑惑、痛苦和抉择，状态完全不同。大体是：1987~1996 年快活，1997~2005 年难受，2006~2012 年快活，2013~2018 年难受，2019 年又逐步见好。心态形成于环境难度与风险压力，也是一种信贷行为规律的印证吧。

**（2）依存度、关联度太深，相互影响着周期**。短周期常是企业风险的早期信号，库存升则积压起，库存降则市场向好。到中周期风险爆发宣泄时，已经势不可当，尽管货币政策进行逆周期调节，力求熨平经济波动，但并非都能如愿。长周期的技术惩罚更加厉害，许多知名企业难渡转型关而倒闭，充满危机。例如，柯达不愿意放弃胶片技术而被数码技术颠覆；诺基亚错失智能手机的良机，从昔日老大落到卖身微软；百年老店的百代唱片一败涂地于数字音乐模式，落到被花旗集团收购等境地，这类案例在国内也比比皆是。

信贷受制于经济周期，中短期特征突出，受**基钦周期、朱格拉周期**两大基本周期影响最大，但是，孤立地套用某个周期的分析不能刻画信贷全貌。因为市场中各类周期是叠加共振的，形成了经济的复杂性，还有国际的、社会的、政治的因素，因而信贷风险变得不可简单推测。现实中，**信贷或许侥幸规避了一个企业的风险，却逃不脱一批企业的风险潮；规避了短周期风险，不一定逃得出中周期；避开这一轮，不说明能躲得过下一轮**。每一轮周期都能如愿度过的，绝对是神，但未见有此案例。因为每一次都不同，正如马克·吐温的名言：历史不会重演细节，过程却会重复相似。

信贷理应对经济周期最敏感，对企业经营、财务与市场的影响最大。企业深受贷款松紧、数量期限的信贷规律控制，深受市场、技术、竞争的经济规律制约，深受自身经营与财务周期规律的支配，种种经营变化都影响到信贷。既然规律决定着信贷命运，**唯有熟悉它才有底气，才能有识有胆有备，重要的不是预测未来，而是要懂得当下市场处在周期的什么阶段，去遵循把握**。这个要求不高，只是我们还未去做。

## 四、规律之四：企业的生存周期规律
## ——贷款风险的短周期仅三五年

常有一些优秀的机关干部，不懂得信贷，原本没有做过信贷风险类业务，也不熟悉当地企业的深浅，下基层挂职后贸然地冲向信贷市场。他们以为，有政府号召，企业很热情，汇报与报表都不错，加上大笔放贷就大笔收息，稀释了不良率，立马使财务转优，业绩令人刮目相看，显示出自信与才干。但是，施展手脚才放贷几年，接踵而来的是险情频传，风险首先在县市企业爆发，转而天天担惊受怕。接着是秋后算账，饱尝了清收不良资产的苦果，还会在离任稽核中落个差评，成为抹不掉的责任，还有跟踪式追究，留下了污点。

这类案例太多，多少刻骨铭心的教训，告诉人们"敬畏"两字，看似信贷如黄酒很温柔，后劲叫你难堪。真心地奉劝行长们，首先要管住自己，没有金刚钻不揽瓷器活，当自己信贷能力不强时，千万别在信贷上做大手笔，千万要遵循信贷与风险的市场规律。

**1. 贷款有变坏的规律**

每一次放贷大潮过后，必有不良贷款的回头潮泛起。如果说10年是经济规律的一次大周期，那么一笔贷款的变坏绝对等不到10年，3~5年就让你难堪；假如你接手了经营下滑企业的续贷，更是朝不保夕，脸变得更快。时间之短，有时赶不上一届行长的任期。

**为什么信贷风险的短周期只有三五年？** 因为信贷受到经济金融风险大周期冲击。10年的周期可分为上行期和下行期，假如各半自然不长，但自2013年以来本轮下行期已过7年，仍在艰难中。当大风波周期性袭来时，大批企业因扛不过去而衰亡，一些好企业也受牵连而遭殃。经济在螺旋波动式上升，信贷在金融大周期的波澜中运行，每个阶段都有不良贷款溢出，这是市场常态。

**为什么商业银行严格控制发放中长期贷款？** 为什么总体上贷款的平均周转期不足半年？因为制造业大多产品的周转期只有几个月，当一次贷款跨越几个周转期，事实风险已经在身。

**2. 企业生存力、竞争力不足是贷款劣变的本因**

企业生存周期是指平均的市场寿命，体现为生存力、竞争力。贷款可以延长企业的生存期，假如缺少资金，许多企业根本没有机会和能力去做大，或许早早夭折。但是，生存力来自内因，外因难以改变它，贷款只能支撑起具有持续竞争力的企业。

**企业生存周期有多长？** 口说无凭，一份原国家工商总局对 2000~2012 年全国新设企业、注吊销企业生存时间的综合分析报告①，揭示了企业以下的生存特征。大体有三点：

**(1) 法人企业的年龄不大。** 存活期为 5 年的占 49.4%，存活期为 5~10 年的约占 33%，存活期为 10 年以上只有 17.7%，规模越大平均寿命越长，见表 3-6。中西方企业的生存规律相近，生存周期都不长，据《财富》杂志披露，美国 62% 的企业寿命不超过 5 年，只有 2% 的企业能存活 50 年；中小企业的平均寿命不足 7 年，大企业不足 40 年，跨国公司在 10~12 年。欧洲只有 65% 的中小企业能存活到 3 年以上，存活 5 年以上的只有 50%②。

表 3-6　　　　　　　2012 年末全国企业生存时间分布表

| 年龄 | 企业数量（万户） | 比重（%） | 年龄 | 企业数量（万户） | 比重（%） |
|---|---|---|---|---|---|
| 1 年以内 | 195.91 | 14.8 | 11 年 | 43.13 | 3.3 |
| 2 年 | 185.19 | 14.0 | 12 年 | 33.95 | 2.6 |
| 3 年 | 153.39 | 11.6 | 13 年 | 27.15 | 2.1 |
| 4 年 | 118.29 | 8.9 | 14 年 | 21.71 | 1.6 |
| 5 年 | 89.92 | 6.8 | 15 年 | 18.16 | 1.4 |
| 6 年 | 82.54 | 6.2 | 16 年 | 13.18 | 1.0 |
| 7 年 | 76.66 | 5.8 | 17~19 年 | 27.74 | 2.7 |
| 8 年 | 67.84 | 5.1 | 20~24 年 | 35.83 | 2.7 |
| 9 年 | 62.47 | 4.7 | 24 年以上 | 13.67 | 1.0 |
| 10 年 | 55.81 | 4.2 | 合计 | 1322.54 | 100 |

为什么？因为企业同台竞争，产能过剩而市场需求空间有限，唯有淘汰对手方得以存活，市场变得惨烈无情，表明了**经营信贷始终面对着优胜劣汰的市场挑战，要始终不断地判断企业经营状态与趋势，改换借款人，要及时发现企业劣变，并赶在其衰败死亡之前抓紧清收贷款**，这就是信贷

---

① 国家工商总局企业注册局、信息中心. 全国内资企业生存时间分析报告 [R]. 2013.
② 国家工商总局企业注册局、信息中心. 全国内资企业生存时间分析报告 [R]. 2013.

周转的意义。企业年轻化，表明**信贷要与更多不成熟、不稳定、不规范的年轻公司打交道，注定了信贷工作的难度。**

> 行长的信贷水平通常体现在对中间状态企业的管理。对优秀企业贷款重在管理不在审批，无需一笔笔管死，过于繁琐会使企业反感，只需判断好状态的真实性，因而优质类贷款越多越轻松。判断中间状态企业的风险需要水平，花精力靠真功夫，一旦敏感到下滑时勇于退出，从判断决策、控制限定、清收退出显示真能力和勇气。

**(2) 大多企业寿命不长**。2000~2012年，新设企业5年存活率仅为68.9%；第9年累计存活率为49.6%；第13年只剩38.8%。2008~2012年全国累计退出企业的平均寿命为6.09年，5年中死亡率分别为9.3%、8.4%、7.8%、7.2%和6.1%；第一产业为5.19年，第二产业为6.70年，第三产业为5.93年。[①]

事实足以警示银行：企业不长青，现实太严苛，信贷需谨慎，它确立了信贷客户风险管理的基本点，告诫人们少点书生气、切忌理想化。在风险无常的市场中，公司的平均寿命才几年，因而**信贷决策时重在当下，不在久远，要更深邃，时刻警惕与防范借款人劣化的节奏**。商业银行信贷属性是短期借贷，中长期贷款理应是开发银行、基础设施发展银行的范畴。我国的银行短中长各类期限贷款都发放，特别要重视企业生存周期问题。

**(3) 企业死亡率高**。注册的第3年是生存危险期，3~7年是死亡高发期。农林牧渔业、制造业、批发和零售业、房地产业、水利、环境和公共设施管理业，在成立1年内死亡的数量最多；采矿业、电力热力燃气及水生业在成立后第5年退出最多。

这里存在商业银行与投资银行的业务边界，新注册设立期、创业期企业本应属财政扶持与投行的业务范围；要关注资本少、不到位、资本不足下的企业风险，不要贸然进入。成长期、成熟期才是商业银行进入的业务

---

[①] 国家工商总局企业注册局、信息中心. 全国内资企业生存时间分析报告[R]. 2013.

范畴；要及时发现衰亡期企业，毫不犹豫尽快地撤离贷款，退不出就成了陪葬品。

在某银行成立初期，2009 年 12 月我给该行千余支行长们讲课。课间，一位支行行长忧心忡忡地提问：支行刚开始做信贷，只有我一人，年底到了，贷款计划下得晚又催着要完成，真难呢，该怎么办？我这样回答：贷款不是抓存款，年底可以冲一冲。你们从储蓄到贷款，既无风控经验也无信贷人才，可不是闹着玩的，千万要敬畏风险，宁可完不成也不能赶指标。按理行长不能自己放贷，单枪匹马无知无畏，过不了三年会有一大批人倒在风险责任下。我这样忠告，事实都如此。

### 3. 企业生存周期性的风险告诫

少数优秀企业脱颖而出，多数企业快速分化，不少企业走向衰败破产，更多新企业又设立，**这是企业的生存规律**。信贷者千万提醒自己不能糊涂，也应看到，尽管每年死亡率有 5%～10%，但市场的新增率更高，如今每年新增市场主体有几千万户，前仆后继，欣欣向荣，带来希望。**这是信贷的市场定位和发展前景**。

1978 年是改革开放之初，我国的市场主体不到 50 万个；2019 年突破了 12339.5 万个，41 年增长了 247 倍，发展速度史无前例。依据国家市场监督总局披露的数据计算，2019 年市场主体消亡 1320 万个，比重为 9.7%；其中企业消亡 355 万个，比重为 10.25%。假如失败者中有 1%～5% 的比重是借款人，则会形成 1 万～5 万户不良贷款借款人，他们侵蚀银行贷款，造成风险损失。其实数量远远不止这些，全国有 20 多万家银行机构，假如平均每家有 1 户劣变的借款人，就十分可观，数量足以惊骇。

信贷艰难地面对企业分化的挑战，怎么办？老办法是，**选择安全岛，寻找不死鸟，设立护城河，择优汰劣**。企业好信贷就有希望，找到竞争性优质信贷市场，既是信用风险管理的重头戏，也是提升银行竞争力的基础工作。

**摘录：**韩国央行2008年发布的调查报告《日本企业长寿的秘密及启示》称，全世界创业200年以上的企业共5586家，日本多达3146家，占了近60%，远多于排第二位的德国837家。而日本经济大学教授后藤俊夫的调查则显示，创业超过200年的企业，日本实际上多达3937家，德国约有1850家。

中国的百年企业也少得可怜。据悉，创业历史超过150年的企业只有六必居、张小泉、陈李济、同仁堂、王老吉等5家。创业超过100年的企业有全聚德、云南白药、青岛啤酒等，但总体数量并不多（孔祥旭《关于日本的百年老店为什么多》）。

# ▶ 第 4 章 信贷的基础层次

搞懂信贷首要的是正名，名正言顺。信贷之道，底层是原理、逻辑，中层是法规、规则、规律，上层是体系、制度下的实践活动，形成体制、机制、概念、理念和观点的行为属性与规范。信贷的功能业务，从形式到内容都是分层次、有架构的，只有将各种关系理顺了，认识就不糊涂混沌，道理自然清晰明了，结构格局顺理成章。因此，认识信贷先要对一些最基本的关系进行梳理，确立基本准则，纲举目张。

经营信贷有"六个第一"，是认识信贷的底层逻辑。第一即基础定位，是不容置疑、不用争议的参照系标志，确立为奠基石。

## 一、角色与地位：信贷是银行第一职能

银行诸多的功能有主次之分，信贷是最为重要的核心功能与属性，其他的功能都服从于它，在其之下，不可颠倒、不可越位、不可替代，构成了基本的功能关系。国家运用信贷杠杆调控货币政策，保障经济运行，因而信贷成为实现政策、社会与银行经营的紧密联系的纽带。信贷是经营货币的基本方式，办银行就是通过借贷获取利差，这是古往今来一个朴素的金融至理。

什么是信贷？说起来不难，做起来不易，结局有人间、地狱两不同。道理就几条，怎么把贷款放出去、管得住、收回来，在不断循环轮回中收获利息。信贷实务强调三点要求：交易背景是否真实是前提，用途是否合

规是落脚点，能否按期归还本息是底线，三者都涉及风险本质和核心，其原则性毫无变通的余地，哪个环节失误都有风险，含糊不得，是第一位的。按期还贷付息是契约性强约束，是持续经营的基本条件，不能还款付息则一切免谈，无论借款人的技术、管理与市场预期如何优秀，这些形式性要素都是第二位的。

**如何认识信贷，只需抓住三项要领：**

第一，信贷是什么？信贷是指业务定位的功能与内涵，是银行经营货币的主要方式，是社会的基本融资渠道，是银行最基本的标志性业务功能。

第二，信贷为了谁？两大对象：一是以经济建设为中心，服务于经济与货币政策，支持实体经济、服务社会；二是在经营中获利，为股东资本获取收益。

第三，怎样做信贷？首要是选择与管理好借款人，核心是盈利并防控风险，方法是贯彻服从政策调控，关键是提升专业经营能力，应变于市场需求。

算得清的是利息，说不清的是风险、或有风险与潜伏的风险，人们持有不同的立场、观点、专业和经验，受职责所限对风险的认识也有分歧。比如前台关注营销，中台多挑剔问题，围绕着风控而冲突不少。经营始终是在平衡风险与收益两者之间的关系，原则性与灵活性围绕着风险是否可控为焦点，关键是要弄清具体的风险源头，抓住主要矛盾和要害，其他问题次之。

社会责任与银行经营利益是一对市场的矛盾。是主观为经营、客观为经济，还是主观为经济、客观为经营？争论不休。其实，这种义利观、认识观不恰当，应当是：以社会经济建设为着眼点，信贷要能找到正确的切入点、落脚点，去实现银行的经营目标。信贷的政策性、市场性都很强，不能将它们对立分离，而是要寻求主客观的统一，才是银行经营的本质特征。国家对银行的要求从来是两手抓：一手是支持经济稳定企业发展；另一手是经营中利润不能少、风险不能高。哪一手都重要，不能偏离，只是不同场合有不同的说法和侧重，必须全面理解不能偏颇。

**信贷如何体现三者的统一？**

第一，要把信贷指标都贷出去，实现货币政策的要求。

第二，要完成经营的利润指标，实现股东资本的要求。

第三，要稳定经营管理好风险，实现金融监管的要求。

三者互为兼顾缺一不可、辩证统一不能分离。信贷经营中，需要精心作业精细化管理，通过提升专业能力去落实。

前些年金融业影子银行泡沫泛滥，社会金融风险积累聚集，针对问题的严重性，2017年中央指出了金融回归本源这个本质问题，并着力整治金融风险。信贷占社会融资总额的7成多，占企业负债的7成多，信贷资产构成了金融资产的主体，因而信贷的本源就是为实体经济服务。揭示金融本源的意义，是着眼于解决当前经济发展中企业的融资难融资贵，从金融格局看，信贷义不容辞。

前些年一度出现信贷的异化与偏离，成为金融风险的主要特征。表现在，无论是地方政府债务的过度融资，还是利用网络牟取高利率，以及金融机构的表外、同业业务的泛滥等，本质上都是过度利用金融杠杆的信贷异化。例如，疯狂的P2P资金池、互联网金融的"校园贷"、"套路贷"等异端行为，罔顾风险、逃避监管，形成了一种社会性风险失控，损害了公众利益，混乱了金融秩序，脱离主流信贷，背离支持实体经济，到了十分严重的地步。

必须回归金融本源，才能发挥信贷的强大功能，才是正确的发展路径。

# 二、人才管理：
# 专业人才是经营信贷的第一要素

信贷有诸多的基因要素，主要是专业人才、制度（业务规则、责任制)、法规政策、环境与管理等。其中，人的要素（人才）至关重要，是决定性、驾驭式的，是不可削弱、不可缺乏、不可替代、最为活跃的关键要素，成为管理与实现其他要素功能的核心。若缺乏高素质的信贷人才，贷款就不敢放，风险控不住，经营要落空；信贷队伍不强大，则银行不敢勇往直前，经营打不开局面，做强信贷从重视队伍建设入手。

**人是影响信贷业务成败的决定性因素，这是金融业重视人才的基本原因**。市场的选择、风险的把控、过程的管理、规则的完善、信息的捕捉等，都依赖于人的素质、智慧、水准、技能与责任心。信贷依靠专业人才，那些通过长期市场实践磨练出来的专业人才，在信贷业务中起到核心的作用。他们是软实力，是最重要的财富，有他们把关坐镇，一家银行机构如有定海神针，少了后顾之忧。

信贷业务有诸多的环节岗位，设有不同的权限，环环是风险关，哪一环薄弱都会引入风险，经营信贷不易。风险的爆发看似偶然，实为必然，表明看是由某个因素触发，其实是多因素聚成的，病因早已潜伏其中。从理论上分析，不少风险的聚成十分偶然，却恰恰是因各种失误机缘巧合地同时引发了，铸就了大案，这样的事件很多。高手专家有火眼金睛及早发现，更胜一筹，哪怕曝出了风险，也能采取各种有效手段去减少损失。

**人是怎样掌控和影响技术的？** 技术的应用、优化、发展从来都是在人的管理之下发挥作用。

第一，系统需求由人来提供，一流信贷能提出一流需求，信贷不强注定系统不优良。

第二，车再好凭人驾驶，系统再好靠人管理和完善，管理缺失缺位技术便成了摆设。

第三，管理方式决定了系统模式，系统问题多是制度难题，管理变了系统随之而变。

第四，软件有漏洞，品级差的系统纰漏多，技术风险需要人去发现维护、升级优化。

因此，随着高科技的发展，人与技术越来越相互依赖，应当把有效管理技术作为提高人才素质的重要内容。

**技术与人才孰轻孰重?** 贷款不是对号入座,而是依靠人去识别选择,去伪存真、揭示风险、做出决策并承担责任。这是风险行业的基本行为规则与常识。信贷依靠人才去掌控先进技术,一是技术作为辅助管理的工具,可替代那些繁琐的数据筛选和管理程式,提升品质与效率。二是假如信贷水准低下,会遭遇到坏人利用高技术侵入的风险,成为信贷需要技术的理由。

从来是人才驾驭技术,人是系统的主人,如同骑手驾驭骏马,人才缺位则高科技无用武之地。自2012年来形成的一轮金融风险无不与对高技术迷信有关,但凡迷恋技术放贷的网贷机构都输得一败涂地。以为科技强了信贷就安全了;以为高科技网络放贷,信贷人员被替代减少了;以为科技把关系统审批,外行也能放贷了,这些都是信贷管理的异化。科技神话的危害性极大,但凡散布技术可以替代人才,一定是外行之言、书生偏见或销售商的广告词,都在误导无知者。而这轮信贷风险的重要因素是信贷队伍不强,一支过于年轻的高学历信贷队伍抵御不了金融风险的摧残,留下了深刻的教训。

**对信贷人才有哪些要求?** 至少有三条:首要是热爱这项风险业务,明大局懂本职;其次是要精于业务、勤勉履职、勇于担当;三是忠于职守有职业道德,守得住底线、红线不违规。培养信贷人员最重要的是依靠信贷实践,成熟的人才一般需经过一两个经济周期的市场磨练,身经百战才炼出火眼金睛,至少10年才能铸成利剑。

一位分行长感触地说,这些年轻的信贷娃娃阅人阅世经历太少,不知生产不懂企业,面对那些在市场出生入死的老辣企业家,被人一眼看透,随意唬弄,毫无抵御能力,差距太悬殊了。信贷员的成熟要靠失败教训、靠时间过程、靠经验积累、靠反复磨练。没有枪伤谈何战士?通过市场实战中练出来,不只是懂规则、流程。

哲学家波普尔在《猜想与反驳》一书的序言开头引用了两句

格言，一句是"经验是人们给他们所犯错误取得名字"，另一句是"我们所要做的一切是尽可能快地犯错误"。人们从别人所犯错误中变得明智，不重蹈历史覆辙。但信贷不能靠试错去取得经验，代价太大，而是要总结学习站在别人的肩膀上。

## 三、借款人：选好借款人是信贷第一原则

**选好借款人是信贷第一原则**。事关信贷生存、经营状态，是立足点，所有经营管理模式都有这个理，是期待与要求。信贷从选择借款人开始，起步决定状态。一个合适的借款人带来一份可靠的收益，还有一条供应链，引来一个上下游的客户群。一群可信的借款人组成了市场定位，换来稳定有效的经营，充满阳光和信心。选不好借款人是一身麻烦，步步维艰压力大，每个信贷人都有切实的体会。

**选好借款人是第一风控原则**。让优者进，拒不良于门外，是第一道屏障、第一位工作、第一项责任，是最为有效的风险管理措施。风控从选择借款人起步，未来将一路同行全程陪同。借款人品质健康，则贷款无忧，贷后是个幸福的旅程；借款人带病潜入，则危机四伏，贷后是个抗灾的历程。风控要前移，每发放一笔贷款时都要对借款人做一次体检，信贷系统设置的种种准入条件，都出于选好借款人。

**选择了谁？** 有定位要求，受条件约束，是信贷对市场的切入点与着力点；**为何这样选？** 由经营定标，有风控界定，要符合政策方向与经营的安排；**如何贷款？** 有规则流程，受制于经营方式、专业制度与客户管理。所有这些都是明确的规定与原则，执行中一切贷款标准、专业要求，经营风险……都要落到对借款企业的判断和掌控的过程中。规定在上，选靠人，把规则变成事实，才是最为艰难、最体现水准、最重要的经营过程，是目标也是落脚点。

**选择借款人有内外两条原则**：一是对外，不分大小不论成分，只分优

劣只讲信用；二是对内，讲究结构绩效成本，择优汰劣有进有出。法规对于贷款有三项基本明确的要求：第一，用途真实合规（贷款条件）；第二，按规定使用贷款（用款过程）；第三，按期偿还本息（目的结果），作为监管的准则。当然，甄别企业的优劣具有相对性，例如，支持小微小企的贷款有政策指令与监管考核的要求，明知风险大也得完成任务；又如，企业经营的状态多变，当遭遇某些市场冲击后会发生逆变，银行就得通过动态管理来修正策略。

**信贷具有经营的行为特征：** 对于优质类贷款，要放得快、贷得久、退得慢；对于风险模糊类贷款，则进入慢、贷期短、退得快，这些信贷的行为特征都出自对风险的反应。银行都盯着优秀企业主动地营销，满足其信贷需求，而那些四处求贷、什么高利率都敢要、意见还很大的借款人，常常是经营情况不佳、银行不愿意贷款的企业。这反倒成为判断企业优劣的一种现象。

**选择借款人有四个方面的动机：** 一是要符合信贷的市场定位，利于控险和效率；二是为营造本银行的核心客户群，利于稳定经营；三是选择与客户战略结盟，利于合作共赢；四是沟通信息应对风险，利于了解市场。

随着市场化进程的深化，银行也会逐步地分化，加快走向细分市场，营建起分层分类的客户关系。各家银行的经营定位在逐步形成、标准在提升、风险识别与动态管理机制在完善，信贷需要应对越来越复杂的市场风险，甄别借款人越来越难。

**合适的借款人在哪里？** 合适的当然是指信用与经营好的、风险相对小的、稳定可靠的，他们在政策指向、市场导向相互结合的交汇地带，需要坚持市场化经营的要求，并符合监管指引的规定。

**可简单划分为几个层次：** 对全国3715万户法人企业，以0.1%、1%与10%作为标准划分，最优秀的企业借款人大约为0.1%；优良者不超过1%；一般借款人为5%~10%。小微贷款风险度高，无法估算，这是市场现实。个人借者的优良率较高，贷款安全度较高。银行对优质借款人的竞争十分激烈，因为数量太少，常是借方市场，他们不愁借款，银行视其为上帝，以至送贷上门。

选择合适的借款人，是信贷职责更是一种市场能力，成为重要的经营竞争力。市场天天变，企业优胜劣汰，铁打的信贷流水的客，寻找好客户永远在路上，是营造核心竞争力。

## 四、风险主体：盯住实质性风险是第一重要

内容决定形式，形式映射内容。寻求形式的合规性只是风控的一张车票，到站才是目的。别以为上车的都是客，有逃票的、持假票的、过站的、捣乱的……内容的风险性决定了能否安全到达。信贷全流程管理不应只拘于形式，至关重要的是盯住借款人实质性风险。

信贷管理中常有两个问题，第一，流程的僵硬、过时，未能适时优化，不适应变化了的市场；第二，流程至上的倾向，重形式而轻内容，重流程要素而轻实质性风险。许多的问题与矛盾都从这里导出。

**流程只是规定动作，而贷款充满个性化**。流程是必要的手段，只是形式逻辑，不是充分要求，不是风险逻辑。流程管理能够增加可靠性，但只是初级层面的要求，突出形式的风险管理，主要设置在放贷进入阶段。实务中，人们很少做越权放贷的事，会通过改变品种、用途和渠道，或化整为零、分次分批绕过去。过程中，人们都紧扣流程要求，因为形式合规的门槛低而简单。但是，它终究是放贷的第一关，守门人特别重视盘查，不按规程不通过；它又是以后稽查中被追责的把柄，人们都十分重视流程的合规，自然演变成了流程至上，转而放松了对实质性风险的关注。

**风险出在借款人的可靠性、贷款的真实性上，这才是风险管理的至要**。现实中，风险是由借款人生成的，多是后发性的，一般不出在流程上。查一查每一笔不良贷款，哪一笔最初不都正当地通过了流程吗？贷款初衷都是善良的，或是未能发现风险，况且正常类贷款也未必流程要素都

能做到十全十美。流程管理主要针对一般的操作风险和道德风险，提示那些最基本的风险要素，如果以为这样就能控住风险，会犯常识性的错误。真实的骗贷行为一定会包装好渡过流程关，因而流程只是个最基础、最为简单的控制形式，初级门槛太容易跨过去。

**似乎流程的责任在我，风险的责任在天。**主观上谁都重视风控，问题在怎么抓、抓什么？因为信息不对称、熟视无睹、遗漏失察，或因政策与市场变故，无可奈何；也有旧程式堵不住新的风险形态，无能为力；竞争也会挤压判断，使风控失灵……只得退守至最起码的形式上——合规就行，淡漠了为什么贷款、用什么钱还贷、还不了怎么办的核心之问，灵魂被丢失，留下了风险隐患。

**案例**：记得90年代稽核部门的核查，每次都耗用大量的人力精力翻阅数十万张传票，结果总是能查出数千张要素不全的，常见的有漏了签章、签章未盖到位、要素漏填等，很辛苦、成本很高。其实旧传票早已入库是过去时，哪有查出案件的？稽查不该只核查工作质量，质量类的多可运用技术去解决，应以风险为重点控制前移，继而突出风险类的业务。例如，过去在改革会计核算流程时，针对作业量大的问题进行了测算，假如对5万元以下传票不再全要素复核，可简化8~9成工作量，极大提高效率、降低成本、解放劳动力。这是以历史差错率为依据，并与成本管理相对照。同理，信贷风控的着眼点也应当关注实质性风险，不要导向与停留在形式上。

贷前、贷后管理的重点内容，应当是管企业、管动态风险。尤其在放贷之后，从形式合规为主转向借款人的实质性风险，转向实时动态的跟踪评判，对潜在风险的异动监测。风险管理进入到实质性阶段，责任变得更重，风险变得更高，岂能放松管理。但如今，信贷在监测动态信息风险方面不强，缺少专门组织、专人岗位的体系，并未做到位。既然审贷有组织，为何贷后缺失辅助监管体系？应当思考。

**设立前中后台体系，是流程管理的组织特征。**实行职责分工，换位监督、专业管理、淡化关联、分段审核。前台重点是营销市场、确切把握客户的可靠性、需求的真实性，防范市场性风险。中台重点在要素、流程，防范合规性风险、道德风险。后台重点在行业区域政策、总规模配置、趋势预测，防范系统性风险与战略风险。表面上走一笔贷款的流程，实质上始终针对着借款人风险。

实务中流程的问题也不少，机构部门之间总会在政策制度、管理规程的原则性与市场灵活性、经营性之间发生矛盾。理应是联手服务客户、把控风险、实现利润，却产生了职责的对抗性；理应是为了提高风控效率，却产生相互扯皮掣肘；理应是上级服务下级，后台服务于前台，却是颠倒了过来；还有分级经营的矛盾、条块之间的矛盾等，在信贷上表现得尤为充分。

但是，这些弊端不是新鲜事，存在于所有的社会组织之中，只是大同小异。从没有完美的模式，再好的模式也维持不了很久，直到危机时才去变动，以后又会复辟。不要试图根除大公司病，那是制度的规律，中外皆如此。靠一次改革不能根治现存的风险，更不能应对未来新形式的风险。在信贷管理中，最重要的是以借款人为中心，紧紧盯住他们的动向变化，管住实质性风险，从各项风险要素入手，把工作落到实处。

## 五、经营机制：提升信贷竞争力是第一要义

信贷是银行的核心功能，信贷竞争力当然是核心竞争力，体现在与政府、市场的关系中，体现在信贷的经营与发展中。提升银行竞争力自然从信贷做起，表现在经营、服务、发展、风控、财务等诸方面，这些都是银行间信贷比拼的内容。信贷要把提升竞争力作为经营的指导思想，从战术上着眼于放好一笔笔贷款，其实信贷竞争力就体现在每一笔业务中，透析战略意图、定位选择、策略措施等，受到信贷本质的支配。

**1. 信贷的竞争力在哪里？**

（1）竞争力无形，却活灵活现地展现在行为活动之中，表明一种经营能力。

从市场看，当市场多变的时候，信贷始终盯准趋势跟得上步子，能应变；当市场反复的时候，信贷能稳得住质量，波动可控，有定力；当客户变动的时候，始终保有一个稳定的核心客户群、可信任的客户关系，在扩展；当需求变化的时候，总能以优势产品吸引、满足客户需要，有创新；当突发不良的时候，总能快速反应、有效管控、减少损失，善应对……这些都表现出市场的适应生存能力，构成信贷竞争力的重要内容。

从管理看，具有良好的客户结构、区域结构，实施有效管理与风控，总能完成经营目标等。它的基础是人员素质和系统支持，并形成良好的管理秩序，运用有效决策、准确定位与经营措施，抓得住重点、把握好热点，扬长避短发挥优势。谁都做不到完美，但重要的是在均衡发展中顾及长远、抓住机会，着力培育构建自身的经营特长，营造部分或局部的、行业或产品的比较优势、相对优势，据以巩固阵地制胜市场。

（2）信贷竞争力体现出以下几个方面的能力：

其一，应对市场方面：具有应变能力、发现市场与开发（产品、客户、业务、区域）能力、综合营销能力、清收能力、创新与拓展市场能力。

其二，有效管理方面：决策与策略能力、调整结构能力、应对风险及防控能力、信息管理能力、化解危机难题能力、完善规则能力、优化资源能力。

其三，经营绩效方面：经营能力、市场定位能力、规划及发展能力、协同协作能力、培育整合优势能力。

其四，市场关系方面：公关能力、和谐关系能力、广泛沟通（政府、监管、客户）能力、协调（上级、条块、专业）能力、应急解决问题能力。

**2. 影响信贷竞争力的要素**

信贷行为受到政策、市场的调控支配，信贷发展受到内因、外因的要素影响。环境与资源是外因条件，经营能力是内因依据，相互促进约束、不断地演进，形成了信贷的模式。

**(1) 有形之手的力量**。政府领导力、政策导向力与监管约束力，是转型期经济下影响信贷竞争力的主要外因，贷多少、投向哪里、利率期限都受政策调控。这是一种制度的力量，规定了信贷的管理方式。信贷服务于经济建设为中心，体现在贯彻落实党和国家的重大决策上，这是信贷的宗旨信仰，是不可撼动的原则与根基。

**(2) 无形之手的逻辑**。业务方式、风控措施、市场规则、经济规律，直接制约着信贷经营的行为方式，形成了信贷的秩序。这是一种市场的力量，与经营直接关联，确定了信贷的经营方式。信贷服务能力与方式，是通过寻找政策与市场的有效结合点来落实，得以实现经营效益。这是信贷的职责路径，是专业能力与水准。

**(3) 环境是生存条件**。信用环境至关重要，包括经济与企业状况、诚信环境与法制秩序、市场新需求、业务新空间、经济转型进程、监管方式及宏观调控等。经济兴则信贷旺，经济衰则信贷退，环境差难有好信贷，环境好信贷大多好，资源、诚信与法制构成最重要的信用要素。这是信贷的生存法则，是生成竞争力的前提。

**(4) 内因在驱动经营**。无论外部条件如何，一切取决于信贷经营。经营内因来自银行：受到商业化（资本驱动）、国际化（竞争压力）、精细化（经营方式）、信息化（系统工具）、市场化（同业市场）的共同驱动。市场机制愈将成熟，经营市场化才能形成真正的信贷竞争力。内因是经营力的依据，信贷竞争力出自内生性。

所有外来的、内在的力量，综合成为信贷的动力与方向，在不同的银行文化中演绎出不同的信贷版本，形成各自的信贷模式与市场。驱动信贷竞争力的根本力量有两个：

**第一，经济与社会需求是信贷第一驱动力**。具体来说，实体经济与居民需求是信贷最重要的市场动力源。未来经济在转型中继续保持快速、健康、稳定地发展。市场化更深，金融性更强，财富性更旺，生产力进步的强大力量直接驱动信贷的发展。

**第二，金融改革将开启信贷竞争力的空间。**市场终究是决定性、基础性力量，并越来越强大，必将逐步取代政策驱动的方式。一旦政策监管开放某些新市场领域，需求将井喷式蜂拥而出、洪流浩荡，成为提升信贷竞争力的广阔天地，前景诱人。

## 六、行为规则：合规经营是第一行为准则

2012年互联网商闯入金融时最牛的是蔑视规则，以野蛮人不懂金融自居，如野牛般闯入瓷器店进入金融市场，自命改革金融。这种做法与1999年网络银行兴起时，技术顺从规则，成就了银行业信息化大转型的做法正好相反。互联网金融或许有革命的意义，但风险代价惨重，一片狼藉留给社会收拾烂摊子，带给金融消费者的是无数财富损失与眼泪，以及社会的不稳定，一直在整治中。无知者不懂不顾违规的后果，只能另当别论，但若银行人员违规经营，就是一种严重失职或犯罪。

金融行走在风险的悬崖边，规则就是那条标明了记号的路，出轨就掉落下去。信贷盈利只有毫厘的利率，风险损失在分秒之间，违规了连人都保障不了，还谈什么信贷经营？不懂就没有信贷发言权，缺乏规则理念就不要从业信贷，无论是保护消费者还是保护自己。

**1. 一个人有没有金融意识？分水岭在认识论，以及行为规范**

金融化社会面对三个问题：一是有没有金融意识？二是怎样认识金融？三是如何应用金融？这三个问题导出了金融业最为敏感的依法合规性，也是金融业最重要的特征。从业信贷，首要的是合规经营，如同学驾驶首先要学习交规一样，否则，高速行驶的车只会祸害生命安全。信贷风

险的危害性远比车祸严重，后果更为恶劣。

金融意识的内容涵盖三个方面：

第一，是否敬畏金融法规制度？表现为接受制度约束，遵循行为规则，这是最基本的职业素养，是防控风险的规矩、态度，是金融业与其他行业最鲜明的区别。这是守法。

第二，是否关注信用风险？是看重借钱还是思虑还钱的责任？在投融资问题上，往往一张口，就清楚了这个人金融素质的状态，就显露出他的职业身份和动机。这是守信。

第三，是否能站在保护投资者的立场？最能反映信贷中介的职责与义务，为金融消费者尽责，谋求投资者权益，顾及风险后果，体现专业精神，履行执业道德。这是守责。

守法、守信、守责，缺一不可。守则是银行信贷业务、信贷从业的基本规矩，信用与风险是金融内核，规则是基本平台与行为方式，缺乏这个基本点会丢失立场、方法和视角，什么金融分析都容易出错，容易受诱惑迷惑误入歧途，严重的会造成风险损失。这是基本的金融常识，是一种行为意识和处理金融事务的能力，也是最重要的社会责任。

**2. 信贷行为的第一规则是合规经营，无须论证，是规矩**

西方一位知名银行家强调，银行是用他人的钱发放贷款的，对他人存款负责是职业道德。这就是理由。依法合规经营下出现的风险，性质上属于业务水准与能力方面的问题，可定性为失误；那么，违规行为下的风险本属恶意所为，金融业者是懂得规则的专业人士，性质截然不同，违规暴露了一个人缺乏职业道德底线，自然不可谅解不可信任。规则的形成，背后都有无数风险损失的教训，才总结成为规避类似风险的规定。守规则是讲规矩，合规经营就是最有效地规避意外的风险，也是对从业者最重要的保护，有了规则的平台，才有了一切金融行为的基础。

规则大体包含两个方面内容：第一，最基础层面的规则是法律法规，其次是政策政令，这些在信贷中反映得十分充分和重要，是一切合同契约、章程规则的基础。第二，执行层面的操作行为规范，包括监管制定的各项业务引导与行为要求，以及银行制定的规章制度及管理细则，成为作业的依据。这些都是作为司法诉讼、仲裁与行政管理的重要依据。

银行是一个密布着法网与规则的世界，一举一动都有行为规范，没有哪项业务在规则之外。从业者必须了解金融法规、规则与要求并遵守遵循，没有商量的余地，岗位资格考核只是规则中最基本常识。政治性、政策性、合规性在信贷无处不在，在规则以外，信贷要服从与遵守政策对投向、规模、结构管理的干预和指引，这是贯彻落实国家调控的要求，都是严厉的、约束性的，必须严格地执行。

**3. 合规经营是最高准则，是一切从业行为的出发点**

规则带着问责惩处机制，违者必究。我们与西方从业者职业道德的差距是在合规意识，他们更加守规矩讲操守，绝不轻易越雷池一步。而我们敢于冲锋陷阵，不顾后果，这是一种非职业意识，如同未经职业训练，意识中还残留着改革初期粗放的随意性，行为中常有闯红灯、绕着走的意念，这早已不合时宜。如今金融规则已经基本完善，应当守规矩保护自己了。别以为自己在为公做事，银行绝不需要这种违规方式。告诫你，如果敢于违规做业务，出事了谁也不会救你，也救不了你。

合规经营是从业者的护身符，信贷人要遵循规则。**千万得守住三条线：依法合规的底线，政策指令的红线，规则制度的界线。更加简单更为具体地说，就是遵循流程、不越权限、不弄虚作假，做规规矩矩的信贷人**。天天在信贷风险与市场诱惑中，指望别人靠不住，管得住自己、对自己负责才是真。将合规经营深深地印在脑子里，落实到行动中，贯彻在业务上，无论是信贷员还是领导者都一样，紧紧守住护身符，天下没有比这件事更重要，这是一种修炼。

# ▶第 5 章　信贷体制的顶层设计

信贷体制是银行制度的最重要部分，因各家银行借款人的风险特征不同而各有管理特征，由总行设计。

**如今的信贷体制完善了吗？** 没有。因为社会还在发展中，制度只是相对合适的，只能适应现有的经济环境。未来社会实现现代化第一阶段目标时，银行信贷才能真正成型。管理体制机制的变革与创新是一个复杂的系统工程，未来的信贷大厦就是在修修补补中构建成型的，当务之急是不断调整完善，不断修正改进。

**现有信贷模式成型了吗？** 没有。因为商业银行还在成长期，一切在变化中，唯有进入成熟期才能稳定，经营方式才逐步定型。如今仍很难勾画出 15 年后现代化社会需要的信贷规模、架构、模式与形态，如同 15 年前无法预测今天的状态一样，世纪之初四大银行支离破碎，几乎所有制度都是后来重新建立起来的。

## 一、信贷改革要放权，不能收权

我们要扪心自问：从 2012 年金融在经济下行暴露出来的种种信贷失误，以及网络金融泡沫引发的各种影子银行损失，引以为鉴了吗？危机在整治中逐步化解了，教训不能忘记，制度要修正，不能好了伤疤忘了疼。

信贷的改革最揪心、最为艰难，它遵循规则的传承，靠内因启动，而技术只是手段，对它的影响有限；它依赖专业技能、风险管理和经营责任制的综合作用，多维度约束，才能营造一个充满活力的新平台。

**1. 引入西方信贷模式的失败**

一个最为简单的道理是，中国的信贷为中国借款人服务，在此国情下，机械地照搬照套西方人服务的信贷模式行吗？不言而喻，必定是水土不服，不能不失败，只是冠一个西方名词当作时髦罢了。

**(1) 以"流程银行"改造信贷走错了路**。随着金融改革的深化、实体经济的扩展和金融风险的外溢，一次次在推动信贷改革。一时期西方"流程银行""一个银行"的概念袭来，懵懂中似乎找到了方向。有的银行着手以上收审批权为特征的信贷流程化改造，其出发点有：第一，加强对基层的管控，认为分支行管不好信贷，以为上收审批权就能管住风险；第二，以为减少审批层次，集中管理便能提高审批效率，也统一规范。例如，某大型银行撤销了市级分行的审批权，集中到总行、省行审批。但事与愿违，留下失败的沉痛教训，几年后不得不回归复原，折腾中造成信贷人员的大流失，垮掉了信贷的经营根基，都是致命伤。

**(2) 时髦的"信贷工厂"却并不如意**。中小企业"信贷工厂"模式从新加坡引入，并配合有关担保公司来到中国，这种信贷方法在他国实用可行，但进入中国水土不服。原因也不复杂，第一，中小企业普遍存在融资难、融资贵的情况，贷款不易；第二，担保公司本是个高风险公司，很多在经营中失败倒闭；第三，大部分中小企业信息不透明、报表不规范、缺乏真实性，使信贷审批的依据失真，何以审批？"信贷工厂"模式关键是要求授信双方信息对称，但实务中做不到，注定了这种授信模式很难成功。在中小企业信息严重不透明的国情下，所谓"流水线"模式变了味，其实"信贷工厂"原本就是一个很机械、很过时的名词。

**2. 路径选择：两种管理思想与模式**

信贷的改革都是围绕着权限与流程展开的，在两种管理思想下形成两条路线，导致两种模式方向。权限问题涉及授权金额的大小、授权的内容范围、权力分配的层次、有权人的能力素质等方面的内容；流程问题涉及流程的长短、渠道方式、风险点、效率等方面的内容。改革从何处切入？不同做法有截然不同的归宿。

**（1）一种是集权收权的方式。**流程银行模式为什么错了？道理很简单：其一，百年来信贷业务早已有了严密的流程，实行贷前、贷中、贷后协同又彼此约束的机制，无须否定重起炉灶。其二，城市分行是基本核算单位，当然是信贷审批与问责的主体。

上收市级分行的审批权、集中审贷方式恰恰违背了这个基本道理，造成审批权与经营权的分离，形成责任不清的风险，一是打乱了一体化思维，二是瓦解了经营责任制。授权意在限定审批金额的大小和范围，而收掉对城市分行审批权必瓦解责任制，上面审批下面负责，错乱了从人员分布、前后约束、责任权力的整个平衡机制；管理链变得复杂，掺入了上下级矛盾；责任机制变虚，秩序乱了风气就变，加大了信息不对称。因此，大银行把审批层次从城市分行上收到省行，问题变复杂化了。

**上级行总是提防下级行，是一种不正常的心态，容易产生埋怨与对立情绪，反映出上下未同心，管理不到位。**短期内暂时收权能够理解，调兵遣将去治理和平息风险。全面地收权，力求从分置权力来解决风控，必无效。如今政府体制的改革重点是放权，下放了无数的审批权，这是改革的大趋势。银行信贷的规模越来越大，收权显然不合时宜。

**信贷的风险与盈利是市场较量，收权不是良药。**从诸多案例中可见，机械式流程管理很容易被技术侵犯，违犯者稍做小动作就能通过；权限管理也不可靠，很容易被分解架空。例如，当新渠道、新金融出现时，面对万花筒般的新事物涌来，原本的权限中存在空白无策，业务都忙于跟风抢市场，风险模糊一时也搞不清什么权限；面对泡沫毫无经验缺少识别办法，又何谈权限流程呢？况且监管部门都热衷于赶时髦，反倒在指责银行保守落后了。因此，集权模式并不适用。

**（2）一种是放权管理的方式。**放权挑战传统模式，挑战管理素质与能力，使各级领导者真正感受到责任与压力都落在自己肩上。下放权力是经济金融发展的需要，我国经济改革正是从承包责任制开始突破，是一个步步放权的过程。

放权模式的着眼点和落脚点，都落在提高素质与落实责任制上，靠形式主义行不通了，唯有依靠素质与机制才能治本。使分支行管理的重点，从盯着权限流程，转向盯着风控与大局。

信贷管理始终要围绕三个题目：第一，管理有权审批人，提升了用权的能力与水准。第二，提高管理者自身素质，能够发现、揭示问题，科学指导信贷运营，从信贷规律入手解决信息不对称，才抓住关键。第三，要努力提升信贷人员素质，落实信贷风险责任制考核。做到了位，信贷工作就踏实。

总行在放权后，需要从着眼审批权，向重视管理权的转变。旧模式中盯着一户一地的信贷风险，因而对全国经济结构、对加强城市群、区域性信贷的布局，以及省际城市间信贷的作用研究不力；对防范和化解区域性、系统性风险等问题未做到位，管理空白点多，出了事也无法追究责任。如何提升信贷的整体管控，对大银行是严峻的挑战，是风控的重点与最大的难题。省行在配合总行管理中起到承上启下的作用，下放权力后加重了责任。

**3. 素质为本：效率和流程不是信贷的主要矛盾**

信贷以风险管控居首，效率求次。以为集中审批能够减少审批人员、提高效率，是天真的。在集权收权中做法简单了，极容易出现下级行原有信贷人才的流失，上下扯皮多了延误效率，业务围着系统、围着上级转，意见大了，职责不清了，处罚难了，不良贷款却未减。例如，一个落在县里的大项目，要有三级信贷人员一起到总行推介。一位行长告诉我，省行有一二十人专门跑北京审批，这些都是事实。

**案例**：理论上，集中审批大额贷款为了控制大额风险，但实务不论这个理，风险最小的电力电网、电信高铁、军工兵器、高速公路等都是顶级优质的大额项目贷款。我曾分析，上报总行审批的项目常是最安全的，被否定的不足2%（不全是风险问题），为何不放权呢？反倒环节多层层上报，流程很长，签字人太多。

我曾见到一笔贷款经过了24人签字，都是制度规定的要求，会有责任、竞争、效率？那次会上我说，这么多人签了字如何划得清责任，能不能限定为最多几个人签字呢？经手人越少效率越高，如果只有4个人签字责任最重、无法推卸，才是提高效率的路径。增加一个审批层次，必定增加4~5个经手人，延误10天半个月，放权才有效率。而对于日常风险最大的制造业、中小企业贷款反倒审批简单了。可见审批并非以风险为中心，而是以数额为中心的。

应当指出，效率不该作为信贷的改革目标，风控才最重要。贷款不能立等可取，我国银行业的贷款审批已经很快。流程管理中难免存在各种效率和问题，必须改善优化管理，强化责任制以弥补风控缺陷，通过授权去解决灵活性与原则性的矛盾，越是收权效率越低，矛盾越大。

传统信贷审批以流程、权限为依据，把控制度规则，分级授权、严格管理。如今信贷的市场环境变得更加艰险，经济规模和结构变得更加复杂，一些要素远不能支撑对信贷风险的把控。但是，人是决定性的因素，只要立足于提高人的素质能力，就可能动应对困难，主动解决问题。这叫做眼睛向内练好内功，自身强大就能有效抵御一切外来的风险。

## 二、传统信贷系统问题在哪里？

如果做手脚是个别的现象，那么表明系统具有适用性，人们没有必要对流程做假，做假一定意图不善，应承担责任；如果做假成了普遍的行为，人们不以为然地改动数据，那一定是系统存在问题，管理形同虚设，本身遮掩了风险。实务中基层意见最多的是唯系统论。

**1. 思维逻辑：对好企业首先决定贷不贷，其次分析贷多少、有何贷款条件**

贷不贷要看企业行不行、风险大不大，是对企业经营的综合考证；贷多少要分析企业财务指标怎么样，是对经营指标的综合判断；以什么条件贷，是对企业风险的缓释手段。一般的逻辑是，银企间先要进行充分的前期沟通洽谈，才决定发放该笔贷款，但在推进中常被卡在操作系统前，因为某些指标不符合管控的要求而被否决。当系统的门槛进不去，自然引诱做一下手脚的不良行为发生，只是为了通行，不算什么大事。企业的某些指标不行，但风险可控，于是不以为然地改动了一下，或者与企业商量调整一下就通过了。

一个不科学的系统必定导致人们动歪脑筋，诱导人们先去思考怎么进入系统之门。先在形式上符合制度、格式的要求，办好了手续，具备了可批性，结果使得实质性风险反被忽视。如果反问：现有贷款不都符合系统的基本要素吗？为什么也出事了？答案在于，合规操作只是必要而非充分条件，形式上满足系统要求不等于控制住了风险。信贷需要系统管理，但必须是一个科学的，与授权充分相结合的体系。

**2. 问题：信管系统是干什么用的？应当是管理工具，是统计工具，而不该是审批体系，因为系统从不承担风险责任**

系统不是裁判，它只是审贷的辅助管理手段和工具，用于规范操作的行为；规章制度才是行为准则，系统不等于制度，是一种带有假设前提的模型，不能替代对实质风险的管理。是否发放贷款应当最终由有权人决定，他才承担经营责任，而系统只是为风控管理服务的，本身不承担责任。运用科技手段把规章制度装进了系统，是科技的成功，但如果系统僵化了反倒贻误业务，是科技的失败。系统僵化的原因是管理者自身思想的僵化，不适当的管理理念一定会开发出不适合的系统，这是因果关系，必须从管理思想上找原因。

政策、制度与办法表面规整严格，滴水不漏，因而执行中更需要实事求是，原则性中包含着灵活性，才能科学有效。它必须通过充分授权于各级分支行领导者，实现对市场接口的灵活性，因为市场千变万化、客户各具个性特色。信贷只能因需而变，不能削足适履，形式得服从于经营内容。所谓授权经营，就是体现通过有权人实现原则性与灵活性的结合，显示一种法则的市场精神。

**3. 做信管不能唯系统、唯模型**

谁都清楚，指标反映的经营缺陷不等同于风险，尤其是某些细项。如同人们体检，健康的人不见得指标都好，生理指标好不等于人的健康，例如傻子。管理者都自以为信贷系统很优秀，是自己设计开发的。问题在：

第一，世上少有完美的企业，让每笔贷款、每个客户都吻合贷款系统的标准，八成做不到，这样的审批如同现代版的郑人买履。系统标准制定得越详尽万全，贷款对象越难找，真能般配的往往也轮不着你来贷款。

第二，市场与政策变化得都很快，各地情况千差万别，管理总是滞后跟不上，拖了后腿。如果机器真能把关，还要信贷专家干什么？市场总是长了人中短了下巴，企业的指标总是随市场波动，不吻合不是瑕疵，只需把住偏离度就行。

我国是发展中市场，依据一个不成熟市场的数据建模，主观设置一个参数，结果一定与真实的市场存在很大距离，这叫理论、模型与实际的脱节。假如在信贷管理和风控决策中唯模型论，按图索骥，照本放贷，一定会导致形式主义盛行；依据模板做尽调、批贷款和贷后管理，满足于填充表格做档案，风险分析格式化，比照标准泛泛而谈……当管理浮于形式，审贷就容易忽视对第一还款来源可靠性的分析，自然滑向关注担保抵押的第二还款来源，信贷决策就丢失了灵魂。

## 三、对条块信贷职能划分的设计

审时度势，首要是划定各级机构的信贷职责和权力，信贷管理才能真正落到位。形式上，管理总是依附着审批权，总行、省行、分行、支行各自该审批什么？只有划分清晰，风险责任明确了，才能建立起有效的分级经营体制、信贷审批和风险管理制度。

**1. 信贷部门的定位：管理要落在经营上，以经营来验证**

经营是管理的内核，业务部门在各自经营平台上落实分工、协同运作，营销与风控并行，绩效与风险同责。商业银行既要完成信贷发放的总量，支持经济运行，又要保障安全经营，实现经营指标，两项职能缺一不可。只管风控不顾及市场，或只强调专业不顾及经营宗旨，都不是合格的信贷管理者。信贷专业中，无论是公司业务、投资银行、信贷管理、资产管理、授信审批、风险管理等部门，无论侧重市场还是侧重于监管，部门间只有职能分工的差别，不存在职责的对立。这就是信贷管理部门的定位。

**2. 需划清上下级之间信贷责权利的边界，各负其责**

信贷风险是指相对可控的、在预测之内的、有相应管控预案的那类性质的风险，而不是意料之外难以预测的风险事件。一般来说，凭借银行所具有的信贷管理水准，能够有效规避掉大量的风险，减少意外风险的发生。

风险是从宏观、中观到微观的各个市场层面中溢出来的，各级机构和管理部门的职能，应当是管控对应层次的风险，避免错位、遗漏、重叠所造成的空缺失职。从分工看，分支行很难预测与管控宏观方面的风险，总行也很难处置应对微观具体的信贷事项，管理错位必后果不佳。一旦发生了风险事件，就不加区分地追究基层责任，显然是一种粗放型管理方式。因此，首要的是划清风险责任的内涵和层次。具体是：

如果发生宏观管理方面的风险，包括时局性、政策性风险，系统性、区域性风险，责任一般在上级行，只需核查上级行事前是否采取了有效措施去规避。当然，如果缺乏预判能力，也就无所谓责任——这类责任很难界定。

如果发生产品类、制度性的风险，责任在总行，因为设计开发与管理权都在总行，分支行主要承担执行类、操作类的风险。如果出现了区域性分支行突发大量的业务风险，那么，上级行的管理责任不可推卸。

### 3. 管理层职能必须到位，不能缺失

在执行层面，需要具体的指令、明确的标准，而不是泛泛而谈的制度规则。原则要求总是"既要……又要……还要……"，具体工作中要解决的却是"要还是不要、要多少、什么品种、什么期限"，都必须明确，绝不能含糊，这样责任才能到位，追责也有了依据。

**（1）管理需要实施细则，制定细则才能落实，有细则才能对照，才算精细化**。这里不是指常设的规章制度，而是要有具体可操作的实施细则、规定，设定底线、高限、红线的围栏，建立明确具体的黑名单制度、限制准入的业务事项，并做阶段性适时调整，确定各级分工以及责任的划分等。例如，确定对行业贷款总限额、企业授信总额，凡是超越总量额度的必须报批，凡是触及规则禁止的事项就要报批。这样，大大减少了一般性审批事务后，总行才能腾出力量集中精力去关注全局性、系统性、战略性的风险事项，以有效提高效率和完善全行经营。

**（2）期待的理想的机审贷款模式**。能否这样做？在一笔贷款发放之前，先将数据要素全面输入机审系统，得出初验报告。即每笔贷款申请输入之后，系统立马出具一份全面的提示建议书：内容是综合分析信息，通过与历史、与标准数值对照，揭示变化与差异，提出警示及问题等，全部一一细列出来，作为辅助决策的依据和建议评价，递交参考，由分支行审定。在确定的红线范围内，基层行有权否定机审意见和建议，并最终决策是否发放、放多少贷款，并承担相应的责任。如同体检报告，只是提出了各种指标的测检数据，但是否健康、是否采取治疗措施，得由本人决定。

这样，一旦事后出现问题，各级的责任也就十分明确：如果出现了风险，需核查：系统初审提出的问题解决落实了吗？是信息不正确还是谁做了手脚？是主观违规还是工作不到位？可做出清楚的对照。所有都围绕着风险、时效与责任，该是哪一级的责任就是哪级的，是客观信息系统的建议之错？是主观风险审核决策之错？还是有意违规做假之错？都可分得清楚。

**（3）把管理心思用在事后查审上，即查验风险，评价分支行机构信管

能力、水准和问题。上级行要在数据分析管控上做细做优，不断针对存在的问题去优化机审系统，提高准确性、可用性；少依恋审批权力，多行使贷后核查的监控权力，从审批权向督查权转移，保障风控落实到位，提前发现和堵截风险隐患，这才是最有效、高水准和令人敬畏的。否则，一旦自身陷入到贷款的审批之中，角色就无法分身，出了问题上下扯皮，合规性检查就会被大打折扣。

**4. 在分级管控中的风险空白点，唯有靠总行去担当**

下述难题分行机构无法承担，应由总行来管来做，只有总行能做好。过去没有人负责，未来这些问题将越来越突出，风险越来越严重。

**（1）应当管控信贷风险的集中度，全面完整地监测预判分区域、行业、产品等维度的集中度风险状态**。本轮不良贷款上升具有明显的区域性特征，一些省市分行激进，信贷增幅过快，待爆发风险时已不可收拾。而总行未做事前风险提示和调控，表明管控机制缺失，缺乏预测职能，当了事后诸葛亮，忙于处理后事而被动。

**（2）应当管控借款人关联信息，防控分支机构形成区域性风险**。在某些区域，企业间互保、连环保、关联已十分普遍，形成的融资担保圈隐患较大，涉及多家银行及各类金融机构，但是如果有一家银行缺少识别系统，被疏忽，一旦个中企业资金链断裂，违约风险会迅速蔓延放大，甚至引发区域性风险。这方面是信贷监管的空白，应当由总行解决并监测提示。

**（3）应当管控借款人融资总量及结构，包括渠道、数量、期限、种类、利率、担保条件构成**。一些企业通过关联和隐性关联方式，从多家银行过度融资，加大了信息不对称，使风控落空。以往曝出风险牵出的巨额融资中，总有很多是隐秘的，银行间互不清楚，实际的资产负债率、融资成本奇高，造成严重的损失。此类事件频发，成为大风险的头源，表明对企业的过度融资缺少发现和约束机制。如何从管控上突破，是银行间共同的风险难题。

**（4）强化高层总体管理，要专门检测危机信号**。单笔贷款管理体现深度、产品与客户，是基础业务管理能力，防范系统性风险；总体管理是战略管理，是核心管理能力，杜绝区域性风险。总体管理是出发点，单笔管理是落脚点。风险往往在某个省市最薄弱的环节爆发，接着逐步表现出来。

总行的职责，一是要管住总体，从中发现早期的问题苗头，迅速抓住面上的风控，起到抑制传播的重要作用。二是从全国银行业动向中发现问题，对照提醒本行的缺陷，安排风控。三是从国家和监管部门反映的情况问题出发，去落实政策要求，或改进工作。这些工作都是省市分行做不到的，也不会去做。

## 四、建立企业分析师制度

经济走向信息化时代，早已深深触动了银行业的经营方式。信贷专业以信息为命，信息化使信贷管理走到了一个十字路口，营造未来的经营模式箭在弦上。如今的金融信息不对称问题变得更为复杂，怎样完善信贷体系和机制使之更加强大？我们不妨学学金融同业。

金融机构有风险共性，风控相通只是形式不同，但本质都是约束人的行为、遵循事的规律、解决信息不对称。例如，投资市场是完全的市场方式，风险远比银行高，一念之差即引爆，会输得精光。学学同业的风控，会有启迪。

**1. 证券、基金公司的风控特色：最重视实时信息，设有专业分析师**

证券业的机构多设有研究部，配备为数众多的分析师，其水准极为关键，例如基金经理一般都具有分析师的经历。他们擅长宏观分析，对市场、政策、价格和公司的动态十分敏感。分析师们有各自熟悉专长的行业，各有经验特点，天天在搜索分析、走访验证有关上市公司的信息动态，提出分析报告，推荐合适的股票及价位；管理层不时地听取汇报，研判趋势、确定重点，商定策略建议；基金经理适时调整、自主买卖交易，设定持仓量及仓位，好的重仓，差的不进、限进、卖出。各方的责任业绩、水准能力都十分清晰，并据以对分析师评价考核。

股市力求信息透明对称，投资市场最重视信息的真实性、时效性，坐实信息基础，事关成败。这种模式是应对风险最重要的机制，保障了实时有效地掌握市场与企业信息的动态变化，反应及时迅速。对比之下，这种市场化的解决信息不对称的方式，正是信贷的缺陷弱点，非常值得借鉴，以改善信息管理。

**2. 信贷大数据的软肋，是对企业信息缺乏实时性**

建立以真实性为核心的尽职调查体系，实行动态收集企业的信息，破解信息不对称，是信贷当务之急。

**(1) 以企业报表为基本方式与依据的信贷管理，不能完全适应信息社会的现状。** 一直以来，信贷对借款人的信息管理，都是传统的报表模式，依赖信贷员的能力责任心。传统方式缺乏专业性，在过去市场封闭状态下可行，但如今企业大了、开放了，走向全国全球、进入各行各业，经营方式的改变，使得报表很难及时有效地求证、判断其真实经营状态。市场风险变大，在贷款期限内企业指标变动频繁，依赖报表使得信贷的方式效能大减、假得厉害。

有谁相信报表是真实的？心里皆知，如同皇帝的新衣，只因信贷基本规程有要求，只能如此。报表是法定的，仍然是企业基本信息的来源，当然不能免除，问题是需要通过各种渠道去辨别真伪，不能只凭、只信报表做信贷。

**(2) 企业信息的真实性、实时性事关信贷命运。** 对比基金证券，银行缺少了一种动态信息论证机制。企业信息不及时、短少虚假、残缺碎片化造成的扭曲是常态，漏洞百出，严重误导决策，因而只凭报表很难应对市场风险。如今的信贷风险管理输在总量失控上，微观计较，整体失控，不时曝出的一个个案例都吓人，牵连面广，损失惨重。暴露出银行对行业、企业的实时信息分析苍白无力，总是被企业报表瞒骗过去，这个风控要害却是管理空白点，是最为薄弱的一环。

信贷的行业、企业信息基本来自企业报表，缺少了去伪存真的辨别验证，缺少了动态更新的时效性，缺少了信息整理的可用性，缺乏对信贷员收集信息的考核评价。基层经常是只做转达输入，并无做真实性验证把关——验证只会带给自己麻烦和问责，这就是体制的病因。单一信息传导形成模式岂能真实？当然信息不对称。只有当银行从多渠道得到更加丰富的企业信息时，借款人才会敬畏银行，收敛其做假的动机与行为。

**3. 应当建立分析师制度，有分析师才有信贷新模式**

信息分析师的特征是专业性、公正性、实时性，建立分析师制度是维护信息真实性的抓手，可迅速改善新环境下信息管理能力，有效缓解信息的严重不对称，提升系统控制力。

**(1) 理想模式：从总行、省行两级机构顶层设置分析师组织或岗位。** 其工作职责，一是实时收集、筛选整理、更新行业、企业的经营动态信息，分析验证借款人信息与经营状态，提出明确的风险管控建议；二是对全行所有贷款企业按照行业实时做出风险动态排序，限定行业、大企业贷款的比重、限额，对新贷款企业初审核定；三是客户经理担当实地调查、补充核查信息的职能，由上级行考核分支行人员提供的企业信息数量、质量和有效性。

**(2) 构建上下协同、统一完善的分析网络系统。** 通过分析师实时动态地分析更新信息数据，以经过分析核对的信息支持经营，作为对企业授信、对行业管理的依据。分析系统应当在内部开放，每个人都有义务提供补充更新信息，列为一项风险管控责任。这样，上下级行之间不再是猫鼠游戏，而是共同维护好这个市场的武器。

金融的进化与复杂性定会需要设立更多的新岗位，分析师是一种新人才，是加强对全行信贷管控的最重要一环。这个转型看似起步很难，但方向对就得去探索，凭借银行强大的专业能力和对市场的渗透力，只需用三五年定能建成并发挥作用。

## 五、机关办信贷更容易失误

我去一家省行调研,得知该行成立了票据业务部,便明确地告诉分行长机关不要直接做,得交由市行做,否则会出风险。但分行长很执着,认为这是创新,能走出一条新路子来。票据业务部开办后业绩辉煌,可数月后就曝出了全国性票据大案,后果极严重,分管领导受到处分,最终不得不划归到市行,结局令他十分后悔。好事为什么办砸了?因为机关部门之间缺乏内控稽查机制。

这不是个案,上世纪90年代,总行、省分行一度都设有直营的营业部、国际部、房地产部。结果事与愿违,这"三部"大多是各省质量最差、违规和损失最大的部门,最终全部撤并给了市分行,留下了教训。

**1. 机关直接做信贷的风险因素**

小银行直接办信贷理所当然,因为它们是经营者;大中银行总行办信贷需要谨慎,因为它们是管理者。问题在哪里?

(1)缺乏完整严谨的专业管理机制,上级专业部门对基层的管理都很严格,而平级机构相互间难以施展管理、督查与辅导。

(2)缺乏各专业间的协同机制,功能单一,对借款人很难一揽子承办全部业务。

(3)机关人员对借款人缺乏保姆式服务到家的机制,除了信贷业务外他们缺少广泛的社会关系网,业务面相对窄,服务意识与精神都不足,企业很难满意。

(4)缺失日常内控监督机制与人员,表面业绩膨胀喜人,却风险积聚袭来。监管应有凌驾于上的地位,是一种实时具体的、业务操作型的、无情无关系的稽查机制,是代表上级的检查,而不是同级的访问。由于平级处室间需要搞好关系，就很难施展监管；省行分管行长又不是坐班式管理，也缺乏处理具体业务的能力，糊里糊涂坐在了火山口上。

有时以为机关自营的机构效率高、人均利润高，且不知业绩背后依靠职权的支撑。各地分行画地为牢，你在全国挑食吃，集中办重点业务，费用、规模资源充裕；你的员工业务量小而薪酬待遇更高、职位多职级高也提升快，考核没有可比性，怎能不出业绩？这种特殊性缺乏市场的普遍性，不能体现经营的有效性。

**2. 不能既当裁判又当运动员**

一般而言，裁判员强在把握规则标准，不在竞技，如果错位，一定技不如运动员，还搅乱了赛场秩序。上级行不能总想自己做，以为自己行，其实在营销服务与专业技能方面，真不如一线业务人员。你真想做业务很容易，调去基层不就行了吗？不愿去是因为机关有特殊性。但运动员不能兼任裁判，这是过去发生问题的根本原因。**这是最基本的管理法则**。

总行、省行是高层管理机构，应当认真地研究自身如何改革去适应市场进化，以市场以客户为中心，为基层为业务发展服务，重要的是在监管中尽职。机关有行政管理机制，分支行是市场业务机制，如何契合？机关的行政机制也应当以市场为中心，才能同步相向、同力共进。假如基层围着机关转，两个中心很难形成合力，才是最忌讳的，难以应对庞大而复杂的市场。

一切在于管理，如果确实是机构素质差、经营问题多，就得反思用人及管理有没有到位，有没有尽职去帮助指导解决，工作有没有失误。不要用地区、机构的等级去划分员工成分，只能依靠逐步提升管理素质和机制去提高效能。如果心中总不放心基层，总担心下面会做坏事，暴露出一个高管对信贷市场与机制的生疏、管理不到位和用人不专业。

## 六、中大型银行总行信贷职能的转型

总行是大脑，省行是中枢，市行是身躯，机构如肢体，职能不同，各司其职、各尽其能，缺一不行，组成了一家银行，哪一块都重要，缺一如伤残，同根同源应一视同仁。机关的动态常是行长的思维，机构的运作体现高层的驱动，分支行行不行看上级管理到不到位。机关如何改革去适应变化了的市场？从信贷说起。

**1. 集中审批权不是信贷管理的定式**

上世纪80~90年代的信贷没有集中审批制度，上收审批权起因于固定资产贷款。例如，工行统管企业流动资金贷款时，由市分行审批发放；开设固定资产贷款后，项目要与省市计经委衔接，贷款也由市分行审批；后来有了特大型项目，要与国家计经委衔接，限额以上收由总行审批。立项的行政审批权决定了贷款审批权限和方式，并非出于风险控制。

信贷该由谁审批？中外银行审贷模式全然不同，西方是个人负责制；我们是集体审批制，但不是集体负责制。大小银行也不一样，每家银行在审贷权限、品种和类别上都有各自的方式，自成习惯、各有利弊，很难比较对与错，只看效果、讲是否合适，无须跟从别人模式。集权分权无优劣之分，出于规模、体制和传统，服从经营、服务市场与客户的需要。实务中，小银行无须分权，中大型银行各有特色。

**2. 风险管控中的错位现象**

旧时期的信贷业务单纯，按照贷款规模划分风控等级，完全是正确的；当下的信贷审批实行以金额权限的报审，大项目报由总行审批，中等额度报省行审批，分级控制风险失误额度，也是正确的。问题是，这种项目审批出于数额权限，而不是针对风险性质与程度。审贷是贷款准入最重要的一环，但信贷风险常不是出在准入之时，风险总是出现在企业融资数量积累起来之后。

现实中，风险管理的重点与贷款的风险痛点并不合拍：

第一，风险度与项目大小并不对称。国家大型项目常有战略背景，可研报告尽职调查完善，原本风险就小、安全度高，相比之下反倒是中小额贷款的风险最大。风险小的由上级行审核，风险大的由基层审批，贷款风险度与风控的初衷显然不对称。

第二,企业贷款的风险是日积月累形成的。单笔贷款额不大,积少成多贷款余额不断增大后,风险就大了;现有审批体制忙碌于风险小的,放松对风险大的小额贷款管理,结果可想而知。为何不倒过来?上级行能不能更专注风险大的、余额大的企业贷款,放权风险小的审批事项?做不了也做不到,因此,只能依靠改革管理机制与强化总体管理。

**3. 中大型银行总行应少一点审批,多一点稽查**

基层对审批是求,对稽查是怕,两者是完全不同的心态。管理应当顺人心,审批要放下去,少让基层恳求;稽核要抓得紧,基层做好了才不怕查。可见稽查才是总行管理的切入点,也表明了重要性。集中审批是小银行的经营方式,是西方事业部制的基本模式,对中大型银行不适合。经济体量大了,银行大了如同一个社会,集中多了如同计划经济模式。

假如信贷是在宏观战略上出了问题,尽管谁都没有责任,谁都有理由推脱,但风险伤害的终究是银行自身,得承担损失,这恰恰是中大型银行最核心的管理职能问题,也是当下信贷粗放最重要的表征。总行面对着全国30家省市分行的信贷总量与结构管理,工作量不小,自身问题没有解决好,再也不要去陷入具体的业务审批之中,看似忙得不亦乐乎,却遗忘了对信贷总体管理的问题。应当尽快把管控的重点,从审批转移到监测、发现和引导退出不良企业上,只有摆脱事务的缠绕,才有精力去思考和解决核心风险难题,担负起分支行不能做、也做不到的职责,上下有机结合,保障信贷的总体效应。

管理最忌讳发生大风险、大失误事件,如何保障不出事,成为信贷决策与管理的核心和关键,总行应当对贷款余额大的企业、重点风险行业实施信贷总量管理。办法是:第一,确定信贷总额的配置规则与限额,进行有重点地反复查验;第二,组织对大余额借款人信贷状态的实时信息监管,需要总行、省行、市行三级联手,落脚点是抓好行业政策和企业授信,基础是保障信息的真实性,作为高层管理的重点,以减少爆雷现象的发生。

为了避免一家银行内同类企业之间过度的信贷竞争，可实施行业信贷总额管理与单个企业贷款风控的双线控制。一边控制和限定行业信贷总量，一边对贷款企业状态进行实时排序，由此就划定了准入的门槛，两者就形成交叉线。对于在风控线与总限额交叉点门槛以下的贷款，则需要进行清收压减逐步退出。同时，在每年的行业总额控制下有压缩才能有进入，假如切实需要超出总额增加授信的，应当向总行申报批准。对企业的贷款限额先由机审系统提出初判，再由专家审核确定，作为调整的依据。

# ▶第6章 信贷人、脸谱与理念

一个专业有一张脸谱，信贷是红顶商人。这张脸谱的政策特性最鲜明，有别于其他专业，它给了信贷一点骨性，也低下了高贵的头，却体现了商业银行金融中介的习性。

信贷有古老的传承，面对最现代的市场，其风骨与精神未变，风险管控与谋利依旧。银行在百年的演进中，一代代银行家们传承着信贷的内核，不断地吸纳时代的内涵，融入市场进化的元素，推进经营方式的进步。

## 一、信贷基因的生成

从基层来的人常有一种市场的野性，哪怕到机关当了管理者，都时刻能感受得到市场的脉动。相比之下，机关的人缺乏的正是这种野性，这种市场意识与能力不是靠调研就能有的。如同大熊猫要放归野外，有一个艰难的重造生存力的过程，与大自然中的生灵不一样。

**一个人的信贷基因，通过经营与借贷生成。**信贷，姓险名利，叫险利，信贷基因来自盈利与风险，两个元素缺一不可。有人会问，经营为盈利，为什么信贷姓险？因为信贷是火中取栗，过程中涉及政策、技术、系统、规模、信息等各种管理的背景，终点目标是盈利，过程中处处是风险博弈。

财务要有一点本能，精明人从小就善于算计，从生存当家中学会点理财的能力。但是，**信贷并非是能自我生成的，它是一种金融职业能力，必须经过专业学习和实践，这是行使经营权的行为，在反复磨练中生成职业**

### 信贷与风险——信贷之门　风险之槛　经营之魂

基因，缺少经历很难入门。实质是，需要付出风险的学费，需要成长的市场环境。

信贷基因生于市场，表现出一种应对风险的行为意识。如果你当过信贷员，至少做过三年的业务，还遭遇过不良贷款，那么你一定具有对信贷、对客户、对风险的职业敏感性，风险意识会很强。这是从借贷活动中积累生成的市场能力，是对风险与收益的把控衡量，是对企业本质的市场判断。如果你没有做过信贷市场，只是做后台管理工作，就很难具有强大的信贷基因。尽管你懂得政策制度方面的管理要求，这些亦属信贷的工作内容，但侧重于游戏规则与权力，只是管理基因，并非市场基因，还不能说懂得信贷，别自以为是。当你真的走进市场，才能感受到场景是极其复杂的，与文字材料不一样，常犯混沌没了主见，一样容易上当，因为缺少了风险基因这个市场灵魂。信贷不仅在弄懂规则，而且要找到合适的借款对象，有信贷的全过程。如同恋爱，要找到心爱的人，并相处得好，而不只是靠懂得婚姻法。

不是每一个管理者都有机会去信贷市场上练一把，但有一点必须清楚，即**信贷 DNA 的本质是敬畏市场、敬畏风险，依据市场规则与信贷逻辑去管理信贷，才有准绳和定力，把握好机会与风险的关系**。尊重信贷人员的意见观点，减少那些不必要的、不该发生的误判等，都是具有信贷意识的重要体现。当然，具有信贷基因的人同样会犯错出风险，任何人都受到市场与风险规律的支配。从来没有不犯错的信贷行为，但不能错得离奇、失常、有失水准。

仅凭个人信贷基因不够，还需要强有力的信贷组织管理。为什么信贷大风险不断？许多是多家银行共同的失控失误，都有风控纰漏、严重失常的违规行为，根本原因是专业管理失职缺位、不到位，也与风险意识及责任心不足相关联。

**第一，形成风险意识与信仰非一日之功，落脚点在深刻地了解市场、认识客户，认清风险的规律。**这个过程通常需要 10 年或更久的积累，至少经历一个金融风险周期，方可将人们对信贷风险危害的感受固化成为风险经营的基因，将风险经历的伤痛转化成为资历能力的印记，真正规范信贷的基本行为。

**第二，人性是取善和易轻信的，不容易认识到法人本质与市场的险恶，信贷从业者要常提醒自己。** 信息化市场再也不是眼见为实，看到的常是表面不完整的有限的信息碎片，听到的只是政策导向和支持企业发展的要求，肩负的是经营指标的各种压力，面对的是眼前的各种诱惑，很难去揭示风险。只有一次次失误的苦痛留下教训的疤痕，才使人有了慧眼去认识充满风险的市场。

**第三，经济波动和政策折腾互交，资本缺少记性，过去就忘了，但信贷员不能忘，因为责任攸关。** 银行为经济建设服务，总是追逐新政策导向，管理体制在变化中，人员频繁地轮换调整，高管提拔中未能关注信贷经营素质，不完善的市场容易扭曲信贷的管理等，都不利于信贷风险管理理念的形成。人们来不及总结教训，又匆匆向前面对信贷场景，很容易犯新的错。

正是这样百炼成钢，铸就了信贷的坚强、百折不挠冲锋在前，去踏破风险迎接挑战。

## 二、行长与信贷

一位下派的行长告诉我，面对信贷质量的压力，天天如坐针毡，几处爆雷胆战心惊，不知明天还会出什么风险。他不懂信贷，缺少信贷业务的定力，有一种"盲人骑瞎马，夜半临深池"的危机感，更缺乏监督和应对不良贷款的套路与经验，事事要问分管副行长，有时不得已在信贷文本上签字。借款企业安全吗？调查可靠吗？是否会出风险？这些都涉及自己任内的责任啊，十分无奈。

信贷是方向盘，回避它何以驾驭经营之车？原本分行的贷款质量不佳，信贷队伍不强，何以信任？外部经济环境、企业状态……都是问题，

信贷与风险——信贷之门　风险之槛　经营之魂

心中没有底气。似乎命运不在自己手中，只有祈祷着运气，期盼着早日结束挂职之旅，其实他在精神上已经败了。我说，当行长一定要掌控信贷，不能回避，要直面信贷在风口浪尖上学习，真正弄懂信贷规律逻辑的真谛。什么时候不怕了，自如了，就成熟了。

信贷紧紧连着经济、政策、市场和企业，是风险经营。如果不懂信贷，则懂经济、懂政策、懂市场、懂风控都打了折，一知半解如云雾山中，任职就难了。一把手懂信贷，才能任凭风浪起，稳坐钓鱼台。否则，对最重要、最核心的经营事项心中无准绳，不能如意决策，何谈经营权监控权？怎能当得好行长？

**1. 信贷是一种标志：充分反映经营力、竞争力与队伍情绪**

信贷始终在检验银行，是经营能力状态的第一块招牌。它是最重要的尺子，度量并引导每一家机构、每一个行长的经营。首先在考试一把手，无论是不是信贷专家，都将从信贷中验证经营能力。

信贷是经营的工具，更是管理的主题和支柱，管好机构首要是管好信贷，如果贷款质量差，经营基础就会塌陷。向行长们提个醒：但凡贷款多的年份都是积极进取、活跃兴奋、群情高涨的；凡是质量好的分行都是财务好薪酬高、充满活力竞争力、队伍稳定的。反之，凡是抓清收不良、压信贷的年份，或这类分支行机构，一定沉闷消极、憋气被动，收入下降很难鼓劲，管理压力特别大。**这里有信贷状态与带队伍的关系。**

**懂银行不等于懂信贷，懂信贷才更深刻地懂银行。**信贷出入市场风雨，不入门就格格不入。一个银行高管，如果缺乏信贷专业知识和经历，一定存在领导行为能力的缺陷与软肋，决策权多大风险会有多大，总会带来经营的失误和损失。不尊重信贷规律，不敬畏信贷风险，自以为是，容易在信贷上跌大跟头，或许自己都认识不到这个原因。**这是领导者的信贷素养问题。**

**2. 信贷检验一把手的经营观与掌控力**

信贷活跃度与行长的态度关联，一家银行年增多少贷款、哪类贷款，都取决于行长的认识，从源头影响到信贷策略与行为。分行长积极则贷款活跃，畏难则信贷消极；而国内银行特有的月末、季末贷款的升跌波动，同样反映出行长应对市场的信贷心态。

**(1) 信贷始终是行长当家的工作重点。** 资产主体是信贷，假如分支行行长对占8成收入的信贷不熟悉，其状态就可想而知了。任何不从信贷上下功夫的行长，任何因忽视信贷而导致风险的决策措施，要么是他不懂得信贷对经营的基础地位，要么是缺乏掌控信贷风险的能力，都很难胜任，难以合格尽职。无论哪一级，不懂信贷的一把手很容易栽在信贷上。

**(2) 信贷最煎烤行长，检验经营观和风险观。** 从年初制订计划开始，行长就得表明态度：信贷规模、市场份额、结构变动、风险率、财务收益等，哪怕是最粗的安排，都得明明白白确定信贷的数字。是多是少，是进取是保守，数字验证心态。日常经营中，贷不贷、贷多少、贷到哪？面对着各种不确定性风险与机会，是担当也是博弈，都需要认真地思考和作出选择。这种责任有风险很沉重。

**(3) 信贷验证一把手的经营理念和意志。** 信贷十分生动地刻画出一家银行的风险偏好和风险控制能力。在不成熟的银行体系中，信贷总能体现出决策者思想的变化。面对风险，领导者意志的变化是对市场的判断和决心，既出于个人对风险的理解和财务决心，也有对风险责任和冒险程度的把握。在风险责任面前，除了一把手决策之外，没有越位的替代者。

### 3. 懂信贷才有市场感觉：感受经济脉动、体验市场挑战

唯有信贷，要常与政府汇报沟通。信贷是银行沟通市场、了解客户、解读政策、把握经济的主渠道，舍此会变得苍白无力。例如，向政府汇报工作其实就是汇报信贷，不需要听你讲什么银行业务管理、经营赚利。因此，懂信贷汇报时就接地气，各种场合都能应对自如；不懂信贷抓不住要点，言之无物，不解决问题，一开口就知道你不行。

信贷思想见证一家银行的市场化程度，信贷从不古板机械，过程中充满着经营的艺术。信贷的标准模板，至多是流程权限的要素管理，而市场、客户、标的、相关者都在千变万化的互动之中，需要具有原则性下的灵活性。物竞天择，适者生存。信贷充满着博弈，瞬间会变脸，成败靠意

念，经营引人入胜，余味无穷，这里是行长经营的广阔天地。

## 三、行为方式：信贷是实务，信贷要务实

信贷不该是教条的，不靠理论活着，它与市场、客户最贴近，以实事求是为魂。信贷的成功靠理念、策略、能力与责任心，信贷行为必须以市场的方式，行为市场化才能走入市场、贴近客户。

**1. 营销至理：别轻易回绝客户，留住机会**

但凡市场经验丰富的人，都变得中庸圆滑八面玲珑，市场要活路、不走绝路、留条后路，事物千变万化，留下回头路或许是成功之道。不要以原则为标准去划界，因为原则枯燥乏味仅是一条底线，生命之树常绿，实事求是才有成功的生灵。经验告诫我们：千万别以现有政策的要求看死企业，因为万物在变，市场才是政策多变的源头。市场客户、政策、制度模式都在变，既然多变，营销就不要说绝、留点余地，这是我多年做市场的最深感悟。企业是企业，关系是关系，分开来对待。多想着会变，多去推动变，在一个熟人社会中，留住关系就是留下了未来的机会与希望。

**案例**：20年前，我在民营经济最发达的浙江与广东分行任职，那时，这两个省的国有经济都不足三成，不做非公有企业贷款就无所作为，这两家行都以出色的业绩成为全国的排头兵。但上头的政策总有反复、歧视、管死和不放心，一批好不容易培育起来的核心民营客户群，一阵要求退出去，过后又再拉回来，几经折腾，初时的互信感激变成了戒心埋怨，做市场真是难。一位著名的企业家遗憾地跟我说：你们这样搞，怎么能有市场呢？很无奈。直到习总书记的"民营企业、民营企业家都是自己人"[①] 一席话，

---

[①] 2018年11月1日，习近平总书记主持召开了民营企业座谈会，并做了重要讲话，重申中央"毫不动摇鼓励支持引导非公有制经济发展的基本方针"，并提出"民营企业、民营企业家都是自己人"，"我国民营经济只能壮大不能弱化，不仅不能离场，而且要走向更广阔的舞台"。

才有了市场的政治定心丸，政府与监管立马表态，改变了政策规则，才真正有了希望的信贷土壤。

从经营看市场，只有不足3%~5%的企业涉及银行贷款，而企业金融需求远不止信贷。因此，也不要将信贷视作银企关系的经营标志，以为不贷款就不去来往，以信贷把门是绝对之错。信贷可否为其他业务穿针引路做点事？不断联系、做些其他业务、不时牵一下手，等待在发展中贷款机会的出现，客户关系就是这样做成的。

得提醒一下：千万别冷落忽视那些无贷户、少贷户、偶尔贷款户，别以为他们与信贷部门没有多少关系，他们可能是亟待开发、具有价值、最需建立关系的好客户。凡是企业都有各样的金融需求与潜力，只是如何去开启这扇门，更多的企业需要辅导金融知识。

**2. 中介的面孔：和气容忍、平等待客是永恒的服务方式**

服务业是友善的行业，和气生财，无论客户优劣都要面相友善，当然心知肚明区分轻重，绝不能上脸。维护客户关系是最重要的看家本领，温和一点好好商量，绝对不能冷眼相待、恶语伤人。天下路很多，银行何止一家，商业诚信不欺客，别把人看死，给自己留条后路。

不少企业家都清楚记得初创时是哪家银行支持了他，感恩而始终在该银行做业务；也有不少知名公司困难时遭过银行的白眼，求而无助，后来化蛹为蝶强大了，他们却总不忘当初受辱的场景。后来的行长再赔礼道歉也抹不去，低三下四何必当初？

> 我亲身经历不少，记得那年我担任杭州市分行行长时，对一个县某镇企业的逃废债下手制裁，县长找来时谈僵了，当时自我感觉痛快。谁知不久后他被提为市里的局长，去拜访时他也冷漠不理睬。现实无情地开了个玩笑，留给我很深的教训，即凡事要和气容忍好好谈，最重要的是态度，讲究方法协商办事，才能双赢。

国有银行执行政策太强硬，缺少情义有天生的弱点，客户不得不防一手,形成体制的鸿沟。或视客户为宠物,爱时就玩,不爱玩就不理。你不关爱客户,还指望别人维护你?不善意难有好关系。大银行的信贷管理来回变脸,准星不定。今天见某指标超了,或规模不足,就严厉指令贷款限期退出;明天指标转好又要再进,岂能融洽关系?政策下的银行从来是最大失信者。银行从业者只有适应市场才能如鱼得水,这就是金融中介的本性,尽量少继承那些体制的阴暗面。

**案例**:一位员工给我发了个微信:"在银行工作时,一家上市公司资金被股东占用,金额不是很大,企业也在整改,本来授信逐步压缩,风险是可控的。结果,上级风控部门一定要求退出,我们多次报告争取无果,没办法只能想尽办法退了出来,银企关系可想而知。结果,退出不到半年,指标正常了,上级营销部门又要求进入企业。"这是留给他最深刻的记忆,是钟摆式管理的弊病。这类管理问题很常见,错在哪里?显然,上级凭审查数据,只见表象,不依实质,而基层在做市场,矛盾就是这样产生的,很无奈。我答复:这是中国式管理的基本现象,大中型银行多如此,因为市场不成熟,经营也不成熟,各方面都绷得很紧。

### 3. 何谓信贷能力:专业技术+营销技巧+经营技能

信贷凸显方法论,三要素缺一不可,分别代表了知识、诀窍与方法,哪一项都不能弱。每一笔贷款的发放都展示出信贷员的市场能力,每一笔贷款的收回都检验信贷员精准的预测与管理,每一家企业的营销都是信贷员施展了各种综合的本领。如果一个信贷团队的三要素十分强大,这个支行的信贷能力一定很棒,业绩不会差。市场化经营讲究内外有别,讲策略、讲权限、讲流程、讲组合、讲协同,各要素融合成为一个人的信贷行为与意识。

信贷能力形成于理念与策略,加上市场的意识,才接地气。世上少有典范式完美的企业,若以为有,也多因未能看透,只是信息不对称之故,谁都有弱点软肋,大小都有为难处。因而,再完美的贷款体系都会与市场冲突，出现各种种样的难题，留下后遗症，最终还得去适应市场。例如，授信既是管理的原则，也是一种营销手段，银企都运用它。银行用它牵住客户，客户靠它施展影响，绝不是单纯的业务。

**案例**：记得在一次审贷会上，审议给予某类企业零授信，理由是几年才难得有一次贷款，授信没有意义。我不赞同。不予授信没了信誉，企业能干吗，意味着真要贷款时会很麻烦，何况别的银行授了信。关上自己的门，等于推给了别人，给了对手侵入的便利。这样做看似依据规则，实为不懂市场，在一个充分竞争的市场上，信贷对优秀企业要主动营销，不能坐等求上门。我问，历史上该企业有没有给银行造成过贷款损失？答曰没有，都守信；企业发展有规划有新需求吗？答曰不清楚。没有贷款就不去关心，正是信贷工作的缺陷。如果转换个观念，就会别有洞天。

## 四、信贷权力、立场与责任

作家刘震云说："有远见的人走的一定是笨路。世界上成功的人，80%走的都是近路和投机的路。眼看他起高楼，眼看他宴宾客，眼看他楼塌了。为什么？因为他走的是近路，他太聪明了。这个民族需要目光特别长远的人，有远见的人；有远见的人一定走的是笨路。"信贷也是这样，诚实的信贷员不急功近利，盯住责任与风险，踏踏实实，笨拙地把每一笔贷款做到位，不取巧做假，盯住企业的风险把好风险关，这样，他才能笑到最后。

市场有太多的不可预测因素，重要的是把握住立场、观念与方法，实务中须处处谨慎。

**1. 正视信贷权力：是公权而不是私权**

如果还有人把信贷当成一种权力，以为它凌驾于上，支配借款人，那

**信贷与风险——信贷之门　风险之槛　经营之魂**

他一定不称职,思想还留守在20年前的旧体制上,未能认识到沉重的风险责任。信贷不再是一种值得欣赏与享受的地位与权力,它不是私权,只是代位行使公权。公权是受监督要问责的,失职、不尽职形成损失后都要被清算、追究风险责任。

管控风险是信贷的基本手法,信贷配置资源的基本原则是:安全即有效。有人看重风险责任,审慎地动用权力,不敢忘记风控;有人看重用权的过程,错以为是私权,容易弱化风控。市场化低、行政机制强的地区多看重权力,轻估风险,到头来总是在风险轮回中受到清算问责。

权力会诱惑害人,常有人表面上奢谈风险压力,骨子里很享受、很在乎被企业捧着的那种权力欲。这种权力观并不少见,尤其表现在对国企、大户、大项目贷款上,总想包揽独贷,总是垒大户。在上世纪八九十年代的信贷业务规模,贷几百万元都是件大事,一个大城市只有一二家企业贷款余额上了亿元,对他们天天记挂在心。如今放几十亿、几百亿贷款的企业多如牛毛,信贷员多自我感觉良好,常有放贷时凌驾于上,风险意识淡薄,缺乏审慎的策略安排,直到风险酿成企业垮塌时,才后悔贷多了。这种权力观真害人。

**2. 各为其主:做贷款守门员,别当企业代言人**

信贷是银行的信贷,履行债权人职责,需站在银行立场维护信贷的安全。尽管是企业带来了信贷业绩,但毕竟也是风险之源,看住贷款风险才是履职尽责。假如一个贷款管理者总是站在借款人立场,盲目为借款人说话,出了信贷风险就是他的失职。

**(1) 信贷有两道门:进门和出门**。走进企业门,要关注风险可控性,关注市场新机会;走出企业门,要关注市场变化,关注收益可靠性,关注前景的可持续性。贷出就要想着收回,需要策略性安排,早做预案,有备无患。

与企业的关系适可而止,这是信贷的立场。关系太近容易麻痹轻信,对早期风险的苗头会失去敏感性,熟视无睹,如陨石无法挣脱引力,不觉中被捕获。风险总是一步步显露的,贷款总是一次次增加的,而当企业一点点下沉时，犹如温水煮青蛙，你就会身陷其中。待危机生成后再呼喊救命的一刻，已经无力回天。这是死亡的基本形式规律，能不警惕吗？

**(2) 两种任务，两项职责。**信贷的双赢不是一种利益共享、风险均摊的机制，它与投资入股分红根本不同。在借贷机制下，借款人支付利息得到了贷款使用权，银行要得利息但不承担风险。假如糊涂地充当企业的代言人、传声筒，盲目为他们争贷款搞融资，就背离了职责——你本该是银行的守门员，应为银行履职。各为其主，立足银行，以规则衡量业务，尽管洽谈是一个彼此逐步接近、妥协到共识的结果，但终究信贷责任在上，信贷履职是对自己负责。

### 3. 尽职尽责：风险责任面前永远不要感觉良好

信贷职业需要智慧、能力、责任和策略，需要充分的银企合作才能有效地发放回收。放贷与炒股谁更难？拿企业作以比较：公司上市要凭数年业绩、过层层审批关，是行业中被精选出来的尖子，称为最优最可靠的佼佼者，它们只占企业总数的万分之一。如此过五关斩六将的公司，上市后依然表现平平、虚假信息多，可见市场之险。相比之下，贷款企业数量众多广泛普遍，自然管理更难。信贷无情，看那些年轻的证券基金从业者，代客买卖一般免责不受处罚；而信贷是自营，自担风险责任更重、风险更高，受过处罚的比重不小。

**何以实现信贷的宗旨？**通俗讲有两点：第一，为经济建设服务（政治社会责任）是经营的根本方向，通过完成央行分配的信贷规模，服从政策导向来实现。第二，完成经营指标（经营财务责任）是经营方式，合规经营，通过信贷员履职贷出、管好、收回本息来实现。简言之，服务于实体经济，合规地发放下达的信贷规模，就是履行为经济建设服务。落脚点是贷款安全无恙，回收周转再贷，才算尽责。假如总是出现不良贷款，岂是尽职？持续稳健经营成了空话。

时代变了信贷越来越沉重，企业设到全国去了，工厂搬到乡下去了，总部迁到大城市去了，经营进入网络虚拟了，多头开户融资丰富了，金额单位从万元到亿元了，人均贷款越来越高了……走马观花都来不及，何以明察秋毫？一片升平中多有假象，唯有风险责任更重了。旧模式逐步在离去，新模式在营建中，要去适应，因为经营责任制度总是从问责开始。

## 五、人才可贵：等身于黄金、等同飞行员

合格信贷员的素养不凡，突出的有两点：第一，对市场机会具有敏感的信贷渴望，本能驱动他不懈地探寻开发市场。每当感受到贷款机会出现时，就锲而不舍去追逐，洋溢着火一般的热情，表现出良好的市场意识与能力。第二，对企业清醒严判的风险思维，内心平静又严谨，以一种市场久经炼成的冷眼和视角，周全地审视企业状态与贷款的风险度，不人云亦云。前者是市场特征，后者是管理特征，两者合二为一，不可分离，缺少哪一项都不行，构成为优秀信贷员基本素养的重要内涵，其他方面的因素都来源于这两个方面的合成。

**1. 信贷员扮演什么角色？**

他们是信贷营销者、价值发现者、风险把控者、市场关系维护者、贷后管理者、信息收集者、问题解决者、财务实现者、业务拓展者，当然也是信贷经营的担当者。一个优秀的信贷经理人，日常总是围绕着企业与市场动态，做好基础工作，落实下列基本职责：

第一，合理确定贷款或融资额度、利率及费率，以收获与风险度相称的利息与收入，安排好企业的贷款事项，确保及时地收回本息。

第二，尽职做好贷后管理，关注借款人经营信息的变化，适时采取相应的风险管控措施，解决突发性问题，为下一次贷款预做准备。

第三，深度开发客户的商业价值，积极营销各种银行产品与服务，提升其财务贡献度。不放弃细小的机会，创造尽量多的银行收入。

第四，维护好客户关系，及时掌握客户的经营和财务信息动向，跟踪服务，传导银行信息，提升优质户的稳定性、紧密性或忠诚度。

第五，不断地筛选调整、壮大优化客户群，抓住供应链去开发上下游

的企业，构建合理的、有活力的客户结构，打造基本核心客户群。

**2. 维护客户关系：本是业务基础能力，本属做市场的方式与抓手**

客户关系永远是第一位的，后面有市场机会、信息和需求，作好客户关系能稳定市场与客户。所谓提高客户服务水平，落脚点就在作好客户关系上。

专业人员常有的缺点是：擅长围绕产品而忽略客户关系，结果关系弱化客户散了。信贷业务产品都要落在客户上，而客户关系最难做，因为要放下身段贴上去，要求人看脸色。因此，从银企关系的紧密度中，常可看出信贷经理对市场、对风险的体察程度。客户天天有变化，洞察变化就等于握住了市场的脉搏，了解到宏观政策的效能。维护好关系，跟随客户的新需求开发新市场业务，信贷自然有了生命力。

> 什么是市场？市场是商业关系的总和，市场由客户组合而成，彼此间充满着利益与交易关系。和气生财是商业至理，银企之间因互利而依存，在未发放贷款之前，七分关系三分业务，搞好关系是为了营销业务；在发放贷款之后，七分业务三分关系，搞好关系是为了维护业务。

**3. 成熟信贷人才的价值：等身于黄金，等同于飞行员培训成本**

铁打的营盘流水的兵，银行中信贷人才的流失率最高，他们会流向市场、流向管理层、流向其他专业。流动是一柄双刃剑，有序输出人才能带来年轻与活力，但过度了则伤害专业素质，终因培育信贷人需要时间、心血与经验教训的积累，人才不易。

从信贷员的成长过程看，**3～5 年只是业务操作入门，5～10 年才有了经验成熟升华，10 年以上炼成精华结晶，真正懂得信贷的本质精髓**。其依据，5 年只是半个经营风险周期，10 年才能经历一个完整的经营风险周期，经历 1～2 个风险周期者方练就稳健审慎。做得好不等于素质高，客户优劣、运气好坏、贷款时机、政策环境等因素都直接关乎结果，信贷素质要经受经济下行、突发事件、呆坏账爆发的种种风险磨砺，依赖时间和环境的陶冶酿成。

　　成熟的信贷员等身于黄金的价值，不付出千万元不良贷款的风险代价，铁杵岂能磨成针？只需做个简单的计算：1g黄金价格约300元①，1kg黄金30万元，体重70公斤等值黄金价值2100万元，这相当于培养一个飞行员的成本。这20年来的两个金融经济周期中，信贷员人均分摊的不良贷款何止这个数？得出的结论是：培养一个成熟信贷员不比培训飞行员成本低，信贷人才的成熟期长，成熟了不再年轻，要千万珍惜信贷人才，千万留住信贷人才啊。

### 4. 提升信贷素质的方向：看未来市场趋势、看企业金融需求

　　人才成长依赖于信贷文化的专业氛围，亟需在管理中营造浓郁的市场理念、风险意识、盈利意识和合作意识等，去约束和影响人的思维方式和思想行为。信贷文化包括诚实守信、信贷风险、合规意识、信贷责任制和经营财务方面的文化内涵等，是一种风险经营的文化，是生成企业文化的基础平台。**信贷员素质方面的问题有：事前不敏感，应变无预案，应急无办法，平时不上心，出事怕处分。**市场知识面不宽，掌握的银行综合业务不广，队伍太年轻，缺少经济金融风险周期的锻炼，因此，提升素质的任务并不轻松。

　　提升员工素质落脚在专业岗位。由于各专业间业务跨度太大，无须也不必要求员工全面精通银行业务，只需懂得基本常识，精通岗位业务即可。提升信贷素质的方向应紧扣市场，例如，**公司信贷的着眼点：一是企业急需什么你就得弥补学习什么，无论新旧，不懂就必须去学会；二是银行发展什么你就得学习什么，它反映新金融业务的趋势。**

　　重点是补上知识空白点，避免素质的缺陷。第一，适应企业多元化、直接投融资的市场趋势，从单一贷款向广泛的投融资业务转型；第二，适

---

　　① 2018年11月12日金价：六福黄金价格349元/克，北京太阳金店黄金价格343元/克，中国黄金投资金条报价272.7元/克（不含手续费）。

应银行向全资产经营模式转型,提升信贷、同业、交易、投资和资管等组合协同、一揽子金融解决方案的业务能力。

## 六、信贷是不错的职业

信贷员故事多,眼观八方的企业经营信息,心中有经济的趋势动态,手里是政策的执行运作,将各种产品业务融会贯通,他们是一个敏感的现代社会。如今的**信贷越来越复杂、风险越来越大、责任越来越重、工作越来越忙,但落脚到本职工作中主要是两句话:把贷款放出去,把本息收回来,**亘古不变。

信贷有两面性,人与人不一样:**弱者苦于风险,强者乐在其中**。信贷员最揪心的是不良贷款,晴雨表都在他们的脸上。这一刻资产质量好时,如大爷般信心十足,自我感觉不错;过一刻出了不良如孙子般沮丧,心思心态坏极了。这一家企业经营得好,心情不错;那一家遭遇风险,立马坐立不安魂不守舍。

信贷也靠点运气,有准备更上心的人运气会好些,但许多风险无法预料,不是每一次都能躲避。别人别家银行出了事,**成熟的信贷员很少去指责,绝不会幸灾乐祸,而是比照案例做分析,找到是哪里出了问题,赶紧自查,得到警示和教训,祈祷和告诫自己更小心一点。其实,这个平台上的人都一个命,同命相连,风险无情,不知下一个轮到谁。**

当下环境中信贷风险太大,假的太普遍,市场太复杂,且出了风险不由你解释。一笔败绩一个污点,天天河边走,哪有不湿鞋,如同战场上谁能不受伤?一次次不良资产起伏心态也正常了。姜是老的辣,老信贷经验丰富最敏感,天天在险中过,身经百战成熟老练了,本领大了办法多了,就有了平常心。

我国信贷员的责任是最重最大的,全球都比不上。一方面,人均业务量大、放贷多,加上诚信环境差、丑陋太多,自然为难了。政府、政策、

信贷与风险——信贷之门　风险之槛　经营之魂

监管多要银行支持经济、支持企业发展，要求把贷款引向风险最大的小微企业。另一方面，银行的风险责任制也最严厉、最特殊，有的银行出现损失核销就要处罚，连总理都多次疾呼该改改责任制，解脱羁绊大胆地支持小微。但事实上考核制度很难撬动，因为资本不松口对绩效的考核，薪酬要与利润挂钩，不见股东有松动迹象；又因为监管不松口风险管理，一再强调对小微、民企贷款，不能放松风险管控，不能降低信贷标准。说得都对，风险问责依旧。

**不经几次熊市的折磨，投资心智幼稚不会成熟；不经几次经济下行的艰难，岂知信贷风险之严酷，是风险把信贷员熬成了婆。一般而言，信贷周期比股市周期更加长，金融危机周期十年一轮回，信贷员的成熟期就加长了。**统计数据表明，我国的证券、基金经理一直是年轻人当家，不成熟的市场、不成熟的参与者，想成功真要点运气和冒险。信贷市场的逻辑不指望运气不能冒险，信贷员年轻时也是天之骄子，五年十年二十年一步步酿造淳化，越来越成熟，变得老道稳健。市场太深邃，规律太玄乎，谁都无法抵御风险的降临，否则要专业技能、经验与智慧干什么！机敏一点可能抓住点时机好运，但是智者千虑必有一失，周期性风险谁都躲避不掉。

当然，信贷是不错的职业，信贷员有风险压抑为难的一面，但更多时候充满着神圣与光明。信贷地位是银行职能赋予的，信贷资产占据银行总资产的六七成，人数又少，信贷成败事关整个经营的命运。质量、盈利指望着他们，眼睛都盯着他们，绩效考核取决于他们，一好百好，一差牵连全行，地位能低吗？信贷员都是优秀者竞聘选聘的，不是谁都能胜任，缺乏基本素质则难以担当。因此，别只看他们出风险时的一脸苦相，只要经济发展的主流不变就有好日子。

在社会上，他们代表银行行使债权人职责，扮演着财神爷的角色，经济越麻烦反而地位越重要。他们手中掌控、配置、监管着百万亿元的信贷资金，牵动着企业的兴衰。**有权力就有地位，有敬畏就会膜拜，优秀信贷员像是救世主，受人敬畏受人求，为企业排忧解难，做好服务就带来了感**

恩。这就是风险岗位的两面性。只要管理精细点去发现风险，把更多风险摘除掉，心中就留下成功的自豪，人生还是需要一点虚荣心的。

但需指出的是，少有信贷员能评上劳模，荣誉多属前台柜员服务者。信贷风险大又管得严，重责之下更加成熟起来，当然被提拔者就不少。他们真懂得经营的艰难，与市场与经济联系得更加紧密。当个优秀信贷员吧！他们是最可敬的，尤其是那些信贷风险中的抗争者，如同出生入死的战士，是最可爱的人。

## 七、信贷工作宝典

每个信贷管理者都有自己独到的管理思想与做法，都有深刻的信贷体会和市场经验，心中都有一本切合当地实际的信贷工作宝典，依仗它护身克险，保障本行信贷经营活动的正常运营。广东一位市级分行分管信贷的副行长，给了我一份自己总结的信贷管理材料，尽管都是些要领提纲，但信贷工作者一目了然，自然能理解其中的涵义。提纲凝聚着他对信贷业务与管理工作的深刻理解，是真下了工夫，令人感动，看后我称之为《信贷工作宝典》。我想，若能征集十个成功管理人的宝典，一定能集成一本有效的基层信贷管理方法大全，这就是基层信贷工作法的重要意义。我把他的宝典推介给大家参阅。材料如下：

**1. 贷前调查**

（1）三品、四表。三品：人品、产品、押品；四表：水表、电表、纳税表、报表。

（2）三看：看人、看物、看表。

（3）十二字箴言：信得过、摸得准、靠得住、看得清。

（4）调查的"非诚信原则"。

（5）望、闻、问、切。

望：是察言观色，不能过分依赖财务报表等死信息，要看人、看老

板，尤其对民营企业，看老板的为人处世，识人品，判断企业决策层的人品和诚信。（人品诚信，信得过）

闻：是耳听八方，借助第三方信息进行交叉验证，多方打听企业的信息：打听企业和股东、老板的信用、状况和不良嗜好等，打听企业的口碑，不能被企业光环闪了眼，雾里看花、水中望月，只听企业片面之词。综合判断企业经营实际情况有没有假大黑。（经营情况，摸得准）

问：是问得透彻，问企业及其股东对行业的认识，自身经营情况，产品的市场，企业发展前景；想怎么经营管理，要借多少钱、怎么用、怎么还，判断企业的运营能力和还款能力。（运营能力，靠得住）

切：是切中要害，通过非现场监测、现场检查，尽可能掌握企业的信息，把握资金流、物流和信息流，判断企业融资的综合风险程度。当前最主要的是抓企业的资金流和抵押。（风险程度，看得清）

(6) 放款前四问：贷款放给谁？（借款人）

贷款用来干什么？（融资用途）

用什么来还款？（还款来源）

还不了怎么办？（征信措施）

**2. 风险防控**

(1) 假、大、空、黑。假（假用途背景、假收入、假抵押）；大（融资过度、小企业平台、垒大户）；空（空资金、空担保、空经营）；黑（民间借贷）。

(2) 注意点：多头融资、民间融资、非法集资、关联复杂、多业经营、短时融资快速增长、挪用贷款投资、异地贷款、老板跑路、小企业平台化、实体经济空心化。

(3) 裸贷（放完款后无货款回行、无存款）。

(4) 重贷轻管（应树立正确的业绩观与风险观）。

(5) 四个不缺。

① 剪刀差不缺铁，就是压降不能缺三铁：铁的决心、铁的措施、铁的手腕。

② 转化不缺氧，符合条件的该救要救，该转要转。即对已经出现风险的贷款，在符合贷款转化底线的大前提下，该救就救，不要拔掉企业的氧气管。

③ 打包不缺钙，即打包处置时要有担当，该硬要硬，不能患软骨病。

④ 发展不缺水：利润。即在不良贷款处置中，特别是打包处置消耗利润的同时，要努力加快发展，多创造利润，弥补处置损失。

（6）"五个一"突出风险。一条不归路（大宗商品）、一头死骆驼（过度融资）、一根连理枝（隐性关联风险和平台化融资风险）、一笔阴阳账（高利贷和民间借贷）、一条变色龙（抵质押物价值波动的风险）。

（7）三招提前管控剪刀差：熟悉（做本土客户）、淡定（工夫在平时、不冲任务）、舍得（舍得退）。

（8）处理不良办法：一哄、二骗、三吓唬、四重组、五起诉、六核销。

**3. 信贷管理**

（1）动员千遍，不如问责一次。

（2）严管就是厚爱。

（3）工作部署千招万招，不抓落实就是没招；制度办法千条万条，不抓落实就是白条。

（4）信贷基础管理：基础不牢、地动山摇。

（5）轻财足以聚人、律己足以服人、量宽足以得人、身先足以率人。

**4. 经营思路**

（1）行稳致远、稳中有为。

（2）回归初心、逆水行舟、二次起航。

（3）不怕小，就怕大（不垒大户，发展小企、个贷）；不怕短，就怕长（降低中长期贷款比重）。

（4）看重资金流，第一还款来源是关键；做好担保，第二还款来源是底线。

（5）击鼓传花不做最后一棒。

（6）1和0的关系，管控风险是为了更好地发展。

（7）当铺思维要不得，要做有现金流的砖头。

（8）剪刀差就是准不良。

（9）三个关键词：精细化、转型、创新。

（10）看得见、摸得着、押得住；不包揽；名单制。

# 第7章 西方银行信贷的主要特征

国情是信贷的土壤,文化是信贷的内核。中西方国民的财富文化与消费理念不同,企业的经营方式与负债率不同,经济发展方式与市场进程不同,商业银行经营的环境与监管方式不同,存款负债的数量与来源不同,那么,为国民与企业服务的信贷会相同吗?绝不会。两条道上跑的车,可以相互欣赏、借鉴,得以自信自在;别去照搬照套,否则画虎类犬。

**1. 信贷资产比重:西方大银行低于 50%,欧洲 5 行最低,美国其次,中国最高**

据对 2017~2018 年度欧美 12 家大银行信贷资产比重分析,美国的 4 大银行平均为 40.41%(加上 2 家投行业务为主的摩根士丹利与高盛银行为 30.64%);欧洲的 5 大银行平均为 37.59%,但桑坦德银行很高。每年呈微弱增长。相比之下,我国的 5 大银行平均为 53.68%,分别高于美国银行、欧洲银行 13.27 个、16.09 个百分点。工行为 54.32%,建行为 57.55%、中行为 54.15%、农行为 50.69%、交行为 49.76%、招行为 55.59%,差异不大(见图 7-1)。

2018 年末,美国银行业贷款资产占银行总资产比重为 56.6%,相比远高于 4 家美国大银行 40.41% 的比重,可见美国其他中小银行贷款资产比重更高;也高于我国 6 家大银行的 53.68%,高于中国银行业的 55.6%(其中人民币贷款资产占 53.4%)。再从贷存比、分销方式综合评价,可见西方银行十分重视运用信贷业务功能,这方面具有共性(见表 7-1)。

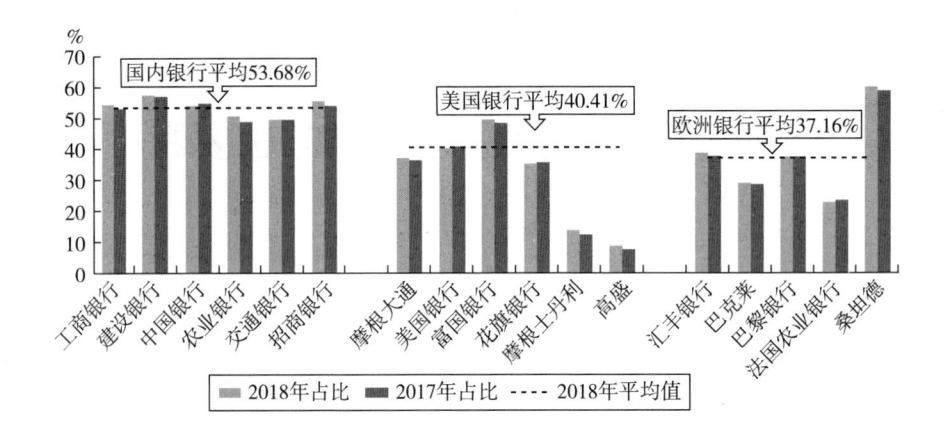

信贷与风险——信贷之门　风险之槛　经营之魂

图表显示2017~2018年中国、美国、欧洲银行信贷资产占比状况：
- 国内银行平均53.68%（工商银行、建设银行、中国银行、农业银行、交通银行、招商银行）
- 美国银行平均40.41%（摩根大通、美国银行、富国银行、花旗银行、摩根士丹利、高盛）
- 欧洲银行平均37.16%（汇丰银行、巴克莱、巴黎银行、法国农业银行、桑坦德）

图例：2018年占比　2017年占比　---- 2018年平均值

资料来源：英国《银行家》杂志，选取样本为2019年英国《银行家》杂志按一级资本排名靠前的17家银行，数据来自各行发布的年度业绩。平均值为2018年。

**图7-1　2017~2018年中国、美国、欧洲银行信贷资产占比状况**

**表7-1　　美国商业银行贷款资产占总资产的比重　　　单位：%**

| 年份 | 2011 | 2012 | 2013 | 2014 | 2015 | 2016 | 2017 | 2018 | 2019.9 |
|---|---|---|---|---|---|---|---|---|---|
| 信贷资产占总资产比重 | 53.8 | 53.3 | 53.6 | 53.4 | 55.4 | 55.5 | 55.8 | 56.6 | 56.3 |

资料来源：FDIC。

资产负债结构是社会金融国情的缩影，西方银行存款不多，促使经营向投资交易市场扩展，其他投资、交易类及衍生品资产就大了，国家对信贷投向没有限制，推动了经营的个性化，成为中外银行业务的基本差异。因此，银行间很难做简单的信贷比较，只能侧重于对绩效进行评价，财务才具备可比性。

**2. 贷存比：欧洲银行较高，我国银行次之，美国的银行最低**

存贷款是银行核心的基础业务，贷款风险高但收益高，体现银行对资金的利用率、经营风险观，银行都极为重视。从中西方对比中可见，欧洲的银行经营方式与我们更为相近。美国的银行贷存比较低，是因为经营模式不同，缺乏可比性。见图7-2。

贷存比表明了大银行对流动性管理的谨慎性。在美欧危机爆发前夕，全球银行业贷存比高得令人咋舌，流动性敞口大。据英国《银行家》杂志

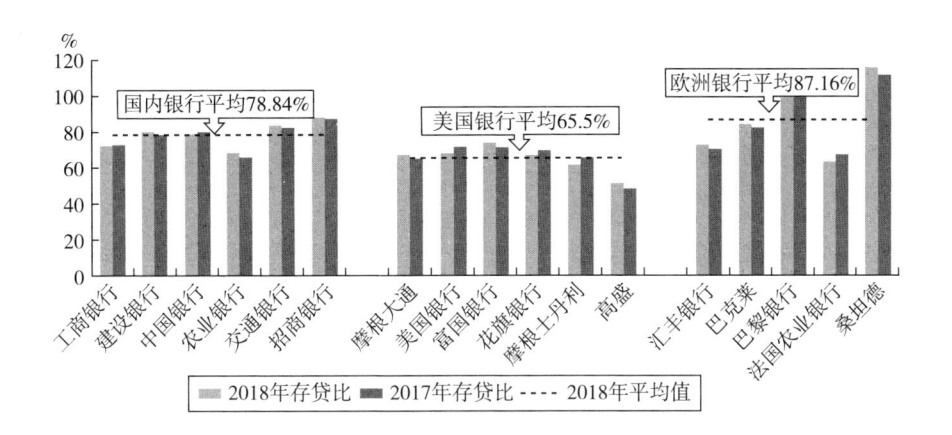

图 7-2 2017~2018 年中国、美国、欧洲银行信贷资产贷存比状况

资料来源：英国《银行家》杂志。

披露[①]，2008 年全球平均贷存比为 103.74%，其中，西欧为 121.02%，北美为 100.29%，东欧为 111.71%，亚洲为 85.04%，表现出银行强烈的贷款欲。危机爆发后，2009 年全球贷存比平均为 87.35%，直降 16.39 个百分点，其中，西欧下降 22.64 个百分点，北美下降 20.84 个百分点，拉美下降 27.5 个百分点，中东下降 22.09 个百分点等，表明银行为应对流动性风险而收缩贷款，但我国一直在提升。

2018 年中美大银行平均贷存比相差 13.23 个百分点（见图 7-2），但中美银行业贷存比只相差 4.35 个百分点（2019 年差距扩大到 7.68 个百分点，见图 7-3），两者之间的差距表明了美国中小银行的贷存比也不低，经营方式与我们并无实质性差异。

**3. 贷款结构：美国的银行公司贷款比重上升，住户贷款下降，与我国相反**

从 2011~2019 年的 9 年间，美国的银行贷款结构在持续地渐变，改变了对公与对住户信贷的比重，对公类贷款逐年上升，住户贷款逐年下降。其中，对公类贷款的比重从 46.3% 增加到 54.2%，增长 7.9 个百分点，相

---

① 英国《银行家》杂志，2010（7）.

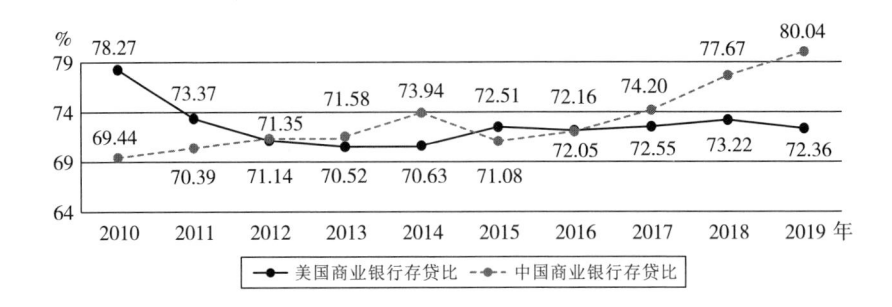

```
   %
79  78.27                                                    77.67   80.04
74       73.37         71.58  73.94  72.51  72.16   74.20
         70.39  71.35                                73.22
                71.14  70.52  70.63   71.08                   72.36
69  69.44                                    72.05  72.55
64
    2010  2011  2012  2013   2014   2015  2016   2017  2018  2019 年
              ——— 美国商业银行存贷比  ---●--- 中国商业银行存贷比
```

资料来源：美国资料来源于 FIDC 官方网站，其中商业银行口径包括所有在 FIDC 投保的商业银行和储蓄机构；中国资料来源于人民银行的金融机构信贷收支表，口径是本外币存贷款。

**图 7-3　中美商业银行贷存结构图**

应地住户贷款从53.7%下降到45.8%，主要表现在住房类贷款逐年持续下降，形成一种明显的走势（见表7-2）。还有以下特征：

表 7-2　　　　　　　　美国商业银行贷款结构　　　　　　　　单位：%

| 年份 | 2011 | 2012 | 2013 | 2014 | 2015 | 2016 | 2017 | 2018 | 2019.9 |
|---|---|---|---|---|---|---|---|---|---|
| 对公类贷款占总贷款比重 | 46.3 | 48.0 | 49.9 | 51.3 | 52.4 | 52.7 | 53.1 | 54.0 | 54.2 |
| 其中：商业或工业贷款 | 18.0 | 19.4 | 19.8 | 20.6 | 20.8 | 20.8 | 20.7 | 21.3 | 21.3 |
| 有房地产担保贷款 | 19.1 | 18.3 | 18.5 | 18.5 | 18.8 | 19.2 | 19.5 | 19.3 | 19.4 |
| 政府等机构相关贷款 | 1.1 | 1.3 | 1.5 | 1.7 | 1.8 | 2.0 | 2.1 | 2.0 | 1.9 |
| 存款机构贷款 | 1.6 | 1.3 | 1.4 | 1.2 | 1.1 | 0.9 | 0.9 | 0.8 | 0.7 |
| 农场贷款 | 0.8 | 0.9 | 0.9 | 0.9 | 0.9 | 0.9 | 0.8 | 0.8 | 0.8 |
| 融资租赁款项 | 1.3 | 1.4 | 1.4 | 1.4 | 1.4 | 1.4 | 1.3 | 1.3 | 1.3 |
| 其他类型贷款 | 4.4 | 5.4 | 6.2 | 6.9 | 7.6 | 7.5 | 7.9 | 8.5 | 8.9 |
| 住户贷款占总贷款比重 | 53.7 | 52.0 | 50.1 | 48.7 | 47.6 | 47.3 | 46.9 | 46.0 | 45.8 |
| 其中：住房抵押贷款 | 28.1 | 27.6 | 26.5 | 25.7 | 25.4 | 25.6 | 25.4 | 25.1 | 25.3 |
| 住房净值贷款 | 8.1 | 7.2 | 6.5 | 5.9 | 5.3 | 4.7 | 4.2 | 3.7 | 3.4 |
| 信用卡贷款 | 9.2 | 9.0 | 8.8 | 8.6 | 8.6 | 8.6 | 8.9 | 8.9 | 8.6 |
| 汽车消费贷款 | 4.0 | 4.2 | 4.5 | 4.6 | 4.7 | 4.7 | 4.6 | 4.5 | 4.6 |
| 其他个人贷款 | 4.3 | 4.0 | 3.9 | 3.8 | 3.7 | 3.7 | 3.7 | 3.8 | 3.9 |

资料来源：FDIC。

**(1) 住户贷款的结构总体合理稳定**。2019年9月末，在美国住户贷款的项目构成中，住房抵押贷款占55.3%，住房净值贷款占7.4%，信用卡贷款占18.8%，汽车消费贷款占10.0%，其他占8.5%。结构如图7-4所示。

第7章 西方银行信贷的主要特征

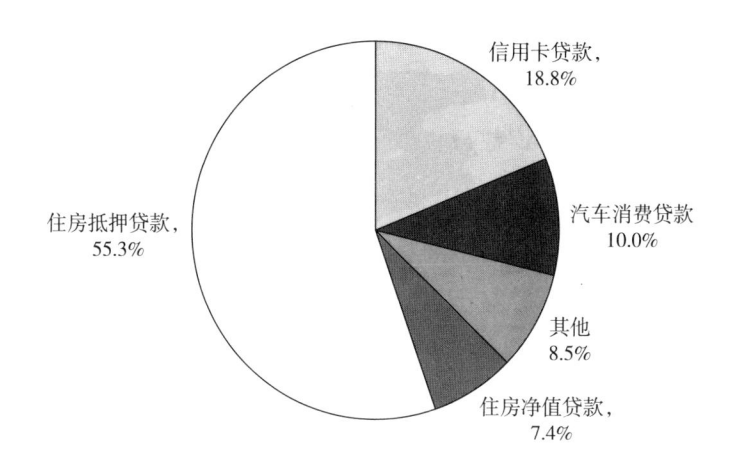

**图7-4 美国个人类贷款结构图（截至2019年9月）**

（2）**银行间业务市场的定位各具特色**。从2019年6月末贷款结构看（见表7-3），花旗银行、富国银行、美国银行和摩根大通这四家银行住户贷款的比重差异不大，摩根大通最高为53.33%，其他都在47%左右。再从细分结构看，各银行业务的重点不同，富国银行住房类贷款占其中的72.78%，花旗银行信用卡贷款占50.63%，反映了各行业务定位的市场特色。

表7-3　　　　2019年6月末美国四大行贷款结构表　　　单位：亿美元

|  | 花旗银行 | 富国银行 | 美国银行 | 摩根大通 |
| --- | --- | --- | --- | --- |
| 总资产 | 19880 | 19234 | 23959 | 27274 |
| 贷款总额 | 6887 | 9499 | 9638 | 9569 |
| 　公司贷款 | 3627 | 5122 | 4997 | 4466 |
| 　占总贷款比重（%） | 52.66 | 53.92 | 51.84 | 46.67 |
| 　住户贷款 | 3260 | 4376 | 4497 | 5103 |
| 　　信用卡 | 1651 | 388 | 940 | 1576 |
| 　　住房抵押贷款 | 819 | 3185 | 2199 | 2147 |
| 　　房屋净值贷款 | 104 | 未披露 | 441 | 260 |
| 　　汽车贷款 | 未披露 | 457 | 503 | 621 |
| 　占总贷款比重（%） | 47.34% | 46.07% | 46.66% | 53.33% |
| 　其中：信用卡占总贷款比重（%） | 23.97 | 4.08 | 9.75 | 16.47 |
| 　　　住房抵押类占总贷款比重（%） | 11.89 | 33.53 | 22.82 | 22.44 |
| 贷款占总资产比重（%） | 34.64 | 49.39 | 40.23 | 35.08 |

资料来源：各家银行年报。

由于中美银行业的贷款模式不同,很难从指标上做简单比较。假如仅从指标余额分析,我国银行的贷款构成与其正相反。截至2019年末,我国银行以对公类贷款为主,住户贷款余额大约占36.26%,逐年强劲提升,这与城市化进程有关。相比之下与美国相差约10个百分点,大概会是未来变化的空间。

**4. 两种贷款模式:"发起-持有"做存量、"发起-分销"做流量**

信贷是银行的核心功能,哪家银行都不会冷落这道主菜。尽管西方缺少存款,贷款业务照样火红,贷存比重不低,将功能发挥到极致。西方不监管信贷规模,没有贷存比硬约束,贷款可以在市场交易,具有有效的信贷转换环境。不同模式造就了个性化经营,各国银行经营文化不同,两种模式中美国大银行多有后者特征,欧洲银行倾向前者,而我国银行则不能是后者,当然各有利弊。

**(1) 银行都有旺盛的贷款欲**。驱动西方信贷的机制是什么?一是拥有强大的经济需求和开放的全球市场;二是国民购买力、金融消费能力强大;三是金融化社会的金融需求旺盛,依赖银行输送各种投资品、金融衍生品;四是良好的社会信用法制环境和风险管理机制。

如何评价一家银行信贷的强弱以及对贷款的偏好?用三种因素评价:贷款余额、比重及累计发放额,包括信贷渠道的资产证券化转换、转让出售贷款数额等。银行的贷款功能要看存量,也要看流量,余额只是时点数;流量是贷款数额,比重是结构份额,三者聚成了贷款总量和能力。西方银行消减余额的渠道畅通,而我国的银行不能。我国信贷余额超越西方才几年,流量是否超越?从未比较过,缺乏统计数据。谁的信贷更强大?无法简单做出结论。

**(2) 做流量是西方银行创造的经营模式**。20世纪70年代美国首创了资产证券化,成为推动金融市场化最重要的源泉和力量之一,成为在全球广泛使用的金融技术。它有效贯通了银行与金融市场,使银行不再单调地放贷款。信贷转换是资本及风险管理的有效工具,成为西方银行灵活便利的经营技法。这是个管控信贷余额的泄水管,也打开了放贷阀门,一旦贷款余额超过资本充足率、流动比率等风险监管的要求，可将过量贷款从多渠道排出。当然，一切都遵循规则。

流量模式更能满足客户新的贷款需求。当贷款达到银行经营的限额，而一些重要客户继续要求贷款时，银行便可将存量贷款卖出，腾出额度来发贷，得以维系客户市场的活力，稳得住客户，尽力满足融资要求，不轻易说"不"。当经营中遇到更好的市场机会时，也可转化老贷款去追逐新机遇，以求良好的财务收益。同时，将一些因期限、质量不适合继续持有的贷款采用资产证券化处置，可改善优化信贷资产结构。

# 第二篇

# 风险之槛

◎第 8 章　信贷设起风控的门槛
◎第 9 章　风险警示录：7类风险及重案名案
◎第10章　贸易融资如何演变成系统性风险
◎第11章　信贷形成风险的机理
◎第12章　风险的五大源头
◎第13章　风险管控理念、能力与机制
◎第14章　西方银行信贷的风险特性

封建社会是如何维护信用秩序的？

据唐朝的《唐律疏议》记录，欠债违约20日不还就要被处以"笞刑"20下，每过20日再加一等，直至从笞刑20下升级为杖刑60下。被处以杖刑后过了100天还不偿还，就要处以有期徒刑1年。

清朝的刑律规定，官府对于破产的商民可以实施拘禁，债务人家族须在两个月内返还欠债，而且必须通过对债主无偿劳动来抵债，直到还清为止。如果人跑得没影了，那必须由担保人承担债务。

正是如此严苛的法律，封建社会对于欠债不还就是体罚，只要欠款，全部脱光打屁股入狱、当奴仆还债等。由于法律的严苛与完善，加之各界人士都把信誉看得比较重要，所以欠债不还、赖账的事情很少发生。

马克思说，"像自然据说惧怕真空一样，资本惧怕没有利润或利润过于微小的情况。一有适当的利润，资本就会非常胆壮起来。如果有10%的利润，它就保证到处被使用；有20%的利润，它就活跃起来；有50%的利润，它就铤而走险；为了100%的利润，它就敢践踏一切人间法律；有300%的利润，它就敢犯任何罪行，甚至绞首的危险。"(《资本论》第一卷第839页)这种现象我们还见得少吗？当然，资本具有活力，才有市场的活力。

当利息还不了时，本金已经被大鳄拖下了水，开始被吞噬了。记住，本金100，月息5‰，本金是月利息的200倍哦，当5‰都还不上了，100不就溺水了吗？这是个风险信号：当贷款临近深池边，可别盲人瞎马。

一旦发生利息的损失，实际损失了3.33倍正常贷款的收益。

当贷款本金被销蚀，财务损失几十倍地扩大：本金100，每增加10%的贷款损失，相当于需要6.67倍本金的收益来弥补；当本息全部损失时，相当于损失了70倍贷款的收益。不良贷款每延期1年收回，将再增加3.5%的刚性成本和1.5%的预期收益成本，并将增加更多谋求清收、诉讼等处置过程中的费用开支。

# 第8章　信贷设起风控的门槛

管住了银行，就守住了金融系统风险的大门，银行的主通道审慎合规，则其他金融就消停。因为，银行占金融总资产的八九成。

管好了信贷，就守住了国家金融风险的底线，信贷质量好经济就稳定，风险危机就形不成。因为，信贷占社会融资总额七八成。

信贷运行中总会溢出不良贷款，如同宴会有残羹，熬药有药渣一样。可以用种种理由阐述贷款的必要性合理性，但风险只有一个市场标准，损失就是失败，没有其他任何推脱辩解的理由。

## 一、信贷经营风险的基础常识

什么是风险？视角不同理解不同，责任不同感受不同，学者与业者认识不同，股东与经理人、监管与银行的答案各有侧重，各有各的认识与描述，如盲人摸象。

风险在预期与过程中，到期得以验证。信贷的跨期配置资金建立在对借款人经营的预期上，借款人、保证人、抵（质）押物、政策与市场、技术都在变化，不确定性风险充满信贷全过程，直至收回时。潜藏风险是否成真，一切由实务。

**1. 什么是信贷风险？**

所谓风险是指预期结果的不确定性。信贷风险是指借款人发生违约、损失事件的可能性，可分为"四种不确定性"，即收回贷款本息的不确定性、本息损失的不确定性、贷款真实用途的不确定性和工作责任的不确定性，造成了借贷合同无法履约，银行不能如期、足额收回本息，收益延误或形成损失。

信贷风险起因于借款人违约，落脚在信贷财务损失上。主要表现在三个方面：

第一，借款人逾期还款或申请展期，风险预期发生变化，形成潜在风险的不确定性。

第二，借款人拖欠本息，信贷进行追索、诉讼、处置押品等，形成损失的不确定性。

第三，借款人挪用、移用贷款，信贷管理失控，形成违约性后果与责任的不确定性。

**2. 风险从哪里来？风起于要素，险藏于细节**

寻根溯源，处处太平风险藏在细微处，笔笔合理未到风险曝出时。找到源头，方有对症策略与措施。

**（1）风险形成的三条路径**。风险可以归集为政策、市场与经营三大类，相互交织起来，有时疯狂，有时温良。信贷忠实地伴随着经济大发展的主旋律，让人由衷赞美；也总有边角废料和垃圾，令人受伤后怕。

**险从政策来**。信贷是货币政策的缩影，货币通胀通缩、贷款多了还是少了都溢出风险。信贷过度放多了，紧缩时坏贷款会死去。信贷是经济政策的缩影，经济上行下行、企业好了坏了都有风险，经济扩张期泡沫四起，衰退期企业分化淘汰。从微观上看，政策落脚到一笔笔贷款，风险当然由放贷人担当，这是信贷责任制规则。

**险从市场来**。无论政府主动推进经济转型，还是市场优胜劣汰的竞争驱动，总有落后生产力不断淘汰，相应的贷款受到清算，这是市场机制。市场不留情，无情地驱逐失败企业、惩治失败的贷款。在信贷业务中，表现为借款人经营的风险、选错借款人的风险、市场突变的风险、企业生存周期风险，都是市场的风险。

**险从经营来**。有经营就会有失策失败，少有不败的管理者，形成管理类风险、经营性风险、操作风险；有素质能力欠缺、决策策略失误、运营管理问题，低水平经营问题更多；对某个借款人总量贷多了、或一次贷多了、或时间不恰当都有风险，是贷款方式问题；管理不到位、监督不到位、责任不到位都会形成风险。

**（2）风险从微观信贷中暴露**。信贷纷繁复杂，银行与监管都关心信贷的核心问题，即谁借款、借多少、做什么、什么利率、何时还、怎么还、谁担保及违约的措施，这些要素分别对应借款人风险、金额大小的风险、用途合规性风险、贷款定价及收息风险、期限长短风险、还款风险、担保人风险，押品风险……每个都受到风险牵连。信贷融资合同的核心要素，是金额、用途、期限、利率、担保条件和还款安排等风险条件的组合，终究风险来自债务人违约，未能如期还款，或造成贷款本息的损失。

从内因看，但凡涉及经营的所有要素和环节，有如客户、经营、政策、技术、社会、资本、资金、人员、环境、系统、境外、同业、竞争、操作、欺诈、失误、危机……都包含着风险与盈利的两重性，需要通过风险管理滤掉或规避、或控制风险程度。风险终究表现为经营能力的差异，各家银行经营管理方式不同，风险的形态、侵入渠道与方式，以及结果不一样；在不同国情下，各国也都表现为不同的风险特征、类型和状态。

**（3）信贷的脆弱性正是信贷风险之根**。信贷强大也脆弱，强大在功能与市场地位上，俨然着扮演着调配社会资源的角色，成为现代经济的核心要素；脆弱在风险与市场经营中，同是市场参与者，并无特殊的权力，由市场规律支配它的命运。强的只是宏观整体的面子，强在放贷上，被人所求；弱点是担惊受怕的里子，弱在收贷上，有求于人。

信贷是盈利与风险合生体，在具体的一笔笔贷款中，看谁压过谁、谁占主体地位。当风险噬食利息，本金无效了；再吞噬一口本金，信贷受伤了、失败了，需要挽救了。因而，对一个信贷员来说，总是面临对风险与机会的比较选择，进行风险与能力的比试较量，别无其他能够指望依靠的。唯有靠内心的强大才能发现、分辨与战胜风险，靠自身素质与业务能力去做好每一笔贷款，只是在竞争初期才依靠一点银行的品牌背景去营销博弈。认识到这一点，才能把工夫用在业务与尽职上，靠自己把控，其他都靠不住。

**3. 两类风险特征生成两类风险意识**

金融风险突发性强，一旦出事，不仅殃及本银行各条业务线，且风险迅速传导、放大到其他金融机构、市场和社会，影响资金流动和经济运行，牵动所有人，最敏感的是存款人、贷款人和政府。信贷的风险性质可大致划分为货币风险、经营风险两类，不同的风险特征引出相应的风险经营意识。

**（1）信贷的货币风险，带有法规及货币政策的特征，需具备依法经营意识**。基于货币的虚拟性、流动性、政策性本质，货币风险具有社会性、周期性、全球性、危害性等特征，在通胀通缩中伤及经济，殃及信贷。经营货币依据法律法规，信贷还受到政策管理。体现在：

第一，具有国家金融监管的特征——准入许可（特许经营）、高管任职资格、业务标准及经营监管、检查审计、报告制度、信息披露、问责与处罚等。

第二，具有国际监管制度的特征——同业惯例及业务规定、巴塞尔新资本协议、联合国决议、各国严格的监管制度、国际会计准则、评信评级制度等。

国家对信贷的货币风险监管绝不是空头理论，而是具体的数量指标与可操作的管理要求，必须依照严肃执行，没有商量与变通余地。例如，对业务准入有批文执照，对任职有考试，对业务有指引，对规定有文件，对信贷规模下达指标，对按揭成数有要求，都十分具体并据以监管。违犯即违法，这是红线高压线，成为最高等级的管理风险，每一个高管都要有依法经营意识，触犯的后果严重。

**（2）信贷的经营风险，带有政策导向与市场的特征，需具备合规经营意识**。信贷的经营具有**五大风险特征**，经营者要有**五大风险意识**。

第一，政策性风险意识。政策是信贷的指南，是起始点，信贷是否精彩受其约束，违反政策是大忌大风险。经济货币政策决定了信贷规模、投向、利率，是经营的关注点、风险点、盈利点。

第二，规则性风险意识。监管部门依法制定了各种市场与业务规则指引，是红线和围栏，合规经营至高无上，违者必究。不懂规矩别进场，触犯法则受惩处，规则从不商量，规范见证成熟度。

第三，经营性风险意识。信贷风险是常态，不识风险别碰贷款，风险之地别犯浑，损失要问责，不谨慎易出事，败在风险中。贷前贷中贷后的每个环节细节都潜伏大小风险，一切靠严管控。

第四，盈利性风险意识。做信贷不盈利算什么？资本不同意。盈利是风险与收益的博弈，游走在政策与市场下，从控制风险、考核信贷绩效上来，盈利不易，从管好每一笔做起，并核算到位。

第五，流动性风险意识。借贷是周转的，必须按期还款，有借有还再借不难，还贷不成必有碍信贷流动。信贷在周转中显示安全，一次回归一次结束，一笔贷款一次清算，一个周期一次证明。

**4. 四种市场特征：是市场定位的平台、风险管理的出发点**

不同银行对信贷经营风险的容忍度不同，我们称之为风险偏好。它出自资本对经营的市场定位，依据发展战略、风管能力、借款人、环境特征和股东价值回报的要求等因素，也凭借自身的经营特长和能力来确定。信贷的市场定位，实质是对风险收益均衡的经营定位，确定了借款群体的市场类别等级，就确定了风险特征、强度，采用相应的经营方式、管理模式与风控能力与之配套。总体上信贷有定位，但实务中不会机械地一刀切。

下述四方面的市场特征成为信贷管理的出发点，始终不忘我国的信贷建立在这样平台的基础上，才能实事求是管理好信贷：

**（1）银行有个性，区域有环境，经营有特色**。不同银行的风险偏好、管理水平多不同，因而管理模式与重点各异，中外银行、大中小银行选择的市场、客户群、产品定位都不同。例如，中小型银行资金与财务成本高，更介意利率的高低，贷款定位的风险偏好高；大型银行资金与财务成本低，利率能下浮，多选择风险度低的大中企业。

**（2）专业有方式，业务有产品，借贷有对象**。不同专业、产品形成不同的信贷管理模式与风险管理侧重点。例如，银团类、担保抵押或信用类、结算类、商业票据类、消费类、信用证、外汇类的业务要求、管理方式与借贷对象都不一样，各自都有严格的条件、核算与规范，是风控与问责的依据，不能疏忽。

**(3) 行业有特征，企业有强弱，需求有变化**。银行经营以客户为中心，制定了信贷的分类分层的企业行业政策、管理模式、技术手段，对不同借款人（大中小微、集团、优劣分类）实施不同的管理模式与风险管理侧重点，还有核心客户群、重要客户等服务要求，市场是在动态调整、适时变化、优胜劣汰的。

**(4) 政策有背景，经济有规律，阶段有重点**。不同时期国家的政策导向不同，影响着对信贷风险的把握；不同省市的政府、地方政策与经济背景，干预与影响信贷投向和投量，直接影响贷款风险，各地信贷都围绕着经济政策背景运作。总行一盘棋，信贷要依据政策、规律和重点工作要求去落实，并不简单。

弄懂了市场的差异性与变化，就懂得了实事求是是管理的灵魂。市场面前，所有业务都要讲原则又要灵活性，缺少灵活性会变得僵硬，但灵活要有度，没有度就架空了原则。应当指出，以往实务中的信贷风控，问题出在原则太空泛而无法落地，灵活性太随意不规范而失控，必出风险。信贷既要以不变应万变——不变的是原则、风控、宗旨；又要以变应变、以变应不变——变的是策略、服务与创新，能动地跟上市场而不是被动地拖着走。分支行对上级管控信贷的意见多，常是因制度僵硬不适应客户市场。实事求是是信贷的内核，服务经济是信贷经营之本，经营盈利是信贷本性动力，稳健审慎是信贷风格精神。

**5. 风险的危害性**

信贷的风险带给银行一次次的损失与灾难，一个人、一笔业务就能把一家银行搞得名声狼藉。来时会被迅速放大成为社会性风险，去时留下问责、核销一片沉重与消极。在诸多风险之中，信贷风险的危害性最大最广最深，无处无时不在，涉及所有环节与岗位。

只需几个案例足以说明风险的危害性。

**案例**：中国金融机构破产情况。1998年亚洲金融危机前后，银行业进入历史的低谷期，风险吞噬了无数的金融资产，有千百家金融机构关闭破产，酿成中国银行业的滑铁卢。

据《2002年中国金融年鉴》资料显示，1997~2001年，中国人民银行对427家严重违法违规经营、资不抵债、不能支付到期债务的中小金融机构以及28588家农村基金会实施撤销、解散、关闭、破产等办法市场退出；通过重组购并、撤销等方式处置城市信用社766家；179家信托投资公司在整顿中撤销。例如有中农信、广国投、海发行的重大倒闭案。改革开放以来，人们首次亲历并饱受了金融风险的严重伤害，这可谓是对几十年金融风险的总清算，成为一个不得不接受的极其严酷的现实，一时间形成谈金融色变的状态。之外，一些省政府采取"谁家的孩子谁家抱回去"的政策，不少银行接收回最初发起、后来独立的城信社。金融机构关闭的原因主要是信贷风险。

**案例**：1998~2000年，广东金融十分艰难，这个改革开放最前沿的省份，关闭的银行机构也最多、最早，成为全国金融风险的缩影和典型。当时一触即发的挤兑风潮如同瘟疫般闹心，风声鹤唳，人心惶惶。各级政府承担起巨额损失，全力组织对广国投、华侨信托等多家金融机构的破产，承办关闭了150家城市信用社。为此，省政府向人民银行总行再贷款380亿元，向人民银行广州分行再贷款70亿元，合计450亿元，应对了系统性金融风险，才稳住了整个局势。当时最担心稍有不慎会殃及更多城乡信用社，真有黑云压城之势。

**案例**：2008年美国金融危机爆发后，花旗、汇丰等顶级欧美商业银行不得不启动了战略收缩："精简业务、削减成本、保持专注"，动因都是全球市场收缩（需求端）和经营成本不可承受

信贷与风险——信贷之门　风险之槛　经营之魂

（供给端）两大主因。以花旗银行为例，危机之前该行业务遍及50个国家，服务于2.68亿零售客户。危机使花旗遭遇惨重损失，不得不接受政府救助。此后，业务开始全面瘦身，不仅从海外20多个国家中撤出，美国境内零售网点也裁撤逾三分之二。员工总数下降40%，零售客户"流失"6900万户，约占其客户总数的25%。无独有偶，原先在全球覆盖面比花旗银行更广的汇丰银行也有"同样的故事"，不到10年间放弃了近半的领地和8000多万零售客户①。

**案例**：这10年来，最令人大跌眼镜的是德意志银行，看看被监管处罚的惊人金额与频次，可看到银行资本为谋求利润胆大妄为。这些行为不是操作层面的违规个案，应当错在决策层面的经营思想与定位的风险。违者必罚，恶果自偿，经营遭殃。

自2008年次贷危机爆发以来，德意志银行因各类罚款与大量诉讼所支付的资金接近200亿美元，大额罚单主要有：2015年4月，因涉嫌参与操纵利率，向美英监管机构支付25亿美元罚款；2016年12月，因涉嫌在次贷危机爆发前误导销售抵押贷款支持债券（MBS），与美国司法部达成了72亿美元的和解协议；2017年4月，因外汇交易监管不力以及"沃尔克规则"合规项目存在缺陷，遭美联储罚款1.566亿美元；2018年2月，因操纵伦敦同业拆借利率（LIBOR）案的美国反垄断诉讼，被罚2.4亿美元，等等（见表8-1）。

该行各项业务均呈现出连年下滑的趋势，其官网发布的2019年2季度财报显示，前六个月净亏损为29.49亿欧元（上年同期净利润仅5.21亿欧元）；每股亏损1.57欧元（上年同期每股收益为0.09欧元）。2018年4月，Christian Sewing临危受任CEO，宣布启动大刀阔斧的业务重组，退出全球股票销售和交易业务，包

---

① 西泽金融信托圈. 银行业的下半场，2019-03-05.

括彻底剥离投行业务、将业务重心从全球撤回欧洲地区与德国内部、重点发展传统信贷业务，以及大幅压缩成本等。2019年7月宣布将在全球裁员约1.8万人，员工从9.7万人压缩至9万人以内。

不可思议的乱象是，负债累累的海航集团也有对德银持股6.3%，是其最大股东，自收购至今股价已下跌逾一半。

（资料来源：澎湃新闻网）

表8-1　　2015年4月～2019年8月德意志银行受处罚情况

| 罚款日期 | 罚款金额 | 涉及违规事件 |
| --- | --- | --- |
| 2015.4 | 25亿美元 | 被指控操纵LIBOR，向美国和英国监管支付罚金 |
| 2015.11 | 2.58亿美元 | 违反美国制裁规定，向美国支付罚金 |
| 2015.12 | 1.9亿美元 | 利用空壳公司逃税，向美国支付罚金 |
| 2016.8 | 1250万美元 | 在向员工散布研究和交易相关的机密信息时未能尽到监管责任，被美国金融业监管局（FINRA）处罚 |
| 2016.10 | 3800万美元 | 操纵国际银价及相关衍生品，被美国司法部处罚 |
| 2016.12 | 3700万美元 | 了结美国政府对该行如何将交易转到"黑池"私人交易渠道的调查 |
| 2016.12 | 72亿美元 | 次贷危机前不当出售MBS，被美国司法部处罚开出140亿美元罚单，最终以72亿美元和解。其中支付31亿美元民事罚款，同时提供41亿美元的消费者救济 |
| 2017.1 | 4.25亿美元+1.63亿英镑 | 2011～2014年帮助德富商从俄转移100亿美元资金和涉嫌参与洗钱，分别向美国和英国缴纳罚金 |
| 2017.1 | 9500万美元 | 2000年通过空壳公司逃税，被美国政府处罚 |
| 2017.3 | 250万美元 | 没有申报掉期交易，被美国商品期货交易委员会（CFTC）罚款 |
| 2017.4 | 1.57亿美元 | 因外汇交易监管不力，及不符合"沃尔克规则"，被美联储处罚 |
| 2017.5 | 4100万美元 | 美联储对其美国业务反洗钱不力的指控达成和解 |
| 2017.6 | 1.7亿美元 | 了结有关其与其他银行合谋操纵欧洲银行间同业拆借利率（Euribor）及相关衍生品的指控（初步协议，还需美国法院批准） |
| 2018.2 | 2.4亿美元 | 因操纵Libor被美国政府以"反垄断法"名义提起诉讼 |
| 2018.7 | 7500万美元 | 因不正当处理操作存托凭证发行，向美国支付罚金 |
| 2019.8 | 1600万美元 | 了结针对其违反美国反海外腐败法，雇用外国政府官员亲属，以赢得或保留业务的指控 |
| 合计 | 116.62亿美元 | |

资料来源：海通证券研究报告、澎湃新闻网、Wind。

**6. 对风险的前瞻**

经济与市场的变革，决定着信贷与风险的基本状态。未来10年，经济发展的速度会降下来，品质会提上去，带动信贷提升到相应的平台与水准，风险管理变得更加市场化。

经济结构经过一次次地调整转型，使行业结构合理，技术含量提高，从粗放到集约，整体经济将步入稳定发展的阶段。在一个阶段不再有颠覆性的结构大变动，信贷也就消除了特大类风险；企业数量在经过暴增、筛选的多个周期性优胜劣汰以后，总体上进入一个更加成熟安全时期，信贷也随之更加安全。当然，到2025年前，信贷仍然处在这场重要的结构调整阶段，必将是一个动荡而精彩、有所作为的艰难时期，一代信贷人肩负着重担。

我国经济仍将主要依赖信贷，当然带给信贷的风险也最大。预计再过5～10年，当银行信贷的增速减缓下来，只有3%～5%了，相应的成长性风险才会减少，转向成熟性风险，风险总体会回落减轻压力，逐步进入稳定发展期。从这个意义上说，信贷增速的回落对风险是一项好预期，越高越生恐高症，低了才逐步进入正常的管理生态。

最为艰难的日子已经过去，尽管征途上充满着挑战，但我们已经具备了实力与才干，应当充满着自信与乐观去面对未来。在上述经济演变的进程中，信贷的风险总能量应当减弱了，振幅在降低，内容在演变，不再会出现那种导致财务破产的极端风险涌潮，相应的政策起因少了；结构性不合理的风险也在逐步地消除，例如国企大规模股份制改革过去了；随着环境好转和管理提升，那些低级风险会减少发生。以市场为特征的风险越来越成为管理的主题，越来越依靠信贷的市场能力去管控。

当然，不同时期有不同的风险特征，未来的特征如何？只有到那个阶段才能感知到，总是本质相同而形态不一。对待风险应当保持一种平常心，像老兵在战场不怕枪声。信贷有经营的风险，要勇于承担与治理风险，有效地规避风险；信贷是耕耘风险的过程，不靠投机取巧，精耕细作才有丰收；信贷风控是日常工作的组成部分，当作一项事业来做，乐于担当,不必畏惧、厌恶、逃避;信贷风险不是洪水猛兽,你强它就弱,本领在身就能踏浪弄潮。这就是信贷人员的职业风险观。

## 二、风险原理与实务风险

就风险而言,理论与实务的差异很大。风险原理只是解释某一种风险是怎样发生、传导放大的,具有假设条件的前提,作纯粹的分析,给你逻辑的思考。但实务中,风险原理与生成损失的风险不同。第一,没有假设前提,信贷风险有各种类型、各样形态,有的很特殊很奇葩,都是真实的具有杀伤力的;第二,风险防不胜防,一个偶然的小失误会引出大责任,一个大风险也不一定有财务的损失。风险客观存在,无时不有,重要的是做好对风险的管控,需要经验、方法与责任心。

**1. 信贷风险是专业的经营风险**

借贷风险原理指出,信息不对称性引发的逆向选择与道德风险,常导致贷款投向了风险更大的借款人。这是指社会一般的借贷属性。银行信贷是专业的金融中介,是理性的经营机构,有经营思想与市场定位,超脱了原始的风险意识,具有经营的特征。信贷风险生成于借款人的经营活动,经营的变故、市场环境变化、商业交易活动等都有风险,即市场是风险之地,竞争机制使失败者退出,就牵涉到信贷的安全性。实务中,哪怕选择正确的借款人、信息是对称的,正当的贷款一样有不确定的风险。

**2. 实务中信贷依据的是借贷合同**

合同有期限、利息、用途等多要素,违约即风险。企业经营成败的不确定性是一种市场常态,竞争与发展过程中处处有风险场景。贷款遵循契约合同,不以道德与信息对称作为基准,因为不对称是普遍的、可忍受的常态,不必要也不可能全部信息都了解清楚。**信贷是预期博弈,是赌预期,建立在对未来经营趋势的预期上,当下的信息现状是放出贷款之后都是过去式,预测才有风险不确定性。**

信贷涉及财务成本、人员素质等事项的管理，以及政策导向的问题，市场不是一厢情愿的理性。借款人有隐瞒风险、感知不到风险、控不住风险或遭遇到新风险，贷款人有未能判断出风险、意识不到或认为是可忽略的风险、未能有效规避与把控住时机的风险、技术及道德失准的风险等，借贷双方充满博弈，还有同业市场竞争干扰和影响了风险……各项因素都面对市场"惊险的一跳"。

### 3. 单笔贷款风险与多笔贷款风险不一样

借款人只有一笔贷款时，贷款从发放到回收的风险是单纯的，符合纯粹的理论分析假设。现实中的贷款十分复杂，借贷企业众多，资金的相互依存关系密不可分，信贷在循环往复之中，这种风险特性才是银行经营中风控的难题。企业贷款多是由若干笔组成，期限交错、利率不一、种类不同、政策有别，生产销售中市场在变化等，场景变得十分复杂起来。一笔贷款的风险就提升到了一个企业及关联企业的风险、行业风险、管理风险与竞争风险的市场中去。

### 4. 信贷收回的4点基本常识

第一，对企业贷款不可能全部清收，只要企业的经营正常，银行就想维持贷款关系，收回又贷出，没法了断，信贷风险与企业共存。**这是银企信贷关系的基本点。**

第二，在高负债率下，银行只要收紧贷款，企业就困难；若是收尽贷款，再优秀的企业都将逼死。**这是银企风险关系的基本点。**

前两点说明，信贷早已完全融入到企业，成为整个社会经济的有机部分，保持企业稳定运行是一种社会职责。

第三，牵一发而动全身，哪怕发现企业不行了，退出是一个极难的过程，通常以其他资金进入为前提；侥幸收回了一两笔，当企业发现银行有收贷意图时，会发生恶意不还款，遗留的贷款就难收了；多笔贷款同时存在时，条件严苛、违约成本高的更容易收。**这是真实的收贷场景。**

第四，几乎没有收尽贷款后再破产的企业，因为风险败露时，高负债率早已蚕食了贷款。**这是实际的风险结局。**

后两点说明，贷款一经放出如同上战场，与风险同行难以自主。经营将一切假设的面纱揭去，留下狰狞的风险面目。

## 三、行业风险与企业风险

我国形成了独立完整的现代工业体系，拥有41个工业大类、207个工业中类、666个工业小类，是全世界唯一拥有联合国产业分类当中全部工业门类的国家；加上对第三产业、农业等细分类，数量更多，从工业分类中可见行业之复杂。在金融业中，证监会官方对上市公司行业板块分类为19个大类及90个二级小类[①]。而银行业的分类较粗，主要是会计科目的统计分类，一些银行缺少对行业管理的信贷细分。通常大银行有内部行业管理分类，但出于各自的管理要求，差异性大。

**1. 没有日落的行业，只有衰败淘汰的企业**

企业风险才是真正的风险，它是风控的落脚点和要害。市场是竞争机制、丛林法则，淘汰对手、保存自己以求发展是企业家的信念。企业在市场拼命，银行该怎么办？

信贷是旁观者，不知竞技场中谁胜谁败，不知谁能够持续地胜，只能通过财务分析做出判断性支持。因此，信贷定位就要不断地做出调整变动，始终在动态鉴别与选择中。现实中，每个企业背后都有支持它的银行，每个银行都希望自己贷款的企业能够取胜，由此引发不同地区银行机构之间的战争、同业之间的战争。前面是企业之战，后面是信贷之战，不可避免，也无力避免，**这就是市场的信贷**。

---

[①] 中国证监会《上市公司行业分类指引》（2012年修订）的分类标准，共19大类及二级90小类。其中包括：A 农林牧渔业；B 采矿业；C 制造业；D 电力、热力、燃气及水生产和供应业；E 建筑业；F 批发和零售业；G 交通运输、仓储和邮政业；H 住宿和餐饮业；I 信息传输、软件和信息技术服务业；J 金融业；K 房地产业；L 租赁和商务服务业；M 科学研究和技术服务业；N 水利、环境和公共设施管理业；O 居民服务、修理和其他服务业；P 教育；Q 卫生和社会工作；R 文化、体育和娱乐业；S 综合。

在观战中唯有不停地预测，随时进退，把那些真正好的，代表先进生产力、有未来前景的企业支持上去，并及时从趋势差的企业退出，以减少失败。这是信贷工作日常管理的基本工作事项。当然，信贷不是神仙，总有一方会预测失败；也会因策略误判而得罪企业，留下洗不去的阴影，以后还得向企业道歉，或者被企业拒之门外。这样的事情经常发生。

**2. 信贷行业管理的落脚点，是对企业财务进行比较鉴别**

行业管理着眼于政策与技术，企业管理落脚在经营与财务，行业管理是大框架，企业管理是具体细分。市场中行业门类复杂，但企业更复杂。不同商业模式、跨业综合经营、技术工艺差异和管理方式的组合，眼花缭乱，经常在变，外行的银行在外面永远摸不清猜不透。这就是过去信贷行业管理难以为继，或是失败的基本原因。**隔行如隔山，银行根本没有能力去把握企业的生产问题，就像企业不懂银行一样。**

信贷的行业管理只能穿透落脚到对企业财务的比较上，第一，财务是市场的精髓和本质，是所有行业企业的共同点或经营的落脚点，国家有统一的财务税收管理的法规制度，较为规范，具有可比性。第二，企业资本以财务效果为生死线，是否盈利最为重要，是最真实的状态，成为资本追求的市场目标；谁强谁弱、谁优谁劣、谁的风险大小，从盈利状况可见。对行业中企业财务的排序中，大体能够得到明辨。

**3. 信贷行业管理需要转型**

计划经济时代行业管理的特征是把控住准入关，却没有成功。因为开放的市场中企业不再纯粹，都在交叉、混合、跨业经营的，根本无法做横向的产业产品数据比较。**行业风险主要表现为周期性风险**，经济上行期一拥而上的繁荣，下行期一地鸡毛的惨淡。

市场时代的行业管理重点应当在退出关，实行对企业排序，将信贷向中上位次不断地前移，以实现优化结构。在市场竞争淘汰的机制下，只有优秀者脱颖而出，龙头企业才是行业的标志，它们代表行业生产力发展的方向，也是银行之间争夺的重点。顺着强者的供应链拓展上下游企业的信贷业务，始终是信贷市场的切入点，**这是信贷管理的视角。**

行业分析的重点是企业分析，对企业信贷管理需要行业数据分析的指导，脱离对行业的分析成了井底之蛙，视野太小。**行业是参照系，看行业的状态查企业所处的位置，是信贷判断市场的着眼点**。总行行业信贷管理的责任与重点，是揭示行业的状态，判断各信贷企业所处的位次，分配管理授信总额，督促退出风险企业。

## 四、宏观风险与微观风险

2018 年政府工作报告指出："坚决打好三大攻坚战"，"特别在打好防范化解重大风险、精准脱贫、污染防治的攻坚战方面取得扎实进展"，并指出"当前我国经济金融风险总体可控，要标本兼治，有效消除风险隐患"。2019 年政府工作报告中提出："加强金融风险监测预警和化解处置，守住不发生系统性风险的底线。"

上述所指的是金融宏观风险，分布在金融各门类中，可能银行业不是最主要的风险点（银行主要是表外与同业业务），但同在一个整治风险的全局政策部署之下。风险突出点更多在网络金融、政府融资平台和非银行金融违规行为，要"严厉打击非法集资、金融诈骗等违法活动。加强金融机构风险内控。强化金融监管统筹协调，健全对影子银行、互联网金融、金融控股公司等监管。防范化解地方政府债务风险。严禁各类违法违规举债、担保等行为"。

**宏观是经济运行的态势，是调控；微观是企业生存运营状态，是执行。宏观风险的形成，是由诸多的微观风险结集而来，是风险的量变转为质变的，形成了重大风险。整治宏观风险，当然要从化解微观风险入手。因此，战略上要藐视风险，战术上要重视风险，把握宏观，心中有数；重视微观，手中有策。**

**1. 宏观风险是市场、货币及政策运行的异化**

市场有周期性规律，经济发展过程中积累的问题会阶段性爆发出来，

信贷与风险——信贷之门　风险之槛　经营之魂

国家货币政策、经济政策、汇率变动、金融监管、国际市场危机及政策（如洗钱、反恐、国外监管法规）等，都会形成对信贷的影响与冲击。潮流袭来时危害性很强，形成大面积的金融危机，并从那些最薄弱的环节爆发断裂，单个银行很难免于其灾。例如，美国次贷危机中5大投资银行被并购转型与破产，7年间507家中小银行倒闭，欧债危机中的德克夏银行被分拆等，都是金融危机造成的。

宏观风险形成后，货币政策的逆周期调整会大范围冲击和影响信贷的基本面，加强了对金融的整治压力。宏观经济的调控影响到微观的投向投量，例如，这3年来M2增量下降到一位数，社会资金紧了周转慢了，企业一定出现融资难融资贵。宏观风险下的不良贷款涌出，无论是好的、差的企业，正常的、不良的贷款都会被无端卷入其中，伤害极大，无论哪家银行不良率都会走高。

**2. 银行经营是一种微观行为，风险来自市场与企业，也有经营失误**

市场、技术、经营中的风险、道德风险（违法违规经营、违反政策及职业道德）、客户及同业风险等，这是经营中每家银行天天面对的风险事件。管住微观风险，是银行自身责任所在。

信贷在经营管理中形成的风险，与不良客观环境造成的风险不一样。但是，当宏观风险危机袭来时无论好坏都被卷入，无力对抗，无法摆脱市场的波动。因为信贷自身就是市场的组成部分，市场要对失误的信贷惩罚，能摆脱吗？不能。如果信贷经营得好，那么受整治伤害会少一些；如果信贷偏离得厉害，就成了被整治的对象，风险代价就大了。

**3. 做好信贷是基础，守住微观风险，经营决定权在自己手中**

宏观经济不是空中楼阁，落脚在微观企业；宏观信贷落脚在主流企业，规避宏观风险首要是选好企业。对借款企业、项目及各种信贷业务的风险控制，是风险管理的基石。宏观风险调控是央行与监管高层的职责，银行分支行的职责是落实到微观的经营中。

**市场的信贷风险取决于微观，不同管理有不同的结果。**同样在宏观风险冲击下，各家银行风险的分布与程度完全不同，好的逆势而上，差的一泻而下。经济繁荣时，信贷调查、审查和管理工作的粗细可能差异并不大，企业产销顺畅和资产升值，还款意愿和能力好，会把银行前期工作的疏漏掩盖；但是在经济下行期情况截然相反，欺诈层出不穷，稍有不慎就转化为风险。为什么别的银行都好，唯你出事？一定是自身的原因。例如贸易融资的劫难，发生在一些地区特别严重，直接与该区域分行经营思想有关，无须怨天尤人。别怨规律，其实规律种类多了，有好的规律，也有差的规律，失误在自己，找出自身的原因才能有效根治。

## 五、风险概念与风险损失

逻辑上，收益与风险呈正相关性，即高收益意味着高风险，高风险谋求高收益。实务中，只有信贷定位风险的高低，没有每笔贷款风险的高低，因为在选定贷款时，都已确定了风险可控的前提，制度上并不许可冒高风险经营。经营活动始终在对抗风险、管理风险，不同银行信贷定位在不同的风险市场，谋求各自的盈利目标。

**1. 努力减少发生损失性风险，这是最高准则，比什么都重要**

风险是一个笼统概念，是假性潜在的；损失是风险后果，是真实事实的，两者不是一回事，只有当概念的风险变成财务损失才形成真风险。有风险不一定有损失，大风险不一定有大损失，也可能损失小或没有损失；小风险可能会导致大损失，一切取决于信贷管理。风险管理是为了挽救和减少损失，意义十分重大。**贷前预测风险、贷后管理风险，当收贷困难造成了本息的财务损失，从概念的风险变成实际的风险损失，才是信贷风险。**

信贷风险有个曝出与对抗的过程，关键在有没有、有多少损失。哪家银行、哪笔贷款的损失都有其政策、运气与管理行为的是非背景，以及追贷过程中是否如愿有效。一旦**发现风险苗头，第一反应应当是迅即转向以**

收贷收息、降低损失为重点的工作中去，重要的是抓紧时间、抓住最早的机会，控制账户现金和渠道，当然要领导重视，动员各方力量去收回资金。

**2. 贷后的风险管理最重要，起决定性作用**

风险是日常潜在的，如同在大海航行中风浪是常态。关键是要发现和揭示风险在变坏的力量与机制，早发现、早行动才更有效。这是一种风险控制机制和收贷能力，日常在潜意识中，一旦风险露头，会迅速判断并变为行动。

**贷款实务中，前半程是放贷能力，后半程是收贷能力，都体现了管理效应。放出贷款只走了上半程，后半程才是决定性的，成为管理要害。周转是信贷生命线，收贷是永恒的信贷主题**，是让信贷灵魂回家，业务有始有终才画上句号。收贷成为风控的核心目标，工作部署渗透在全过程，落到所有的人与事。收贷是纲绳，纲举目张，无论何时、无论怎样强调都不为过；是主旋律，哪怕是一个不懂信贷的行长，只要抓住收贷环节的风险管理，就有底气不走调，就抓到位有针对性。

风控与收贷时时检验银行的执业能力与专业水准，是信贷最基本的管理特征。因此，**贷后管理包括有 6 个方面的内容：**

① 验证该笔贷款的正确性，在有限期内监督借款人履约、落实资金来源。

② 验证借款人经营信息的可信度，深入了解企业经营、市场状况和关系圈。

③ 保障收获本息，实现信贷的财务目标。

④ 论证连续放贷，对好客户不放弃任何再次贷款的合作机会。

⑤ 寻求开展其他业务和延伸服务的机会，开发业务市场。

⑥ 研判验证系统的可靠性（业务管理系统、员工与机构的考核系统）。

**3. 牢记关注控制住三个风险要点**

第一，始终提醒贷款条件在发生变化，不忘关注每个借款人、每笔贷款变化了的真实状态。别以为起初条件具备，要留意以后的改变。依据经济、行业、市场的变化趋势，关注企业生存周期、经营模式及业绩等基本因素的变动。

第二，始终要落实经营责任制，分级控制风险与划分责任。信贷风控最薄弱点是在总行，在对大势、全局风险的判断，以及对政策市场趋势分析。当周期性拐点形成之时，能否及早改变惯性思维，控制住系统性信用风险的蔓延。

第三，始终不忘优化和改进系统，用久了的系统会过时靠不住。信贷的发展与风控是一体两面，风险防控体系要同步跟上市场与业务的变化，风险控制能力要覆盖住市场拓展的边界，确保风险在可测、可控、可承受的范围之内。

### 4. 牢记不忘两条管理底线

第一条是力求避免发生大额、恶性、持续期长的违法违规信贷行为；第二条是努力避免经营风险外溢形成的系统性、区域性风险。理由很简单：大额的损失太大，恶性的影响太坏，时久的责任太重，外溢的范围太广，都是经营中最为敏感、最会被招惹是非、以致被严厉问责的风险因素。因此，这是底线，是每个经营者不可疏忽的、应挂上心头的、念念不忘的警示牌。

要懂得不同类别重大风险爆发的条件，整体有数，抓大放小，分类管理。例如，**流动性风险**主要反映银行经营方式的特征，关键做好资产负债管理；**信用风险**与经济周期更相关，有市场波动性特征，重点做好日常贷款的风险管理；**市场风险**与交易管控相关，主要表现为金融市场特征，纳入日常权限与流程管理；**操作风险**与系统安全性、管理水准关联，取决于一家银行管理方式与技术能力。

## 六、风险调控与风险实务

政策的风险是受政策影响的信贷风险，实务的风险是经营中产生的信贷风险，两者之间有时分不开。**政策讲宏观，实务做微观；政策是上位，实务是下位；政策是定标，实务是定位；政策有干预性，实务有自主性；**我国的信贷是政策导向的信贷，信贷风险当然具有政策的风险特征。政策的行政问责机制十分严厉，并不以经营绩效为依据。因而，政策的风险是行政监管与问责方面的风险，实务的风险是经营管理与执行方面的风险，两者的差异很大。

**1. 政策对信贷的影响与冲击**

政策是一种最重要的信贷环境与规则要素，借贷双方都受其影响。如同一柄双刃剑，政策既要促使经济的发展，又要约束宏观风险的形成，调控中利弊同在，过程中必有伤及到信贷的风险。规大多了，不该贷的也贷了，溢出的贷款必滋生风险；规模紧了，融资难融资贵了，企业失血必殃及信贷风险；经济转型关停了产能过剩企业、提高治污标准、产业转型等，直接会造成不良贷款的形成。

政策影响力是多方面的，有强制性被关停并转的企业形成的信贷风险，不可抗拒；也有政策的突变缺乏连续性、政策的折腾、缺陷造成的风险；还有执行中的理解偏差、矫枉过正的问题。例如，信贷对所有制问题认识上的反反复复，都会对资产质量造成影响。

转型期每一次重要经济金融政策发布后，都有几家欢喜几家愁，这就是政策的影响力。在一个复杂的市场中，既有被支持发展受优惠的对象——事关新贷款投放和移位，也有被调控限制受冲击的对象——涉及老贷款安全和清收，信贷对政策特别敏感。政策确定了坐标系，实务中信贷选择对了则顺势而行，选择错了容易陷入风险境地，如何选择取决于银行的水准与能力。

**2. 政策的灵魂是实事求是，给了执行者自主权**

政策是对全局的决策性导向，但不是一份强制性的具体实施名单，它与依法自主经营、自负盈亏、自担风险保持了充分的一致性。政策着眼于银行长远的根本利益，信贷在贯彻中拥有对借款人主动、自主的选择权，需要依靠自身能力去把控风险。尤其对于中小商业银行，合法合规经营才是根本，决定了信贷的风险与命运。

执行政策从来不是机械死板的，而要坚持实事求是。政策与策略是信贷的生命，一个好的政策配以一个好的策略才能落实到位，将政策效应充分体现出来。是非成败体现在执行力上，政策落脚在执行中，有效执行是为信贷找到了安全落点。如何执行？关键是寻找政策与市场业务的交汇点，既符合政策原则，又符合经营要求，这才是有效执行的难点所在，检验着信贷员的政策水准与市场眼光。

**3. 银行是经济政策、货币政策的忠实执行者**

这是商业银行的地位作用决定的，也是经营方式与制度规定的。每项重大政策的出台一定具有强大的背景，有其必要性、全局性，有时我们局限于银行的经营利益，一时很难去解读和认识。也真没有能力、没有必要到了解清楚后才行动，只求有效贯彻执行，在落实新政策中求得经营的主动性。

由于信贷政策下达即执行，不能耽搁，只能在执行中逐渐加深理解认识，提高自觉性。重要的是领会政策精神，在结合本行信贷实际中落实。态度是：自觉地执行，最快地落实。这是银行的职责，也是一贯的风格。

2008年，在美国爆发次贷危机冲击我国经济的关键时刻，国家出台了"四万亿"的重大经济政策。事实证明，中央决策是正确的，引导经济度过了危机的严峻冲击。四万亿项目多是国家重要的基础建设项目，贷款质量不错，成为银行持续发展的极其重大的机遇。**银行是国家政策忠实的执行者，不怀疑、不犹豫、见行动，与经济同甘共苦，勇于担当分担责任，才是信贷的本色。**十年来信贷质量持续稳定，不良率保持在2%以下的世界中上水平，说明做对了。

**4. 政策具有阶段性，内容伴随经济运行而调整**

不变的是以经济建设为中心这个基本点，是定力定标。国家经济大政策立足长远，着眼于解决眼前困难，也随着局势的发展变化，不断地进行调整；货币政策具有逆周期性，对症信贷状态的异常状况。适时而变是市场的生命力，也反映了信贷的敏感性。因此，银行要伴随政策调控的韵律，适时调整，与时俱进。

重要的是关注哪些政策方面的变化？

第一，关注信贷的重点投向投量问题，例如对中小微信贷。2019年政府工作报告指出："加大对中小银行定向降准力度，释放的资金全部用于民营和小微企业贷款。支持大型商业银行多渠道补充资本，增强信贷投放能力，鼓励增加制造业中长期贷款和信用贷款。今年国有大型商业银行小微企业贷款要增长30%以上。清理规范银行及中介服务收费。"每一句话都有明确具体的政策指向和执行要求。

第二，关注信贷的政策敏感点问题，例如对房地产贷款、按揭贷款的规模控制等，它内含着底线红线，不能去触动。

# 第9章　风险警示录：7类风险及重案名案

依据银保监会对银行经营活动中的风险分类，可分为7种类型：信用风险、市场风险、流动性风险、操作风险、合规风险、声誉风险、信息技术风险，形成财务损失最大的主要是前4种，其伤及银行的经营财务。

**1. 信用风险**

通俗地说是借款人借钱不还、还不了的风险，造成本息的财务损失，影响信贷资金的周转。这是商业银行最古老、最根本、最重要的经营风险。其主要特征是：

**(1) 客观性**。借贷关系产生了信用风险，有借贷就有借款人带来的风险，有经营活动就有市场的风险，不以人的意志为转移。

**(2) 传播扩散性**。一个或少数的借款人经营困难或破产，可能引发企业信用链、供应链、资金链的中断，牵动整个信用秩序的紊乱；由于借款人在高负债率下多头贷款，一家银行贷款额的变动也会牵动其他银行的信贷风险状态。

**(3) 可控性**。可以通过有效管控去降低风险发生的频度强度，减少信贷损失，避免系统性、区域性风险的发生。这是加强风险管理与有效调控的基础，也是金融监管的重点。

**(4) 周期性**。信用的扩张与收缩交替出现，与经济运行、政策政治、基本建设、技术进步、企业经营、商品库存及设备更新的周期性高度一致，在多种因素相互作用下共振。

信贷管理的基本原则和环节：依法合规经营；资本约束资产增长；全

流程管理，各环节分工负责；审贷分离与独立审批；平衡风险与收益；组合管理，合理的结构以分散风险；行业、区域、规模管理；授信管理；经营责任制与问责等方面的内容。

信贷风险管理是银行业最基本、最主要的风险管理内容，实施对借款人通过评级授信、抵押、担保、利率、收费、账户监管、限定用途、专项监督、提前收贷等法律、道德、技术、管理措施的约束。银行需评估分析借款人的还债能力和意愿，采取贷后管理等防范风险的各项措施。

**案例**：无锡尚德太阳能电力有限公司，2005年在英属维尔京群岛注册成立，在纽交所上市。2006年单只股价达40美元以上，施正荣（澳大利亚）以23亿美元成为当年中国首富。2012年9月，尚德电力遭纽交所退市警告；9月28日，获无锡政府2亿元贷款救助。2013年3月4日施正荣等被指转移资产掏空尚德，在美遭起诉；3月18日债权银行联合向无锡中级法院递交破产重整申请；3月20日中院裁定实施破产重整；11月15日无锡中级法院批准顺风光电公司收购方案，无锡尚德从成立到破产仅7年。

该公司似乎具备一切银行优先放贷的条件，例如外资高科技、上市公司、中国首富、政府支持、外向型、生产繁荣。各银行均作为优质企业全力支持，唯恐不能进入，被其所谓的光环迷惑，容忍、忽视了风险问题。2005年末贷款仅0.56亿元，到2012年末已达37亿美元。据债权银行资料显示，12家银行确认债权金额为94.64亿元，主要有国开行（32.72亿元）、中行（17.56亿元）、工行（9.12亿元）、农行（7.1亿元）、上海银行（6.09亿元）、江苏银行（3.12亿元）、光大金融租赁（2.51亿元）等。据称，最终由顺风光电公司支付30亿元支付偿还94亿元贷款，500余家普通债权人的受偿比率为31%，债权银行将损失七成，债务关系清零。

## 2. 市场风险

因为资金的利率、汇率、股票价格、大宗商品价格等市场价格的不利变动，而导致银行表内、表外业务发生损失的风险。其中，利率风险按照来源的不同，可分为重新定价风险、收益率曲线风险、基准风险和期权性风险。市场风险是一种外生性风险，是因外部价格波动导致的风险。

**（1）市场风险可分为交易性市场风险和非交易性市场风险两类：**

交易性市场风险，是指因风险驱动因素的变化（例如利率变化、发行体信用的变化、期权等），导致投资组合或单笔交易的价格发生变化，产生了损失。

非交易性市场风险，是指因资产和负债结构（例如期限结构、利率结构、币种结构等）的不完全匹配，当发生利率、汇率变化时，资金收益产生了损失。

**（2）市场风险的管理目标**。通过有效经营和管理各类风险，保持竞争性的净利差和投资组合回报水平，提升竞争力；明确统一一家银行的风险偏好，使之转化为管理指引，提高风管能力；优化制度的依据流程，有效配置风险资源。

确定5项管理原则：

① 全面性：涵盖本外币、表内外、银行账户和交易账户。

② 平衡性：充分识别各项业务、产品和管理活动中所蕴含的市场风险，有效管理以保持风险与收益平衡。

③ 审慎性：担当的市场风险要与风险承担能力相适应；业务规模、风险敞口要与交易员、风险管理员的能力相匹配。

④ 独立性：市场风险管理体系与业务经营体系保持相对独立、相互制约。

⑤ 专业性：由专门团队运用市场风险管理方法、技术、工具和系统进行专业化管理。

国内银行从事的股票和商品业务有限，市场风险的主要形式是利率风险和汇率风险。主要是货币市场、外汇买卖、债券投资及交易、代客本外币业务、金融衍生品交易等，体现在代客交易、清算中的垫付，外币运作过程中的风险，全球经营中的风险，面临着风险识别、计量和监测、报告披露、风险限额管理、重大风险事项应对等风管流程事项。

**案例：汇率风险是市场风险的重要内容。**随着国际化、全球化发展，更多企业走出国门投资海外，汇率风险随之增加。2005年7月21日，人民币汇率形成机制改革，人民币兑美元中间价达到8.11元，一次性升值2.1%。其后一路攀升，汇兑风险上升，至2006年5月中旬突破8元，至2013年4月2日又突破达到6.2586元。2019年9月跌至7.18元。11月29日为7.03元。随着人民币汇率形成机制的完善，市场因素在汇率形成机制中的作用加大，银行业的汇率风险也将进一步提升，加强汇率风险管理和监管越来越重要。

**3. 流动性风险**

商业银行无法以合理成本及时获得充足资金，以偿付到期债务、履行其他支付义务和满足正常业务开展的资金需求的风险。

**（1）金融监管分为定量监管和定性监管。**

**定量监管**包括流动性覆盖率、净稳定资金比率、流动性比率和贷存比等合规性指标，并按照资产负债合同期限错配、融资来源多元化和稳定程度、无变现障碍资产、重要币种流动性风险以及市场流动性等维度作为检测指标，多维度、多场景监控。

**定性监管**包括流动性风险管理的治理结构，流动性风险管理策略、政策和流程，流动性风险识别、计量、检测和控制，以及管理信息系统等。此外，有对多元化和稳定性融资的管理、日间流动性风险管理、优质流动性风险管理等要求，以及提高压力测试、应急计划等。

流动性风险管理针对各业务条线的流动性风险，进行有效识别、计量、监测和控制，对现金流测算和缺口限额应涵盖表内外各项资产负债，并设置了较高的流出系数。流动性覆盖率（银行合格优质流动性资产与未来30天现金净流出量的比值）是一项全球统一的指标。

**(2) 银行业流动性管理新情况是，部分银行资金来源稳定性下降、资产流动性降低、资产负债期限错配加大、流动性风险隐患加大**。2018年贷存比开始超过了75%早期设置的红线。利率市场化改变了资产负债表，理财与同业业务使风险难以控制。需要特别重视资产负债结构的错配，包括长短期、各种资产及产品结构等。

挤兑倒闭的基本原因及特征都是流动性问题，流动性充分时感觉不到，一出问题就波及同业市场，或网点的兑付。

**案例：江苏盐城射阳农商行挤兑**。2014年3月24日下午2点，一则"射阳农商行要倒闭"传言突现，该行庆丰分理处陆续云集数百储户集中提款。直至次日凌晨3点才结束，25日一度蔓延到特庸、兴桥等网点，26日下午基本平息。警方查获并行政拘留散布谣言的蔡某。该行是苏北第一家挂牌的农商行，截至2013年末总资产125亿元，各项存款余额100亿元，在省内外有44个分支机构，是该县最大的金融机构。惊魂三日，据说24日中午前后有一储户要取20万元现金，但银行以未预约拒绝取款，随后谣言流传开；也与庆丰分理处更名有关。为此人民银行紧急调动备用金约13亿元。26日该县县长发布电视讲话表态，银行业协会也公开发表声明，事态逐渐平息。2012年该地区农民资金互助合作社也发生过挤兑。

**案例：2013年6月下旬的"钱荒"**。是因2家股份制银行预留头寸不足，引起了重大的社会震动，引发股市大跌，形成蝴蝶效应。6月20日被银行间市场交易员称为"最疯狂"的一天，隔夜回购利率竟达到30%，7天回购利率最高达28%，而通常在3%。一些银行对6月出现的特别因素估计不足，如准备金补交、税款清缴、假日现金投放、补充外汇头寸及外企分红派息、贷款增多等。有的银行从不担心过度经营、总以为人民银行会兜底，热衷于以短补长，用于信贷、承兑汇票和信托收益权等非标资产，放大杠杆，导致流动性风险。

**案例：德克夏银行的拆分。** 2011年10月4日，比利时、法国、卢森堡三国政府联合宣布了对德克夏银行（Dexia）的分拆方案，这家大型跨国金融集团在遭受2008年国际金融危机重挫之后，成为欧债危机中倒下的第一家银行。

1997～2007年十年间，该银行总资产从1860亿欧元飞快上升至6046亿欧元，增长2.25倍，年均增速达12.5%，是西方银行少有的持续扩张，曾在2010年"财富500强"中位居第49位，业绩辉煌。但为何又急速地转为衰败而被分拆呢？该行的存贷款业务鲜明地表现出欧洲银行的经营特征。2005～2010年，第一，存款不多，只占负债总额的18%～23%；同业拆借为18%～33%，债务凭证为29%～38%，其余是次级债等，长期保持着这种负债结构。第二，贷款不少，6年中贷存款比分别为197%、195%、191%、322%、293%、283%，比率极高。截至2010年末，按照该行23%（存款比重）×283%（贷存比）=65%的计算，即65%的资金都用于发放贷款。问题是资产负债不匹配，流动性依赖同业融资。当金融危机首先冲击同业市场，各银行纷纷捂紧口袋，融资困难价格走高，使其经营方式难以为继。在资金成本高企与流动性缺口的双重打击下，德克夏银行不得不乞求政府。

### 4. 操作风险

操作风险是由内部人员、系统、流程和外部事件所引发的风险。**主要特征是内外欺诈，以及交易事故、管理失误等损失，但不包括策略风险和声誉风险。** 分为七种类型，内容广，形式多，几乎覆盖经营管理各方面，无时无处不在，防不胜防，影响很坏。管理中目前尚无成熟的计量管理方法，中西方在操作风险的管理水平大体相当。

风险损失主要集中在内部欺诈和外部欺诈两类事件，约占九成（据工行调查）。危害程度分为两类：一类是经常性但损失小的事件，例如柜员操作一般性错误。另一类是偶发性但后果严重的事件，例如重大案件事件、数据系统崩溃致使停业等。

**附：巴塞尔《新资本协议》对操作风险损失事件的分类表**

| 事件类型<br>（1级目录） | 定义 | 2级目录 | 举例（3级目录） |
|---|---|---|---|
| 内部欺诈 | 故意骗取、盗用财产或违反监管规章、法律或公司政策导致的损失，此类事件至少涉及内部一方，但不包括性别/种族歧视事件 | 未经授权的活动 | 交易不报告（故意）；交易品种未经授权（存在资金损失）；头寸计价错误（故意） |
| | | 盗窃和欺诈 | 欺诈/信贷欺诈/假存款；盗窃/勒索/挪用公款/抢劫；盗用资产；恶意损毁资产；伪造；多户头支票欺诈；走私；窃取账户资金/假冒开户人等；违规纳税/逃税（故意）；贿赂/回扣；内幕交易（不用企业账户） |
| 外部欺诈 | 第三方故意骗取、盗用财产或逃避法律导致的损失 | 盗窃和欺诈 | 盗窃/抢劫；伪造；多户头支票欺诈 |
| | | 系统安全性 | 黑客攻击损失；盗窃信息（存在资金损失） |
| 就业政策和工作场所安全性 | 违反就业、健康或安全方面的法律或协议，个人工伤赔付或因性别/种族歧视事件导致的损失 | 劳资关系 | 薪酬，福利，雇佣合同终止后的安排；有组织的劳工行动 |
| | | 安全性环境 | 一般责任（滑倒和坠落等）；违反员工健康及安全规定事件；工人劳保开支 |
| | | 性别及种族歧视事件 | 所有涉及歧视的事件 |
| 客户，产品及业务操作 | 因疏忽未对特定客户履行分内义务（如信托责任和适当性要求）或产品性质或设计缺陷导致的损失 | 适当性，披露和信托责任 | 违背信托责任/违反规章制度；适当性/披露问题（了解你的客户等）；违规披露零售客户信息；泄露私密；冒险销售；为多收手续费反复操作客户账户；保密信息使用不当；贷款人责任 |
| | | 不良的业务或市场行为 | 反垄断；不良交易/市场行为；操纵市场；内幕交易（不用企业的账户）；未经当局批准的业务活动；洗钱 |
| | | 产品瑕疵 | 产品缺陷（未经授权等）；模型误差 |
| | | 客户选择、业务提起和风险暴露 | 未按规定审查客户；超过客户的风险限额 |
| | | 咨询业务 | 咨询业务产生的纠纷 |

续表

| 事件类型<br>（1级目录） | 定义 | 2级目录 | 举例（3级目录） |
| --- | --- | --- | --- |
| 实体资产损坏 | 实体资产因自然灾害或其他事件丢失或毁坏导致的损失 | 灾害和其他事件 | 自然灾害损失外部原因（恐怖袭击、故意破坏）造成的人员伤亡 |
| 业务中断和系统失败 | 业务中断或系统失败导致的损失 | 系统 | 硬件、软件<br>电信、动力输送损耗/中断 |
| 执行，交割及流程管理 | 交易处理或流程失败和因交易对手外部销售商关系导致的损失 | 交易认定，执行和维持 | 错误传达信息；数据录入、维护或登载错误；超过最后期限或未履行义务；模型/系统误操作；会计错误/交易方认定记录错误；其他任务履行失误；交割失败；担保品管理失败；交易相关数据维护 |
| | | 监控和报告 | 未履行强制报告职责<br>外部报告失准（导致损失） |
| | | 招揽客户和文件记录 | 客户许可/免责声明缺失<br>法律文件缺失/不完备 |
| | | 个人/企业客户账户管理 | 未经批准登录账户；客户记录错误（导致损失）（客户资产因疏忽导致的损失或毁坏） |
| | | 交易对手方 | 非客户对手的失误；与非客户对售房的纠纷 |
| | | 外部销售商和供应商 | 外包；与外部销售商的纠纷 |

**案例：巴林银行破产案。**英国巴林银行成立于1763年，是一家有233年最悠久历史的老店，1995年2月27日爆案，该行26岁的新加坡期货交易员尼克·里森，在投机股指期货、债券期货、股指期权中，利用银行只能用于冲账的误差账户进行交易，并做假账进行调整，投机金额300亿美元，以亏空高达14亿美元搞垮了巴林银行，成为全球最轰动的金融风暴，铸成历史名案。造成该银行资不抵债，被荷兰国际银行以1英镑价格收购。尼克·里

森曾一直被老板、上司称为最会赚钱的超级交易员，被亲友、同事称作年轻有为的期货金童，事发后才被称为"痞子交易员"，因其欺诈罪被判有期徒刑6年半。是制度不周吗？不是，是管理。一个小鬼就把一家强大的银行掀翻。

**案例：法国兴业银行危机**。法国兴业银行历史悠久，创建于拿破仑时代，一直以全球最出色的风险监控著称。该行长期扮演着世界衍生品交易的领导者角色，是另类投资领域全球最大的提供商，被金融界公认为防范风险的典范，在股权衍生品方面连续五年被《风险》杂志评为第一或第二，被英国《银行家》杂志授予2007年度股权衍生品最佳奖。这一著名大银行，却被31岁的权证市场交易员凯维埃尔（Jerome Kerviel）拖入欺诈丑闻的阴影。在2006年6月到2008年1月间，"魔鬼交易员"凯维埃尔以欺诈手段从事期货交易，违规金额500亿欧元，败露后，2008年1月23日紧急平仓，财务损失49亿欧元（67亿美元），法兴银行声誉蒙损。2010年10月，33岁的凯维埃尔被判5年监禁、缓刑2年，罚款49亿欧元。

凯维埃尔使用的欺诈手段，一是在起息日、清算或者监控日前取消交易，或使用内部交易，利用交易程序中的时间差躲避确认，隐藏头寸及收入，这类虚假交易总计947次；二是运用成对、相反的虚假交易来掩盖固定收益，这类交易次数总计115次。

虽然该行内部风险控制体系相当完善，却因前台监控失灵，预警未被重视，交易程序存有技术缺陷，在外部多次警报后仍未警惕。其间，法兴银行内部28个部门的11种后台风险控制系统对这些交易曾经75次提示警报，其中2006年5次，2007年67次，仅营运部门和衍生品交易部门就发出过35次警报，涉及经纪、交易、流量、传输、授权、收益数据分析、市场风险等各个流程和环节。在案发后的1月24日，该行总稽核部进行内部调查，4个月后出台的一份总结报告中最终认定，其中38次警报与欺诈有直接联系，25次有间接关系。尤其是2007年5月，一个负责监控交易和流量的系统发现某笔交易居然没有交易对手和经纪人的姓名。直到2008年1月连续3次报警的最后一次——当该银行因次贷危机被迫收紧对一家大银行客户的贷款时，才发现了凯维埃尔曾盗用过该客户的账户，做过至少1次最多8次虚拟交易，造成30亿欧元亏损。在随后的紧急调查中，骗局才败露。

**案例：英国银行大劫案**。2006年2月22日发生了英国历史上最大的银行劫案，一伙乔装警察的武装劫匪绑架了保安高管及其家人，逼其带入英格兰银行的中央银行金库，制服了6名武装警卫和9名职员，用载重7吨半的大卡车，在一个多小时的时间里，抢走了5311.676万英镑现钞。布莱尔首相震惊地怒斥："为什么英国频频发生千万英镑数额的抢劫案呢？而且为什么遭抢的多是英国的金融机构呢？英国的金融安保体系安全性又有多少？"英国金融大案频出，人们不应怀疑金库的保安制度、设施和守卫能力，也无需怀疑金融管理的有效性，只能说：作案人太狡猾了。据监管部门调查，西方银行经济案件发案率并不比我们低。

**案例**：山西案、高山案、开平案、恩平案、齐鲁银行案，都成了名案。

**"山西之最"特大金融诈骗案**。2004年7月28日，建行山西分行发现诈骗线索：犯罪分子给付一定比例费用，要求出资企业将资金存入其指定银行，然后与银行内部人员勾结盗用资金。涉及5家银行73起案件，涉案金额10.39亿元，预计损失6.8亿元，而且案件隐蔽时间较长，有的长达4年。查处中，共批捕涉案银行人员19人，共处理银行相关责任人员159人，其中开除40人、辞退11人、留用察看19人、撤职12人、降级10人、记大过30人、记过17人、警告20人；有农行56人、建行49人、中行33人、交行21人。建行山西分行行长引咎辞职，交行太原分行行长免职，农行山西分行行长警告处分、一副行长记过处分并免党委副书记职务等。银监会依法取消22人一定期限或终身高管人员任职资格,终身禁止25人从事银行业工作。

**高山案**。2005年1月4日,中行黑龙江省分行河松街支行涉案金额9.39亿元,形成风险资金6亿余元。对这起内外勾结的特大金融诈骗案件处理中:开除4人、辞退4人、撤职1人、降级4人、记大过10人、记过5人、警告6人,共处理责任人员34人,包括该支行上一级机构负有管理和领导责任的人员9人;其中,道里支行原行长开除,副行长2人行政记大过并免职;省分行原行长降级、党内严重警告处分,副行长2人行政记大过并免职,副行长1人与总稽核行政警告处分。

**开平案**。2001年10月12日,中行实施联行系统集中,将全国1040家中心并为33家,联网后出现账目亏空4.83亿美元,数字巨大。最初以为是技术性差错,后发现问题在广东江门市开平市支行。此时,该支行前后三任行长许超凡、余振东、许国俊突然失踪,使这起国内最大的银行资金盗窃案浮出水面,涉案金额40余亿元人民币,震惊中外。

该案首犯许超凡,30岁任开平支行行长。1993年起,以职务之便大肆贪污、挪用资金,借客户名义,以代客买卖进行外汇交易,结果亏损1亿多美元。他沉迷于赌博,据其司机供述:许超凡在澳门赌场4个小时输了6000多万元人民币。许超凡与副行长余振东、下属公司经理许国俊联手,先后以贷款名义将银行大量资金转至香港潭江实业有限公司等名下。自1998年3月起的两年间,将16笔7500万美元通过该公司转至香港或海外的私人账户。此后,许超凡升任中行广东省分行公司业务处处长,余振东、许国俊相继接任行长。三人相互勾结掩护,在8年中转移资金达几十亿元。败露前,三人早已将配偶、子女转移到北美。案发后,2001年10月13日晚,三人出逃至香港,随即飞往美国。2002年12月17日,美国内华达州联邦检察官办公室签发了对三人的逮捕令，两天后余振东在洛杉矶被捕。2004年9月下旬，许国俊在美国堪萨斯州一小镇被捕。同年10月初，许超凡在美国俄克拉荷马州一小镇被捕。

**恩平案**。上世纪90年代初，恩平县政府违规制订引资奖励办法，鼓励单位和个人引资，当地金融部门也利用银行职能积极参与。企业为取得资金而大量高息借贷却无力偿还。为保证银行兑付，政府出面干预，银行高息揽存、高息放贷，恶性循环，震惊全国的恩平金融风险案爆发。据统计，1990年1月至1996年8月，恩平金融部门高息吸存136亿多元，违规发放贷款超过100亿元；截至1996年底，逾期贷款46亿多元，呆滞贷款8亿多元，应收未收利息12亿元。造成储户到银行挤提，严重影响了社会稳定。1997年4月，国务院派出工作组进驻恩平，整顿金融秩序。后来建行、中行等多家银行撤点关闭，其中，1994年2月至1995年11月，建行恩平支行行长侯春幸，违规放贷大部分无法收回，造成损失36亿多元人民币、368万港元，该行难以兑付到期存款，被迫撤销。侯春幸负案潜逃，2001年被抓获归案，因玩忽职守罪被判处有期徒刑3年零6个月。

**齐鲁银行骗贷案**。2012年12月25日，齐鲁银行骗贷案开庭审理。核心人物刘济源44岁，系上海全福投资管理有限公司董事长、总经理。2013年6月15日济南市政府通报了一审判决情况。法院经审理查明，刘济源自2008年11月至2010年11月，采取私刻存款企业、银行印鉴，伪造质押贷款资料、银行存款凭证、电汇凭证、转账支票及以企业名义在银行开立账户，冒充银行工作人员，让企业向其控制的账户内存款等手段，骗取银行、企业资金共计101.3亿余元。案发后，追缴赃款赃物合计82.9亿余元。刘济源的行为构成贷款诈骗罪、金融凭证诈骗罪、票据诈骗罪、诈骗罪四宗罪。一审判处无期徒刑，剥夺政治权利终身，没收个人全部财产。齐鲁银行在2010年年报中披露，损失共22.59亿元，在2010~2012年分三年核销。山东能源集团卷入此案。2011年3月2日，银监会免除齐鲁银行董事长邱云章、监事长张苏宁、行长郭涛职务。

**5. 合规风险**

主要是指违反国家法律法规、政策条例，违反国家金融监管的各项规定，而受到制裁处罚的风险。

**案例：渣打、汇丰集团洗钱案。** 2012年12月6日渣打集团就洗钱案公告，此前被指违反美国法律隐匿其和伊朗有关的2500亿美元交易，第三季度已向纽约金融局支付了3.4亿美元和解费用。渣打的"难友"汇丰银行则因打击洗钱不力而支付18亿美元罚金。

**6. 声誉风险**

银行是以诚信为本的行业，经营中一旦信誉受损，挤兑会搞垮银行，交易会提高成本，如塞浦路斯银行业的垮台。

**案例：花旗银行欺诈案。** 花旗银行建于1812年，是全球最著名的银行品牌，但2004年它在日本和欧洲相继发生业务丑闻。在日本的私人银行误导消费者、牟取暴利，被日本金融厅指责，要求暂停私人银行业务。花旗集团CEO查克·普林斯（Chuck Prince）被迫鞠躬致歉，并宣布关停一家主营房地产和信托银行业务的分公司；在欧洲的花旗交易员被控在政府债券市场中有欺诈行为，受到德国监管部门审查，使其在欧元区国债承销业务陷入困境。其在包销排行榜排名从2003年下半年的第5位，下滑到2004年下半年的第14位。为避免再次出现违规丑闻，重塑公司信誉，花旗集团在2005年2月17日决定每年对26万员工进行道德教育，每年对3000名高级经理进行一天的道德教育，指出公司不仅需要创造效益，而且要长期关注声誉。由此案例可见，银行经营要遵循职业道德和行业公德，严守游戏规则和职业操守。切忌以不允许的方式赚不该赚的钱，只能合规合矩地诚信赚钱。在金融市场上，资金交易是双方的博弈，任何欺诈都会带来严重的后果。讲究和遵循经营道德是塑造百年根基重要的领导责任。

### 7. 信息技术风险

在银行全面网络化电子化作业后，IT风险成为最严重的风险之一，基本特点是不可预测，突然爆发而中断业务，造成广泛的社会负面影响。

**案例：韩国农协银行核心系统停摆3天。** 2011年4月12日下午，韩国最大的银行——韩国农协银行（拥有5000个网点）信息系统遭遇黑客攻击，造成587台服务器中的273台被破坏，30多分钟后服务器全面关机，大量系统文件和数据被删除，其中包括约540万名客户的交易记录被删除，导致提款、转账、贷款和信用卡等相关业务中断。故障持续了3天，至15日才部分恢复核心业务服务，至18日仍未完全恢复，银行不得不采用手工作业方式。该事件后果极为严重，也引起韩国政府的高度重视，金融监督院、中央银行、检查机构和政府情报部门均介入了调查。经查，该行的信息系统外包给韩国IBM公司运维，负责系统维护雇员的一台笔记本电脑，在外联Internet时遭入侵变成"僵尸"。黑客通过监控用户操作行为，获取包括该行系统的用户ID和密码等大量信息，同时植入包含删除文件和文件系统指令的脚本文件，并以该电脑为跳板，利用网络远程激活攻击指令，发动对该行核心系统的致命攻击。攻击结束后，黑客执行清理操作程序，删除了维护笔记本电脑上的攻击代码。教训极其深刻，银行必须建立严密的安全技术保障体系，系统建设中要确保高可用性。

**案例：新加坡星展银行系统大宕机。** 2010年7月5日凌晨3点，新加坡最大的银行——星展银行信息系统出现宕机故障，造成 ATM 机、网银、信用卡、手机银行和电子转账付款等服务中断 7 小时，影响范围包括 400 万名客户、1000 台 ATM 机和 80 家分行，到上午 10 时 ATM 机恢复正常，其他陆续在午餐前恢复。次日，星展集团总裁就服务瘫痪公开致歉。新加坡金融管理局发表公告，要求该行向公众提供系统中断的完整报告，包括防止未来再次发生事故所要采取的行动。经查，该行的生产环境采用单机版主机和 DS8300 磁盘，其运行维护外包给 IBM 公司，事发前已发现磁盘机有不稳定现象，IBM 工程师在凌晨 3 点线维修更换一根磁盘内部总线时，使用了旧版本操作手册，与磁盘微码版本不一致，操作顺序不当，造成磁盘机与主机不通，导致主机宕机。因此，宕机事故属技术维修不当所发生的低级失误，说明该行技术管理存在漏洞。

**案例：银联系统"瘫痪"**，致使全国银联卡跨行业务中断 7 小时。2006 年 4 月 20 日上午 10 点 56 分，银联网络和主机出现故障，影响国内 170 多家银联成员机构，银联境内网络约 40 万商户、8 万多台 ATM 机和 60 万台 POS 机近 7 小时停止受理跨行业务，还有境外约 3 万商户、6 万台 ATM 机和 4 万台 POS 机。据测算，瘫痪导致全国数百万笔交易中断。经全力抢修，至下午 5 点 30 分，大部分成员机构和商户基本恢复，晚上 8 点才得以全面恢复。经查，故障原因是银联新上线的外围设备存在隐性缺陷，诱发了跨行交易系统的缺陷，使主机发生故障，造成全面瘫痪。表明管理中缺乏应急响应机制，新设备上线前测试验收流程不完善。该事件受到人民银行总行严厉通报。

# 第 10 章　贸易融资如何演变成系统性风险

2011~2012 年，江苏、福建、上海爆发了钢贸行业的贷款风险。原本银行对钢贸商的信贷稳妥，但因钢贸融资体量大，银行也积极推动，2009 年后，钢贸行业成为银行追逐的重要客户。据估计，2011 年全年钢材贸易贷款 1.89 万亿元，占全国总贷款额 54 万亿元的 3.5%。由于经济转型中钢铁消费增速不断下滑，地产调控和货币政策紧缩，打破了钢贸融资的盈利模式，造成了钢价从 2011 年下半年后持续下跌，钢贸商盈利不断恶化。其风险特征：一是"一库多贷"反复质押，出现抵押品真空状态，一旦企业资金链中断，即形成钢贸融资的主要风险。二是互保联保使钢贸企业风险集中爆发。据不完全统计，受钢贸融资之祸，江苏省的工行、建行、交行、江苏银行等多家银行约十名支行行长被免职或被追究法律责任。

上海"周宁帮"案例。周宁县地属闽东地区，全县 20 万人，其中 6 万人在上海从事钢铁贸易行业，占上海钢贸商的 80%。老乡带老乡，互相联保、拆借资金正是融资来源。据称"在宁德钢贸商圈子，联保联贷很普遍。一家钢贸商会联合老乡，集中周边几家、几十家钢贸商的库存，向银行贷款。然后，其他钢贸商会用同样的手段从银行获得授信。"因此，对一家追债，就牵连数家。

2011 年 11 月，上海银监局《关于钢贸行业授信风险提示的通知》披露,"钢贸行业贷款过于集中,整个上海地区的钢贸贷款的余额为 1500 多亿元"。2012 年 4 月底,银监会下发通知,要求"防止部分钢贸企业虚构贸易背景的套(骗)取银行贷款行为发生"。2012 年 8 月,上海翘首钢铁贸易公司等 20 多家钢材贸易商,因贷款逾期不还,被民生、光大等多家银行集中起诉……

为什么要盯着贸易融资的问题?因为它是本世纪出现的最大的系统性、区域性风险,成为这一次信贷风险最为重要的特征标志,形成了万亿级的不良贷款、千亿级的财务损失,最为典型的产品是钢贸融资,损失惨重,有的产品全军覆没;因为它在多个省市区集中爆发,地区之间相继蔓延,形成了以产品为特征的大面积的区域性风险,史上少见;因为它违犯了多项信贷的原理和管理理念,加上采用自上而下非市场方式错误地推进,在造成惨重损失之后受到问责处分的人最多。这个一度被认为是信贷最重要的产品创新,从大规模兴起到泡沫破裂消退,仅仅只有七八年。

哪家银行都不愿意揭示这个痛点,很多都跌了大跟斗,它太沉重,本不该是这样。但是,必须揭示它的问题所在,风险是怎样形成的?但愿能牢牢汲取教训,不要回避,不再重犯。

# 一、贸易融资的风险成因分析

企业生产资金的借款,最主要有流动资金贷款和贸易融资。由于信贷的成因和风险点不同,两类贷款各有运行的特征和规律,因而从贷款条件、审批环节、流程到事后管理都有不同的管理要求。根据其规律施展针对性的管理,是防范信贷风险的基本保障,澄清那些似是而非的认识,具有重要的现实意义。

**1. 流动资金贷款和贸易融资的异同点**

各类贷款产品具有各自不同的内容、适应不同的对象,自有严格的定义和管理方式,这两类贷款的异同主要是:

**(1) 流动资金贷款和贸易融资都是企业的短期融资。**它们都属于生产经营中派生的临时性或周转性的资金需求。本质上贸易融资归属流动资金贷款范畴，但它严格依附于贸易环节、嵌入交易链条，规定必须具有真实的贸易背景，即贷款用途、融资期限与还款来源要与交易背景一一对应，强调自偿性，更需要精细化的管理。

**(2) 在贷款风险控制方面，两者的主要区别是：**

① 流动资金贷款强调企业信用，重点关注总量风险；贸易融资强调债项信用，重点关注结构性风险，因而更容易出事。显然，两者风控的可靠性并不同，企业风险是核心风险，管控的等级高于债项，是一切贷款风险的总根源。

② 流动资金贷款强调借款人的综合还款能力，要求企业有较高的信用等级；贸易融资强调物权或债权自身的还款能力，不太关注企业的信用状况，但是要求物权或债权特定化、能控制和锁定还款来源。

③ 流动资金贷款与借款人还款能力强关联，能否偿还贷款取决于借款人自身；贸易融资与企业贸易背景强关联，贷款能否偿还常取决于第三方（即借款人的交易对手）。

④ 流动资金贷款的第二还款来源与第一还款是分离的，抵（质）押物与还款来源之间通常没有相关性；贸易融资的第二还款来源与第一还款来源往往一致，抵（质）押物与还款来源之间相关性很强，使其缓释风险的作用被大打折扣。

**2. 贸易融资业务风险的表现形式**

贸易融资具有许多先天的风险软肋特性，很容易被利用和击破，主要是：

**(1) 过分强调债项信用，忽视企业主体风险。**贸易融资主要依托企业生产经营过程中形成的物权和债权，通常对应于资产负债表中的存货和应收账款，而不是企业整体的资产负债表。它强调的债项信用存在先天性缺陷，对应的往往是次优企业：一些借款人因为资信欠佳，不符合流动资金贷款的条件，常常转而申请贸易融资。

**(2) 贸易融资很容易造成企业的过度融资**。企业资产负债表左端的资产，形成于右端的"债务+权益"。当企业将左端的部分资产（如存货或应收账款）特定化之后，银行据此对企业提供新增贸易融资。这样，原有债务就将改变成为对应资产负债表左端剩余的、减少了的资产，形成了这部分资产的重复融资，使得原有债务的保障程度下降。一旦企业无法偿还原有债务——这是因借款人自身出现的风险，依托结构化信用的贸易融资也很难独善其身。

**(3) 企业以贸易融资作为融资平台，进行类金融化操作**。不少企业以贸易融资为名，在套取银行信用后，资金并未用于贸易环节的对外支付，而是改变融资用途，用到房地产投资、股票期货投机或发放高利贷，进行类金融化操作。一旦市场环境恶化，导致房价下跌、股票期货投机失败、高利贷资金链条断裂，或上述投机存在严重的期限错配，债项风险就会转化为借款人风险，贸易融资也就难以偿还。

**(4) 抵（质）押物通常是还款来源，但缺乏有效的风险缓释机制**。贸易融资的抵（质）押物，通常是企业供、产、销链条中形成的物权和债权（例如商品和应收账款），往往也是贸易融资的还款来源。与流动资金贷款相比，贸易融资的第二还款来源与第一还款来源是一致的，以致缺乏有效的风险缓释机制。因此，一旦贸易融资出现风险形成了不良贷款，造成的损失往往特别巨大。

## 二、创新的贸易融资为何很快遭遇失败？

**1. 最初在设计与推广贸易融资产品时，对信用环境考虑不周**

**(1) 贸易融资系列产品中，不少产品的设计理想化**。由于该产品强调物流、单据流和信息流三流统一，使得产品因素变得复杂化。银行对应于供产销各环节设计的系列贸易融资产品多达几十个，很大一部分在基层，并不具备应用场景。

传统上，银行的公司信贷产品主要是流动资金贷款、项目贷款系列，成为信贷的基础产品。过去并无国内贸易融资产品，其设计思想比照了国际贸易融资，因此，起初被认为是一项信贷创新。问题是，国内贸易和国际贸易的习惯方式与背景完全不同，国际贸易融资原理并不适用于国内。国际贸易具有真实性保障，货物经过两国海关的检查，很难做假，而国内贸易的真实性云里雾里真假难分，风险全然不同。实务中，自身又缺乏专业的审单团队，自我防假反假能力不强，应有的风控无法到位，因而埋下了风险隐患。这才是风险本质。

**(2) 未能充分认识到产品应当必备的运营条件**。一般而言，产品越复杂，实务操作和管理的难度越大。贸易融资要求对债项交易的"三流"进行实时监控与管理，需要依赖大量熟悉业务的信贷人员，以及强大的信息系统支撑，这会造成管理成本提高、操作风险大。但在实务中，很多分支行信贷人员数量不足，人员素质及管理信息系统等达不到要求，在这种情况下全面推行，极易形成因操作不当、管理失当产生的操作风险，与产品自身的信用风险叠加，放大了业务风险。

**(3) 对外部环境风险估计不足**。贸易融资产品的全面推广，必须具备经营规范、诚实守信、信息对称的市场金融生态环境。但在现实中，各类经营主体的造假行为十分普遍，主要是民营企业不规范，银行很难掌握企业真实的经营及财务状况、负债水平等信息，社会信用体系不健全，信息不对称现象严重。在这种环境下全面推广，显然是过于轻率和理想化。

**2. 错误激励推动＋外部大量造假＋内部风控形式化，合成了风险**

**(1) 金融风险多来自过度创新，因而在推广信贷创新产品时理应谨慎**。未成熟时不能急于推进，尤其要慎用激励机制，否则易酿成风险，这是信贷风险管理的常识。在许多尚不具备贸易融资条件的情况下，一旦采用行政方式的下指标、排进度、树典型、促后进、严奖惩等强行推进，致使贸易融资业务被异化：导向只对有贸易背景的放贷，成了只要有贸易背景便可贷款。以指标进度管控措施，人为地去控制和压缩流动资金贷款，必定引导将正常的流动资金贷款改变为贸易融资，急速增加了风险。

**(2) 引发大量的外部造假**。贸易融资要求借款人提供真实交易背景、合同、发票、单据、现金流水等一系列的资料。不少借款人为迎合信贷的审批要求，削足适履，人为制造假交易及合同单据，一些劣质企业也通过造假主动去迎合银行，骗取银行信用。

**(3) 风险管理形式化的导向**。由于贸易融资对单证的要求复杂，在现实中容易造成以形式合规代替对实质风险的把控。该模式改变了信贷人员对风险的关注点，从关注企业整体运营转移到关注单笔交易，企业正常资金需求被人为地切分成若干笔业务，信贷工作量提升数倍，前中后台均开始片面追求单笔交易的形式合规。一方面，信贷调查人员往往用文件规定的条条框框，去套具体的信贷业务，要求借款人据此提供相关材料去满足有关要求；另一方面，银行审查审批人员也常把主要心思和精力放在审核单证的表面一致性与形式合规上，忽视了对实质风险的把控。甚至出现了信贷人员引导、指导借款人修改，以符合贸易融资业务的要求。

上述诸方面因素互为影响，使得贸易融资出现大规模的风险。

**3. 推广贸易融资的时机不当，进入风险循环**

2010~2013年，银行大力推广贸易融资进入高潮，其间时逢经济出现了下行的拐点，便形成了这样一种现象：企业经营状态越差，信贷动机越导向做贸易融资，企图避开企业整体风险；而贸易融资的数量和比重越来越大，后期的风险越是积累形成，且推广力度越大，劣化的压力越大，进入了风险循环。

经济下行期企业面临三个突出问题：一是产品卖不出；二是货款收不回；三是价格不断下跌。三者都容易形成恶性的循环。一旦贸易链条断裂，必定导致贸易融资爆出风险问题。例如，商品融资中，抵押商品价格下跌→银行收缩贷款→企业资金周转困难→贸易链条断裂→不良贷款形成。事实上，贸易融资是比流动资金贷款更加顺周期的贷款品种，因而在经济下行期特别容易出现大规模的风险，表明了银行缺少逆周期管理的经营理念，并不清楚贸易融资的风险特征。

**4. 信贷的"三查"与贸易融资需要的精细化管理要求不匹配，差距甚远**

贸易融资笔数多、周转快、业务发生频繁，且本身涉及的交易环节多、关联主体多、风险点点多面广，信用风险和操作风险相互交织。例如，有关合同、单据、发票和银行流水真实性审核的难度大；对质押商品的监管及处置的难度大；要求交易对手确认应收账款的难度大；融资期限与预期还款来源匹配的难度大；锁定还款来源并控制对应现金流的操作都很困难。特别是针对企业通过隐性关联交易虚构贸易背景、合同及单据造假、改变融资用途的情况，防不胜防。

上述哪一个环节出现了问题，都有可能造成风险，说明这项业务远比流动资金贷款的风险大且更难做。因此，传统信贷的管理方式，与贸易融资精细化管理的要求不匹配，也是造成大面积风险的重要原因。

大量小企业贷款、贸易融资、商品融资形成的风险，在一定程度上与模型计量的误导有关。实务中，除了数据质量、数据积累时间和样本数量等方面的原因造成模型的局限，由于经济发展阶段的不同，我国银行贷款结构与西方银行的贷款结构也有很大差异。例如，国内大银行存量贷款中有60%左右是中长期贷款，其中大量投入到基础设施建设；而西方大规模的基建少，贷款主要用于企业简单再生产，且金融市场发达投资渠道多，长期贷款少；在担保结构上的差异也大，国内信贷以实物押品为主，关联担保和互保多，而**西方银行通常以金融押品为主，大量使用信用衍生工具**。如果简单套用西方经验和模型，特别是期限、担保、利率等因素的权重影响过大，搞形式主义就容易得出结论的偏差。

## 三、贸易融资风险的教训

现实中，银行有大量的所谓"常青藤"贷款，即流动资金贷款铺底化、资本化。流动资金不流动，形式上不断地收回再贷，实质上借新还旧、借东还西，总有一块余额长期被占用收不回。其实，这是十分正常的经济现象，国企、民企、大中小企业都是如此，符合国情，是企业的基本运营方式。企业在高负债率下运行，哪家都占用贷款垫底，世上有几家大中企业没有融资负债的？只要企业正常经营，又为何去清收贷款？这原本就是信贷的职能与经营方式，银企两利，改变它将导致市场大乱。

一些银行尝试改变这种状态，想通过大力推广贸易融资产品去替代，以改变流动资金贷款为主体的信贷模式，但注定会失败，只会提升自身风险和给财务经营带来伤害。银行可以确定合理的信贷周期，但贷款流动性不是越快越好，周期过短只会增加成本、降低利率、减少收入，也无端增添了工作量；对外也与经济结构不匹配，影响企业的正常运营，不利于银企关系，也不利于对流动资金贷款的管理。

债项风险是企业风险的组成部分。从表面看，债项信用可靠，有债权物权在手，其实交易背景最为复杂隐秘，流通环节最易被包装造假。企业采取切一块资产拿作贷款抵（质）押，如同蜥蜴断尾的手法，银行最容易上当受骗。总结教训，可得到诸多启示。

**1. 借款人的企业信用是第一位的，比债项信用更可靠重要**

信贷业务的风控逻辑顺序，是先看企业、再看业务。在贸易融资的风控中，理应落实"企业＋债项"的双重要求，将对企业风险的考量摆上优先位置，其次再看债项风险。

但在推广贸易融资过程中，人们片面地理解了债项风险，认为贸易融资具有自偿性，只需控制债项风险即可。同时，依托于贸易融资的兴起，一种"坏客户也有好业务"的认知也盛行起来，麻痹了对企业信贷风险的管理，这些都是错误的风险管理逻辑。

借款人是银行的交易对手，法人企业本应当以自身资产保障债务的偿还。债项信用与企业信用的关系，是局部与全局的关系，整体安全才有局部安全，不见整体则局部安全说不清，"只见树木，不见森林"的危险更大。流动资金贷款风险控制的核心，是保障借款人债务总量要与财务能力相匹配，才能对资产负债状况和还款能力做出准确判断，这是大前提。通俗地说，基于借款人综合还款能力的流动资金贷款，相比基于债项还款能力的贸易融资的安全性要高。

**观信贷风险，着眼点放在企业还是贷款押品？**这是风险的核心问题。在发放流动资金类贷款时，风险着眼点始终在企业。信贷是否出手，首先要看企业信用品质，企业可靠则贷款可靠，企业优秀则银行敢贷，可发信用贷款；企业信用一般，则银行强调抵押担保，增加安全性。企业信用差则贷款要慎重，谨防花言巧语。企业风险是基础性风险，是最高等级的风险。信贷命系企业，覆巢之下安有完卵。所有贷款，都以企业风险度为前提，脱离企业本体无安全可谈，都是空中楼阁，隐藏了风险或别有用心。

**2. 真实性是贸易融资的灵魂，失真就是风险**

贸易融资本是严格依附于贸易链条的派生性资金需求，一旦缺乏真实性就不成立，贸易背景造假正是出现大规模风险的**重要根源**；能否有效控制融资所对应的物权或债权，进而控制还款来源，是**重要抓手**；认真分析确认企业交易对手的付款能力，锁定还款路径，控制现金流，是风险控制的几个**关键环节**。

银行流动资金贷款铺底化，主要形成于我国国情与政策性原因，也有企业经营性因素。从贸易融资的企业结构看，国企做假的情况相对较少，贸易融资类产品风险相对不大；贸易融资的主要企业群体是民营企业和中小企业，在经济下行的背景下，制假造假十分普遍，而违约惩罚的力度太轻。当初银行急于推进贸易融资产品时，并未认识到企业造假的问题有如此的严重，这是以后银行在创新信贷业务时应汲取的教训。

**3. 稳健审慎、实事求是是信贷的精神**

上世纪末，银行出现大规模不良贷款时，主要是具有国企改革的特定背景，不该完全归因于流动资金贷款的业务种类，也不该是信贷经营方面的原因。至今企业资产负债率高，依然延续了这种状态，在未来 5~10 年这个基本局势难以改变。这就是我国信贷基本环境的现实，尤其在多头贷款与竞争的背景下，商业银行只能去适应而不能折腾，谁折腾谁倒霉。流动资金贷款始终强调将企业信用放在第一位，这种风险控制思路是完全正确的，是必须坚持的。面对流动资金贷款铺底化的问题，国家正在推进直接融资市场的发展，要求银行进入金融市场去解决企业资本不足的问题，信贷只能在国家政策指导下积极探索。

信贷崇尚稳健审慎。面对初级阶段极其复杂的市场环境，假如脱离现实片面地以贸易融资取代流动资金贷款必定会出风险。面对经济的复杂性和各地不同的信用环境背景，采用任何单一的信贷模式都可能会出大风险。应坚持实事求是，根据企业的实际经营情况，以风险可控为前提，该放什么贷款就放什么贷款，才能走出具有中国特色的信贷之路。

# ▶第 11 章　信贷形成风险的机理

借贷活动是市场行为，调控信贷则是政府行为，信贷运营受到市场运作与政府管理两大规律的驱动与约束。借贷风险机理中透析出浓厚的国情气息，使风险的原理带上中国色彩，使风险的机制依附于现实，使风控的规则体制化。

机理是内在的机制与原理，无法轻易去改变，只能在遵循中去认识适应，谨慎而行，逐步地去完善并走向成熟。我们不必套用西方的制度模式解释与埋怨信贷出现的风险问题，因为市场背景不同相互并不适用，更因为我们做得并不差，已经超越远远地走在了前头。我们需要实事求是地面对现实，总结自己的经验，完善自身的经营方式、风控模式和框架体系，才能管得住中国市场的信贷风险，所有这些大概就体现为中国特色。

## 一、风险机理：风险伴随信贷，危机根治信贷

金融风险伴随金融活动，信贷风险出自借贷运营。金融不眠，风险永不消停，大危机殃及全球，一般风险也会泛起波澜，不断地轮回出现，只有形式的差异、破坏力的大小之分。金融畏惧危机，也难逃危机；金融必有危机，也需要危机。金融危机是对风险的总清算，最后解决问题，宣告一个时期社会经济政策的结束，迎接另一个新阶段的开始；信贷风险也是暴露借款人的经营问题，或是对企业危机的清算。

**1. 风险危机常是改革的前夜，风险中孕育一种再生力量**

风险与信贷形影相随，阶段性风险的涌现表明问题已积重难返，市场的风险日常难以觉察，温水煮青蛙般在销蚀信贷，周期性暴露能够集中整治改善经营方式。

**（1）各种金融危机暴露的是病态体，其有利于矫正失控行为，清除后使之成为健康体，这是风险有益和必要的一面。**金融不能没有危机，它如周期性体检，暴露出病灶，迫使清理扫除掉垃圾，尽管人们都畏惧它。日常的信贷太自信，从不认为生了病、更不清楚哪儿有病，何谈给自己动手术？危机的到来，将病情病灶都暴露了出来，不得不去解决，整治排除，使信贷恢复健康。因此，风险常是一种约束、清理和清算机制，使之清醒反思，阶段性十年一轮回的规律，正是市场的大扫除。

**（2）经济速度的减缓只是对 GDP 增量的调整，只是 GDP 增速下降 0.5~1 个百分点的问题，增速慢了合乎逻辑。**现实中，在任何发展阶段，最优秀的公司照样优秀，多是那些品质下降的、平庸的公司、过剩的产能，才暴露出不能持续的困难征兆。竞争力不足的企业垮掉了，更多优秀企业在重组集成，成为主流的借款群体，这是银行最关注的基本点。

在经济发展的全过程中，信贷总有满场的机会，如同股市，高手在牛市熊市中都能赚到钱。市场中企业生生死死是常态，见怪不怪，信贷不必为失败者哀悼，而要为新市场、成功者鼓劲，为经济的新生产力助推。

**（3）风险周期性是信贷的内在逻辑，是管理的基本动作，是一门基础课。**风险周期性管理应当成为银行高管最重要的战略能力，应当学会去揭示风险的规律，认识早期的信号。现今经营中存在的最大问题是，信贷管理中缺乏一种自纠、自检的约束机制，未能担当起信贷运行的监管良医。信贷决策中很少关注周期性因素，常常忽视潜在的风险周期，管理中更纠缠于微观的数据、单笔业务、单个客户或某些行业的风险。分支行只感受到市场难不难做，但再难也得把贷款放出去。这是一种随波逐流的状态，至少大中型银行不该如此。

**2. 风控是信贷治理的市场规律：上行期争市场不忘品质＋下行期重品质关注市场**

无论险从何处来，借贷风险都具体表现为每一笔贷款中的问题，集合成为贷款的管理问题。

**(1) 经济上行期，金融业都活跃在加杠杆中，信贷活跃度与企业经营热度正相关。** 由于政策宽松，借贷容易，容易找到更多的符合条件的担保人，押品定价数额高，形成畅通的正向效应；企业产销两旺，雄心勃勃到处铺摊子，业绩好拖欠违约少，资产及信用状况变优，指标高涨；市场繁荣，商贸活跃使债项信用类的贸易商品融资、供应链金融等结构化信用产品盛行，担保人、抵（质）押物条件也在放松，关联担保、互保和交叉担保蔓延；银行营销活跃激进，放宽了信贷准入的门槛和条件，服务重于风控，谨慎意识松弛，风险麻痹；金融创新，各种信托、基金、券商、保险的资管项目、产业基金涌现……发展中泛起泡沫的繁荣。

经济上行期的信贷在加力、加杠杆，唯恐支持不力，担忧失去机会。经济金融两繁荣，上行期的信贷更体现在数量规模的成长性上，强调创新服务，容易忽视潜在的质量问题。

**(2) 经济转入下行期后颓势显现，经济政策转向压减过度产能，货币政策转向了稳健抑制，$M_2$ 增速随之下降。** 企业风险、债项风险、行业风险构成了周期性共振，始于企业经营的失败，牵连的风险在行业间暴露蔓延，经营危机揭开了风险的面纱。例如，自2012年后市场调头下行，企业销售疲软、价格下跌、货款拖欠，三角债剧增形成恶性循环。项目刚建成就产能闲置，包括铺底性贷款生成的原材料、商品库存和设备厂房等，如期还贷困难了，违约四起，担保恶化，抵（质）押物贬值处置变难等。

经济下行期的信贷十分复杂，一面是状态颓势风险接连曝出，把银行吓住了，信贷压力剧增；一面又要挽救经济下滑，要求信贷担当作为。但是，信贷经营机制本能地制动，脚踩在刹车板上，以防局部的失控，前景不明不停地探底，教训总结多在反思。这个过程中最重要的改变，是信贷品质内涵逐步地得到净化与升华。

## 二、风险暴露：击鼓传花

既然企业的负债率接近六成，而其中的七成是银行贷款，那么，企业资金的运营方式只能是多头、多种、多笔贷款、多渠道融资，融资借贷始终处在一种你收我贷、借新还旧的状态之中。贷款绷得很紧，成为企业资金紧平衡中核心的一环，一笔都不能缺，一旦接不上，找不到续贷，运行就会出事。如果缺口大，问题就变得严重甚至引发出经营危机。因此，企业要千方百计筹融资，以维系脆弱的周转。这种状态下，信贷风险就像击鼓传花，引信是某笔贷款的逾期，根源是企业的流动性危机，风险落到尚存的贷款上。

### 1. 有过度融资，就有击鼓传花式风险

过度融资是我国经济和企业的基本特征，企业资本太缺，资产负债率太高，再优秀的企业也很难依靠内生性利润分红去弥补资本金不足。看市场，哪有经营正常的企业贷款逐年减少的？没有。越好的企业发展得越快，贷款越来越多，技术越升级投资额越大，靠一点利润分配微不足道，资金缺口大，贷款一点都不能减少，一抽贷款就生危机。差的企业更加困难，资本被亏损蚕食，资金被滞销产成品占用、货款被拖欠，融资愈加困难，一旦周转不灵就原形毕露。经营的下滑引发危机，击鼓一停贷款风险之花落定，有贷款被套住的银行充满悲哀。如果企业危机的影响面大了，为求社会稳定，哪怕你侥幸按期收回了，许多地方政府照样会叫你回吐出来，谁敢不从？

### 2. 狡兔三窟，多头融资是企业的市场本性

原因很清楚：第一，银行对信贷都管得很紧很严，使借款人受约束不自由。企业应对的有效办法就是多头融资，这样加大了信息不对称，挑起

信贷与风险——信贷之门　风险之槛　经营之魂

了竞争各个击破，反倒让企业有了挪腾的生存空间，使多家银行的管理变得支离破碎。

第二，不同银行管理的政策宽严不一、松紧多变，企业不能在一棵树上吊死，路路通才更加有效，东方不亮西方亮，这也是一种市场机制与本能。

第三，需要应付各种监管制度的规定，例如借新还旧需要有间隔期，向多家贷款才能互补摆平，只能依规则行事，尽管意义并不大。

因此，在政府主导经济的体系下，稍大的企业都是多头、多笔、多种、长短期交错、多渠道融资，信贷风险如击鼓传花般无法避免。

**3. 粗放式竞争必然会误导银行盲目放贷**

一是垒大户的风险。导致企业过度融资、粗放发展，引发经营风险造成还贷难。那些稍有名气的企业都是各家银行竞争的贷款户，一旦危机发生，问题业已严重。例如，浙江某集团公司风险曝出后，在450亿元借贷负债中，企业隐瞒了1/3的融资信息，当资金周转危机时疯狂地高利率筹资，案发后在清算中才弄清数据，其手法连老信贷员都叹为观止。这类案例不在少数，几乎所有危机跑路的企业都大同小异。

二是企业经营越是下滑，越不肯还贷，直至暴露。在很多情况下银行不是不知，只是无奈，诉讼不受理、强收无手段，眼看着价值被耗干，只剩下了骨架和皮囊。这样的情况十分普遍，在这种环境下经营是信贷的难点，短期内很难改观。

为何每每一家企业爆出风险，都牵出多家、十几家银行和诸多金融机构、民间金融？到处筹资金常是企业危机的前兆，银行心里都清楚，如果银行真的未发现，则管理大有问题；如果明知而做了，则表明风控已流于形式。

**4. 何以解决？这是不成熟市场的阶段性难题，只能靠市场进程去解决**

从理论分析有以下两条出路，都如蜀道之难。但要真正解决问题，建立起成熟的市场秩序至少需要15年，到初级阶段现代化社会的金融才能解决掉这些难题。

**（1）扩大直接融资比重，解决资本不足的难题**。做大做强是我国企业发展的基本特征，争市场、高负债等于拿着贷款去比拼，成功是他的业绩，失败一定落在信贷头上。由于从资本市场融资更难，通过市场化进程解决的路途十分遥远，况且股市只有万分之一的企业能够幸运融资，可望而不可即。因此，唯有靠银行，见不到其他替代的渠道；只能短期贷款长期占用，做好期限结构合理匹配，路径只有借新还旧、借东补西。

**（2）发展银团贷款，协同共同应对风险**。银团是有效的信贷模式，是市场充分竞争的模式，可减少信息不对称，避免同业在风险成本上的内耗。西方银行运用得十分普遍，而在我国除了大型项目之外，很难组织银团。大小银行依旧坚守着各自为战的初级模式，未能进化形成良好的市场方式与秩序，信贷命运把握在企业手中，风险却留给了银行。

### 5. 现阶段银行的信贷模式很难主动识别、果断退出企业风险

在击鼓传花的借贷机制下，哪家银行都无须自吹自擂，这是国情大势下信贷的命运。至今没有一家银行的信贷管控模式是完美的，再好的银行在经济下行期中照样是风险涌出。市场多无情，唯有敬畏谨慎。

碰上是倒霉，若未碰上只是运气，谁也不要夸口有先见之明。因为**中国银行业总体上还缺乏市场意识和风险约束的底线，什么都做、什么都敢做，是政策导向的信贷**，而不是信贷自身有效管理的市场定位与驱动，尚未能解决"不做什么"这个首要问题。因而在大环境下谁都摆脱不了区域性风险，银行总是近视眼，更关注当年的经营指标利益，在国有体制下也没有必要去博弈大局。**至多是一城一地制胜，逃过了初一逃不过十五，逃脱了东部逃不过中西部，再好的银行内部也都参差不齐**。

## 三、还款原理：关注第一还款来源的可靠性

借款人用什么钱还贷？这是银企双方博弈的焦点，是贷前预

测的热点，也是贷后管理的重点。贷前调查、审批和管理都紧盯着这个要害问题，它是一切信息不对称的锋面。借款人总会提出理想的数据将其包装好，也有不计手段的虚伪欺诈，考验着信贷的智慧与专业水准。围绕着它，审贷中要评价数据形成的逻辑，贷前调查要反复地核实真实性，贷后盯着查对比较验证，风险最终在还款源上暴露出来。

信贷将还款来源分为两类：第一还款来源和第二还款来源，不同种类的贷款对接不同的还贷来源。

**1. 什么是第一还款来源？**

第一还款来源是借款人在生产与经营活动中产生的直接用于归还借款的现金流量总称。它是通过对企业进行认真周密的调查和财务分析之后做出的预测，是一种预期的未来偿债能力。其他还款方式称为第二还款来源。

第一还款来源的现金流量是：

（1）借款人在经营活动中产生的现金流，这是用营业收入挣钱还贷。

（2）筹资活动产生的现金流，这是依靠借钱还贷。

（3）投资活动产生的现金流，包括资产处置，这是盘整家产还贷。

第一与第二还款来源的区别，第一，是否有充足的现金流来源；第二，是借款人主动偿债还是被动偿债。一般认为，企业主动偿债的，不管使用什么资金都归为第一还款来源。例如，股东注资及增资扩股、转让对外投资、对外借款、主动处置资产等获取的现金流等。

**2. 企业经营收入是最基本、最可靠的还款来源**

经营收入在第一还款来源中扮演着重要角色。银行最重视第一还款来源、现金流和持续经营的能力，尤其关注企业的经营收入，作为发放贷款的主要依据。顺着各类贷款进入企业，在生产销售中周转的轨迹，既可看到企业经营中耗费的成本费用（变动成本和折旧、摊销等固定成本）从营业收入中得到了补偿，也能见到营业收入才是偿还债务的最主要来源。

**（1）流动资金贷款进入生产的过程。**企业使用贷款采购原材料→投入生产→销售回笼→现金还贷，起于贷款转变为流动资产，终于通过变动成本从销售收入中扣出还贷（前提是收入能覆盖变动成本）。可见，营业收入维系了贷款的自偿性。**结论是：企业的盈亏不是还款的前提条件，营业收入才是偿还贷款的基本来源，流动资金贷款、贸易融资和票据融资等都本应在当期偿还。**

**（2）固定资产贷款进入生产的过程。**贷款项目建成后形成了企业固定资产，投产后创造销售收入。在还款来源的核算中，一是通过折旧、摊销方式分期归还；二是以净利润还贷。一旦发生营业收入不足，就难以实现上述补偿。**结论是：还款与项目盈利直接相关，与折旧、摊销和资本金相关，假如发生项目亏损超过了折旧、摊销额，就无力还款。**

上述两项表明，营业收入是企业的第一还款来源，奠定了偿债贷款的基础。因此，营业收入的减少要比利润下降更加危及还贷，要特别关注营业收入来源的结构、稳定性以及现金情况。

**（3）并购贷款用于企业并购等股权投资活动，其周转过程类同于固定资产项目贷款。**企业增加的权益性投资，既有利于保障债务的偿还，也可降低资产负债率，可以增加融资的承债空间，提升借债的还贷能力。其还贷方式与来源：一是靠投资收益，但依赖分红偿还的还贷周期有不确定性；二是靠净利润，这是偿债资金的重要来源。这两项都取决于企业的盈利状况，关键在于能否形成稳定持续的营业收入。

### 3. 关注第一还款来源就是要关注企业本身的优劣

信贷管理一旦浮于形式，就容易忽视第一还款来源的可靠性，只是把宝押在保证和抵（质）押上。因为，弄清第一还款来源需要做大量持续的工作，而抵押手续较为简单。人们以为具备了事后的补偿机制，就容易放松对借款人及第一还款来源的要求，致使信贷偏离了正确的轨道。

**（1）关注第一还款来源是信贷考察企业的着眼点，也是贷款投向的落脚点，任何时候都不能偏离。**企业是市场主体，信贷始终要关注企业，而不能只盯住一笔笔业务，这才是抓住了核心风险的要害。营业收入持续稳定增长的企业，经营一般较好，企业优则信贷优，项目可靠则质量可靠，也使得贷后管理轻松无忧；反之，营业收入下滑的企业问题多，企业危难则信贷业务百事哀，风险飘摇处处为难，管理事务倍增而效益低下。

**(2) 围绕着第一还款来源的可靠性，加强信贷管理。** 贷前贷后的一切工作都应当围绕着这个核心命题，它贯穿着信贷管理全过程。通过加强对企业的实地调查，多渠道采集筛选、分析校验信息与逻辑判断真实性，减少信息不对称问题，以支持经营决策、政策制定和审查审批工作。

## 四、还款风险：第二还款来源聚集的信贷风险

经典的金融教科书这样阐述：抵押是债务合同的重要特征，贷款人愿意发放有抵押的贷款，而借款人也乐意提供押品——使其有可能优先得到贷款，利率或更低。因此，抵押就成为普遍采用的、最为重要的传统信贷方式，古往今来被社会广泛地接受。

巴塞尔协议Ⅲ认定了保证和抵（质）押是最主要的信用风险缓释技术之一。它会提高借款人的违约成本，降低违约意愿，一旦发生违约，银行亦可通过处置押品和追索保证人来降低损失率。合格的保证和抵（质）押有助于降低银行贷款的风险，也导出了第二还款来源的概念。

### 1. 什么是第二还款来源？

《担保法》规定的担保方式包括保证、抵押、质押、留置和定金。在银行信贷中，常用的担保方式主要是前三种，这种由担保方式带来的清偿贷款来源，称为第二还款来源。当借款人发生违约之后，它能提供一种事后补偿机制，有助于缓释风险，降低违约损失率。

押品是借款人承诺的、在发生违约后交付由贷款人支配的唯一财产，债务合约是对借款人行为施加了诸多限制的复杂的法律文件。当借款人无法偿还贷款时，银行通过依法处置其财产、抵押物、质押物，或者对担保人进行追索得到的款项用于清偿贷款的，均属于第二还款来源。通过法院

等机构处置获得款项亦属第二还款来源。

**2. 第二还款来源聚集着信贷的核心风险**

在信贷实务中，银行发放贷款时普遍采用保证和抵（质）押方式，因而第二还款来源在日常信贷工作中极受重视。如果说，对第一还款来源可靠的优质企业可以放信用贷款，那么对其他企业不行，担保类贷款就是为了预防各种不测风险。但是，现实很残酷，抵押担保看似完善，却常是一壶苦酒，到了清收逾期贷款时，同样会陷入一切变得面目全非的糟糕境地。风险损失极大，贷款受偿率并不高，将贷前管理中所有不对称信息暴露无遗，最突出的问题是第二还款来源的真实有效性。

> **摘录**：目前，商业银行抵押和保证贷款分别占贷款总额的30%和25%左右。从银行近年处置不良贷款的情况看，抵押贷款的受偿率大多集中在30%~70%，少数在20%以下，达到70%以上的寥寥无几。保证贷款面临代偿难问题，好客户担心损害关系，差客户缺少代偿能力，受偿平均不足20%，部分保证人先于借款人出问题，受偿率几乎为0。放贷前看似足额有效的保证和抵押，实际处置时受偿率都很低。过去几十年的教训表明，保证和抵（质）押是不良贷款重复发生的根源之一。[①]

企业风险叵测，存在永远的信息不对称，要永远心存敬畏。主要问题是：

**（1）定价不公允、不足值，使第二还款来源的有效性大打折扣**。虚增价值常是借款人的基本行为动机，贷前普遍高估了押品价值和保证能力，评估机构和银行盲目认同。加上时间的流逝使押品价值衰减，不少保证人的偿债能力在变弱。

**（2）保证和押品处置执行难**。巴塞尔协议Ⅲ特别强调保证和抵（质）押在法律上的可执行性，强调当借款人违约、无力偿还或破产时，应对押

---

① 刘元庆. 信贷的逻辑与常识［M］. 北京：中信出版集团，2016.

品即时清算、强制转让或收为己有。但国内法律环境存在执法难，加大了银行的持有成本，成为违约贷款受偿率低的重要原因之一；同时，在着急处置时难以找到合适的交易对手，也加大了损失。

**案例**：我曾在核销清单中见过各种啼笑皆非的奇葩事。例如，押品中几十包水泥存放在库房多年，早已结成了石块；企业破产抵贷的许多高档服装存放在仓库，多年后早已成了一文不值的旧衣裳。为什么不及时处置？说是不敢打折削价，不知该怎么去卖，没有核算手续……最后核销报废一了百了，这不是管理的责任吗？显示出银行在处理商业实务事项中实在缺乏市场能力和知识。

**(3) 信贷经营理念与管理导向上的偏离**。在贷款流程、审批手续上，过于看重押品价值和保证人经济实力等，弱化了第一还款来源，引导了逆向选择，降低了贷款准入门槛，容易接收不合格的借款人。这就增加了后期的违约率，一旦形成不良贷款只能追索保证人和押品。

**(4) 大多数银行对第二还款来源未实行严格有效的动态管理**。例如，当保证人的财务恶化，或押品不足以覆盖贷款时，银行不能及时发现并采取有效措施——要求借款人偿还部分或全部本金、追加抵押物或更换保证人等，结果危及银行债权的安全。

严酷的现实告诉我们，应当辩证地认识担保的实质，贷款绝不能简单地把宝押在保证和抵（质）押上。要谨慎地对待担保的缓释风险功能——只是提供一种事后风险补偿机制，但付出了几乎50%风险损失的沉重代价。形式上是银行与借款人谈妥了押品价格，事实上银行根本缺少定价能力与机制，处置中同样无能为力，每个环节都在被动应付。

因此，第二还款来源的补偿机制并不完美，加上法治环境不完善使得损失很大。绝不能忽视和放松贷前深入调研的信管基本要求，抓住风险补偿的根本，做实第二还款来源有效性才能踏实地放贷。

**3. 亟待深入开发第二还款来源的业务市场**

如果说，关注第一还款来源是为搞清和掌握企业真正的风险度、经营竞争力，它涉及银行的客户市场定位、经营作风等问题；那么关注第二还款来源更不简单，它还涉及银行的功能、市场能力与发展问题。因为，信贷部门对上述问题一直以来无能为力，其原因是银行的功能欠缺、机制不适，解决的根本出路在改革。

**(1) 构造信贷新机制，努力消解信息不对称。** 实践证明，增加两种还款来源的可靠性、有效性，单靠报表、多走访几次企业难以实现，再强调也是套话空话，就需要运用新机制、新模式去解决信息的真实性。银行应当建立信息分析师制度和组织，实时收集、筛选整理，动态更新与验证企业经营信息，分析经营状态；它要与分支行日常的实地调查相结合，上下联动，构成统一完善的分析网络系统。这样，以可靠有效性数据支撑信贷。

**(2) 如何保障押品处置得更加有效？** 事实证明，商业银行职能单一，无能为力，继续修修补补维系几十年的旧模式结果可想而知，需要探索新路子。只有通过发展和增强投行、资管业务等功能，或联络其他金融机构开展第三方并购，主动有效地处理抵押资产，才能保障清收贷款本息，维护银行的权益，也能拯救一些企业起死回生。可以预见，一旦开启这个广阔天地，亦能增添银行的新功能和技能，去开拓深层次的服务空间。

# 五、风险财务：
# 风险成本对 ROA、ROE 盈利的逻辑关系

收益的当期性和损失的滞后性是金融的内生特征，带来种种跨期的神秘，涉及两个最为核心的模型参数，一个是 PD（违约概率），一个是 LGD（违约损失率），都是跨周期的数据。信贷不良率是风险成本变动的最大动因和变量，风险成本每变动 0.1%，将影响 ROA、ROE 变动多少？IFRS9 新会计准则将全面实施，亟待解密。

**1. 不良率是信贷成本变动的最大动因和变量**

随着 IFRS9 新会计准则的全面实施，银行减值损失模型由"已发生损失模型"转变为"预期损失模型"，需计提金融资产未来 12 个月乃至整个存续期的预期信用损失，使得信贷成本对质量的变动更加敏感和客观。

主要出现两个方面影响：

第一，历史存量信贷资产质量对信贷成本率的影响。

信贷成本计提公式为：**违约概率（PD**[①]**）×违约损失率（LGD**[②]**）**，存量信贷资产质量高会提升 PD 值[③]。

第二，**信贷资产劣变，分类等级下滑，会大幅提高信贷成本率**。

资产劣变会改变对应的信贷成本率（即拨备提取率)[④]。依据会计准则，假设正常类贷款计提 0.7%[⑤]、关注类计提 15%、后三类计提 70%，当信贷质量下滑，信贷成本率提高部分按照差额计提。贷款由正常类滑入关注类，信贷成本率提升 14.3（15% - 0.7%）个百分点，是正常类的 21.4 倍；关注类滑入不良类，信贷成本率再提升 55（70% - 15%）个百分点，是正常类的 100 倍。

> 例如，某类贷款 1 万元，发放后信贷成本率为 0.7%，信贷成本 70 元。假如该贷款质量劣变，转入关注类，信贷成本率改为 15%，增提拨备 1430 元，信贷成本为 1500 元；假如贷款进一步恶化，转入不良类贷款，信贷成本率为 70%，再增提拨备 5500 元，信贷成本为 7000 元。可见，信贷质量是影响信贷成本的最大动因和变量。

---

① PD 违约概率，指债务人在某一给定的时间段内，产生违约行为的概率。

② LGD 违约损失率，指债务人出现违约时，银行在债务人相关债务中可能损失且无法收回部分的比例。

③ 历史存量信贷资产质量主要对 PD 值产生影响，对 LGD 的影响较小。

④ 信贷成本率指当年拨备提取率，即损益表减值准备余额比贷款余额。

⑤ 由于信贷产品结构、历史资产质量等方面存在差异，各银行拨备提取率会不同。

## 2. 案例：对某国有银行营业收入的成本构成分析

信贷风险成本是影响盈利的最重要因素。从商业银行的利润表中可以看到，银行支出端的税务成本和运营成本"刚性"较强，波动性较小，而信贷风险成本（含信用风险、流动性风险等）则因信贷资产质量波动而更具"弹性"。

2012年以来我国经济步入下行期，其间不良贷款不断暴露，但从表11-1中可见，该行营运成本（业务及管理费+其他业务成本）基本稳定在30%左右，税务成本（税金及附加+所得税费用）也在19%左右[①]；而风险成本（资产减值损失）从2012年的6.28%上升到2017年的17.59%，使得净利润从44.45%下降到39.57%，波动较大。

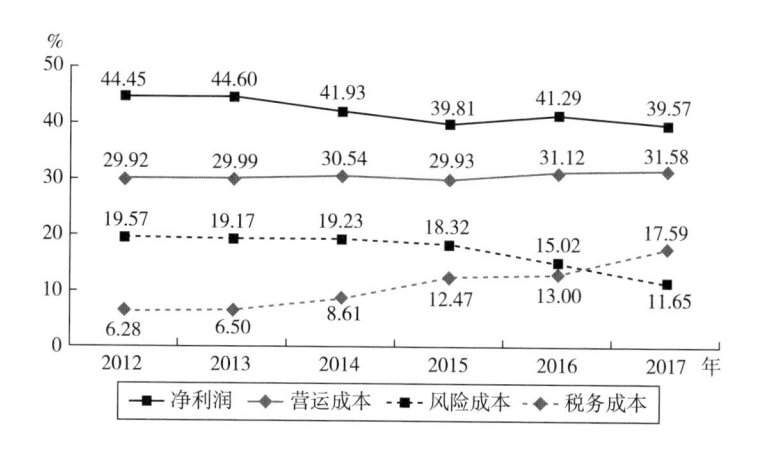

**图 11-1 某国有银行营业净收入的构成**

若选择2012~2015年进行成本分析，其间"营运成本+税务成本"合计下降了1.24个百分点，而年度风险成本从6.28%上升到12.47%，增加了6.12个百分点，在其吞噬税务成本下降额之后，仍使得净利润从44.45%下降到39.81%，下降了4.64个百分点，表明信贷成本的上升直接减少了经营净利润。2016~2017年减税因素增加，被吞噬的税务成本更多。而且，这6年来资产规模连年增长，对利润的正向效应较大，假如再

---

① 受"营改增"影响，2016~2017年税务成本下降至15%和11%左右。

计入该因素，则信贷成本对盈利的实际影响更大。

本案例具有普遍性，尽管大小银行信贷营收的成本构成有所差异，但信贷成本同样是影响利润最重要的因素。

### 3. 信贷成本每变动0.1%，会引起ROA、ROE变动多少？

境内银行信贷收入占营业收入的70%以上，风险成本自然成为影响利润表的重要变量，牵动着资产收益率（ROA）、净资产收益率（ROE）两项盈利能力指标。

四大银行2016~2018年的财务数据表明（见表11-1）：信贷成本每提升0.1%，ROA、ROE呈反向波动，即一旦信贷质量下降必然导致信贷成本持续承压，侵蚀银行的盈利。

表11-1 四大银行信贷成本每提升0.1%对ROA、ROE影响的幅度

单位：%

|  | 2016年 | 2017年 | 2018年 | 三年平均 |
| --- | --- | --- | --- | --- |
| ROA变动 | -0.043 | -0.05 | -0.06 | -0.051 |
| ROE变动 | -0.045 | -0.051 | -0.061 | -0.052 |

注：ROA、ROE变动为三年年报披露数据的算数平均值；为便于计算，ROE指标口径简化为：税后利润/所有者权益。

**（1）从比率看**，当信贷成本每提升10个BP（即0.1%），则三年间ROA、ROE分别平均下降0.051%和0.052%，即年降幅约为5%。

**（2）从数额看**，假设某银行的ROA为1%，ROE为15%，信贷成本率为1%。如果信贷成本率提升了0.1%（为1.1%）时，依据5%的降幅计算，则ROA下降5个BP，为0.95%；ROE下降70个BP，为14.3%。

假如信贷遭遇到了重大风险，信贷成本率大幅上升了0.5%（为1.5%）时，则ROA下降25个BP，为0.75%；ROE下降350个BP，为11.5%，降幅都约为25%，风险造成的负面影响就特别明显。

**结论**：通过信贷成本变动对ROA、ROE的敏感性分析，表明信贷风险是影响财务的重要变数，揭示了银行特别重视资产质量的根本原因，也是这十年来银行盈利保持高位的基本原因。审慎

稳健在银行代代传承，下功夫落实风控，力求降低风险成本，实现增加利润的目标。

## 六、风险相对性：早发现、跑得快就安全

在大市场、大发展与政策调控下，对于信贷风险的发生，难得有先知先觉，但也绝不是无所作为。要主动性防范，更要谨慎、敏锐地应对，捕捉机会去发现、管理和规避风险，收效才能更好一些，缺乏这种能力的人难以尽职，这种能力不强的人容易倒霉。这是信贷人生对市场风险的基本态度。

**1. 风险是相对的，需要主动性防范**

风险看似是绝对的，却在一定的环境条件下发生，会不会形成损失性风险，关键看时机与管理。如果抓住机会、管理得当、措施得力地有效收贷，风险就小或未造成财务性损失，这是信贷风险的相对性。

企业运行在一种借新还旧、借东还西的资金短缺模式下，一旦遭遇突发性事件，如果解决不了，曝出的风险就会殃及信贷。但是，在不同的信贷管理方式下，损失却不相同。比如，收贷时机很重要，企业不行了，账上还有点现金，先收者先得手，后收者损失大；企业想逃债，你先发制人把住核心资产保障了贷款，别人的贷款出事；企业有危机，别人的贷款刚收回，你不知情进去顶了坑……各种情况都有。每当企业曝出风险时，银行总是几家侥幸几家愁，先走一步的因脱身而幸运，晚了一步的因麻痹而懊悔。企业损失是绝对的，贷款损失是相对的，即银行之间的相对、进出时间的相对、处置环境的相对、损失多少的相对，结果都不一样。

那么，既然风险难以回避，就应当心地坦然去面对；既然损失是相对的，就应当主动防范去减少。风险是信贷的常态，关键在于能否把控住相对风险。贷款时把住核心资产，贷款后关注有效资产；贷时的失误靠贷后

去弥补，贷后的异变靠管理去控制，努力降低相应的损失。

### 2. 风险暴露期常看三年

信贷风险的暴露期一般是 3 年，即今天曝出的不良贷款，常是在三年前开始进入，经过几次周转而形成的。这与企业的生存周期相对称，如果在经济上行期进入，时间会长久一点；如果在经济下行期，则逃不过 3 年，上行期信贷的失误总会在下行期暴露出来。

每一轮社会性贷款大投放后的三五年，不良贷款就开始增加，投放越猛的区域和银行越逃不出这种现象。**当年放贷当年就形成不良贷款的较少，如果发生，一般明显是贷款人的失职。5 年期以上的贷款劣变形成的不良贷款，如果是项目贷款，常会涉及宏观经济运行的问题，这里有审贷中集体决策的失误；如果是中长期流动资金贷款，一般存在着市场定位、客户管理方面的问题与失误。**

### 3. 信贷管不住宏观风险，弱项在中观，强项在微观

银行的宏观风险管理能力不强，在宏观风险面前无能为力，信贷只是行政干预的工具。世界政治与经济形势错综复杂，只要看看发布的中央政治局会议公告中对经济形势和经济工作的分析研究，就能感知到国际国内形势的复杂性。一般银行连解读贯彻都不易，谈何自己做宏观分析？唯有紧跟中央决策，坚决贯彻落实才是本职，信贷原本就是货币政策的执行者，各项工作都要服从大局。

国内银行缺乏分析宏观政治经济的基本渠道与能力，很难独立应对复杂局势，因而不需要过于去评论经济政策。信贷的强项在业务，着眼点在企业，选好企业管住风险就是本职本分，才能稳坐钓鱼台。央行负责管理宏观分析，商业银行要做好中观分析、微观分析，即做好对信贷政策的应用性分析、市场分析、企业分析评价，这些恰是实务中最缺乏最需要的，它的业务性很强，必须真实可靠，因而最难做，常常是业内人士做不好，业外人士做不了。精心管好每一笔贷款，才是风控的落脚点。

### 4. 微观风控靠管理，早发现、跑得快就相对安全

在风险规律面前，再优秀的信贷高手都难免发生信贷失误，再强大的

银行也在不断地发生不良贷款。看内部，因为涉及的人员太多、分支机构太多、借款人太多、各地的差异太大，各自从有限的视角去观察市场，信息不对称性严重，结论难免出现片面性。看外部，哪家企业都多头贷款反制银行，同业竞争过度，法制环境差异太大，想管住贷款常是一种美好的愿望。

无须抱怨客户负债率高、数据不真实，贷款是自己放的，责任推不掉，命运应当在自己手中。信贷工作遍地有风险，一出事就变成孤家寡人，只有冰冷严厉的制度与监督者，干信贷这一行就如此。因此，只有眼睛向内提高内功，靠自强去对抗风险、解决问题，别人不可靠也靠不住。只有把握住借款人真实状态以及风险的动态，才能寻找到机会与针对性的办法。

谁都明白，风险问题首先在相对薄弱的那个环节上断裂，尽管不清楚究竟是哪一环，但事前总有点征兆。重要的是较早地发现苗头，先人一步采取措施，务求能相对主动一点。一旦陷入被动，命运就落在了别人手中，后果难以挽回。因而，机敏、有效地掌握信息最为重要，如同炒股，熊市来了看谁跑得快，熊在追人，只要跑得比别人快就有生的希望。这些都是经理人必备的立场、观念与本领。

## 七、价格风险：价格跳水会拖垮贷款

CPI、PPI不断下跌是经济下行期的最重要特征之一，别以为商品价格大幅下行、物价下跌是好事，它会带给经济、企业、银行巨大的风险危机。它直接将商贸企业拖入困境，以致大量倒闭破产；它无情地将贷款拖入险地，形成银行财务的重大损失。成为危害贷款最为可怕的导火索，一旦价格倒塌下来地动山摇，如螳臂当车无力抗争，欲哭无泪，只能去收拾残局。

股民们对股市的"腰斩"甚为恐惧，财产顷刻缩水甚至消灭，留下万分心痛。同样，当市场产品价格"腰斩"时，资产会大幅缩水，企业陷入生死存亡，叫信贷胆战心惊。看看这些年来，商品价格是怎样下跌的？

在《信贷的逻辑与常识》（刘元庆）一书中记载分析了许多重要商品的价格变动，以及对信贷的伤害，告诉人们：经济下行期商品价格会疯狂下跌，后果令人深思。例如，2010年来铁矿石最高价每吨200美元，到2016年为39美元，只剩2折；煤炭每吨860元，降至360元，是4折；螺纹钢最高价为每吨5420元人民币，降至2100元，不足4折，等等（见表11-2）。

表11-2　　　　　　　部分商品近年价格变化情况

| 产品 | 2010年来最高价 | 2016年1月价格 | 降幅（％） |
| --- | --- | --- | --- |
| 煤炭（元/吨） | 860 | 360 | -58 |
| 螺纹钢（元/吨） | 5420 | 2100 | -60 |
| 铁矿石（美元/吨） | 200 | 39 | -81 |
| 石油（美元/桶） | 110 | 30 | -73 |
| 铜（元/吨） | 76200 | 35560 | -53 |
| 32吋电视（元/台） | 3500 | 1400 | -60 |

注：煤炭按环渤海动力煤5500大卡现货价格，铜、铝是上期所价格。

价格暴跌是怎样伤害企业，并殃及到信贷的？我们需弄清其中的传导机制和路径。

**1. 价格下跌伤害银行流动资金类贷款**

如同熊市大跌时股票抛不出一样，当产品价格快速下跌后，不但伤害企业资产，更为严重的是越跌越难销。产品销量剧减、价格暴跌和货款回笼不畅，直接造成成本—收益的倒挂和财务崩溃，并通过供销、借贷和担保链等，迅速将风险传导给供应链客户、银行、担保方和其他交易对手，致使企业违约事件不断蔓延，极有可能触发行业性、区域性金融风险。

这种传导的顺序，首先是对批发零售、商贸和小微企业，接着是采矿、房地产和加工制造业，对应的是信贷的贸易融资、大宗商品融资、中小微企业融资、房地产贷款和制造业贷款等——这些多是顺周期的融资品种，在周期转换过程中形成大量的坏账。例如，贸易融资、商品融资主要是依托商品交易链中形成的债项信用、商品信用或交易对手信用，由于价格的快速下跌，企业"钱变物"和持有存货都变得十分烫手，购销过程中的时间差极易导致价格倒挂。

市场普遍性萧条也使货款拖欠或坏账变得严重，商贸企业陷入一种越做越亏、周转失灵的境地。同时在跌价后，企业需要提供更多数量的商品，才能满足原融资质押率的要求，现有的押品也极易触及警戒线和处置线。

企业经营艰难，银行同样陷入放贷收贷难、处置难的境地。快速跌价、难卖、拖欠货款会形成恶性循环，造成更多的企业违约和倒闭。一旦企业存在过度使用杠杆、大规模囤货、赊销，或资金挪用、借短用长、投资房地产、高利借贷等各类金融手段，更会引起价格的快速下跌，甚至引爆风险。2012年多区域爆发的钢贸企业违约、2015年中钢集团破产重组，莫不与此有关。

**2. 价格下跌伤害银行中长期项目贷款**

经济下行期市场环境的剧变，对固定资产投资项目、中长期贷款形成了灾难性影响。例如，2011～2012年新开工建设的许多项目，当时正处在建设末期或投产初期，但此时的市场与原先立项时已经发生了根本性变化。不少产品的价格跌到只及可研报告预测价的1/3或1/2，而根据一般最为谨慎的敏感性分析，至多只是按销售收入下降20%，或成本费用上升20%的幅度测算。这就意味着项目投产即亏损，且市场不景气造成销售困难，经营难以维系，一旦巨额投资变成无效产能和沉没成本，贷款会形成大量的坏账。

谁都无法预料市场周期性恶化造成的断崖式跌价。应当指出，从当初企业立项、发改委审批到银行审贷，项目论证严谨而合乎规程，但是，市场开了个大玩笑而改变了结局，终究是人算不如天算。市场上，曾经辉煌的无锡尚德、江西赛维、广西有色……轰然倒下，许多企业在风光之后陷入了长期的艰难处境。银行与企业是命运共同体，很难逃脱周期性风险的惩罚，大批企业在兴勃亡忽中陷入了困境与绝望，信贷只能痛苦地承担着千百亿元损失的烂账。

# 第12章 风险的五大源头

风险源头在哪里？寻根溯源，找到源头，才能对症下药，能动地去做好设防。假如找不出原因，一切管理措施如同隔靴搔痒，贷款依旧被动地陷入由优变劣的失败轨迹。我仅从国内一般的信贷方式中分析风险源头。

## 一、有许多风险挡不住

所谓防范信贷风险，是指防范和规避那些可被事先预测的，能够有效采取预防措施的风险；对一般的预测不到的风险，也充分准备了常规的后备措施，感觉是十拿九稳了才放出贷款。

实务中，大多信贷风险事项都在日常管控的工作范围之内，例如，企业在市场竞争中失利失败，造成了不良贷款，或还款逾期延误，或需要处置担保抵押物等。最严重的是在经济下行期，许多好企业受到了资金链、担保链风险的牵累而被拖垮。这类局部性风险损失都是正常的，可以通过提取资产减值准备核销，在一个短周期内化解，不会过于影响银行经营状态。

但是，并非所有的贷款风险都能够得到控制，有些在风险管控的逻辑之外，无法规避，它超越了专业管理的能力与范围，有别于日常业务风险。主要分为两类：

**第一类**：形势剧变引发的全国范围的信贷风险。

贷款本是一笔笔市场的交易行为，在正常的环境下，银行自有抵御和应对微观风险的专业能力，一次次地博弈实务中的风险。但是，谁都无法抗拒经济金融危机、经济转型造成的颠覆性风险。尤其是在当今国际国内形势剧变，外部遭遇国际资本和政治势力的封杀，内部面对国家经济战略转型、结构调整的形势下，信贷风险大如灾，贷款如一片小舟遭遇大风浪，奋力的船夫很无奈。这样大范围的信贷风险袭来，一些优秀的企业也受连累损伤，卷入其中甚至破产倒闭，国内外银行都无能为力，难以把握信贷的命运，更不必说信贷员了。

凡是与政策紧密关联的风险，信贷很难抵御其冲击。例如，早年有对国企的过年贷款、安置性政策类贷款等，这些是用于社会稳定性开支；有2000年前后国企并购破产转型的政策干预；有2012年起经济转型中实施的去杠杆、供给侧改革淘汰落后产能、环保整治等。旧生产力不除新动能不立，相应的旧贷款会受到损失。这是为经济转型与政策变化支付的成本，以解决经济体制的结构性问题。银行在经济战略转型的大局中唯有服从担当，不能逃避，这是一种政治责任。

**第二类：难以抵御的意外风险。**

防控风险针对的是可控类风险，通过预测可设置多重的措施，得以防范。但是市场变幻莫测，许多发生的特别风险常在意料之外，尽管贷款自身的流程都正常合规，企业也正常。有如遭遇到了突发性危机、意外事件、天灾人祸，城门失火殃及池鱼，企业被摧垮，贷款难以挽救。例如，美国"9·11"事件爆发之后，殃及拖垮了瑞士航空等多家航空公司；有如台风地震、暴雨泥石流、战争……使生产严重受损；有如在管控新冠肺炎疫情下，大量企业的长时间停产造成巨大损失，甚至倒闭；有如企业老板意外死亡，如海航；又如中美贸易摩擦突发改变了市场，防不胜防，事前难测。有的意外风险损失，属于保险理赔的范围。

应将上述风险与一般信贷风险区别开来。当然，顾及不到不等于不顾及，抵挡不住不等于不作为，只要弄懂了这类贷款的属性，就可以运用策略规避其中的一部分，能动地去消解降低一些损失。因此，如果缺少战略思维就是近视眼，过多地将贷款投入落后产能，等于阻碍了生产力的进步，如同在挖掘自己的坟墓。

信贷与风险——信贷之门 风险之槛 经营之魂

有何对策与路径？唯有通过战略思维、研究政策和产业趋势，依靠一家银行的有效决策进行超前部署，而不能坐以待毙。在分支行层面缺乏这种能力，但也不乏有成功规避风险的案例。例如，2000年时工行就制定了严厉的钢铁行业信贷政策，实行名单制，有效地避免了大量的低端企业贷款，因而规避了后来去产能中的巨额损失。当然。决策的风险也不小，有时做反了会失去很多的机会，形成负面影响。

# 二、源头之一：大风险潮常有大政策背景

银行强在微观经营上，市场能力不弱，能够有效地选择借款人，控制好信贷风险。但银行弱在管理和应对宏观政策类风险上，从来是个执行者，毫不犹豫不折不扣地贯彻，并自我消化风险。因此，尽管总体风险可控，但宏观与微观的冲突总会使某些贷款伤筋动骨。

**1. 信贷质量总是随经济周期、宏观调控共振，政策越强，振幅越大**

20多年来，我国经济没有出现过大的金融风险危机，都在政策调控中被一一消解，但严峻的风险从未消停，信贷损失也不少，只是风险形式与西方完全不同。

**(1) 在严格管理和审慎经营下，信贷总体处于稳健状态**。应当相信，在现有的公司治理与银行家尽职管理的制度下，银行具备了成熟的风险约束机能。在正常的经济背景下，凭借信贷的专业能力，完全能够有效地防控化解一般的不良贷款，并予财务核销损失，不会出现大的动荡，即银行能够有效应对日常信贷中的经营性风险。**这是信贷经营的常识**。

**(2) 在政府直接管控的体制下，信贷风险也会因政策干预触发**。它一般不是经营性原因造成的，多起因于国家实施重大的经济战略转型，或重要的经济工作决策部署，信贷必须忠实地贯彻执行到位，成为银行经营的主色调。信贷依经济而发展，遵循政策而起舞，相应的风险也会随之生

成，当然国家能够把控住总体的信贷风险。**这是信贷风险的国情**。

**（3）任何一家银行都无法抵御来自经济政策变动与社会体制转型的巨大冲击**。政策带来一次次成长的机会和市场，是发展的重要导向和动力，但风险是无法避免的。因为政策常要做出逆向调控，有效与否都需要支付成本代价，前提是银行具备经营的财务能力，在 3~5 年化解信贷风险损失，这是制定政策的信心和决策基础。**这是控制远期风险需要**。

信贷本是国家调控经济的杠杆，银行担负着贯彻执行政策的职能和责任。总体上，无须过度地忧虑政策类风险，坚信国家一定能够把握风险损失的程度；但微观中，毕竟风险落在自身信贷经营中，必须谨慎管理好每一笔贷款，减少损失。

**2. 不同时期的经济发展，都有政策类风险的主题特征**

20 年来，银行经历了两次最为重大的经济转型风险，主要是：

**（1）从 1993 年开始试点国企改制，2000 年后进入高潮，前后历经 10 余年**。国家要求银行既要抓好信贷质量，又要支持国企转型，经营十分艰难，四大银行付出"财务性破产"的沉重代价。

以工行为例，那十年中约有 8 成多贷款的质量恶化，形成不良贷款，信贷无力抵御，积重难返。原因不复杂，国家需要银行通过核销、剥离贷款的方式，化解和解决众多国企转型的成本。这一项重大的战略安排完全是正确的，为深化经济体制改革打下了的企业基础，大多数国企并购、关闭或转为民企，也奠定了民营经济起步的企业根基、经营技术和企业家人才等基础要素与实力。国企转型使政府管理与经济运行方式具备了市场化的组织基础，没有这次转型，多元化经济基础的形成至少要推延十年。

那一时期出现了全国性的地方政府失信，监管与银行都曾宣布多个失信省份、城市名单。这是非常时期的一种无奈，是一种必然的社会现象。地方政府两手空空地面对着几十万破产下岗、等待生计的工人，不依赖核销信贷债，经济已无法运行。最终通过从银行剥离 3 万亿元贷款的代价，安置了国企下岗工人，度过了经济最为艰难的困境。

**摘录**："国退民进"运动从 1997 年开始试验，1998 年大规模推广，一直到2004年后逐步进入尾声，它意味着二十年来以机制转换和放权搞活为主题的国有企业改革运动的悄然完成，中国企业的所有制格局为之一变。2002年，一份《中国私营企业调查报告》显示，在过去的四年里，有25.7%的被调查私营企业是由国有和集体"改制"而来，在这些企业中，以东部地区的所占的比重最大，为45.6%，也就是说，将近一半的东部私人企业是由国有企业改制而成的。

2004~2009年是四大银行转制中剥离大量的不良贷款的高潮期，有更多的民营企业诞生，它们的原始积累中都有国企生产力要素的基因。

**（2）从2012年起的经济结构转型，倡导环保、绿色经济等，冲击了信贷**。国家战略部署供给侧改革、调结构治污染、淘汰落后产能与经济下行相叠加，涌出了不良贷款大潮，信贷的压力巨大。经济转型确定了未来信贷的方向，其重要意义是推动实现了信贷转型，这是完全正确必要的，但转型中需要安排和化解信贷风险成本。大中型银行承受力强，需要在经营中逐年核销；受关停企业冲击大的城商行、农商行等中小银行日子较为艰难。有的机构信贷的损失，使得几年十几年的盈利被全部吞噬，日子艰难，需多年的盘整才能逐步恢复元气。

问题是，原有的经济结构、企业产能中有一定份额是贷款的项目，或是贷款的抵押品，如果逐步退出银行能够化解，但行政方式是强硬的，停产关门后必定使大批贷款无法挽救形成了损失。这些年来，银行都在艰难地消化着风险，从谷底中缓慢地走了过来。应当说，政策类风险不应算作信贷经营的失败，但毕竟带来了经营的大损失，使之成为银行经营中最重要的风险因素，不可忽视。

### 3. 未来经济发展中依然会有几次升级转型，才能跨入现代化经济的平台

在未来可预见的时期内，政府的管理方式在逐步地转型，变得更加市场化，更多地采用市场方式，减少硬着陆的风险，这是预测未来的立足

点。从经济结构看，达到新型工业化、信息化、城镇化、农业现代化"四化"目标仍需要重大的调整转型。银行应该怎样去主动管理，才能降低政策性风险带来的损失？这是一个极其重要的战略之问。假如信贷不关注经济走势与政策动向，必将继续为转型付出沉重的代价。

这是信贷战略的问题。**当信贷日常的投向偏离了经济战略，背离了政策走向，就难逃政策调控的风险，越偏离政策越要被政策调控伤及**。实务中，信贷更关注单个企业的经营状况，紧紧地围绕着产供销，严格地审核贷款的流程权限……都做对了，都符合制度规程。然而在经济转型的大势面前，这些只是微观的行为，单纯管控技术层面的业务风险如同低头走路，容易误入歧途。例如，对污染、落后产能企业的贷款，与国家经济发展规划背道而驰，贷得越多风险越大。过去在初级经济时代，信贷对宏观战略思考得不多，但在当今现代经济格局下，投量变得巨大，一旦发生投向的失误，损失也将巨大。这类教训已经是十分沉痛了。

总之，政策始终在调控信贷，银行不仅是贯彻执行，更要用心研究政策，关注大趋势，相向而行。懂得战略思维，才是聪明有效的信贷执行者，得以降低战略风险。

## 二、源头之二：险在借款人，已成风险共同体

贷款风险从哪里来？答案是借款人。当信贷的比重过大，进入企业太深，在高负债率下难以自拔，企业风险酿成了信贷风险。彼此结成了风险命运共同体，风险上完全纠缠，难解难分，微观上银行仍有收贷避险的自主权，总体上处在同生死共患难的境地，都依赖经济增长。只要分析单个企业，相关的风险数据都不乐观，都有沉重的危机感，大家都寄希望于国家宏观经济大局的态势，稳得住才有广大企业的共生。这就是中国经济的主要特征。

企业前赴后继，银行相伴相随，一个企业兴起，一批贷款支撑；一个企业倒下，一批贷款陪葬，早已是一种风险常态。担当越多风险越大，再谨慎的银行都无法超脱于企业之外谈论什么风控，谈何洁身自好？企业是信贷的一面镜子，借款人状态决定信贷命运，关注企业就是关注风险，关注实体经济就是关注命运，风控要以借款人为中心，不能停留在银行内部的手续流程中。

2008~2018 年，信贷市场的企业风险主要特点是：

**1. 居高不下亦风险：信贷占社融比重、占企业融资比重、企业新增贷款比重、企业高杠杆率居高不下**

**（1）信贷占社会融资的比重始终保持在 7 成，11 年中平均值为 70.41%**（见图 12-1）。间接融资稳居社会融资的重头，直接融资不升反降。据央行披露，截至 2019 年末，企业债券占 9.34%，股票融资占 2.93%，合计直接融资余额只占社融总存量的 12.27%（见第 1 章四节）。信贷长期在过重的压力下经营，承担过多风险。

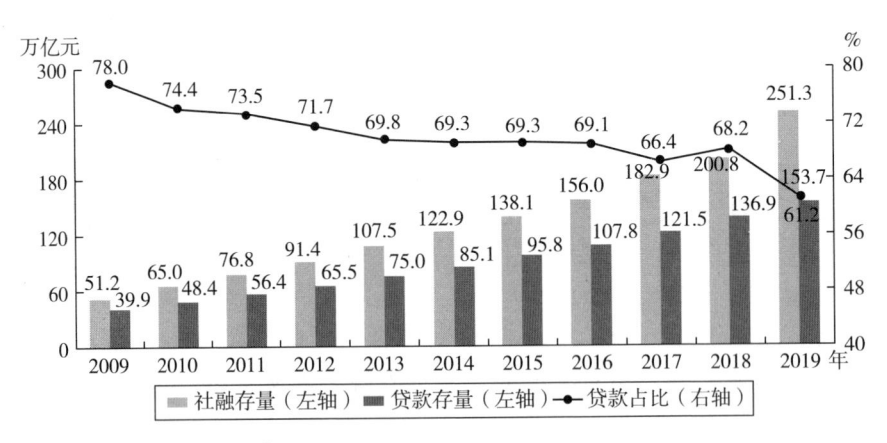

图 12-1 2009~2019 年信贷占社融总额比重

资料来源：Wind 数据库[①]。

---

[①] 人民币贷款是社融口径，2015 年以前没有存量数据，用余额同比增速推算。

表 12-1　　　　　　2009~2019 年中国社会融资存量　　　单位：万亿元，%

| 年份 | 社会融资存量规模 | 人民币贷款 | 外币贷款（折合人民币） | 银行信贷占社融比重 |
|---|---|---|---|---|
| 2009 | 51.18 | 39.19 | 0.75 | 78.03 |
| 2010 | 64.99 | 47.13 | 1.23 | 74.43 |
| 2011 | 76.75 | 54.61 | 1.81 | 73.50 |
| 2012 | 91.42 | 62.81 | 2.72 | 71.68 |
| 2013 | 107.46 | 71.70 | 3.31 | 69.80 |
| 2014 | 122.86 | 81.48 | 3.66 | 69.30 |
| 2015 | 138.14 | 92.75 | 3.02 | 69.33 |
| 2016 | 155.99 | 105.19 | 2.63 | 69.12 |
| 2017 | 182.87 | 118.98 | 2.48 | 67.88 |
| 2018 | 200.75 | 134.69 | 2.21 | 70.33 |
| 2019 | 251.31 | 151.57 | 2.11 | 61.15 |
| 年均增速 | 17.36 | 14.50 | 14.22 | 70.41 |

注：1. 2019 年 12 月起，人民银行将"国债"和"地方政府一般债券"纳入社会融资规模统计。
2. 2019 年 9 月起，人民银行将"交易所企业资产支持证券"纳入"企业债券"指标。
3. 贷款不包括境外贷款和非银行业金融机构贷款。按 2019 年新口径还原 2018 年的数据，信贷比重低于 2019 年 0.13~0.99 个百分点。

资料来源：人民银行。

**（2）信贷占企业融资的比重基本保持在 65% 上下**（未含表外融资，见图 12-2），总量随着企业债务规模的增长不断增加，公司贷款总余额从 23.0

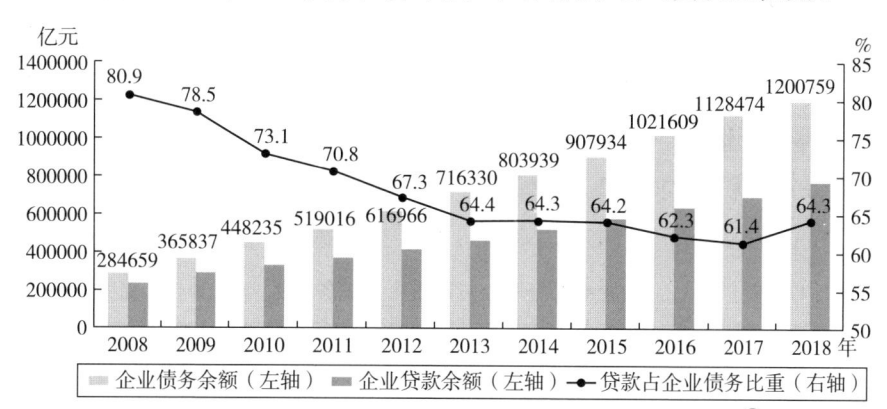

资料来源：Wind 数据库、国家资产负债表研究中心（CNBS）。不含城投债务。[①]

图 12-2　贷款占非金融企业债务比重

---

[①] 城投平台债务统计，以 Wind 中银监会口径的已发债的城投公司七类债务加总测算（长期借款、短期借款、应付债券、应付票据、一年以内到期的非流动性负债、其他流动性负债、长期应付款），城投平台贷款用短期和长期借款加总。

万亿元增加到77.2万亿元,增长了3.36倍。这表明,信贷挑着企业接近2/3的债务担子,风险孰轻孰重?数据自明。

**(3) 在企业新增融资结构中,新增贷款的比重在50%~60%,居高不下。** 表明信贷占比过高的风险状态未能改善,仍将持续维系,2018年奇高(见图12-3)。表明社会尚无替代分流信贷的其他渠道,必须扛下去,风险源头没有改善趋势。

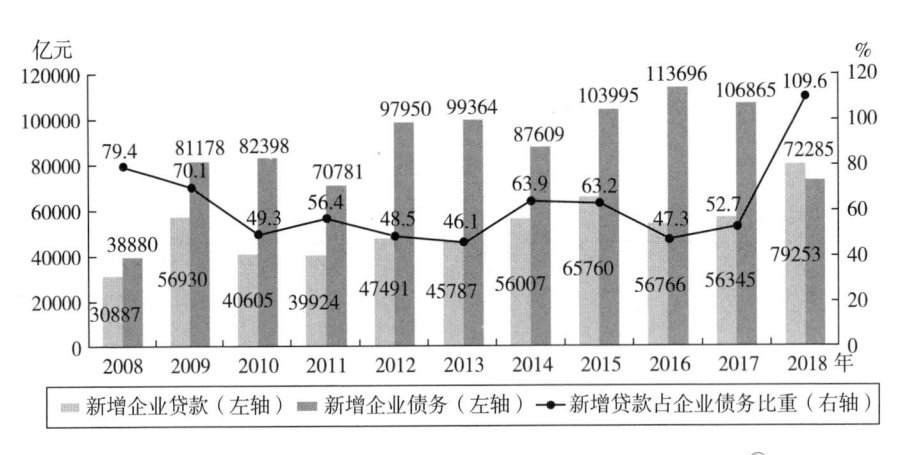

资料来源:Wind数据库、国家资产负债表研究中心(CNBS)。不含城投债务。①

**图12-3 新发放非金融公司贷款占企业债务比重**

**(4) 企业杠杆率从95.2%提高到153.6%,企业贷款从24.6万亿元提高到86.8万亿元,负债率不断走高,内在风险自然落到银行信贷上**(见表12-2及第1章四节)。据统计公报披露,2018年末规模以上工业企业资产负债率为56.5%。杠杆率减不下来,反在提升,表明风险势头不减。

表12-2　　　　企业杠杆率与贷款占企业债务比重　　　单位:亿元,%

| 年份 | 非金融企业杠杆率 | GDP | 债务规模 | 非金融企业及机关团体贷款 | 贷款占企业债务比重(%) |
| --- | --- | --- | --- | --- | --- |
| 2008 | 95.20 | 319245 | 303921 | 246337 | 81.05 |
| 2009 | 115.40 | 348518 | 402189 | 317898 | 79.04 |

---

① 非金融企业贷款 = 非金融企业及机关团体贷款 - 城投平台贷款;非金融企业债务 = 杠杆率算出的企业债务 - 城投平台债务。

续表

| 年份 | 非金融企业杠杆率 | GDP | 债务规模 | 非金融企业及机关团体贷款 | 贷款占企业债务比重 |
|---|---|---|---|---|---|
| 2010 | 120.30 | 412119 | 495780 | 366434 | 73.91 |
| 2011 | 117.80 | 487940 | 574794 | 410387 | 71.40 |
| 2012 | 127.90 | 538580 | 688844 | 466801 | 67.77 |
| 2013 | 135.60 | 592963 | 804058 | 518584 | 64.50 |
| 2014 | 142.40 | 641281 | 913184 | 583370 | 63.88 |
| 2015 | 151.20 | 685993 | 1037221 | 657633 | 63.40 |
| 2016 | 158.50 | 740061 | 1172996 | 718521 | 61.26 |
| 2017 | 158.20 | 820754 | 1298433 | 785496 | 60.50 |
| 2018 | 153.60 | 900310 | 1382875 | 868289 | 62.79 |

资料来源：Wind 数据库、国家资产负债表研究中心（CNBS）[1]。

**2. 融资从表内到表外，类信贷的表外融资快速增长**

2009 年企业债务余额中贷款占 79.75%，至 2018 年已降至 66.29%，逐年下降了 13.46 个百分点（见表 12 - 3），平均在 67.86%，看似减弱了信贷依赖。但是，**表外融资余额却由 5.4 万亿元大增至 24.0 万亿元，增长了 4.45 倍；贷款 + 表外融资余额占企业总债务平均为 88.11%**，而企业债券余额只占 11.89%，企业债务风险很大，带给银行的风险压力已很高（据估算，表外规模中银行约占 1/3，以此估算，银行也分担到 75% 左右，压力未减）。

银行的理财渠道投向"非标资产"，承接企业资金需求，成为 2010 年来表外融资快速增长的基本方式，表明企业对银行依赖性在增加。由于不少非标资产本质上仍属类信贷，多由分行推荐、隐含刚性兑付因素，动机上资产出表可以降低资本消耗与监管约束，形式上企业金融债务结构实现了多元化，实质是银行的融资分置于表内外，随后在整治中很多重新回归表内。

---

[1] 广义企业口径，包括城投融资平台，根据企业部门杠杆率算出企业债务水平。

表12-3　　2009~2018年非金融企业贷款占企业债务占比

单位：万亿元，%

| 年份 | 非金融企业及机关团体贷款余额 | 企业债券融资余额 | 表外融资余额（委托+信托+未贴现） | 总债务余额 | 银行贷款占比 | 银行贷款+表外融资占比 | 企业债券融资占比 |
|---|---|---|---|---|---|---|---|
| 2009 | 31.79 | 2.67 | 5.40 | 39.86 | 79.75 | 93.29 | 6.71 |
| 2010 | 36.64 | 3.80 | 9.28 | 49.73 | 73.69 | 92.35 | 7.65 |
| 2011 | 41.04 | 5.18 | 11.28 | 57.50 | 71.38 | 90.99 | 9.01 |
| 2012 | 46.68 | 7.48 | 14.38 | 68.54 | 68.10 | 89.08 | 10.92 |
| 2013 | 51.86 | 9.29 | 19.05 | 80.20 | 64.66 | 88.41 | 11.59 |
| 2014 | 58.34 | 11.69 | 21.55 | 91.58 | 63.70 | 87.23 | 12.77 |
| 2015 | 65.76 | 14.63 | 22.18 | 102.57 | 64.12 | 85.74 | 14.26 |
| 2016 | 71.85 | 17.92 | 23.41 | 113.18 | 63.48 | 84.17 | 15.83 |
| 2017 | 78.55 | 18.37 | 26.94 | 123.86 | 63.42 | 85.17 | 14.83 |
| 2018 | 86.83 | 20.13 | 24.02 | 130.98 | 66.29 | 84.63 | 15.37 |
| 年均增速 | 11.81 | 25.15 | 18.03 | 14.13 | 67.86（平均） | 88.11（平均） | 11.89（平均） |

### 3. 风险根源：企业"惊险的一跳"

在沉重的债务杠杆下，企业经营状态决定了借贷双方的命运。银行放贷容易收贷难，一旦资金使用权移到了企业手中，银行只能实施间接风控和祈盼。

还贷难在哪里？企业使用**贷款**资金逐步购买了原料、设备和开支，钱转化成物消耗了，这是前半程；后半程要把生产的商品卖出去，货款回笼商品变现才能还贷，这一步充满着风险。"商品到货币是一次惊险的跳跃。如果掉下去，那么摔碎的不仅是商品，而是商品的所有者"（马克思），而**银行是最大债权人，摔碎商品一定伤及信贷**。跳跃的含义，一是商品能不能卖出去；二是销售价能不能覆盖成本，如果卖不出、或货款被拖欠、或销售价低于成本，表明商品不能如期变现或现金不足，形成再生产危机，直接影响还贷。

市场优胜劣汰，不断地淘汰效率低下者，一旦牵涉到贷款，银行也会被拖入风险之中。借债是加杠杆，还款是去杠杆，从差企业收贷难上加难。当企业资产不能创造收益，就走上了变现的绝路。大企业办法多些，小企业生存更难，尽管企业还会想尽办法融资，借东还西、压缩开支。因此，企业必定会包装掩饰困境，直到最后纸包不住火时才暴露。其间，一切信息不对称问题变得严重，这早已是市场的一种常态。

## 四、源头之三：
## 经营失策酿成系统性风险（内因）

**一家银行重大的信贷管理失误通常会引发系统性风险，成为信贷失败最重要的内在因素**，表现在管理方式、产品设计、组织变动、市场定位及经营机制等各个方面，直接引发贷款的风险与市场的退缩。各家银行都会发生，面对风险造成的后果都有难言之隐。

**1. 产品类风险常伴生系统性风险**

信贷产品问题从不是单纯的技术问题，有的新产品起于主观设想，脱离市场，甚至有违常识，设计不完善，隐藏着风险缺陷。这类风险的传播特征是系统性推广、区域性爆发，病根生在产品自身，基层分支行很少能够抵御。由于是通过行政手段的推广下迅速铺开，专业管理放大了风险效应，推动越猛造成的损失越大，数年后成为灾害，到风险损失暴露时已难挽回。

最为典型的案例是贸易融资类贷款。该产品的设计思想是，以**债项信贷产品替代被企业长期占用、难以脱身的流动资金贷款**，得以改变信贷的主体结构，**增强银行的流动性控制权**。它一度当作重要的创新产品，其实不符合风险的国情特征，结果在强力推广中风险暴露，蔓延成为区域性风险，许多银行都发生了多个省市的信贷质量完全塌陷，形成千亿级巨大的财务损失。这是历史上最大的系统性风险产品，是产品决策的失败，有着沉痛的管理教训。

**案例**：一位省行高管告诉我，起初他们对存在做假隐患的贸易融资管得很严，结果该项指标落后了上不去，在总行专业会议上受到了批评。分行长得知后找他商量：多少做一些吧，总不能再被点名了。放开几年后风险损失形成，好端端的分行经营下滑，教训极为深刻。这样的案例很多。但也有些省市分行完全不同，他们终究守住了风险底线，避开了贸易融资的大灾难，成为佼佼者，留下了可敬的故事。

### 2. 轻易改变信贷原本的定位会生成重大风险

客户定位本是在长期经营中形成的，建立起了完整的后台体系与管理方式的系统全面支撑。因而，一旦简单改变原先的定位，则牵一发而动全身，整个经营方式、业务习惯、专业管理都将不再适应。若不随之调整，前变而后不变，在管理错位中会漏洞百出，由此形成大量的贷款风险。

**案例**：本世纪初四大银行改制中退出了大部分国企贷款，大量非公有制企业成长起来，逐步成为借款人新主体。但有的银行与并购改制后的国企不再往来，或严格限定贷款准入的比重，疏远了这类市场。其实，在2004年国企改制剥离不良贷款之后，改制留下的国企大幅降低了负债率，经营迅速摆脱了困境，很多成为优质借款人，与旧时根本不同了。如果不懂得国企发生的本质变化，就会造成信贷战略定位的失误。如果片面地从一些能源、交通等国民经济重要支柱行业退出，必定引起管理的动荡，颠覆了原先稳定的市场定位，到头来不得不纠正，大折腾的风险后果不言而喻。

### 3. 改变信贷管理方式存在相应的贷款风险

每一类贷款都有自身特定的管理文化与习惯方式，形成其业务模式与风控的逻辑思维。因此，轻易进行跨专业的管理架构与组织调整，会在一个相当长的磨合期内，影响业务的稳定性，甚至造成大批的不良贷款。同样，行长与分管信贷副行长的调整，同样会改变信贷的管理思想与方式。现实中每每行长的调整，就有大量不良率涌出来，这是一个普遍的基本现象，其中饱含的风险教训真有不少。

信贷组织架构的变动会影响经营方式，牵连着信贷风险，并非都是正面效应。**稳定信贷体系是关键，改革信贷架构往往都不成功，还有后遗症，要特别慎重**。对那些以市场营销、以服务效率为主体的专业部门，改变其组织架构很容易形成正面效应；而信贷不同，其专业性质重在风险控制管理，从经营思想到管理方式自成严密的系统，若轻易改动很容易出现负面效应的风险。这一点是管理者应当重视的。

**案例**：某银行将消费及按揭贷款从信贷部门划转由个人金融部门管理之后，短短几年造成了百亿级的不良贷款。原因不复杂，因为信贷类风险与负债类业务的风险特性、风控、市场逻辑根本不同，一旦简单改变管理方式，必定冲击到原先的风控、经营方式与管理文化，在过渡阶段发生业务的变异。例如，当负债业务广泛批量营销的理念方式，侵入和替代贷款业务的谨慎式营销后，极易冲破信贷严格风控的屏障。

**4. 轻易改变信贷经营模式会造成严重的风控失误**

**（1）片面引入西方流程银行概念改造信贷，乱了体系**。原本信贷在长期运行中形成的贷前、贷中、贷后完善有效的流程体系，绝不能轻易地改变。以为"一个银行"就要集中管理，简单地上收分支行贷款审批权，搞集中审批，结果适得其反。过度收权，一是动摇了以城市分行为基础的信贷责任制体系的根基；二是拉大了与市场、与客户的距离，造成管理责任不清、风险加大、效率下降；三是过程中会造成人才流失，形成不稳定因素。这些都是管理风险最基本的核心要素。同样，为效率缩短流程而简单放权，忽略分支行能力，也会造成风险。

**（2）简单地运用经济资本 RAROC 概念，机械地与每一笔贷款挂钩**，

**不符合以经济建设、以市场为中心的信贷经营宗旨**。经济资本概念本是对一家银行资本的管控设计，是总体的战略结构，不能简单地作为战术措施。

市场的精神是实事求是，理应是：各家分支行宜存则存、宜贷则贷，应当从整体部署与局部调控相结合，结合当地环境特征，扬长避短发挥各自优势。该项指标重财务、轻信贷，重资本、轻市场，因而不能机械地套用，不能简单实施对信贷准入和定价的刚性控制，而要实事求是地转换为中国方式才有效。因此，一旦对区域、行业、客户和产品的 RAROC 阈值调节出错，财务机制极易导向信贷的失误。事实很诚实，它是信贷战略导向失误的重大原因之一。

**总结**：经营信贷自有规律，失败的管理行为必析出不良贷款，大到风险危机涌出，小到一家企业贷款恶化，多与经营管理密切相关。信贷命系市场，看似无形无奈难以驾驭，其实真有抓手办法，至少可在适度规避中减少损失。许多优秀的银行机构总能安全地躲避过大风险，不良率始终不高就是明证，不乏案例，正是它们坚守稳健的经营策略并管理到位。

## 五、源头之四：
## 不当管理引出操作风险（内因）

信贷的操作风险不可小视，它不是指一般的工作质量缺陷，而是起因于系统质量、管理流程、工作态度与责任等多方面的问题，有被动行为，也有主动所为；有规程不适，也有管理粗放；有形式所致，也有漠视忽视。其性质，归属于操作风险与道德风险，日常十分普遍、场景十分复杂、生成机制简单，每每在不良贷款风险成因分析中，都能找到不良信贷行为的影子。

操作风险隐患极大，它始终是信贷日常管理的重点，一般采取系统管控的方式。但是，技术只能解决一般的逻辑失误，却很难抵御道德风险，久治不愈，成为专业管理的难题。信贷命系管理，风控落在贷款全过程中，需要通过微观管理有效地减少风险失误，减少作业环节中的漏洞。专业管理中最强调合规性操作，内控检查的重点也在流程管理，各家银行管理水准的差别，不是在经济繁荣期质量指标的高低，牛市中猪也能飞起来，在退潮时才能见证谁在裸泳。

主要有以下几种：

**1. 一味迎合系统流程审批的要求，以为这就是风控**

系统设置总是机械的，体现原则性缺乏灵活性，引诱人们去迎合，为了进门就做点小动作。借款人与市场背景千变万化，大数据也鞭长莫及，技术很难识别假信息，假如最好的系统能够识别98%，那问题恰恰在2%之中，防不胜防。

实务中，只要信贷员想放贷（多指善意的），总能跨过设置的那道门槛。技术的逻辑是，系统越精致越影响效率，越复杂问题越多，越集中越不适应市场。信贷的风控最终要依靠人的素质能力与工作责任制，信贷的风险基本都是人的问题。唯有通过总行的宏观管理与分支行的微观管理相结合，去提高分析判断和实时掌控能力，具体操作中每个信贷员都要尽心尽责。企图用技术管住人、替代人做信贷，至今结果都是悲惨的。因此，唯有通过高素质的人去管理信贷，而不是总想管住人，本末倒置，结果反被风险所戏弄。当风控的关注点错位了，只会造成风险意识弱化。

系统管理是必须的，但系统难以抵御要素的虚假、不完整及变化的问题，因为它只是一张门票，风控点太低。加上在审批权与经营权过度分离，必定责任不清。千万要引导员工牢记：风控的重点不在流程，而在借款人，系统上过关了，真的风险远在后头。

**案例**：1999年广东某支行的贷款权限为1000万元，该行将2.8亿元贷款分为28笔放出，酿成后来的风险大祸。这是典型的化整为零，当时核算系统尚未集中，各自的操作独立设置难以控制。现在系统先进了，这种方式不会发生了，但是利用多笔贷款、不同产品及融资渠道，对集团下不同公司贷款等照样可以绕过权限的设定。

**2. 责任制缺失容易引出道德风险**

信贷作业中不断地发生贷款行为的违规，主要原因有：

（1）在信贷员自判风险不大、自认后果不严重时，最容易发生做假行为，在操作环节动手脚。

（2）不懂规矩无知无畏，合规意识轻薄，小毛病不断，不以为然，随意改动数据，极不严肃。

（3）不识趋势自以为是，就事论事强调眼前的必要性，有与借款人一起改数据，应对审批关。

（4）坐井观天，不顾全局，强调该企业的某些特征，不讲经济金融政策，绕过信贷管控。

（5）思想与工作作风、纪律操守与职业道德上方面不严，管理松弛粗放，存在寻租、被围猎等。

天天在管控违规，却始终难以根除，每每清查不良贷款损失时，都能够看到违规行为的痕迹。根子是员工的素质问题，漠视规矩的严肃性，要害是责任制缺失，风险意识弱，当然也有管理中存在系统不适、风控重点的偏离。信贷员在将政策、规则、需求与市场融为一体的过程中，不懂得遵循职业操守以保护自己，小动作导致了大风险。

**3. 误判政策趋势，以旧思维应对新局势必出风险**

形势在变政策也在变，就不能用旧方式应对新形势、新问题，走老路必出错。当经济转入新常态时，银行对新政策、新趋势的理解仅仅停留在新名词上，经营意识未能及时跟进转型，未料及政策变了，国家开始实施经济结构转型、供给侧改革、环保绿色经济等新政策。

**案例**：经济结构的调整从2012年起步，经济进入了新常态，2013年一些企业开始面临困难。此时不少银行、地方政府仍以惯性思维判断经济走势，以为国家会重启2008年大投入时的政策，会出重手救助，熬一下会过去。因此，本应退出的未能及时退出，错失良机，结果一年半载后不良贷款涌出。不少分行对经济下行期信贷风险的范围程度、殃及的恶果缺乏足够认识，对周期性不良贷款涌潮缺乏应对预案，在认识、对策上没有进行系统周全的筹划，对本该被淘汰的企业未作前瞻性预判，理解为暂时性困难，对不该增贷的企业仍大力支持。例如，认为造船业会很快复苏，继续开出了保函，结果船主弃船，造成了大额不良。又如，互联网支付冲击实体商场，使小商品市场抵押的商铺价格大幅贬值，形成了不良潮。

**4. 管理不当必定付出风险成本的代价**

**（1）为实现对不良率指标的考核，大多银行会采取非正常转贷等方式，减少曝出、延期暴露，形式上管住了指标波动，却人为造成了更多的不良与损失，负面效应大。**这主要是指银行内部为了严控指标，要求分支行想方设法有序释放，逐步溢出以免冲击，不是指个别人隐瞒风险的行为。

由于客户经理的流动性大，贷款展期时原经手人已调动或离职，接任者无奈承接，消极违心地签署，留下了风险隐患；或降低了转贷条件，顾不得企业已变差了；或因改换担保人而事实脱保；或以增加贷款为条件，转入临危企业或另设企业等，结果是反而增加了不良数额、户数，连累拖垮了其他企业。例如，浦发银行成都分行案最为典型。

**案例**：据披露，浦发银行成都分行为了掩盖不良贷款，十几年来串通企业通过编造虚假用途、分拆授信、越权审批等手法，违规办理信贷、同业、理财、信用证等业务。极为奇葩的是，通过向1493个空壳企业授信775亿元，以隐瞒不良贷款，结果造成了巨大的损失。这种由分行行长策划组织的造假，金额之大、时间之长可谓登峰造极，2018年1月19日被银监会处罚4.62亿元，前任行长王兵被开除。这种视金融为儿戏的违法犯罪行为，理应

219

受到法律制裁。

**(2) 大银行快速进入小微高风险市场，尚缺少有效的管理办法与机制**，其间形成贷款的风险必定很大。有的银行以搞运动方式推进，有的不愿贷受批评下不得不进入；有的地区小微不多，只得向外地放贷；有的风控经验和人员很缺乏；有的为完成考核指标，赶进度放贷，等等，贷出不久都将形成大批的不良贷款。风险总是在基层，政策驱使与风控的冲突是最难回避的矛盾，转型期的风险责任归谁呢？

## 六、源头之五：金融风波起于银行集体失责

2005 年格林斯潘曾发表著名论断：**金融市场自我监管比政府监管更为有效**。直到后来面对次贷危机爆发的事实，使他黯然承认："自己笃信了 40 年的银行自我约束理论是错误的。"这就是说，银行约束不了自身的风险，这只巨兽一旦疯狂，会伤害整个社会和经济，伤害到企业和信贷。

在市场机制驱使下商业银行管不住自己，每每成为金融危机的肇事者、始作俑者。哪怕是起于外来风险的诱因成灾，背后也有银行集体的助推，一旦酿成大风险，结果都是以造成巨大的信贷伤害而告终。银行也是风险之源，金融危机制造了巨额的不良贷款，历史一次次地证实绝不能放松监管。银行就是孙悟空，必须套上紧箍咒。

**1. 每一次社会性金融风险的泛起，都与银行业谋利益、违规参与相关联，都与金融法规不全、监管不力相关联**

假如银行守规矩不参与，则风险自起自灭难以生成气候；假如监管严厉态度鲜明，则风险如过街之鼠人人喊打。

30 年来发生过两次重要的金融风险恶潮，结果都对银行造成了巨大的伤害。

（1）上世纪 90 年代初期，全国大办三产，在党政军公检法机关事业单位全面开展，银行大量兴办非银行金融机构、自办经济实体、账外经营，大兴乱集资、乱拆借、乱投资的金融"三乱"，数额巨大泛滥成灾，损失惨烈。风险根源是**法规制度缺失、没有监管，造成普遍的系统性、全国性风险**。直至 1995 年《商业银行法》出台，才正式从法律上划清了银行与经济实体的界限。

（2）**2012 年互联网金融泛起泡沫，大势冲击到金融业**。影子银行风险泛滥、银行表外、同业业务决堤，聚集形成金融风险，2018 年国家将化解金融风险列为"三大攻坚战"之首。风险根源也是因为金融法规空白及监管不作为，视将违规当创新。直至 2017 年中央第 5 次金融工作会议后，才形成强化监管的原则措施，采取了史上最为严厉的整治和处罚违规，历经三年才得以缓解，后果损失极严重，殃及经济和社会稳定。

> 央行副行长潘功胜在"2019 第三届中国互联网金融论坛"致辞中指出："前事不忘、后事之师，从互联网金融风险积累、扩大、暴露到此后持续至今的清理整顿，我们付出了巨大代价，教训非常深刻，值得认真反思总结。"（2019.12.7）

**2. 银行违规风险的行为方式，每次都是以金融创新为由头，无视传统规则，从表外与同业往来渠道切入，找到缺口得以腾挪动用资金，牟取利益**

因为从表内渠道很难获取资金，表内的贷款制度十分清晰、核算准确、管理严密，在严厉监管下很难做假。相比之下表外走账的随意性大，总能找到各种理由去违规突破，从金融"三乱"到互联网金融风险，都如出一辙。

以此推断，在未来金融市场开放的深化改革中，重大风险依旧会出现在表外业务、同业市场新业务中，出现在亟待开放的金融市场业务中。不少领域中还存在诸多的法规盲区和灰色地带，缺乏风控的成熟经验与管理措施，又有不断涌出的市场需求，成为待开发的处女地。在未来贷存比率更高、信贷更加短缺的情况下，当多元化、多样化市场需求更加迫切时，一旦松动就容易决堤而出。历史告诫未来，应当引起警惕。

**3. 外因是诱变条件，内因是劣变根据，所有重要的信贷失败，都有自身的失误**

**不能把形成不良贷款的责任都推向行政干预。**终究政策只是外因，如今的政府和政策很少发出对具体贷款的直接指令，不会指定对某个风险企业发放贷款。贷不贷、贷多少全由银行自身做出选择，风险成败取决于银行的决策能力、专业能力与风控能力。实务中，都是信贷在自主选择鉴别、管控和清收中发生了问题，怨天尤人无非是想推卸一点责任，谁会信你呢？

**不要把原因推到银行市场化进程不足，推向法治不全、逃废债环境。**社会环境是客观存在的，别怨对手太狡猾了，被打败了只能多从主观上找原因，怨自身管控能力不够。经营依靠素质去支撑，打铁需要自身硬，出路在自强。信贷风险是一种发展中风险，都是因为市场能力与管理跟不上，未来路上的风险将更加复杂，谁会帮你呢？只能靠自己。

**4. 在商业目标和使命机制下，银行很难自我约束。银行家未尽职无定力，在泡沫面前坚守不住，不是被忽悠，而是当作机遇谋利，一旦监管不力，就伺机参与跟风而去**

大银行家们应当是中流砥柱，担当为金融守责、为经营尽职的双重责任，不仅做好践行者、执行者，还应当是谏言者。不能当墙头草跟风倒，缺乏规避风险的战略决策，缺少大局意识只顾经营，缺乏抵御风险的专业技能，缺乏能动性而随从逆流，以致执行中发生了偏离失误。尽管有少数银行家也曾一次次疾呼制止法外经营，但整个业界缺乏共识，在金融泡沫前迷失了方向变得无能为力，暴露出中国银行家最主要的弱点。

以互联网金融风险为例，为什么在风险泡沫兴起时，银行家们未能勇敢站出来抵制，反而形成集体失言？因为他们缺乏判断风险的定力，缺乏对最高层制定政策的影响力，缺乏抵制金融风险的责任感和主动性，造成集体失职。因此，当舆论被泡沫渲染所主导时，银行业误以为政策风向真的变了，反倒担忧自己落伍了；不能联合起来去制止风险泛滥，反倒担忧起业务流失，急忙跟进生怕落后，久而久之同流合污了，盲目进入到风险境地。2012～2017年这5年的风险失控期太长了，直到风险成灾后才下手治理，金融业负有深刻教训，不该反省吗？

# 第 13 章　风险管控理念、能力与机制

哪有不重视风险管理的信贷？风险意识引出风控方式，不同的风险观走出不同的经营之路，形成不同的风控能力，得到不同的效果。市场在发展中，多种经营思想、管理制度与方式并存，必生出各种不同目标的风控要求，经营目标与问责机制起到导向性作用，工作中最为难的是相互之间存在矛盾冲突。从银行业的尽职要求看，加强风险管理是防控信贷风险中唯一的路径，市场方式是终极方式与必由之路，市场理念才能适应市场化运营。

## 一、风险会疯狂吞噬贷款收益

贷款牟利不易，而风险总在伺机不断地吞噬本金和利息。我们梳理计算一下，利润与风险损失之间存在什么关系？以揭示风险是怎样危及经营利润的。

信贷税前收益的计算公式是：

**贷款收益 = 本金 ×［贷款利率 -（资金成本 + 业务成本）］- 坏账损失**

其中：依据银行会计制度的规定和经营实际，上述要素日常数值是：信贷利率为 4%~6%、资金成本为 2%~3%、业务成本为 0.5%~1.5%、风险成本为 1.5%~2.5%。

为便于计算，取有关数据的中间数值。设定贷款利率为 5%、资金成本为 2.5%、业务成本为 1%，正常地发放 1 年期 100 万元贷款。根据金融监管部门规定的信贷资产风险系数标准分类，即正常类 1.5%、关注类

3%、次级类30%、可疑类60%、损失类100%，用以确定信贷损失的档次。计算公式为：

**贷款收益 = 100 × ［贷款利率5% − （资金成本2.5% + 业务成本1%）］ − 坏账损失**

其中，（资金成本2.5% + 业务成本1% = 3.5%）是刚性成本。可再简化为：

**贷款收益 = 100 × ［贷款利率5% − 刚性成本3.5%］ − 坏账损失**

在不同的坏账损失程度下，对贷款收益可做以下分析：

**1. 当贷款本息安全收回，损失为零时，计算方法为：**

100 × ［5% − 3.5%］ − 0 = 1.5，即净收益为1.5万元。

**2. 只收回本金、收不回利息时，相当于损失了3.33倍贷款的收益**

计算方法为：100 × ［0 − 3.5%］ = −3.5，即支付刚性成本3.5万元；加上未实现预期收益1.5万元，合计5万元。其损失，相当于333万元（本金的3.33倍）正常贷款一年预期的净收益（333 × 1.5% = 5）。

**3. 当本金损失1%时，相当于损失了4倍贷款的收益**

计算方法为：100 × ［0 − 3.5%］ − 1 = −4.5，即支付刚性成本3.5万元、损失1万元，加上未实现预期收益1.5万元，合计6万元。其损失，相当于400万元（本金的4倍）正常贷款一年预期净的收益（400 × 1.5% = 6）。

**4. 当本金损失30%时（次级类），相当于损失了23.33倍贷款的收益**

计算方法为：100 × ［0 − 3.5%］ − 30 = −33.5，即损失33.5万元，加上未实现预期收益的1.5万元，合计35万元。其损失相当于2333万元（本金的23.33倍）正常贷款一年预期的收益（2333 × 1.5% = 35）。

**5. 当本金损失60%时（可疑类），相当于损失了43.33倍贷款的收益**

计算方法为：100 × ［0 − 3.5%］ − 65 = −63.5，即损失63.5万元，

加上未实现预期收益的1.5万元,合计65万元。其损失相当于4333万元(本金的43.33倍)正常贷款一年预期的收益(4333×1.5%=65)。

**6. 当本息全部损失时(损失类),相当于损失了70倍贷款的收益**

计算方法为:100×[0－3.5%]－100＝－103.5,即损失103.5万元,加上未实现预期收益的1.5万元,合计105万元。其损失,相当于7000万元(本金的70倍)正常贷款一年预期的收益(7000×1.5%＝105)。

从上述风险增长的推演中可见:

第一,每增加10%的贷款损失,相当于增加6.67倍本金的收益用来弥补,这种风险倍增的数额,足以说明损失的严峻性,对每一笔不良贷款都不可忽视。

第二,不良贷款每延期1年收回,将再增加3.5%的刚性成本和1.5%的预期收益成本,并会增加更多在追债诉讼等清收处置过程中的费用开支。

## 二、经营成败落脚在风控与管理

风险是信贷的常态,必须敬畏但不必惧怕,而要依靠能力去发现、管住风险。担惊受怕是一种不成熟不必要的信贷心智,毫无益处只会吓唬自己。战略上藐视,战术上重视,只要可控、有度,无需过于大惊小怪。重要的是得分清小风险还是大风险,是可控还是失控,是意料之内还是之外,以及会否造成损失。需要担忧那些失控、意外的大险,超越了预案,会发生损失危及经营。

**1. 每家银行都应确定自身的风险偏好,这是股东的旨意,作为高管行为的指南**

股东不希望经理人过于保守,稳健只是作风,谋求ROE才是目标。银行评级不求AAA级,这是银行的商业定位和经营实质,资本驱动经营者,敢于去对抗风险努力盈利。实务中既要激励又要控制，董事会对经理人授权以限制权力的风险，还要限定权限的范围，例如限定贷款最高利率，以免进入高风险市场。

银行具有多种有效的风险管理手段，构成一个完整的信贷风险管理系统：

整体上，确定风险结构组合，对资产配置的投向、期限结构、产业行业、区域分布、产品类别以及总量增量作出了政策限定，在全局层面实行战略避险。

作业上，严格落实抵押、保证、利率、期限等各项保障措施，并在授信、调查、审查、检查管理中落实责任制，发挥风险控制的管理机制，通过业务管理手段施行策略性避险。

财务上，通过提取风险拨备与资产减值准备，以及经营责任制考核，实现补偿性避险与约束。

**2. 世上没有不准出错的商业规则，重要的是事后的有效管理**

在金融行业，谨小慎微者迈不开步，难有作为，惧怕风险者不如远离信贷岗位；只有**通过经验能力来把控和降低主观出错的概率，通过制度去约束和规避客观难免的风险**。这样才有生存用武之地，得以成长成熟，变得智慧、强大和有活力。出点风险切忌处理一大片，谁都是经过反复磨练才成熟起来，领导者要运用案例教育员工汲取教训，而不能有杀鸡儆猴的想法，那样只会消极怠慢。有的银行核销1万元贷款都要问责处罚，显然与这个行业的特征相背离。

**案例**：一家省会城市分行，因为最初开办按揭时违规而不良率高，被总行专业部门停牌、锁死业务系统以惩罚。3年多中经多次申请未能复牌，按揭功能废了，人员散了，一个大城市的按揭业务全部丢失，市场降到了零。其实谁都明白，由于不放新贷款，老贷款便进入了"越清收不良率越高，越不能复牌"的死循环，3~5年都难收得完，届时重启早已大势已去。专业部门模仿了监管机关停牌的惩罚方式，他们不知市场是命。

这是休克疗法，停牌如同因噎废食！与市场赌气，会搞垮业务；与基层赌气，会流失客户；与业务赌气，会自残功能。令人费解，我在现场听汇报时望着大家期待的眼神心里很难受，得知全国有多家分行同此情况，抓紧向董事长汇报以放开。千万不该与风险赌气，而要在管理上下功夫，正确的做法应当是立即整顿，并选派优秀信贷干部任职，整顿验收管好新贷款并抓紧清收旧账。

**衡量一个员工的风控能力，应当评价其所有经手业务的风险度**。例如，当他发放贷款的不良率总体能够保持在1%以下的低位时，应予充分肯定他的能力。假如多次发生了不良贷款，应当收紧或降低他的权限等级，不具备职业素质者应当及时调离。

**衡量一个高管的风险管理能力，应当依据其业务资格与能力进行授权**。例如，信贷审批权必须具有市场以及风控能力素质的条件，绝不等同于一般的行政管理权，因此，不能因职位而授予，应当考核上岗，否则形同摆设，以往这类的教训很深刻。

**衡量一家分支行机构的风险管理能力，应当评价机构总体信贷风险度**。若经常发生不良贷款损失，存在不良率持续高位的情况，应当分析该行的管理状况，判断行长及分管行长是否具备有效的管控能力。如果不行，则应迅速调换，或降低权限。

**3. 逐步建立起以个人风险控制能力为核心的评审体系**

集体决策及表决方式很难调动起个人的负责精神，因而缺乏责权利机制，缺乏一种引人进取、提高业务能力的机制，如同南郭先生混于其中。假如授权到人，赋予管理资格和审批权限，既能证明其应有的管理实践与水平能力，又能形成与工作紧密结合的责任动力机制。这种制度能够形成一种资格与荣誉，促使人们百倍珍惜自身的风险管理业绩记录，推进银行重视对员工信用风控能力的量化分析测评、记录与考核。

其实，每个信贷员的人生都在经历一个信用风险炼狱的过程，只是缺乏记录和评价机制，以致优劣强弱不分，只得凭印象关系，出点风险时也失去了评价问责依据。这是对员工的不负责任。

## 三、发现风险：隐性风险有反常迹象

信贷管理中，银行总是千方百计去发现企业隐藏的风险，察觉蛛丝马迹，由表及里、由此及彼去揭示风险本质于趋势，这正是信贷的专长和职能。

**1. 隐性风险有哪些征兆？**

**（1）若新企业缺少实力与股东背景，刚设立不久就来要贷款的，多有风险。**银企往来一般应当从低风险业务起步，对涉及担保抵押类信用业务需小心谨慎，循序渐进。因为是新面孔，未经过市场的洗礼，无信用记录。借贷不凭美丽的故事、规划和承诺，不靠华丽的外表、热情和关系。

对于新公司，一般要有一个从小到大、由少到多的信用累积过程，经过几年渐进式的交往验证。正确的做法是：看股东背景、看资本到位、看销售现金流、看经营管理，看机会查风险，需要一个冷静观察期。市场告诉我们，除了少数资本足、技术高、背景强的大公司外，新企业的死亡率太高，空手套白狼的不少，千万得防备。以往银行上当的起因，常是美好的风险幼稚病作祟，或是企业挑起竞争，同业相争太急，丢失了底线。

**摘录**：易纲表示，中国小微企业的平均寿命是 3 年，相比之下，美国中小企业的平均寿命是 8 年，日本是 12 年。**我国成立 3 年后的小微企业正常营业的约占三分之一，而小微企业平均在成立 4 年零 4 个月后才第一次获得贷款。但一旦获得第一次贷款，建立信用后，再获得第二次贷款的成功率就在 75% 以上。**"这就是金融的规律，金融就是要防范风险，看企业有没有抵押，贷款的风险有多大。"

但为什么个体工商户和小微企业主的贷款多，小微企业贷款少？易纲表示，这是由风险决定的。现在注册企业基本都是有限公司，有限公司可以破产，如果没有抵押品，破产后银行这个贷款就收不回来了。但个体工商户的贷款是个人贷款，这时个体工商户如果不还钱，他的房产和他的身家、家产都是要负连带责任的。所以，银行认为个体工商户实际上有点无限责任。这也体现出金融的规律和银行防范风险。[1]

**(2) 背离主营业务，大手笔跨业进入陌生领域的企业。企业跨进一个过去从未涉足过的行业，失败的风险一般很高，成为市场忌讳的戒律**。隔行如隔山，各行业都自有规则、有技术与管理的内在规律和诀窍，这叫外行看热闹，内行看门道。

你凭什么优势，去取胜那些经验丰富的行家里手？市场不靠决心，需要领先行业的技术、人才、资本、客户市场、财务实力与独到的管理经验。**假如企业用自有资本去拼，仅是企业行为，风险应自担；假如用信贷去拼搏，则是金融行为，风险在银行。信贷应当保持高度的警惕，不要心血来潮**，尤其要注意是否被抽走老贷款，留下了隐形窟窿。这类失败的案例很多，许多企业就是这样进入了房地产市场而被套牢，结果好端端的主业也被搞垮了。

**(3) 若企业财务在短期内发生剧变，必须查明原因**。如同一个人，在短期内体重突然大幅下降，一定是大病的前兆。销售不畅现金流大幅下降、应收账款和存货大量增长、银行及各种融资借款不断增加等，其背后，常是在经营环节出了问题，或是发生或隐瞒了重要事项，或是潜在风险爆发出来的信号。**一般而言，从隐瞒到瞒不住，爆发的时间就个把月，绝不可疏忽，风控机会稍纵即逝，需及早发现、紧紧抓住、查早查实，一旦坐失会贻误后悔**。抓早了能抓回一把，晚了成了殉葬品。

**(4) 负债率过高债务过重，融资总量超过偿债能力**。当新增收益还不了利息，发出了一个明确的信号：断流了。如同逆水行舟，引擎之力不及

---

[1] 易纲.《中国货币政策框架：支持实体经济，处理好内部均衡和外部均衡的平衡》，2018-12-13.

水的流速，不进而退了。

**当前我国国企负债率为 59.4%，民企负债率为 55.6%（见图 13-1），假如企业负债率超过了上述平均数值的 20%，即逼近了 70%，银行无论如何要杜绝再增加融资。这就是最高融资额的极限点，是一条风险死亡线。**本世纪初，几十万家国有、集体企业的并购破产中，银行剥离的信贷资产总体回收率在 25% 左右，印证了这是一条财务生死线。它告诫我们：信贷已陷危机，得设法快退，违约风险随时可能引爆。

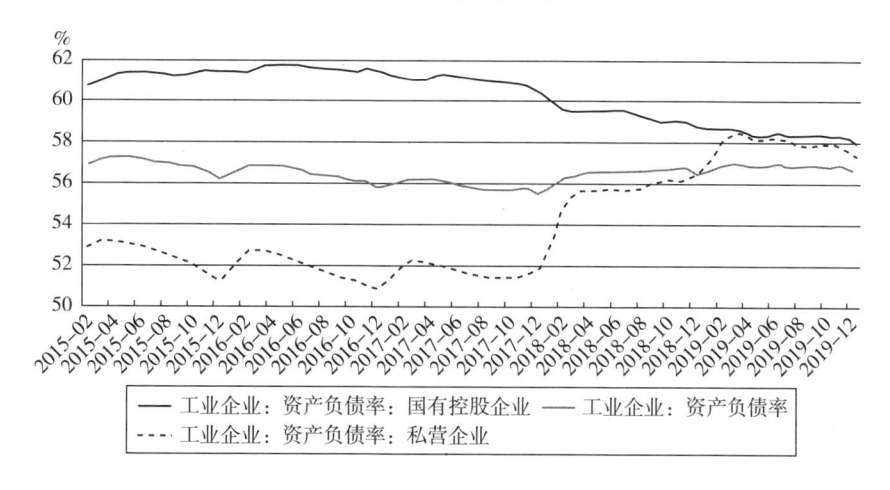

资料来源：Wind 数据库。

图 13-1 2015~2019 年工业企业资产负债率

**（5）企业在建项目过多，财务压力过重，风险临头**。特别是在经济过热时盲目上马的，形成了半拉子项目的，假如不能完成则前期投资变成了沉没成本，若要继续推进则后续投资无着落，项目前景不明。风险多已成局，越拖越危机，信贷落入进退两难的境地。

如何审定沉没成本剩余多少启用价值？如何研判再投资的边际（增量）成本，能否控制？如何断定建成投产后的市场趋势、预期效益和机会成本？三项成本都是微观经济学的核心精髓，当然是信贷避险的出发点。项目做与不做得失如何？要分析选项，果断决策找到出路。

**2. 信贷员的敏感：企业隐性风险的症状**

银行最担忧那些携带隐性风险的借款人，随时引爆让你措手不及、胆战心惊。他们的重大风险已经生成，流动性危机逐步加重，风险逐步由隐性转向显性，假象已逐渐瞒不住了。当风险临头，借款人总会有一些反常态的行为迹象，如同《十五贯》中的陆阿鼠让人产生嫌疑，该引起警觉。

  杭州的一位老信贷员告诉我，他眼中的隐性风险借款人的行为特征是：企业老板总是亲自跑银行的；企业报表利润明显与纳税不相符的；企业股权发生频繁变动的；从更多金融机构求得融资，向非金融机构、民间借贷多的，尤其是不惜高利率的；在各家银行的借款金额悬殊，只要能够借到，多少都要的；总是投银行所好，言谈态度不正常的。当企业对资金的呼声最急的时候，往往危机已临头。

  总有不少的财务迹象：不肯给予有效担保抵押的；支付的利息数量大，早已高于经营产生的利润；在本行只有贷款（非银团贷款），少有存款、结算等业务的，称为裸贷户；企业主营业务不突出或出现明显滑坡的；其他银行已经发出压降融资的控制信号，开始抽回了贷款；股权质押比例过高、持仓机构杠杆过高、估值过高于业绩的公司；等等。应当及时梳理分析，作为一种反常现象深入去调研关注，防范在先，有备无患。

  因此，信贷管理是发现风险的最重要途径，关键是揭示隐形风险，处于主动管理之中。

## 四、险隐于债务结构，盯住核心资产

  债务是企业最重要、最敏感的风险源，从来是判断信贷风险，判断企业负担、判断银企关系的重要切入点。例如，为什么有的企业负债率很高了，银行依然无视信号，继续不断地放贷？是什么原因、关系所致？是因为企业隐瞒还是银行麻木不仁？是员工无知麻痹还是有意所为？十分暧昧。为什么办理了抵押、保证却仍然损失很大？结果常常是企业如愿脱身而信贷遭殃，似乎不可思议，实为金蝉脱壳。

**1. 债务结构的信号：风险隐于结构中，包裹不住会败露**

风险从债务结构失调中溢出，既可揭示企业融资动态的走向、成本与风险度，亦可在查证中感知真实性、态度是否变化，以便采取对策，调整信贷策略。

**（1）分析付息与非付息债务之间的结构比重**。有两个视角两种评判：

**第一，企业是否过度依赖借贷？** 付息债务越高，则依赖性越大；借贷依赖越大，则财务负担越重，风险更大些，形成恶性循环。当企业受制于信贷，往往在债权银行面前地位低落变得被动，可从银企关系中做出评判，这是一项基本标志。

**第二，企业地位在市场链中是强是弱？** 假如一家企业一头借款额大，另一头预付、应收账款和其他应收款数额大，资金长期被上下游企业占用、垫付，收款难、回款慢又要承担占款的利息，都是经营不良的风险信号。"两头大"绝非属良性，若短期爆发则是不是危机的转折点？若长期如此则是企业竞争力不强、市场地位低下的标志。一旦市场下行，现金链将首先断裂，信贷需加谨慎。

**（2）分析企业短期借款与长期借款的比重，以此结构评价企业财务的稳定性**。短期融资高，则财务结构较为脆弱，形成较大的财务管理、筹资安排中还本付息压力，一旦融资不顺，资金链极易中断，使得财务风险大增，因而眼前的日子不好过。反之，以中长期借款为主的企业，近期财务压力相对小，他们更容易应对经济周期性风险。因此，银行应当关注那些采用短贷长用、短期融资额大、比重过高的企业潜在的流动性风险。

**（3）分析企业从哪类金融机构融资，以此判断企业融资的难易程度、成本高低**。一般从大中银行融资成本最低，但审核管理得紧；其次是中小银行；再是从信托、租赁及其他非银行金融机构融资；最后是小贷和民间借贷等渠道，便利但利率高。显然，企业经营问题的严重程度，可从分析融资来源中得到验证。

**2. 牢牢盯住企业的核心利益板块，避免被其财务模式戏弄**

企业集团体系，既带给贷款可靠的支撑，也带来复杂性与新风险。20

年前集团企业的数量不多，如今集团化已成为普遍的企业架构。母公司通过集团财务管控成员企业，采取收支两条线或账户集中管控资金，设有结算中心、内部银行或财务公司等多种模式，牢牢掌控企业的偿债能力，直接影响到贷款安全性。

在集团调剂余缺下，分（子）公司经营与偿债能力之间的对应关系变得模糊，也会掩盖早期偿债资金短缺的风险。同时，一些子公司不能偿还贷款，拖累殃及集团的财务崩盘；抑或是集团经营恶化，以致债务重组或破产清算，影响到子公司借款的偿还。

但必须清楚，每个集团都有其核心子公司和优质板块，这是集团竞争力的基础和核心利益所在。当出现财务危机时，常有企业将一些差的子公司当作逃废债的弃子，抽逃资金、丢下虚壳跑路，这是普遍的现象。因此，银行在对集团借款人融资时，一定要尽力选择优质板块和核心业务，或力求由核心企业提供担保。

**3. 分清经营性资产与投资性资产，透过结构寻找好资产**

企业的资产复杂多样，银行只能依据资产负债表分析资产结构，评判还款来源的有效性。

**（1）从企业资产分类中寻找好资产**。企业资产一般划分为两大类：一类是经营性资产，主要是固定资产与存货等形态，体现企业的创收及盈利能力，其生产性效益构成第一还款来源，是信贷关注的重点。另一类是投资性资产，主要包括长期股权投资、持有至到期投资、投资性房地产等，构成第二还款来源的内容，信贷需重点关注其升值潜力、变现能力和投资收益状况。

好资产的流动性更强，信贷应当寻找到好的资产并利用好。例如，应收票据、优质企业的应收账款、交易性金融资产、可出售金融资产、上市公司股权等流动性较强。又如，投资性房地产容易变现，适合做抵押品。

**（2）企业任何的具有变现能力的资产，都应纳入信贷管理范围**。早期，企业资产单一，银行主要盯着营收和利润，容易忽视资产变现的偿债能力；如今，大中型企业多了，银行也十分关注企业的资产结构、质量状况以及流动性，要抓住它、落实好，为偿债做好准备。由于资产变现是偿债还贷的基本途径和重要保障，企业的资产主体与债务相互对应，当然应当归属于偿债保障的范畴。因此，抓住有价值有效的抵押、质押和保证等并采取措施，更能够抑制借款人的违约意图，银行也在追索中获得贷款本息的补偿。

## 五、风险观：风险幼稚症与恐惧症

风险见人心，信贷风险检验着从业者的风险观。由于经历、经验、素质、认识和能力不同，每个人对风险的感受也不同。由于职务、视角、责任、环境和利益不同，信贷与非信贷、营销与审核、行长与员工、分管与不分管的认识与评价都不一样。旁观者能大言不惭，无责一身轻，实干家却出言谨慎，责权利在身。因此，不谈绝对风险，只讲相对的风险；少谈理论的风险，只讲问责的风险。

一切信贷与经营关联，每一笔的理由都充足，很难否决，加上信贷不全是银行自主的行为，牵动着政策、指标、市场、客户，都需要两害相权取其轻。世上哪有几笔低风险高收益的贷款会送上门来？很少，或许在特定背景之下，或许有利益的对换。

**1. 风险恐惧症与风险幼稚症**

这是两种不正确的风险观，出自对金融风险的无知和无能，对风险的规律与后果缺乏认知、经验和能力。**从基本经验看，缺乏风险意识的人别从业信贷，缺乏风控能力的人别自主放贷，缺乏市场经历的人别管理信贷**。因为发生坏账损失连带着问责处罚，形成一种市场的责任，谁也绕不过去，这与其他专业的工作责任有不同之处。

**（1）风险幼稚症。**幼稚的病因是无知，不懂、忽视信贷风险之严酷，以为贷款容易放，利息伸手拈来，却不知潜藏的风险会十倍、几十倍地放

信贷与风险——信贷之门　风险之槛　经营之魂

**大，吞噬本息**。信贷市场成王败寇，成功时收回本息，失败时血本无归，利息与风险仅一步之遥。过程中时时有死亡陷阱，失误失手都会陷入资金风险。常见的一种现象是，经济上行期放贷收息不亦乐乎，行长不懂信贷牵不住龙头，放贷无约束，一时绩效丰盛。可转眼经济向下行，风险暴露满地鸡毛，后悔莫及，要花几年时间去收拾残局。这是典型的风险幼稚症。

风险幼稚症具有普遍性。2013~2018年互联网金融兴起时，人们对金融风险的认知浅薄，到处出现做金融赚钱的冲动，金融招牌林立，网贷、众筹、P2P泛滥。仅两三年后风险开始暴露，致使多少血汗财富消亡，成为血淋淋的社会性风险教育。从工业化走向金融化社会过程中，这是一场绕不过去、不可逾越的风险洗礼，西方社会都曾经发生过。2018年国家把防范化解金融重大风险列入三大攻坚战之首，可见严重性。未来风险危机仍将轮回，在一次次财富损失中，金融变得令人敬畏。

**（2）风险恐惧症**。恐惧的病因是无能，从最初的无知，到重责下恐惧，闻险而畏，唯恐躲不及，生怕担责任。上世纪90年代中后期经济下行时期，就出现了大量金融机构倒闭，形成了全国性惜贷、只想关停金融机构的风潮，谈金融而色变。有的"一朝被蛇咬，十年怕井绳"，牵连一次失败的风险之后，身心惧怕避而远之，或对他人被追责的深刻印象，一种莫名的心态，有的银行在信贷招聘时都无人报名……最明显的是，在经济下行不良资产冒出之后，泛起担惊受怕的气氛，消极惜贷，或只贷国企不贷民企、小微，都有恐惧意识在作怪。恐惧是一种被风险击垮的心态，这类的信贷员就废了。

假如恐惧了，只能说明缺乏做信贷的基本素质与心理准备，不了解规律和内情，一种在大雾中开车的状态。其实，贷款有一种挑战的愉悦、有学习了解市场的机会。我做贷款时，因走访企业而了解了经营和市场供求；因审批信贷而了解了企业状况、发展布局、行业结构，市场变得有血有肉。信贷是观察社会和企业经营的最重要路径，是提高自身经营能力和政策把控的最重要的入口，触摸到了经济的脉络。许多知识从书本中找不到，却能从信贷实践中接触感受到，信贷员就这样从一介书生炼成火眼金睛，不再惧怕风险。

**2. 信贷风险性质：是可控之险，不是冒险之险**

信贷是稳健的借贷，只求得利息一羹，与投资银行牟取险中分红不同。信贷严格规范，通过有效管理达到避险、可控的程度。为预防意外之险，信贷会预设担保抵押等防备措施，一旦发生未能预测的漏网风险造成不良资产时，也会采取各种维权措施做最后的抢救。

从这个意义上说，**所谓信贷风险，是因偶发、意料之外、低概率因素所致，在预判以外，大多可控。信贷审慎不冒险，这是最基本的专业思想。信贷之精神，是积极而不冒险，体现为尽职而措施到位，冒险的信贷一定会失控。**信贷财务旨在实现可控、平衡，总体控制在事先设定的范围与幅度内，风险结构合理，减少系统性风险隐患。若信贷出了大风险，要么是尽职调查不到位，糊涂决策；要么是不定因素太大，轻率决策；要么是不得已而为之，被迫决策。

**3. 信贷财务的风险**

**什么是信贷的财务风险？**低效率延误放贷、惜贷不愿意放贷，放弃盈利的机会、减少利息收益，以及管理失效、贷款不尽职造成的损失，都是财务风险的表现，都不是银行正常的经营行为。

**（1）资金成本是刚性的，存款每天都要付息，留在手里有财务风险。**过手的钱如烫手山芋，立马要用出去以收获利息，少停留、少库存、不过夜，不耽搁停流，努力提高资金使用效率。这是经营资金的态度。

**（2）盈利极为紧迫，收获营收去覆盖成本并盈利，利息收入每天计算积数**。风险随着时间而释放外露，资金因风险而讲究时效，经营有紧迫性特征。关注利差的升降，关注信贷利率结构，关注资金盈利的水准，一项都不能缺。

**（3）产品与管理失误是造成系统性风险的源头，往往在区域性中暴露**。一些信贷基础强的分行，能够通过自身有效的管控和传统去消除产品中的风险漏洞；而基础差的分行抵御不了产品的系统风险，容易形成大面积真实的损失。因此，一定要强化分行的信贷基础管理，以弥补产品的缺陷。

这方面的案例很多，最重要的教训是：绝不要用财务考核手段去推动某一类贷款，因为信贷产品讲求与各地市场的适应性，财务挂钩必误导。例如，贸易融资推进中动用了财务考核，急速增加了风险。

## 六、为了忘却的教训

信贷总结中，人们更热衷于成功的数字和案例，却回避谈及自己的失策失误，常看不到或想抹去失败的污点。在任职时，我曾审核过无数个贷款项目，到如今，那些成功贷款早已失去了记忆，唯独一些失败的还留在心中抹不去，不时还会记起那时的场景和自责。耿耿于怀的是失误，始终不忘的是教训，是它给了我宝贵的经验。因为，**所有的成功项目都是企业的，银行只是按期收回了本息，唯有失败贷款的风险才留给了银行，带来无数的麻烦和财务损失。成功项目至多是一时荣耀，只有失败才刻骨铭心。**

信贷审批人要否决一笔项目贷款真不易，否决时毫无功劳和成就感，只会生出一串的抱怨、难堪和意见。因为，假如否决了不良项目，贷款的进展便终止了，也见不到什么后果；一旦否决了好的贷款，日后立马证明你的审批出了错，留下了证据、指责和永远的遗憾。被否决的不一定是绝对有风险，而是相对风险。很少有客户经理把否决当作是一项成绩，更不会看作是规避了未来风险。一个被否项目的员工当场恳求我说，这是他几个月的辛苦啊，一经否决都付之东流。我解释说，你搞清了情况就是成绩，否则一旦失误造成数亿元的损失，那才叫痛苦啊。因为否决本该是信贷审核中极为重要的一部分，绝不能认为只有通过才是成绩。

有两类信贷失误使我难以释怀：

一种是在自己先前否决之后，又因多种原因违心地改变了原先的表决，但项目难逃失败的命运，造成了信贷风险。令人后悔莫及的是：为什么妥协？为何不能自信地坚持呢？

**案例一**：1997年浙江某地冰箱压缩机厂的扩产项目。那时该企业在省里产量大、名气大，继而申报了更大的扩产项目，以图通过扩张去压垮对手占有市场。申请贷款数千万元，但审贷会未能通过，我以产能过剩为由否决了。之后，内外各种关系都找上门来，理由满满的，搅得你不得不同意，毕竟自己是技术与市场的外行。数年之后该企业失败了，尽管那时我已调离去了外地工作，终究留下了遗憾。十年后的2017年我再次路过该分行时，行长们主动地提起了这件事，都从项目的失败中汲取到教训，令我十分感动。我的信贷生涯中亲身经历过一些失误的项目，它们多来自好企业的过度扩张，最容易受迷惑，使人失去警惕性。

**案例二**：在一次总行信贷审查委员会议上，我否决了某农业项目。原因是我在东北调研时，曾路过那个游乐园式的建筑群，分行长说那是该公司的一个基地。这样搞农业能盈利吗？留给我一种不务正业的直觉。否决之后各种关系、渠道立马汇集过来，甚至埋怨我的秘书，这类公司的能量很大，有时很难阻止掉。因而不久能够再次递交审贷会议（记不得会议由谁主持）。后来，该公司在香港上市后暴露了严重的虚假欺诈事件，受到法律的严厉制裁，举荐的某投行也牵连受到了严惩。事后我也内疚，假如当初坚持否决，是否也能阻断它上市的机会？

否决一个差项目，难在背后有强大的关系网，越是条件不够的营销越厉害。审批官们身不由己，常常落在套路之中，天下皆如此。也常会否决掉好项目，因为观点预判不同，加上有的好企业对好项目太自傲，不营销影响力不大，降低了成功的概率。

另一种是因审核能力、不当的信贷管理而被错误否决的项目，它损失了市场与机会，才是最要命、最需改变的。亟待总结的是：怎样才能减少人为主观因素造成的决策失误？

**案例三**：1998 年我刚去广东省分行，遇到两件事使我急于追查分行的市场竞争力问题。一件是组建不久的某报业集团成为最强大的媒体，我追问为什么信贷不进入？第二件是广州第一条地铁项目为什么信贷不进入？答案是，分行都做了积极营销，又是老客户都欢迎，只因为报业集团是一种新模式、地铁还贷能力测不准而被上级否决了。直到后来由他行贷款成功后，再要求挤进去就被动了。这两件事都印证了对新事物不敏感，固守旧思维旧模式。

**案例四**：广东最著名的惠州石化项目，在经过了长期艰苦的跟踪营销后终于在我行开户，牵头组成银团贷款。项目启动快，先期征地等事项急需资金，而另一家银行贷款仍在审批走流程，政府很着急。先行一步是经营中最重要的市场机会，但上级的批文中坚持要与他行同时放贷，以为这样防控风险更安全，分行百般无奈。正逢我提任总行副行长，也去反复联系，可面对办事难的机关风气，真无奈。他们不认先贷可先收获利息这个理，也不懂先贷是获取其他收益的机会。那时广东省分行为了扭亏对每一分收入都很计较，这可是一个千载难逢的优秀大项目啊。

**案例五**：杭州某 5 星级饭店是个早年的 BOT 项目，到期后外方正式移交中方管理。该饭店在杭州最著名，效益好负债低，企业只是需要再次装修的资金。主管局长是我同学，愿意转到工行贷款，可就这亿元的装修贷款，在审批中被挑来挑去拖延数月，企业等不及了只能回归他行，轻松贷了款，好端端的天上掉下的良机就这样丢失了。找谁负责？找不到，类似的事天天在发生，这不是危害力吗？

大银行机关对政策的敏感性高、流程自信与故步自封、对基层严密防控……充满着体制的强势，但因离市场与客户更远，对市场的敏感性、对新事物的热情、对改革的紧迫性远不如基层。行为逻辑上，往往是先否决，以谨慎而放弃，丢失了头口水机会，看别人成功后又迫不及待想抢回来，这绝不是市场的方式与理念。这方面的案例总让人记忆犹新，不该是信贷改革的重点吗？

## 七、根治做假文化

1998年8月我到任广东分行，发现以贷收息现象十分严重，立即予以制止。未料及随后收息率直线下降，到年底18家地市分行收息率不足29%，若去掉前期以贷收息部分，大概只有不足20%。这就是在亚洲金融危机下四大银行信贷危机的真实状态。

历来银行以"铁账、铁款、铁制度"著称，保持了数据真实可信的传统。银行上下绝不允许作假，每天账平款对分毫不差。可在上世纪90年代中风向变了，敢去随意"调整"了。银行为何造假？原因很简单，是风气坏了，形势背景压抑，考核机制生弊，后果是带来了信贷的大风险。21世纪以来，尤其在经济下行期不良贷款涌现后，由于各家银行对借新还旧、放贷收息管控得很紧，对资产质量考核得很严，造假也在另辟蹊径。浦发银行成都分行王兵案属于升级换代版的典型，表明信贷做假文化仍未根除，还十分严重。

**1. 外部环境在诱发做假**

上世纪70~80年代的银行信贷与经营从不做假，无法做假，也无须做假。我在1979年进银行当信贷员时，规制严明审慎，纪律严风气正，在真实性上秋毫无犯。例如，在银行统管企流动资金贷款时期，对企业管得极为严格，信贷员几天去一次工厂调查生产情况，到车间看生产、到仓库核查原材料进出、看产品发货销售清单，每一项都了如指掌管得细极了，掌握的数据比厂长都精准，为信贷业务打下了扎实的基础。

可如今一切都变了，工厂搬到乡镇去了，大门难进了，银行很难核实信息的真实性。过去工厂单一，关联性小，企业间的虚假交易极少；如今企业集团化了，子公司、分公司分布在各地，复杂的投资关系连专家也查不清，具备了道德风险滋生的环境。企业统计报表的真实性很低，有的假到不可思议。过去企业一户一银行少有交叉，如今哪家背后都有几家、十几家银行贷款，还有各种渠道的债务、投融资，交易依据合同关系，担保抵押、资产质押的真实性基础瓦解了，市场规矩被销蚀，再好的制度如入泥潭。

温州的银行朋友告诉我，过去出现不良贷款时，家族企业间都会相互帮助还贷，如今已变成了相帮转移逃债。信用的社会基础和风气的改变，才是最令人担忧、最为可怕的，那种充分信任的借贷环境一去不复返了，取而代之的是完全冷漠无情的交易，是合同契约的市场关系。因此，在这种变化下，社会法治环境的保障不足，才是信贷最为担忧的风险根源。市场的发展使得我们再也不能回到以往诚信的桃花源，不得不进入遵循市场规则、按照市场方式做信贷的社会环境中去。

### 2. 内部诚信文化被瓦解了

上世纪90年代初银行在"乱集资、乱拆借、乱投资"中泛起造假之风。一种是"小金库"的社会性泛滥，银行也从账内搞钱账外经营，视作一种账务技巧。另一种是做假账，由于经营核算系统未集中，分支行为应对考核指标弄虚作假，放贷收息、借新还旧、贷款展期是常用手法，目的都很明了。

调整质量指标算不算做假？早期的统计纪律严肃，如今有的银行调节过了分。风险被包装起来，数据变好看了，社会被误导了……不像西方银行在危机爆发时，不良贷款一下子涌出，暴露出严重性。问题的要害是，有时逐步调节释放比一次性释放对贷款的损伤更大。因为，许多贷款在展期过程中反而造成担保人脱保、抵（质）押失效，延后处置会造成更多的逃废债，使价值流失，放贷收息还增加了不良贷款总额等。应当说，各级高管在一定幅度内具有调整指标的权利，但前提是不得增加新的风险，不得掩盖风险的严重性。否则社会会问：银行还可信吗？

**3. 造假文化危害性极大，必须根治**

造假的根源有两条：第一，经营考核缺乏纪律约束，诱发出造假邪念。如果股改前做假只是内部管理之事，上市后股价牵动所有投资者，经营者的社会性压力很大，上市公司制假也就普遍。第二，不当的管理方式给了造假正当的理由，明明已形成不良贷款，但上级要求指标不能突破、不能冒，必定要做技术处理，似乎有了合理性。

问题是，这种经营方式侵蚀了诚信文化的基因，瓦解了信贷管理的根基，风控机制规矩随之失效，想不做假都难。例如，为了完成指标，新不良贷款敢冒吗？交流中新人接手老贷款，敢不予展期吗？不展期则眼前过不去，展期或转贷则责任落到自己头上，新员工从进入信贷岗位之日就不以为然地做了假。

**信贷诚信文化从每个人、每笔业务、每一行为中执着、顽强地展示出来，体现在执业意识之中，不该是口号说教。敬畏不敢冒犯，自觉维护执行，只有在你感知不到约束而无意识作为时，文化才渗透入髓。** 当初诚信文化垮掉得很快，是不当的管理方式加速了它的瓦解，如今要重建真的不易。但回归诚信是必由之路，没有信贷文化终将不能建成银行的宏伟大厦，会是豆腐渣工程，它经受不了风险冲击，每每都要付出风险的代价。

# 第14章 西方银行信贷的风险特性

信贷风险是中外银行共同的难题，风险都对信贷造成损失，只是形式有所差异。从对西方银行许多经营数据的比较中，总会感受到他们与我们不一样，寻根溯源，差异的不是信贷风险，而是国情环境与监管方式，形成了不同的经营思想、经营方式和管理行为。从这个基本点出发，可以通过充分地学习了解和借鉴，去开阔视野，在推进市场化转型中增强经营的本领和能力。

## 一、国际金融危机十年一轮回

金融业永不眠，没有安宁的一刻，小风险接连不断地闹腾，大危机十年一光顾轮回。2007年，IMF两位经济学家研究了1960~2007年17个OECD发达国家的经济发展情况，近50年间共发生大大小小80次经济金融危机。可见金融风险危机之频，一天都不可麻痹。

**1. 全球或区域性大危机的周期大体是十年**

认识周期性可以引以为戒，提醒人们在投融资活动中要关注和规避风险。近50年来以时间为序，70年代石油危机，80年代的美洲债务危机，90年代初日本危机，1997年亚洲金融危机，2000年美国互联网泡沫，2007年美国金融危机，2009年欧债危机等，此起彼伏相互交替，也有叠加，对所在国银行冲击极大。其间也不断地发生局部性、区域性国家的中小危机,从未中断过。

主要有:

——**1973~1975 年石油危机引发经济危机**。1973 年 10 月爆发了第四次战争,为打击以色列及其支持者,阿拉伯石油输出国组织宣布对美国等国实行石油禁运,同时联合其他产油国提高油价,导致石油危机爆发。在主要工业国引发了"二战"以来最为严重的经济危机,美国工业生产下降了 14%,日本工业生产下降超过 20%。

——**20 世纪 80 年代拉丁美洲债务危机**。自 60 年代起,拉美国家大举外债发展工业,到 80 年代初外债总额超过 3000 亿美元。1982 年,墨西哥宣布无力偿还,触发了震动全球的"债务危机"。债务问题严重阻碍了拉美经济发展,1998 年拉美国家人均 GDP 只有 1800 美元,退回到 70 年代水平。

——**20 世纪 90 年代日本泡沫经济崩溃**。1990 年,日本房地产和股票市场在持续过度增长后,出现灾难性下跌,资产全面缩水。90 年代中期经济增长停滞,进入"零增长阶段",经历了 10 年漫长的通货紧缩和经济衰退。

——**1997~1998 年亚洲金融危机爆发**。在美国提高利率、美元增值的背景下,殃及货币与美元挂钩的亚洲国家出口不断下降。1997 年 7 月,随着泰国宣布泰铢实行浮动汇率制,亚洲国家普遍货币贬值,爆发金融危机。印度尼西亚、泰国和韩国遭受的损失最为严重,在两年内 GDP 分别缩水 83.4%、40% 和 34.2%。

——**2007 年美国爆发次贷危机及全球金融风险**。美国金融机构长期盲目地向次级信用购房者发放抵押贷款。随着利率上涨和房价下降,次贷违约率不断上升,2007 年夏出现次贷危机。2008 年 9 月,雷曼兄弟破产和美林公司被收购标志着金融危机全面爆发,一些过度投资次贷衍生品的公司和机构纷纷倒闭。危机引发全球严重的信贷紧缩,灾难向实体经济扩散,世界经济放缓,失业率激增,许多国家经济严重衰退。

——**2009 年欧洲主权债务危机**。2009 年,希腊政府宣布当年财政赤字占国内生产总值的比例将超过12%，超越欧盟设定的3%上限。随后，全球三大评级公司相继下调其主权信用评级，引发欧洲主权债务危机。2010年上半年，欧洲央行、国际货币基金组织（IMF）等一直寻求解决希腊债务危机办法，但分歧不断。德法等国担心，无条件救助会助长欧元区内部"挥霍无度"并引发本国纳税人不满。欧元区内部协调机制运作不畅，救助计划迟迟未能出台，导致危机持续恶化。此后，葡萄牙、西班牙、爱尔兰、意大利等国接连曝出财政问题，德国、法国等也受拖累。

如今又到了十年轮回的周期，看世界经济都在趋缓，经济秩序被打乱，社会并不安宁，阿根廷等国货币的大幅贬值是不是信号？不少国家的经济出现了动荡，全球经济在缓步下行，慢慢到了危机的前夜，全球都在敏感地预测，看什么事触发它。新冠肺炎会是压垮骆驼的那一根稻草吗？

**2. 哪一次危机都未能事先做出预测，一旦爆发如海啸袭来势不可当**

只有恐惧，无法抗拒。每一次都折腾全球经济，无情地冲击银行，少有国家能够逃脱，只能被动地应对，且在慌乱之中经济学家们总是开错药。曾几何时，欧美银行盛气凌人，谁曾料到强大的美国照样在金融风暴面前漏洞百出、不堪一击？谁能料想巨无霸的投行顷刻就倒下神台？多少著名银行家身败名裂，低下了高贵的头去恳求政府注资，接受社会的问责，维系难以支撑的败局。他们带给全球苦难怨恨，也被钉在历史耻辱柱上。这就叫危机！

**资料：** 金融风险使大量美国的银行倒闭。据披露，1980～1994年，共有1295家储贷机构接受援助或破产。在1989年存贷危机的顶峰时，倒闭了534家银行，1992年危机时有179家金融机构破产。在2008年爆发的国际金融危机中，当年有25家银行倒闭，超过前5年的数量；2009年有140家银行倒闭；2010年有157家银行倒闭，数量达到高峰，造成联邦储蓄保险公司风险损失大增；2011年倒闭了92家；2012年倒闭了51家；2013年有24家银行破产，2014年倒闭18家，逐步回落到2007年次贷危机前的状态（见图14-1）。

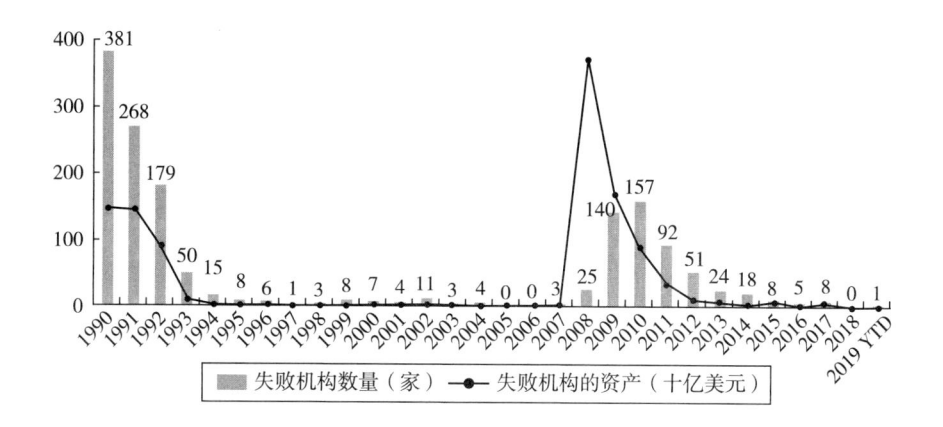

资料来源：FIDC 官网。

**图 14-1　1990~2019 年美国破产和救助机构数量与资产情况**

对危机的到来谁也预测不准，病来时拿不出正确的药方，病急乱投医重伤了元气。沈联涛说："没有一次金融危机是完全相同的，但是它们有着共同的因素，有望帮助我们发现并且缓和下一次危机。"了解银行不良资产是怎样聚成危机、如何化解的，对于防控未来风险十分重要，不了解历史，就不懂得现在为何这样做，更不知未来向何处去。

**资料**：国际银行业风险管理的发展历程：20 世纪 60 年代之前——资产风险管理阶段，银行风险管理主要偏重于资产业务的风险管理，强调保持资产的流动性。60~70 年代初——负债风险管理阶段，银行由依靠吸收存款的被动负债方式，转为向外借款的主动负债方式。70 年代后半期至 80 年代初——资产负债综合管理阶段，强调对资产业务和负债业务的协调管理。20 世纪 80 年代至今——资本管理阶段，巴塞尔资本协议Ⅰ、Ⅱ和Ⅲ成为最重要的监管文件，体现了近 30 年来国际银行业风险管理的发展。

# 二、中西方银行的信贷风险特征及差异性

中西方银行风险管理的差异性很大，因业务市场不同，引出的风险管

理方式与内容也有所不同，难作比对，也难套用，各具特色，殊途同归。具体相比较，在业务、产品、服务上的共同点少，因为国情特征、客户特征与需求不同，风险点与管理自然不同；在国际业务方面，有标准与往来的共同性，但开放度不同，风险度与范围不一样。可作比较的唯有风险类财务指标，这是落脚点，是资本的共性，是对风控的经营结论。

中西方银行信贷风险具有相似性，只是我们的更复杂，风险管理更难更严。我们考察西方能够开阔视野，了解另一类市场的方式，但有的学不来，有的不适用，有许多不及我们，照搬照套只会出事，最后还得用自身方式才能解决问题。以实事求是为真，以市场经验完善传统做法，唯有适合国情市场才有生命力，才能自强自信。

**第一，在风险特征、方式与风险点上差异较大**

信贷风险与经营方式紧密关联，中西方银行的资产负债结构差异很大，经营方式基本不同，因而风险存在的部位、特征和压力也不一样。

**1. 风险类型、借款人风险程度不同**

**（1）信贷风险不是西方银行的主要风险。** 分析西方大银行的经营，有两项结构反映出信贷风险的类型、总量和压力。

一是由于西方银行负债中存款的比重不太高，信贷业务的比重一般低于50%，低于我们1~2成；总资产增速低，信贷增速不高，总量与新增的信贷风险的压力也就降低，与我国的信贷正相反。西方银行投行、金融市场交易及衍生品业务比重占1~2成，聚成重要风险点，因而经营风险的类别常表现为市场风险、流动性风险和操作风险；而我们这类业务很小，开放度低，风险主要在信贷上。

二是西方银行活期存款占总存款的比重高，在美国大银行约占7成，约高于我国2成。由于银行实行严格的资产负债结构管理，流动性安全至关重要，更加关注存贷款期限的适配，因而少有大量的基础设施类中长期贷款。对比之下，我国大型银行的基建与技改类的中长期贷款比重很大，技术风险、中长期风险更为突出。

**（2）信贷定位、借款人品质与贷款方式更安全。** 这三条是确立信贷安全性的基础要素。

一是西方国家制造业的比重低，公司品质更高、技术更为先进成熟，资本充足，借贷的比重低，借款人风险相应较小。

二是贷款方式上银团合作多，信息更加透明，减少了同业间不必要的恶性竞争，形成了与借款人对等合理的市场关系。

三是消费类信贷的比重仍然不低，例如美国的银行住户贷款仍然高于我国银行业 8 个百分点。流程管理与内容较单一，降低了管理成本，风控简易明确；相比之下公司信贷业务更为复杂，受市场波动性冲击大，信贷风险更高。

**(3) 借款人负债率低很关键**。发达国家企业负债率相对较低，一般在 40% 左右，企业多渠道融资，从银行借款的比重不足 50%（见第 1 章三节）。相比之下，发展中国家借款人风险高，我国企业负债率约在 60%，高出一截；融资主要从银行来，贷款融资占企业负债的 7 成以上。

中西方处在不同市场阶段，是两类性质的信贷风险。企业的经营状态不同，我国新兴企业如火如荼，每年增加千百万级新企业，普遍资本不足的风险突出，融资难融资贵是基本现象。企业死亡率高低也影响信贷风险度，据民建中央专题调查报告披露，我国中小企业平均寿命为 3.7 年，美国为 8.2 年，日本和欧洲为 12.5 年，我国不良信贷的概率当然比西方更高。在这样的背景下，信贷风控能力自然也比西方银行更强，经验更丰富，措施更有针对性。

**2. 西方的业务风险与市场风险的关联更紧密**

西方信贷与金融衍生品等市场相通，与市场同步脉动；我国信贷远离金融投资市场，尤其与股市隔离，信贷运动自有规律。

**(1) 西方金融风险的市场特征强**。西方是金融化社会，金融市场体系十分发达，成熟完善，金融同业及市场业务的比重较大，同业往来、金融衍生品、债券业务等，都直接与市场紧密关联。风控中依赖第三方评级评信，业务随市场起伏波动，易受到系统性风险蔓延的直接影响。每一次金融风险爆发时，金融市场业务最敏感，受冲击最大，一紧俱紧，一松俱松,一荣俱荣,一损俱损,影响面广,甚至导致不少银行资产大幅下降。例如,美国金融危机发生初期,市场突然流动性枯竭,出现了"流动性悬崖"。

我国是工业化社会,信贷支持实体经济,与金融市场的通道少,发生类似西方市场性风险的概率很小,至多是短期操作问题。金融市场仍在发育成长中,全球化程度低,许多市场业务未开放,受市场风险冲击的范围就小,银行也因此避开了许多风险,安全性提高。当然,金融渠道总会贯通,待以后市场开放时,总要经历这个成人礼,总得交出一笔风险学费。

**(2)业务风险特征的比较**。不同的风险点与属性,形成的风险管理特征就不同,西方强在流动性风险管理,强在投资市场类业务的风险管理。相比之下,这些方面我们较弱,市场尚未发展到这一阶段,未来5~10年将会逐步感受到类似的风险压力。我们强在信贷风险管理,银行业资产高速增长,存款比重大,流动性充足;信贷总量与增量大,带来的风险更大,其他的风险小,高风险的市场类业务少。

我国银行的风险管理自成模式、自成特色,是自身传统的延续与优化,总体上西方银行不及我们严密。我们过去曾一度模仿西方,例如,信贷上有很多照搬西方模式的教训,有的银行建立事业部制式集中风控,有的上收信贷审批权集中审批,效果都不佳,不得不回归传统。

**第二,各国的法治、诚信环境与管理文化差异性很大**

信贷风险发源于外部,核心是借款人信用与信贷环境背景两大要素,这是构建风控模式的基础条件。中外银行在这个关键点上有着天壤之别,经营方式截然不同,形成不同的模式。

**1. 法律制度及社会诚信环境不同**

市场的内核是契约,契约精神维护双方权益与市场秩序。诚信是履约,是维护市场的润滑剂。对信贷而言,诚实不等于讲真话,但一定不该讲假话,一定要履行合同;如果欺骗而毫无罪恶感,必生道德风险,难有良好的信用秩序。

西方社会信用体系完善成熟,社会以法制和国民信用管理的环境为信

## 第14章 西方银行信贷的风险特性

贷背书、依法行事、违法必究、执法严厉，为西方信贷提供了有效的风控基础和法制保障；有诚信约束，评定维护信用的社会体系有效，违信有记录，风险信息透明度更高，构成了金融市场规则的平台。放贷时，银行能够有效地查询每个人的真实信用记录与评价，成为信贷的基本依据，这是大前提。背靠法治大环境，使得西方信贷在微观风控管理上变得简单易行。

征信为个人信用作出独立客观的评价和判断，是进行风险定价的基础。征信体系对于一国金融市场至关重要，欧洲大陆采用政府主导模式、美国采用市场主导模式、日本采用行业主导模式，都建立了较为成熟的个人征信体系。例如，美国FICO机构会对个人进行信用评级。个人信用记录是对当事人在过去7~10年的财务信用给予评分等级的一份书面报告，这是个人资料的一部分。

1860年，美国纽约布鲁克林成立第一家信用局，目前形成了以Equifax、Experian和Trans Union三大信用局为主的信用体系，负责管理、调查与审核该信用记录，他们对个人信用打出信用评分FICO，被社会广泛接受，银行与之对接。当购物置产、添购家具、汽车等需要贷款时，银行会先查阅个人的信用记录，以决定是否贷款。对于公司信用，美国大三评级公司占据全球90%以上的资本市场评估份额。"几乎每个成年人都离不开信用消费，要申请信用卡、分期付款、抵押贷款等，都需要对消费者的信用资格、信用状态和信用能力进行评价，这种评价集中表现为信用报告。美国个人信用制度对个人行为的约束主要体现为：个人信用记录和信用评分已成为衡量个人信用的唯一标准，不仅金融机构使用，而且很多商业企业、雇佣单位也在使用，甚至很多人结婚前要查询对方的个人信用记录，作为婚前拟订个人财产协议的依据。"[1]

在成熟健全的信用体系下，金融效率得到极大提高，风险可

---

[1] 张伟. 美国：征信体系支撑信用经济 [N]. 经济日报，2014-05-29.

被准确定价。有数据统计，美国 75% 的贷款申请决策是根据信用评分完成的。对消费者个人信用报告是需求量最大的信用产品，全联公司每年进行的信用查询高达 150 亿件，每年网上信用报告销售达 4 亿份。美国消费银行协会的资料披露，以前不使用信用分，审批小额消费信贷平均需要 12 小时，如今使用信用分和自动处理程序，审批缩短到 15 分钟，60% 的汽车贷款的审批可以在 1 小时内完成。

相比之下，我国的信用体系仍在建设完善中，开始被银行广泛地使用。但从整体看，全社会信用意识和金融生态环境还非常薄弱，缺乏"守信激励、失信惩戒"机制，使得失信成本过低，银行业务发展受到很大的局限。市场的法治环境与诚信度较差，诉讼难执行难，有地方保护主义。司法担心债务人停产破产会影响到社会稳定，常不受理、效率低，耗费大量的成本和精力，赢了官司输了钱，只为得到一张核销证明书，十分无奈。

在难以指望外部信用支撑的环境下，银行只能靠自身加强内控的风险管理，把篱笆扎紧，通过一道道严密的管理控制，去减少纰漏误判。因此，我国的银行建立起了比西方银行更为复杂、环节更多、问责严厉、严密有效的风险防控体系，形成一种自身特色，西方银行不可能这样做，也难以做到。

**2. 银行文化及风险责任制不同**

**（1）西方银行文化更守规矩讲操守，合规成为基本守则。**以合规、权限、流程作为职业之命，每个人都爱惜自己的羽毛，关注信誉，不会贸然出格。循规蹈矩按规则指令做事，对不符合规程的绝不通融、变通；缺少规则的事不做，讲究条件责任，没有边做边完善的方式，没有"不具备条件也要上"的要求。信贷实行有权人审批，流程短、签字人少，责任明确，不会株连一大片。一旦发生案件，银行会很快通过解除有关人员合同的方式，了断并撇清关系，以保护银行声誉。对不适合银行工作的人员，常采取清退方式纯洁队伍。在这种环境下经营并非没有风险，而是减少了许多非正常行为的风险。

**案例**：深圳的投资者邹先生遇到汇丰银行华侨城支行客户经理篡改风险评估书、代客签字的情况。2007年9月，邹先生分别以2.5万欧元、3万美元购买了两款汇丰（中国）发行的"代客境外理财计划——分别与宝源环球欧元股票基金挂钩、汇丰中国股票基金挂钩"产品，委托管理期2年，预计最高年化收益率为20%。2009年到期后，亏损40%，约损失20万元。客户以相关客户经理涉嫌销售误导为由，先后向深圳、上海、北京三地银监局投诉维权，并向汇丰香港、汇丰中国总部投诉。2009年10月，深圳银监局给予《信访事项通知书》确认："由于该行当时销售产品的人员已离职，在没有证据支持的情况下，无法了解当时销售时是否有违规错误行为。""……合同中风险提示的语句并非你本人亲自抄写，而是银行职员抄写，由你签字，银行该行为违反银监会关于理财产品销售的有关规定，我会已责成银行进行整改。"之后在2010年5月，汇丰（中国）多次要求邹先生签署一份《和解保密协议》提到，同意向邹先生支付6万元，以终止关系，并必须遵守不得再批评、诽谤、贬低汇丰中国业务、产品、服务8项要求。谓之封口费，但邹先生仍拒绝接受。至报导日仍在每天持续发酵，影响很坏。（详见《中国经营报》2013-03-25）

**（2）差异落在问责机制上。**不同银行文化下的风险责任制的内涵不同，西方市场方式的银行，以流程、权限为准则，合规经营、尽职免责。

相比之下，我国银行从严厉问责、责任构成、权责配置到利益机制，都以行政主导机制为主，与西方银行根本不同。信贷集体审议审批、多重约束牵制、机构负责制度，损失时会严厉对个人问责。一旦发生大事件案件，各方面轮番检查，查处时间长，对相关人员问责的面广，层层追究，多则处理十几个人、几十个人，结果也伤害了银行信誉。当发生信贷损失需要核销时，都要问责进行处罚处分，这在全球是最为严厉的。

**3. 不同法治下资产处置方式不同**

司法公正与执法效率直接影响不良贷款损失率的高低。西方司法独立公正，宗旨是保护债权人权益，严厉约束债务人，绝不允许逃废债。社会通过完善的市场体系与司法、公平有效的处置机制与组织流程，渠道畅通，方式灵活效率高，得以最大限度地保存剩余资产的价值。相比之下，我国银行的不良资产处置难、渠道窄、约束多等问题十分突出，在未来相当长的时期仍然会处于这种状态。

**案例：**瑞士航空破产清算案。2000年12月，国内某银行法兰克福分行从德意志银行购买瑞士航空集团500万美元银团贷款（当时穆迪的评级为A3，银团成员有德意志银行、花旗银行、瑞士信贷银行等21家）。2001年突发的"9·11"事件，给航空业带来了灾难，瑞航客流量锐减60%，陷入流动性灾难，于10月15日正式向瑞士苏黎世法院提出破产申请，停止了一切债务偿付，集团名存实亡。破产案处置得快，银团贷款几乎是零清算，该行**法兰克福分行核销坏账501.26万美元，贷款进入仅十个月就输个精光**，尝到残酷的国际风险。值得深思：破产损失之大，风险决非一日之寒。人们自然质疑：精明的银行侥幸卖出脱身，而接盘者麻痹，有人哭泣有人庆幸，战略不同各有所得。该案例启示：清算如同狮群猎杀角马，很快抢食完，不会等着拖到价值丧失殆尽，那样对谁都没好处。

**第三，监管方式与内控体系不同**

市场经济形成市场方式的监管，西方的监管具有强烈的市场特色，从不断曝出的案例中都能够见到，完全不同于我国。

**1. 监管的方式、重点与部位不同**

西方监管的专业色彩重，重点针对法人经营的违法问题。监管机构对违法行为的处罚严厉，多采取查证使之认罪，施以财务重罚方式，直接触及银行的财务痛点，常有开出高额罚单、再谈判金额和解的方式结案。例如，2012年以来欧美国家对汇丰、巴克莱、渣打等银行违规案开出了巨额罚单，绝不手软。对当事人违法行为交由司法处置，对违规行为常采用解雇方式，了断快，常常有银行最高层董事长引咎辞职。2012年伦敦金融城共有1373人因违规行为而遭解雇，较2011年增加了76%。

**案例**：LIBOR操纵案。LIBOR值是测试银行业整体健康状况的风向标，下跌意味着银行间相互放贷；是住房抵押贷款等多种金融产品的基准利率，全球逾360万亿美元的金融产品合约参照这一基准利率。共有16家银行每天向英国银行间协会提交借贷利率估值，去掉最高4个与最低4个，计算余下8个估值的平均值得出。

起因：2008年9月雷曼兄弟破产引发全球金融危机，LIBOR大幅攀升。2010年英国金融监管局就因涉嫌操纵利率对巴克莱进行调查。监管机构发现，2005~2009年，巴克莱银行高管与交易员共向LIBOR和Euribor报价员请求人为更改利率257次，提交LIBOR报价时，刻意抬高或降低利率估值，以增加衍生品交易的利润或降低损失。有巴黎、法兴、汇丰、渣打、法国农业、英国劳埃德、苏格兰皇家、花旗、摩根大通、德银、瑞银、美国银行等12家知名银行和交易经纪商，收到纽约总检察长发出的传票。2012年7月，巴克莱银行CEO鲍勃·戴蒙德行长及董事长马库斯·阿吉厄斯引咎辞职。鲍勃·戴蒙德1996年加入巴克莱，在制定和实施战略上发挥过重要作用，十分著名，成为这起利率操纵案中下台的银行掌门，其性质是"违反普通诚实原则的一起欺骗行为"。

2013年2月6日，苏格兰皇家银行被美英两国监管当局处罚6.12亿美元的罚款（美国商品期货交易委员会3.25亿美元，英国金融管理局8750万英镑，美国司法部1.5亿美元）；2012年12月，瑞银集团向美国、英国及瑞士监管机构支付15亿美元的天价罚款；巴克莱银行被罚款4.5亿美元；2013年12月4日，欧盟监管机构对德意志银行、法兴银行、苏格兰皇家银行、摩根大通银行等6家银行罚款17亿欧元；2013年3月，房利美起诉15家银行LIBOR操纵案使其损失30亿美元。

2013年7月9日，英国银行家协会（BBA）董事会无记名投票通过了一项决议，将伦敦银行间同业拆借利率（LIBOR）的管理权移交给纽约泛欧交易所。纽约泛欧交易所通过独立的霍格招标咨询委员会组织的严格竞标，击败汤森路透和伦敦证交所，赢得了LIBOR的管理权。

**案例**：瑞士私人银行韦格林银行关闭案。瑞士韦格林银行创建于1741年，有271年的历史，是瑞士最古老的私人银行，总部设在瑞士东北部圣加仑，有大约10家分行，均在瑞士国内。2013年1月3日宣布永久歇业。该银行承认近十年来合谋帮助100多位美国客户对至少12亿美元进行逃税的指控，同意向美国支付5780万美元的赔偿和罚款。该银行的执行合伙人奥托·布鲁德雷尔在法庭上说："从2002年前后到2010年前后，韦格林银行与特定的美国纳税人达成协议，帮助他们逃避美国的纳税义务，这些客户向美国国内税收署递交了虚假的纳税申报表。"美国司法部称，3名客户经理通过开设假账户掩盖纳税人的真实身份等做法，帮助至少100名美国纳税人在离岸账户上藏匿钱财，逃避纳税，进而成为这些人的避税天堂。这家银行在协助美国人海外逃税中落马。（路透社纽约2013.1.3）

相比之下，我国监管系统庞大，行使全面的金融机构监管职能，行政管理色彩重，监管范围广，追责面广、重点是违规问题，对人的处分较重。

**2. 中西方银行内控体系、管理模式不相同**

银行最为核心的是风险内控体系，观其内控便知全貌。它与国情相适应，与经营特征相配套，与发展要求相契合，为适应市场变化不断在调整完善中。对中西方银行不同模式可做实践评判，难以相互移植，是否合适见证于实践，银行自己清楚。

**（1）西方银行垂直集中模式的风控体系，与业务垂直运营、条线垂直汇报的事业部制管理相匹配**。由于银行风险机制基本依赖于外部的社会法制与诚信文化，依赖于中介服务机构的信用评定，因而内部管控并不比我们强，也经常不断地发生重大离奇的风险案件，使人不得不怀疑其风险管理的能力与有效性。过度依赖于数理模型的管理也不靠谱，难以抵御社会道德风险的侵袭。从2008年初法兴银行惊爆的大风险，到美国次贷危机、欧洲债务危机的爆发，以及不时曝出的风险案例，都揭示了整体风险管理的漏洞，盛名之下其实难符，大跌眼镜。

**（2）我国大银行实行"条块结合"的层级管理制度，风控模式亦如此**。面对法治环境差、诚信度低、市场发育不完善的背景，商业银行建立起多重有效的风控组织体系、严密的制度流程、强力的管控与监管手段，以及严厉的追究责任制。这种我国特式的内控体系建立形成于亚洲金融危机之后，在近20年的反复实践中逐步完善，适合于国情，是有效的。

**案例**：2006年建行率先实施了以"垂直管理、平行作业"为核心的风险管理体制改革，其中"垂直管理"是其治理变革与国际接轨的最鲜明特点，并最为外界称道之处。在垂直风控运行七年之后，2013年建行重启变革，将以风险总监为核心的"垂直管理"模式，变回层级风控模式；重新厘定风险管控分工，退出"平行作业"。这是在总结反思垂直风控体系得失后做出的策略性调整，也是应对经营环境的战略性考量。

**杭州中江集团破产案始末**：该集团从2008~2010年进入房地产，接手烂尾项目温德姆酒店，耗资巨大，几乎全靠借贷，大量融入高利贷及向员工借钱，利息数额大，2012年7月资金链断裂。据披露，"中江系"债务规模80亿元，其中银行贷款50亿元，有建行30亿元，中行10亿元，工行1.5亿元等。2010年底建行贷款仅10亿元，2011年风险露头后仍继续增贷。案发后，建行浙江分行原行长崔某某调离，数位高管被撤职降职，严厉处理了几十名相关人员，成为该行变革的导火索。

## 三、与西方同行交流的思考

本文是我在2000年参加境外研讨班回国后递交的一份学习总结报告，虽然时间过去了近20年，但许多商业银行的经营理念与方式仍然一脉相通，阅读中仍受启示。

2000年8月13日，我参加在加拿大蒙特利尔银行研修学院"商业银行高级研讨班"培训，听取了十几位国外银行同行和金融专家的讲课，在面对面直接交流中增进了了解，颇有收获和启发。回国后，我做了系统的回顾和梳理，主要有以下一些内容值得思考：

**1. 西方银行对资本的重视融入到经营思想中，注重资本风险，接受资本制约，关注资本回报，确定了资本的地位**

银行资本是股东投资和所有者权益。在银行经营中，资本与各项负债资金相比，资本地位决定了它需承受的风险最大。在收益支付存款等负债利息与各项成本以后，它才能最后一个得到分配。如果发生了亏损，实质是亏到了资本上。因此，经营者一定要对资产负债合理定价，任何贷款利息与投资回报过低，或负债成本过高，都会伤及资本的安全，最终都有可能造成资本的损失。经营中的任何风险，都包含对资本损失的可能性，每笔业务必须收回成本，否则有消耗掉本金的风险。

外国同行在更正我们的提问时说，用资产赚钱的提法不对，应当是用资本赚钱。资本是经营的基础，起着杠杆作用。有资本才能开张，才能借入负债，**资本的数量决定了可借入多少资金，表面上看银行从资产中赚到了钱，实质是由资本的放大效应得到**

**存款等负债，再租赁出去得到利息差，只是收租而已。**

资本的作用还在于抵御意外的经营损失，从而保证了经营的稳定性和连续性。市场信贷风险分为稳定的和不稳定的两种：所谓稳定的风险，是指通过统计的办法可以在贷前预测到的，一般指小额零售及信用卡等业务，不包括大额的商业贷款及金融市场交易。所谓不稳定的风险，来自信贷过于集中在关联度大的行业，以及过度集中于某些业务。

国外同行非常重视控制和量化这类非常规的风险，并把各项业务与相对应的资本量挂钩进行监控，适时调整资产风险组合，减少意外风险。国外银行高管非常强调要接受资本金总量的约束，并以此管控银行的经营规模。当资产的增长过大时，就主动压减或采用各种办法卖出去。这样做虽然会减少一定的收入，但确保了银行的资本充足率，以避免出现大的经营风险。

国外同行们对银行资本的理解使我们很受启发。以往，我们在经营中忽略了资本的地位，也就感受不到资本的作用，把它当作一块无息资金的来源，而没有接受资本的制约。没有注重考核资本的回报率，并由此增强经营者对资本盈利的责任；没有把市场风险、经营风险与资本金挂起钩来，财务制度也缺少这方面的联系，成本意识差，会带来极大的经营风险；没有把经营的资产规模和能力，与资本量联系起来并受其制约，因而导致忽视绩效收益、盲目扩大存贷款规模的粗放经营状态，在今后经营中亟待转变观念。

## 2. 国外商业银行通过严密的风险管理体系，确保减少非常规风险的冲击

交流中，国外同行们再三强调银行是经营风险的行业，银行股东们不希望管理者在经营中过于保守，否则他们得不到较高的投资回报率，这也是当下在全球银行业为什么仅有一家AAA级银行的原因。银行的稳健经营体现在，具有严密的风险管理组织体系和程序、制度，有高素质的银行管理人员，能够正确地分析、预测、计量市场的不稳定风险，并采取相应的

措施来规避，把损失控制在预测允许的数额内。他们决不放松贷款条件，决不搞信贷的薄利多销，在这方面过去有过深刻教训。

　　蒙特利尔银行是一家上市银行，有董事会直接管理的、以首席执行官（行长）负责的、由风险管理委员会、市场风险管理委员会组成的多层次风险管理组织架构，行长每季度向董事会汇报风险情况。其风险管理与我们的区别，是对风险计量和每天的测算。例如在证券业务上，有20个经验丰富的博士硕士组成的机构，每天汇总各项业务的风险承受额度，检查是否控制在年初预定的数额以内。这就确保了风险管理的有效性。

　　内部审计系统人员不多，但实行的审计师负责制办法是有效的，有6位副总审计师分业务向总审计师汇报，总审计师向董事长和总裁直接汇报。内审部门向金融监管局、外审师、股东披露时不作隐瞒，内外一致。审计的内容重点是制度、政策以及管理方面的真实性、完善性，对部门运作状况作出评价报告。这种内审体制重在防范重大的风险和提高经营管理水平，对整个银行的正常运行十分有效，与我们的稽核相比，他们人少而层次高，重点针对管理者作出评价，足以影响其任职。

对照蒙特利尔银行的风险管理，我们的差距在未能形成完全独立的、具有权威的风险管理组织体系。虽然有类似的机构，但只是务虚的委员会，其成员都是业务部门领导人，必然影响风险管理的有效性和权威性。在实施中，对风险的判定缺乏可操作性，没有细分常规与非常规风险，没有运用统计方法对客户作历史的详尽分析，风险评定是粗放的。特别在风险计量及每日风险测评方面还是空白，说明存在管理的差距。虽然各国管理体制不同，市场化程度不同，但在管理精细化及防控风险的可操作性方面，应是任何一家商业银行的必由之路，提高风险意识，增强危机感、紧迫感是每个行长的责任，是当务之急。

### 3. 西方商业银行市场的经营意识很强，留给我深刻的印象

他们的经营理念、方式与思考问题的出发点，即立场、观点和方式与

我们有着明显的差异，反映了成熟市场银行家们办银行的经营方式与理念，需要引以思考和借鉴。

例如，我们问："如果按揭利率低于公司贷款利率，银行干不干？"回答："不干。"再问："在不能提高利率的前提下，如果对风险度达不到要求的企业增加抵押措施能不能放贷？"回答："不能！"他们说："个人是最忠实的客户，而企业对银行品牌并不忠实。不能小看个人消费者，不能认为消费者是低级的，而企业是高级的客户，不应有地位上的歧视。"加拿大银行"只做优质的企业客户和个人业务"的客户方针是对历史经验的总结。回答直率明确，坚定不犹豫，他们就是这样做的。

这样的问题很多，都是我们日常纠结的、又不得不为之的事情，也是政策与市场发生冲突的界面。尽管现在我们学不来，在中国国情下也做不到，但我们了解了国外同行的经营思想与方式。彼此走在不同的路上，或许这是未来趋势、是经营要点、是风控要害，不同的经营灵魂可能殊途同归。

这些都是转型期面对的问题，值得重视与研究。例如，我们十分重视公司客户，但企业走上市场后，认贷款不认银行，多放贷就赞，少放贷就叫，不放贷就闹，收贷款就跑，道德风险严重，银行很困惑。有必要进行结构调整，适度控制企业信贷，大力发展个人消费信贷业务。

西方银行以价值导向的管理思想，把资源投入利润率更高、能创造更高收益的业务和部门去，并要计算风险调整后的资本回报率。蒙特利尔银行对业绩评价和状态衡量标准的指标有：5年期对股东回报总额；纯经济利润增长；随股份增长所获收益；股本回报；收入增长；开支/收入比率；信贷损失的备用金在平均贷款和承兑中所占比重；总受损贷款和承兑在股本中所占比重及信贷损失的容限度；流动比率；一级资本比率；信贷评级。1999年设置的具体经营目标是：每股年收入至少增长10%，资本回报率达到15%~17%，调控资本在同业中保持处于较强的位置；发展目标是最大限度地增加普通股份的价值和股东回报的总额。上述指标反映出该行的经营管理目标简单明确，突出了效益、风险运营和品牌，值得我们对照和思考。

在处理客户满意度与银行经营关系的问题上，他们不是一味地强调使客户满意，而是采用数学模型进行分析，找到服务与收益两者之间的最佳关系，实现管理的科学性。在处理风险与机遇关系的问题上，既视作威胁也当作机会，通过有效安排的办法，力求平衡，将整体冒险行为置于能承受的范围内，达到最大限度地增加股东价值的目的。不愿放弃任何一个好的商业机会，但又不放弃原则政策；鼓励有条不紊的、有利可图的冒险行为，但又不让银行超过能够承受的风险限度；等等。我们从国外银行家们的介绍中，看到了他们追逐价值的胆略和科学性。

第三篇

# 经营之魂

◎第15章　对信贷的经营评判与标准
◎第16章　信贷的财务观
◎第17章　信贷的经营观
◎第18章　信贷的市场观
◎第19章　五大信贷经营难题
◎第20章　鉴别求证好企业
◎第21章　是非成败缘由借款人
◎第22章　信贷责任与问责机制

# 第15章 对信贷的经营评判与标准

有标准才能分辨认定，没有标准就无法有效经营。是是非非源于标准含糊，先进落后有标准自明。有标准才有经营行为的动力与使劲的方向，首要的是必须把标准确立起来，心有准绳，手有规范，做有目标，经营有了导向，一切都明晰了，人就聪明会干了。

## 一、优劣的标准与选择的策略

**1. 信贷质量的经营标准**

**不良贷款率在1%~2%是信贷经营的常态，若能稳定在1%以下则属世界先进水平；贷款损失率在0.5%~1%均属正常的风险成本。只要将新的经营把握在这样的水准上，银行就处于十分正常的状态，高管们就可以踏实地安排和策划各种业务运行。**

为什么这样断定？这是经营实务的公论，来自经验数据和对财务能力的核算，前提是合规经营、分类层次合理，信息有真实性。以此判断，我国银行业基本运行在安全区间，经营管理审慎，总体稳健，资产质量正常，只有少数中小银行出了风险状态。

信贷准入的条件是严苛的，这是生命线，尽管众多企业都申请贷款，但法规有限制，贷款有门槛，规模受控制，银行有约束，许多人并不符合准入规则的要求。

截至2019年末，中国有法人企业3858.3万户，能够得到贷款的企业一般不足5%~10%，大银行的公司贷款户只有对公账户总量的1%~3%。按照逻辑推算，发放贷款之后，假如有10%的企业经营变差，贷款劣变形成不良；在陆续清收中，又发生有10%遭受损失，那么10%×10%=1%，大约相当于信贷的风险成本。

**2. 风控落实在措施上，也是一种机制，有标准、能判断才有经营对策和活力**

尽管很难确定绝对的指标，加上各类的银行差异很大，但是可以从历史的数据中，找到一个较为合适的参照区段进行对比。从经营实务看，可做出以下的经验判断：

第一种：正常的状态。假如银行能够得到2个百分点的利差、有1个点的拨备，那么当不良率在1%~2%的区间时，经营是处在一种正常状态的指标下，是合理有效的。

解决不良贷款的策略与经营措施，一是力求扩大利差的区间，比如降低负债成本，上浮贷款利率，压缩控制费用成本，以及增加同业业务、中间业务收入等；二是有效地处置不良贷款，减少一些损失，降低风险成本转化为利润。这些都是日常的经营措施。

第二种：严重的状态。如果当不良率在5%以下时，尽管质量问题已经十分严重，只要数据真实，分类结构合理，潜在不良可控，那么银行仍然可以通过3~5年时间的有效经营，从新增的财务收益中进行消化，转危为安，经营状态仍然是可控的。

三五年的时间不短，既是扭转局面的限期，也是提升素质的期限，如果不抓紧转型与珍惜，很容易下滑到更大的深渊，挽救变得十分困难。问题出现在信贷上，主要措施当然是加强对信贷的管理。首要是转变信贷的经营思想，检查过往信贷失败的基本原因，进行整顿和严格的管理，不要再犯新的信贷错误。

第三种：恶化的状态。假如当不良率达到了5%~10%，或者更高，那么经营就到了严重恶化的程度，或者已经造成了资本的损失。如果不良贷款继续不断地冒出，预计至少要消耗五年以上的财务能力，或者需要补充资本，才能消除危机的状态。

当然要做具体分析，可区分几种情况：

一是要看银行总资产规模的大小，救助小银行更困难一些，一定的规模才有回旋的余地。

二是看贷款的比重，如果贷存比数值在50%以下，说明不良贷款的绝对额不大，有救助的希望，可以从其他的资产收入中得到弥补。

三是看贷款的结构，如果仅是因少数大额贷款出现了不良，而普遍面上仍然是正常的，那表明管理基础尚可，问题就有希望解决；如果存在普遍的不良，问题就比较严重，表明当地经济的状态短期内难以支撑信贷转变。

一般而言，正常经营状态下的银行每年具备对1%左右不良贷款的新增消化能力，小银行弱一些，大银行的能力更强一些。例如，在2001～2005年工行股改前的特殊时期，每年都下降3个多百分点的不良贷款率。

**3. 表面是信贷问题，实质是财务问题，形式是管理问题，核心是经营问题**

资产质量处处牵动着经营管理工作，需要做以下几个方面的工作：

**（1）要查看正常、关注与不良贷款的构成是否合理**。上头堆积物越重，可能下滑造成的财务损失越大，这是风险管理中的一块心病。一要查看在关注类到次级类中间，堆积了多少潜在不良资产的数量，因为它们一旦下滑，便暴露为不良贷款。一般情况下，约有10%的关注类贷款会下滑到次级。二要看不良贷款结构的梯度，是否呈现倒三角，估算不断下滑的数量。品质的下滑，既表明贷款损失的程度在加大，也使得清收的难度增加。

**（2）需从分子分母同时下力气**。增加正常类贷款可加大分母，稀释不良率；清收转化存量不良贷款可减少分子，可降低不良贷款总量。两种力量都指向降低不良率，两手抓更见效，需要精细化的目标管理。这是一种发展的眼光，有发展就有希望，快发展就快消化，从发展中解决历史问题,我国银行业从幼稚到成熟就依仗这个成长的基本动力和形成的实力。

**(3)观察动态的趋势,测算并努力扼制住质量劣化的势头**。从静态来看不良贷款是一个余额的概念,从动态来看每天都有发生,也都在被清收,以及核销。因此,要特别关注清收能力,去组织推动;关注新发生的数量,去抑制风险冒出的势头。有测算才能确定目标,心中有数才有定力,一个领导者必须懂得趋势,顺势而为才能抓住机遇,有所作为。

**(4)分析不良贷款的专业结构**。专业重视了、落实了,才能使业务管理落实到位。发现和揭示各个专业管理中存在的问题,确定专业风控工作的重心,分解目标,分头落实责任,形成合力。专业结构背后是市场构成,它见证市场的良莠、管理的优劣,体现出经营发展中的成绩与问题,及时地发现市场,调整策略,弥补短板,提高整体工作的水准。

**(5)加强财务对信贷的指导、沟通与协同**。信贷是经营之本,财务是信贷之本,谁也离不开谁。每个重要的时刻,例如在经营转折或爆发较大风险时,都要认真估算好未来信贷趋势与财务收益的能力,安排好经营计划、提取和使用风险拨备,防止意外的冲击。信贷是因、是过程也是渠道,财务是果、是目标也是落脚点,信贷扎实才能财务殷实。

当然,**风险并非越低越好,它取决于市场定位,依附于财务,适度就行**。我国的市场还不成熟,在发展中,每年增加千万级市场主体,信贷增量都有两位数。国家要求信贷冲锋陷阵,信用环境并不完善,风险难以避免;重要的是把握好风险总量,不出系统性、区域性大风险。

## 二、优秀机构的信贷标志

一个难得的机会,我与清华大学五道口金融学院 CFC 业绩提升项目专家团队去农行某分行调研访谈。该分行是农行总行的先进行,存款居当地四行首位,人气旺盛。从访谈中我得知,该行不良率极低，经营效益好，几个信贷数字便勾画出一家优秀银行的基本特征。例如贷款户仅800余户，只占约8万户对公账户的1%，足以展示出谨慎经营、有效控制风险的经营思想，他们的经验值得学习。

稳健审慎不是口号，而是经营思想与行动纲领。一个城市分行行长应如何去把握？首要是确立一些基本标准，作为红线、底线，用于衡量、把控总体的风险状态。一旦指标越过，就应当自觉、快速地回归标准，绝不能流连忘返，更不能麻痹冒险。

**1. 判断一家机构信贷是否优秀稳健的角度**

（1）看周期在长过程中的稳定性，是不是存在一段好一段差的波动性。

（2）看在经济低潮期数据回落的幅度，大潮退去才见裸泳者，在高潮时上行期谁都不错，增量大容易掩盖潜在的风险。

（3）看领导层的连续性，几届任期都质量稳定，说明已形成一种审慎信贷的文化力量。

（4）看信贷结构，借款户数量的普遍性情况，不是因几家大户掩盖了矛盾。

（5）看信贷的积极性，是否具有稳健进取、主动良好的市场意识，对风险具有敏感性。

假设一个风险大周期为10年，如果前几年风光了，接踵而来的一定是难堪。在经济上行期，那些以贷款主导市场的分支行趾高气昂，业绩辉煌，干部也提拔了一大批；可经济下行期就急剧掉头，市场开始清算以往的鲁莽行为，不良贷款大规模地暴露出来，并追究处理责任人。多年的盈利急转为亏，奖金被扣士气低迷，好端端的一家银行品牌严重受损，一切工作都受到不良贷款的掣肘，煎熬的日子度日如年，后悔不及。前不久我曾去一家分行，该分行贷存比高于110%，高企的不良贷款率和亏损，都使那些曾任职得到提拔的干部难堪。

**2. 把控好信贷风险的信号**

**(1) 贷存比仍是衡量风险的重要标杆。**

尽管信贷取消了对贷存比的设限，但从经营看，贷存比过高一定会加大风险，这是一个基本常识。不要去冒犯它，规律总会报复缺乏自律的人。2019年银行业贷存比突破了80%，应当开始将其当作一个值得警示的信号。

**行长们切记：一旦贷存比高了，千万得冷静谨慎**。从四大银行贷存比看，截至2019年末，工行69.67%，农行68.36%，建行77.68%，中行82.75%。从信贷资产占比看，工行54.22%，农行51.53%，中行55.97%，建行57.12%。因此，假如你行的贷存比高了，若超过全行的10%~20%就得千万重视，一旦达到100%靠借入资金放贷时，千万要调头回退，因为越过了大风险红线，越高表明越不谨慎。

为何热衷于将存款过多用于放贷呢？不仅自加风险压力，也使你缺乏资金去拓展金融市场新业务，自然不再去关心新业务市场，功能萎缩，这在转型期显然是可悲的。

**(2) 存款的市场占比应与贷款的市场比重保持基本一致。**

一家城市分行，假如贷款市场占比显著高于存款的市场比重，说明经营是靠风险开路。一个地区的优质贷款户十分有限，一旦你行贷款超越了市场份额，则容易造成部分贷款进入了不该贷的企业和市场，经营风险性自然加大。

相比之下，在资产、负债两大业务中，贷款不完全代表竞争力形象，而要把存款与服务作为一种重要的市场竞争能力。因为存款与服务关联到大多数的人和业务，体现了对市场的组织营销能力。存款市场的竞争最激烈，手段用尽却并非有收获。贷款是企业所求，只涉及银行内部少数人专业水准及风控的业务。**不要企图通过贷款谋求眼前的绩效，尤其对于不具有信贷专才的行长千万谨慎，别胆子太大，风险后遗症是永远洗不白的污点。**

**(3) 看贷款户数量在对公结算户总量中的占比。**

但凡稳健的分支行贷款户都不多，不少银行贷款户只占对公客户总量的2%。而那些以贷款主导的分支行恰恰相反，有的到了10%。这些非常态的银行经营特征，一定是贷款过于冲动，潜在的风险大，而存款竞争力不足。

**行长一定要关注贷款户数量的比重，如果高了就要控制退出一部分，假如能够从10%回退到5%以下，应是正确的选择。假如你很难退出，说明已经被风险缠住，陷入了被动的境地。尽管减退会影响眼前效益，但一定让你摆脱经济周期的灾难。**

（4）看信贷结构中企业贷款与住户贷款的比重。

在两类贷款中，企业贷款风险更大，住户贷款风险相对较小，两者应当有合理比例。从总体趋势看，住户贷款在逐年上升，未来几年会逐步提高到40%，表明经营走向稳健。一般而言，凡是贷存比出超、信贷主导的分行，一定是企业贷款比重大，住户贷款比重过小。他们过于追求公司贷款，谋求上浮利率的高收益，经营思想并不稳健。当然，这主要是对大中型银行而言。

行长可将该比重与总行、省行的有关比重做对比，如果差距过大，说明出现了偏离。应当顺应趋势，逐步调整信贷结构。

**（5）不能让所有的分支行都信贷冲动，只允许部分机构冲锋，一旦出事也不乱大局。**

在所属的分支行中总有几家是稳健的，资产质量把控得较严格，经营状态较好。可能平时会觉得它们保守一般，但经济下行对它们的影响却很小，危难见英雄，应当充分肯定，总结经验去推广。善于从结构、管理上统筹安排，全面地把控局面，不能一哄而上，防范经济波动的冲击。这是行长必须做到的。

# 三、为信贷定标经营参照系

商业银行不能只有**监管指标体系**，它只是经营规则的基础平台，不是

信贷与风险——信贷之门　风险之槛　经营之魂

**信贷经营的参照系。**信贷工作中，下达的管理指标都很清楚，唯独缺少横向比较定位的参照系。指标仅是个与计划相比的数字，无法跟所在区域市场的实际状态相比，淡漠了指标的经营价值。信贷应当定标，寻找到合乎自身经营模式的市场坐标系，它才代表经营水准的标准。

某家银行不良贷款率是1%，行长认为完成了指标，很高兴。但是，这个1%是什么经营含义？是好是坏、高了低了，处在什么行业水平层次上？它说明本机构是保守、温和还是激进？以后该再压低还是维持？经营策略是否要调整？

正常的经营策略是：不良贷款率低了就该转向以进攻为主，高了就以强化控制管理为主……每个指标都是一种管理的信号，都有调整经营策略的含义。缺乏参照系难以激起高管的联想，丰富的内涵变得单调乏味，一切只围着完成任务转。比如，体检报告中每项指标后面都有个正常值范围，让你对照后心中有数。含义清楚才有思想延伸，确定位置才有进取欲望，比较得以认识差距，看到目标，取得自信。信贷管理理应如此。

**1. 信贷复杂，有参照系则明**

没有标准则优劣不明，不知经营状态；没有高标准则误导定标，使经营变形。如今的信贷参照系模糊不清，例如在经营管理中，不良率控制到多少为好？定位在1.5%、1%？还是0.5%、0%？心中无底无法把握。又如，贷存比该多少合适？有的行贷差大，利润来得快，可风险压力也大；有的行存差大，少放贷更安全，利润受总行内部价格调节。这样混沌着，行长们缺准绳何以确定经营策略？

（1）**什么是高风险？什么是低风险？**不只是用量化指标来衡量，得有标准、有参照系。零风险好吗？指标好，实际不一定好。

第一，**不符合市场逻辑**。放少量贷款能做到，但若是对数万借款人发放百万亿、千万亿贷款、各地千家机构上万人都在运作放贷、长年累月贷款在周转，就做到、不可能。一家银行机构若是零不良，这个行长一定感受到左右不是，进退两难。

第二，**经营不允许懒惰惜贷**。苛求风险必向保守，消极信贷不合乎股东的利益，资本要求经营者去挑战市场。一位支行行长跟我说，他不做小户，只要把住几家国企大户，风险就是零。这种零不良率有何市场的意义？不符合信贷精神，而是取巧。

第三，**政策不赞同**。例如，小微小企贷款风险极高，政府要求银行大比率地进入，不能逃避风险龟缩在低风险安乐窝中。零不良贷款不是经营目标，不是正常的经济现象，更不是政府的要求，合理区间该是多少？应当明示信贷风险的高中低区间。

**(2) 如何划定信贷质量标准？** 可以从 2017 年全球主要国家或地区银行的不良贷款率图中得出同样的结论：**在国际市场上，低于 1% 的不良贷款率，应当是全球优秀的质量标准；低于 2% 的不良贷款率是良好标准；高于 3% 的不良贷款率则风险偏高了；假如超过了全球的平均值，显然是高风险区间**。各国银行业都有本国历史的经验数据，可做适当的调整。因此，我们不能苛求不良率已在 1% 左右的银行过于谨慎地经营，而应要求它们大胆去开发市场，容忍它们出现一些信贷的失误。

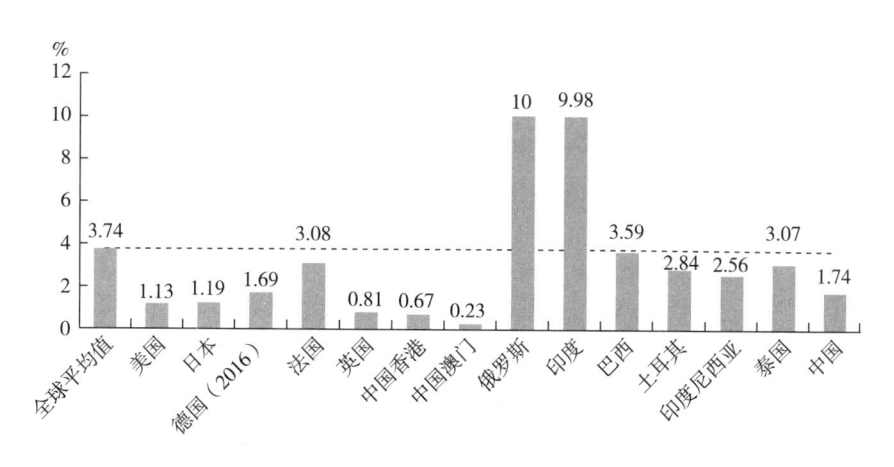

资料来源：中华联合保险研究所。德国为 2016 年的数据。

图 15-1　2017 年各国或地区银行不良贷款率比较

再看 2017 年西方大银行的不良贷款率，从参差不齐中优劣自明：美国摩根大通为 0.77%，高盛为 0.81%，美国银行为 0.89%，花旗为 0.89%，富国为 1.07%，摩根士丹利为 1.65%。英国巴克莱为 1.63%，汇丰为 2.10%。德意志为 1.80%，桑坦德为 3.93%。法国农信为 4.58%，巴黎为 5.65%。[①]

**(3) 什么是利率高了或低了？什么是合理利率？** 利率以市场为依据，但政策的导向性极强，在严格管制下走向市场化。国家要求银行的利润不能下降，股东要求经营盈利年年增长，必须贯彻落实，这同样是原则底线，通过指标直接落到经营中。利率是导向性的，利润是考核性的，信贷的财务如何在政策与市场之间把握好平衡？这是法则方法。

利率既要上浮，也要下浮，浮动是利率市场化改革的要求与大势；既有大企业、大项目的低利率，也有对高风险贷款的高利率，高低搭配，上下浮动，平衡在基准利率区间；既要落实解决融资贵的低利率政策要求，又要落实银行资本收益不降低的要求，该降的降，该收的收，还要创收，以增收弥补损失。总之，利率是一本难念的财务经。

**2. 建立信贷经营参照系，以正经营观**

如何选择评价信贷的参照系？市场所见不同，说难不难，但什么经营理念有什么目标。

**(1) 经营参照系终究要落在财务上。** 一笔贷款何谓优？看"三所得"：财务所得、市场所得、发展所得，以多元宽视角做综合评价，绝不能近视眼，绝不就事论事。

要从风险、收益双向去评价客户、项目的可行性；从利息收益、其他收益综合去评价贡献度，包括引入的存款、结算与其他业务；从贷款及延伸效应评价市场效应，包括带来上下游的供应链企业与业务机会，介绍引入的重要客户关系等。要从发展趋势评估企业价值，例如对高成长性企业的扶持，着眼于未来更高的目标；从挽救企业一时困难的贷款安排，还要解救老贷款；还有

---

① 郝联峰. 笑傲投资 [N]. "不良资产十问"，2018-07-04.

客大欺店的关系，不忍耐会乱大局；从各家银行贷款份额比重，看客户定位调整结构，等等。

不同贷款产品的特性引出不同经营策略，长期贷款用于平衡流动性、得到高利率，大额贷款是保持稳定性的压舱石，小额贷款是谋求高收益的试金石，地区间贷款的合理分布可以避免区域性风险。信贷财务绝不简单，要与市场共舞，还要容忍和应变，去调配资源、取长补短、合理结构，以求稳定的经营状态，纵横一盘下不完的棋。

**(2) 如何去培育本行的价值观、经营观？** 首先要建立参照体系，引导经营者学会对比，作自我评价、定位方向，使优秀者有自豪感，后进者有目标感，方能生成动力去努力改善。其次要推动市场经营意识的形成，开展对全员的管理教育，成为每个员工的责任。管理是行动不是空谈，不是可有可无，而是不可忽视，要落实措施，每个人都为之做出贡献。

**案例**：在银行转制剥离不良资产的第5年，我去西北的一家分行调研，感受到该行氛围拘谨，贷款控制很严，生怕出事。我问：不良率是多少？行长说是0.1%。质量指标很好，我问大家：你们觉得这个不良率行吗？老总们充满着自信，希望得到肯定。我思考着该行的信贷背景：该行因受剥离之伤对国企贷款不敢贷了，因小企业风险大也不贷了，因按揭起初出了风险也被控制了，省行就剩几百个贷款户。许多是公路、电站类稳当的贷款，一个项目就有几十亿元，保险了才放贷，当然很安全，该行上下弥漫着一种消极畏惧的氛围。贷存比很低，贷款户太少，市场严重萎缩。但是，这绝非是风控的本意，而是信贷职能和精神的丧失。我做了这样的评价：如果国际水准的不良率是1%，那么，你们的0.1%，就丢失了90%的市场机会。

**3. 信贷要酿造提升财务素质的环境**

信贷人员的财务意识并不强，思维侧重点在放贷、收息和风控的流程上，许多事做了但未能从财务深度去理解，表明经营意识与内涵不深。相对而言，小银行的市场性更强，而一些大中银行缺乏酿造信贷财务素质的氛围与环境。

例如，过往没有对信贷员分管的贷款规模做过营收的统计、未量化拓展市场的成绩、未计算对其他财务收入的贡献等，即本人为提升信贷财务收入做了什么？这些恰恰是西方市场化银行重要的考核指标。一般情况下，信贷评审中主要是风险思维，少有效益思考。延伸开去，信贷对全行业务指标的关心与参与度不足，以为那是财务部门的职责，信贷只是为了完成指标而已。其实正相反，财务对信贷业务更加生疏，终究是事后的核算吧。信贷应当对自身的财务更加了解，可以发挥积极主导财务的功能。

为什么这样？原因出在考核评价体系。长期以来，采用基准利率推算信贷收益，很少运用利率价格工具。信贷对市场利率走势不去关心，只管放贷收贷，如同男士们买菜，不问价格买了就算。有一个案例，信贷部门与某集团贷款合作谈判中，企业要求银行放弃现金管理中的结算手续费，交换条件是给了一二百亿元贷款份额，签了合同信贷觉得很成功。可未曾算账，百亿元贷款收益的利差，抵不上舍弃的一二亿元手续费，并不划算。

## 四、对信贷现状的评判

当我们从心底赞叹银行业快速发展时，也要清醒地了解认识现实中存在的风险，不为成绩所迷惑，不因风险而停步。应当说，在金融发展的中长周期中，这个时期的银行经营是风险管控最好的时期，也是最糟糕的时期。

**何以最好？** 自 2012 年开始我国经济进入下行期，按照风险的一般规律，信贷质量在此一两年后风险逐步显露，到 2018 年前后银行资产质量滑落到近年的最低点。这个期间环境不佳，我国经济转型中出现多重因素的六大周期叠加，即世界经济周期、金融周期、产能周期、房地产周期、库存周期和政治周期的共振。

在重重困难之中，银行信贷质量居然能够平稳地扛过来，极为不易，它代表了主流信贷的基本特征。2019年银行业不良率为1.86%，远远低于西方银行危机中的平均风险率，远远低于三十年来经济下行期信贷的不良率。这个时点的信贷不良资产率，较为真实地反映了信贷的风险程度。从以下银行的利润与不良率图中足以显示（见图15-2、图15-3）。

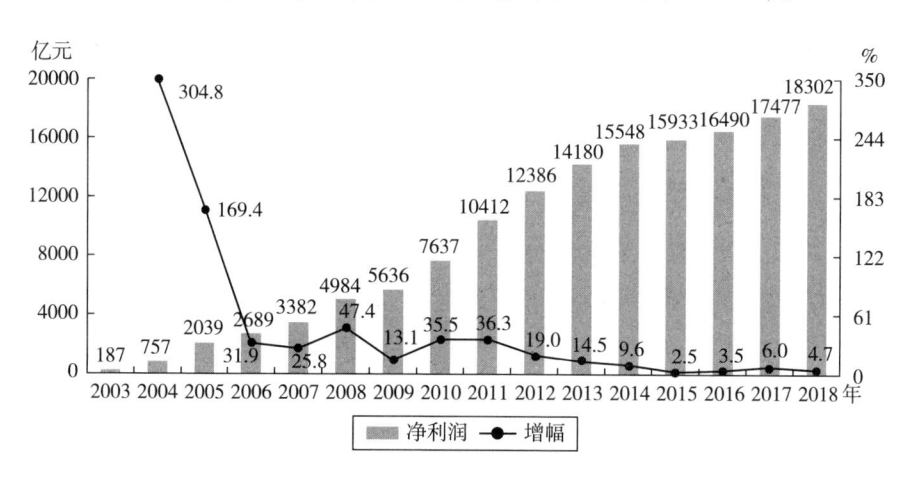

图 15-2　2003~2018 年商业银行净利润及增幅

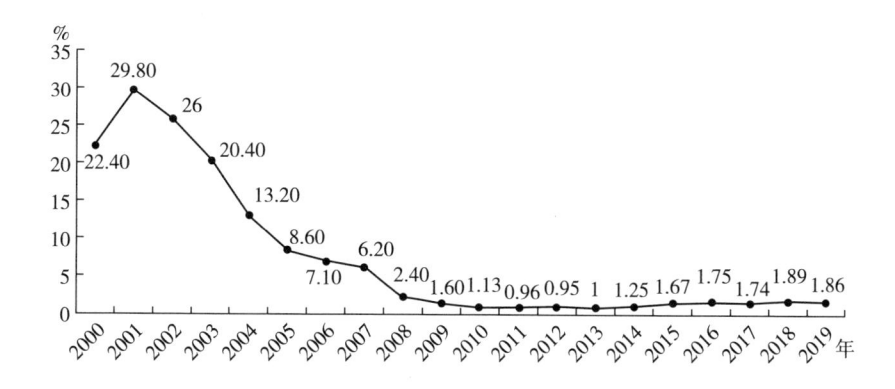

图 15-3　2000~2019 年中国银行业不良贷款率

资料来源：银保监会等。

信贷与风险——信贷之门　风险之槛　经营之魂

数据说明了什么？第一，利润稳定保持在高位，未受到核销不良资产冲击，在最为困难的 2014~2017 年仍然年年增长，从趋势看 2018 年已盘整向上。第二，不良贷款率稳定在低位，表明风险控制是有效的，银行经营是谨慎的。这是多年来实行稳健审慎经营思想所取得的成果，奠定了我国金融业的稳定，成为极为重要的明证。

**何谓最糟？** 尽管信贷不良率在低位，但从曲线看几年中步步下滑，表现为普遍性，几乎所有银行都有违规经营问题需要整治：

其一，在多种原因下，社会存在的金融风险远远超过人们的感受，主要是非银行金融风险，实际问题的恶果远比数据严重。2018 年，国家将防范化解金融风险列为"三大攻坚战"之首，后两年仍要打好金融稳定之战。这种提法在历史上很少见，足以说明严重性。

其二，不少银行都发生了各种奇葩的违规经营事件，涉案金额动辄十几亿元、几十亿元；互联网金融类风险动辄几百亿元，令人惊骇。究其根源，多是违反了最基本的信贷管理要求，多属常识性的低级信贷错误。冰冻三尺非一日之寒，熟视无睹潜伏期久，监管与风险管控的缺失深矣。

其三，这几年来，金融监管部门对银行机构违法违规行为做出了最为严厉的处罚①，金额之大、事件之多成为历史之最。2019 年 5 月 24 日，央行发布接管包商银行，委托建设银行托管该行业务，也是近 20 年来少有的风险事件。至少表明，不可低估银行在高速发展中存在问题的严重性，不可放松对风险管理的要求。

那些轻率随意、大面积发生的违规行为告诫银行，**风险管理意识并未真正融入骨髓，基本动作并不扎实到位，一有环境气候邪念就冒出来作祟**。许多风险并非出现在规则空白点中，而是挑战管理的底线红线，冲撞最基本的常识要求，视之无物，大胆妄为，甚至长期违规经营，危害性极大，损失严重。

成绩代表了改革发展进步的硕果，缺陷暴露出还残留着原始的丑陋，

---

① 2017 年银监会专项治理："三违反"（违法、违规、违章）、"三套利"（监管套利、空转套利、关联套利）、"四不当"（不当创新、不当交易、不当激励、不当收费）、"十乱象"（股权和对外投资、机构及高管、规章制度、业务、产品、人员行为、行业廉洁风险、监管履职、内外勾结违法、涉及非法金融活动等十个方面市场乱象）等专项治理行动。

这种似乎矛盾的状态正是发展中银行的基本特征。我们一直在这种纠结之中，从矛盾中走过来，还要继续走下去，不断地成长、升华、进步、成熟……未来路上依旧坎坷不平，美好的明天在召唤。要常反思，再进取，这是辩证法，是发展之路。

案例：非法集资、非法交易等行为频发，2017年全国发生的新的非法集资的案件超过5000件，涉及金额很大，涉及公众人数很多。人民银行行长易纲指出："涉及到非法金融活动，我们一定要强调加强消费者的保护，提高警惕，强化维权，特别是防止老年人上当受骗。"①

## 五、前方的目标：五大趋势、五项标高

信贷从来面向未来，所有的贷款命运都指望未来，一切都着眼于未来，未来比一切都重要。贷款是周转的，所有借款人的命运都在未来，指望明天更加安全平安。我们总是在测算未来、期待未来，把标高树立起来，如同灯塔能够照亮前进的道路。

未来10年信贷的趋势主要表现在以下五个方面，能够形成相应的指标：

**1. 民营企业贷款的比重将上升至60%~70%，是大趋势**

这不再靠政策的驱动，而是由民营经济成长性的市场地位和能量确立起来的，大批优秀企业与市场化银行结成为市场盟友，成为信贷的主体，再也离不开。信贷对**国企的依赖逐步降低**。如今国企数量仅有16万多家②，占2019年全国企业总数3858.3万户的0.4%；比2010年的4.47%

---

① 易纲.《中国货币政策框架：支持实体经济，处理好内部均衡和外部均衡的平衡》，2018-12-13.

② "截至2014年末，全国国有及国有控股企业（不含金融类企业）共有15.5万户（央企5.2万户，地方国企10.4万户），资产总额102.1万亿元，净资产35.6万亿元，其中国资委监管的中央企业资产总额38.7万亿元，净资产14.3万亿元。"《用市场化思维和手段去杠杆》，载《清华金融评论》，吴晓灵，2016-10-11。

大幅下降了九成①。因为数量少，绝大多数的银行分支机构已很少与国企打交道，这是市场的现状。未来会继续下降，尽管数量上不多，但贷款上依然是重要客户，信贷的比重会从目前的过半下降到40%～30%。

面对这个趋势，银行业应当尽早建立与完善相应的信贷管理体系与机制，依靠现有的运作理念和管理制度是远远难以承受的。

**2. 国家大规模的基本建设高潮逐步地过去，贷款热点日渐转移，固定资产贷款的重点进一步转向新技术进步**

高技术需要更高的投入，由于企业资本短缺，因而对信贷的需求绝不会减弱。信贷支持一大批高新技术企业跻身于国际前沿，促使银行更加关注发展技术型信贷，深度参与支持经济向高技术转型发展。因此，信贷应该继续增加技术型人才的力量，并调动社会技术的力量对前沿项目的论证，运用多种金融工具和产品介入到高风险的领域中去。

**3. 信贷企业总量仍将扩大，预计市场主体会从如今的1.2亿个增加到2亿个，贷款户总量也随之成倍增长**

企业实力更强，大企业更大，中企业更多，小企业更优，各行业领军骨干企业会逐步形成，企业的整体素质将得到提升。无论在传统基础行业、新兴技术行业，大批优秀企业显示出强大的个性化特征，使企业主体的稳定性大增。市场的国际化将带动信贷的国际化，国际国内信贷一体化特征更强。支持中小企业的普惠型信贷管理体系逐步成熟，银行与中小客户以市场方式紧密深度地融合。这些都为未来信贷奠定一个良好的基础，也是这10年间在信贷人才储备、提升素质和完善管理方面极为紧迫和重要的任务。

**4. 经济结构的调整加快，企业的分化、并购、重组逐步进入高潮，一个时期将形成高潮迭起的局面**

例如，汽车行业的并购势不可当，在并购中形成几大集团的品牌和厂

---

① "从1998年到2010年，中国国有企业的数量占比从39%下降到4.47%；资产总额从68.8%下降到41.78%，主要营业收入从52%下降到27.8%；利润总额从36%下降到27.8%；从业人数从占全国的60.5%下降到19.2%。从2006年开始，非国有资产的总数已经过半。"李荣融（原国资委主任）2012年3月"两会"期间对《中国经营报》记者采访时说。

家。早期美国曾经有 2000 多家汽车公司，但只有 3 家生存下来，中国汽车也一定会走这条必由之路。信贷定将全面活跃地参与到其中，投行业务、资管业务定将形成一个大发展态势，银行在资本市场变得活跃，更多投资类信贷产品会创造出来。在近 5 年内这种势头可能就会涌现，而银行并没有准备好。

**5. 在扩大消费拉动经济发展的大趋势下，未来的信贷结构将出现根本性转折，预计消费贷款的比重会从现在的 36% 提升到 40%～45%**

这也是一种挡不住的信贷趋势，在投资需求减弱，市场需求主体转变为消费的态势下，需要信贷支持消费去拉动。这十年来，消费贷款、按揭贷款随着城市化进程持续增长，未来 10 年仍然存在 10 个百分点的增长空间，信贷需求旺盛不减。

五大趋势下，信贷市场丰富旺盛，信贷总量会大幅增长，新借款人涌现，老借款人持续，成为信贷的主流，需要以发展的眼光、创造的精神去迎接未来的挑战。

# 第 16 章　信贷的财务观

财务是信贷的价值内核，经营信贷最终是实现财务的目标，这是资本的诉求。信贷收入是财务营收的主体，财务倚靠信贷，信贷围绕财务目标，信贷特征也成为财务的特征。每当货币信贷政策调整出台，财务部门立马要计算对收益的影响，充分说明了两者之间密不可分。信贷强则财务强，信贷弱则财务弱，可谓信贷财务。

财务对信贷要严格、要理解。所谓严格，是指充分运用财务核算管理的手段，主动分析信贷业务运行中存在的问题，落实责权利机制，积极地管理与指导信贷。所谓理解，是因为信贷不只是为了财务而经营，还受到市场、政策、利率与管理等多重因素制约，构成了财务管理的复杂性。许多事信贷不能自作主张，说了不算，受政策掌控、受监管督察、受领导督办，不是完全的市场化运作，会造成对预期的偏离。

## 一、信贷盈利的逻辑

加强信贷财务管理，需要理清各要素之间的逻辑关系。是哪些要素在影响贷款的盈利？

**1. 贷款收益＝信贷规模×利差×贷期**

算式中各因子分别涉及贷款数额、利率、期限要素，反映了市场的效率问题。其中：

**（1）规模：余额＋新增额度**。贷款总余额是由历年积累起来的，是盈利的基础；新增规模是当年贷款增加的平均余额，是盈利增长的主要部分。余额在收放中波动，增量年年梯度上升，增量除新增规模因素之外，还有存量收回再贷的变化。核算中运用了"积数"和"平均贷款余额"的概念，计算财务结果。规模大了财务盈利基础就强，增量多了收益和增幅就大，相应分摊的固定成本就低。

**(2) 利差＝贷款利率－资金成本**。确定一笔贷款利率时，受到政策指导、企业风险、贷款供求、期限管理、竞争等因素而浮动，即受到政策、市场与经营三方面的支配，绝不简单。经营总想提高贷款利率，但面对强势客户只能下浮；面对政策要求必须约束上浮；面对市场竞争只能下压；为营销其他业务只能降一降……每一笔贷款的定价都是一次博弈。

**资金成本＝各类存款加权平均利率＋低息无息资金的机会成本**。其中低息无息资金包括：现金及无息资金占用、存款准备金等。因此，存款成本不等于存款名义利率，而是综合资金成本，显然高于名义利率。实务中以 NIM 表达，使得资金成本更加准确合适。控制资金成本，需要控制存款利率、控制现金及无效、低效资金的占用，提高各个环节的效率与管理。

**(3) 贷期＝时间＋效率**。资金永不眠，生有一种不闲置机理，表现在周转不停、配置时效以及结构中。一是时间，资金计时，计较时效，收益皆在时间中，贷期是收益的要素，贷一天可收一天的利差，贷期长则对应的利率高、收息期长。二是效率，早一天贷出早收一天息，晚一天贷出有负效应，体现了货币的时间价值，效率是形式，实质是效益。

例如，一个项目贷款几家银行合贷，审批早的银行先放贷，体现效率高信誉好，也占得先机，多获取相关的收益；而晚审批的银行晚贷出，贷期缩短，如遇到企业压减贷款总额，就少贷不贷了。结果是，银行损失了原先立项审批的管理成本，丢了市场机会，额度闲置失效。实务中，银行设法早早将贷款放出去是运行潜规则，月初尽早放，一季度多放，上半年多放，不让规模闲置，一时贷不出也要投向票据等低利率、流动性强的贷款，为了早早收获利差。

**2. 如何衡量贷期的财务效应？**

有三个参照系，可以对号入座：

第一，是否能覆盖同期资金成本？即边际贡献要大于零，不亏本是财务的底线。

第二，是否超越了市场机会成本？即投资收益要大于机会成本。例如，资金用于购买国债、金融债等收益稳定安全且免税的金融产品，这是资金收益的经营底线。

第三，是否能高于全行贷款平均收益？即优化贷款结构，将贷款投入较高收益的产品，这是衡量单笔贷款的价值底线。

**3. 信贷净利润＝贷款收益－拨备－费用－税收**

信贷收益转化成为利润，还需跨过几道坎，即在贷款收益形成后，再减去各项管理类成本。这些成本与会计制度、税收政策、监管规则、管理状态紧密关联，通过信贷财务管理保障实现利润。主要是：

**(1) 拨备是信贷的风险成本，是影响利润的最大因素**。信贷风险不可预测，精心管理信贷成本是经营的重要职能，提取拨备可以缓冲风险滞后性对财务的冲击。

按照监管制度的规定，金融企业应当在资产负债表日对各项资产进行检查，分析判断资产是否发生减值，按照谨慎性原则，计提资产减值准备[①]，用于弥补资产损失的准备金，贷款拨备率为1.5%～2.5%。年末对风险资产统一计提一般准备[②]，其余额原则上不得低于期末风险资产余额的1.5%。相对于贷款资金成本、税务成本及费用成本等，拨备成本的弹性较大，因此，控制不良贷款是信贷财务最重要的一环，从来都是衡量经营管理水平的重要标志。

**(2) 业务及管理费用（简称费用）**。主要是人力费用和经营费用，或

---

[①] 资产减值准备是指金融企业对债权、股权等金融资产（不包括以公允价值计量并且其变动计入当期损益的金融资产）进行合理估计和判断，对其预计未来现金流量现值低于账面价值部分计提的，计入金融企业成本的，用于弥补资产损失的准备金。

[②] 一般准备，是潜在风险估计值高于资产减值准备的差额。

人力费用和非人力费用。就信贷业务而言，包括营销、尽调、审批、运营及管理费用等事项的支出，越是碎小、风险大的贷款，费用成本越高。据对大银行的财务分析，在费用构成中，大体上人力费用占65%，非人力费用占35%。当然，中外银行、大小银行该项指标的构成完全不同，严格费用管理是提升贷款盈利能力的主要因素之一。随着经营规模增大而降低分摊的费用，也将提升信贷盈利。

**(3) 税收**。银行所得税率为25%，增值税为贷款利息收入的6%。税务筹划大有学问，例如，国家对某类贷款有减免税优惠，成为选择市场的重要策略。

**如何看待信贷的盈利？** 所有的信贷要素都牵连其财务的内核，净利润的最终形成，涉及效率、风险成本、管理成本等诸多方面，唯有依靠有效管理去提高信贷盈利，不忘向内下功夫，不能只是把眼睛盯在客户与利率上。经营中大有学问，成功的信贷依赖财务去支撑，让业务与财务充分融合；同时，鉴别信贷人员之间在经营水准上的差异、潜力，也最终落脚在财务上。

## 二、信贷的风险定价

只有将贷款利率控制在覆盖成本、获取合理利润的前提下，信用资本才有经营的动力，资金才有周转的市场活力。假如某些业务不能覆盖成本，需要靠其他收入来弥补，结果减少了盈利或者形成亏损，这些业务就难以为继。这是商业定价的逻辑，是信贷利率形成的基本原理，是可持续经营的商业机制，也是经营的市场规律。

**1. 信贷成本构成与原理**

**(1) 信贷成本构成因素**。主要是资金成本、业务成本、减值损失（风险成本），还应包括资本成本，即资本对合理利润的基本要求。以信贷成本为依据，综合了政策与会计制度的各种要求，形成了贷款利率。其计算公式为：

信贷成本＝资金成本＋业务成本＋风险成本＋资本成本

**(2) 成本要素分析。**

**资金成本**，主要是各种存款资金的筹资成本。资金成本主要取决于LPR贷款基准利率，央行通过发布存贷款的基准利率，并通过存款准备金和货币供求数量等手段调控社会资金价格，直接影响商业银行资金成本。银行间竞争也引起存款价格的上浮。银行间同业拆放市场最能敏感地反映社会资金的价格，例如上海（Shibor）、香港（Hibor）、伦敦（Libor）等市场的资金价格，常是成本定价的重要依据。**银行的资金成本利率一般为2%~3%**。

**业务成本**，即符合财务制度规定开支的业务及管理费用，包括营销、调查、维护、运营、薪酬和管理等方面的经营成本。**业务成本一般在0.5%~1.5%**，大型银行低，中小银行高。核算中分为固定成本与变动成本。在较大规模下经营，可以提高效率并降低固定成本的分摊额。因此，随着银行经营规模的不断增长，分摊的业务成本也得以相对下降，这使得我国银行业"收入成本率"逐年下降，是大幅低于西方银行的主要原因之一。

**风险成本**，即覆盖坏账损失的风险溢价或风险补偿，主要是覆盖贷款损失的信用成本。计提风险成本能够增加风险安全垫，得以熨平风险爆发期发生冲击经营的波动。风险成本是影响信贷定价的最主要因素，银保监会对贷款损失准备计提的要求是：**贷款拨备率为1.5%~2.5%、拨备覆盖率为120%~150%**。按照监管法定要求的标准，如果经营发生坏账愈多，计提的减值损失愈多，将直接减少净利润。

**资本成本**，是综合考虑各类资本工具的综合成本，也是股东要求的预期收益率底线。盈利是维持经营的必要条件，是股东投资的基本要求。体现在ROE指标中，如果正常ROE在10%~20%区间，其中**10%左右部分是股东预期的底线要求**，可视作资本成本。

上述四项因素的组成中，资金成本、业务成本、风险成本都受到政策和会计制度的严格约束，因此，**保障资本合理利润的有效途径，主要是靠贷款定价、经营规模与信贷质量，定价事关利差，规模事关固定成本的摊销，质量事关风险成本**。这三个方面正体现出我国银行业经营的最主要特征，即利率市场化浮动、资产连年扩张和风控能力的加强，根本出路是降低风险成本，未来五年中这种经营方式不会有太大的变化。

**2. 定价三因素**[①]：**实际贷款利率＝基准利率＋板块利率浮动＋企业利率浮动**

基准利率是央行公布的贷款利率；板块利率浮动是对特定客户群的贷款做出利率浮动，形成板块利率平台；企业利率浮动是在板块利率平台上，对某笔贷款做出具体的利率浮动。三者合成实际贷款利率。

**（1）依据特定客户群的风险和行业特征，银行设定了相应板块的利率平台，借款人对号入座，成为一种定价规则或潜规则**。特定板块客户群的风险度或政策要求更高，在定价意识中自然会提高其风险成本因素，作为该板块信贷利率的平台，如房地产、小企业等。方法上，一般是在央行基准利率上做适当的浮动。例如，对小微小企板块的贷款，中小银行普遍会上浮利率20%以上，依据是该类贷款的风险与业务成本高，加上管理成本等因素，成为一种对板块的市场定位。

**（2）实际贷款时，依据企业经营状态的风险度与信贷供求情况，在板块利率平台上再对具体企业量身定做，作一定幅度的上下浮动，形成对实际贷款利率的定价**。假如基准利率为5%，某类板块利率整体上浮20%，定价为6%。若其中某企业风险度更高，再上浮20%，合计上浮40%，形成实际贷款利率为7%。这种利率浮动幅度是合理的，对比之下，为小贷公司利率的1/3～1/2，为民间借贷利率的1/4～1/3。

**3. 风险定价的合理性与经营奥秘**

**（1）对小企业利率上浮具有合理性**。从一般的财务分析中可见，贷款

---

[①] 定价中不包括政府指导下贷款利率的因素。

利率每上浮10%的幅度，可覆盖风险与业务成本上升的0.5个百分点。据央行披露，2018年3月末，小微企业不良贷款率为2.75%，比大型企业高1.7个百分点，表明风险溢价不小。因此，若要覆盖大小企业之间风险高差部分的成本，贷款利率至少应当上浮30%，方能维持原有的资本收益。如果加上相应增长的业务成本，那么，贷款利率上浮20%～60%都具有合理性，这是当下中小银行普遍的做法。因此，要求银行实行平价利率并自行消化风险成本具有经营的难度。

**(2) 管理以板块利率的定位，引导贷款客户市场。** 第一，运用经营考核，促使信贷向本银行定位的企业市场集中。因为，利润计划中具有板块结构定位的因素，如果脱离定位市场的利率就会引起财务计划的波动。第二，运用风险定位约束市场风险，避免逆向选择。为什么小贷公司利率在15%～24%，而银行利率都在10%以下？因为低利率区间的借款人风险相对低，适合于信贷的安全性，银行自身也实行风险准入的强约束，规定不得发放高利率贷款。

**(3) 赚钱的奥秘：专业管理水准和风控能力是影响利润的主要因素。** 制度规定，应当按照贷款余额提取贷款拨备率1.5%～2.5%、拨备覆盖率120%～150%。如果贷款正常收回了，那么这1.5%～2.5%的成本就能直接转化成为利润，大幅增加了利润的比重。这就是信贷赚钱的经营奥秘和关键，因此，经营一家银行，保障信贷质量永远是第一位的。

# 三、损益的轨迹

在信贷业务中，收益是如何随着利率变动与风险演变的？

## 1. 风险盈利的轨迹：从正相关走向负相关

正常类贷款的收益随着利率的提高而增加，一旦出现不良贷款，收益就发生质变，少则损失利息，多则损害本金。风险收益的演变过程可以划分为前后两段。见图16-1。

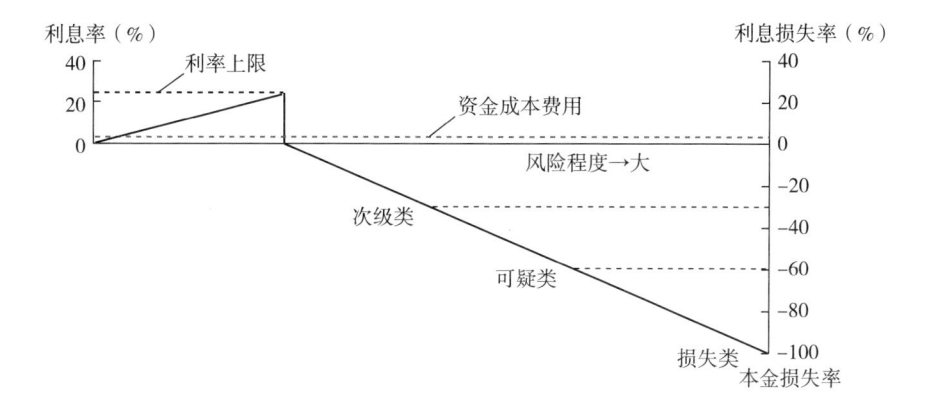

图 16-1　贷款利息浮动区间和本金利息损失图

前半段表现为风险与收益的正相关性，即设定的利息率越高，形成的利息收入也相应提高，显示出一种线性的斜线，见图中左半部分。利息收入减除资金成本及费用后，形成利润。正常贷款在收回本金和利息后，其财务风险取决于收息率的高低，以及资金成本与费用。只要利息能够覆盖总成本，就能形成盈利。

后半段是当一笔贷款形成了不良以后，不能支付利息，损益就出现拐点，向着本金损失区间断崖式跌落，转变为负相关性。风险越大本金损失越重，顺着次级、可疑一直下滑至损失类，本息完全损失，见图中的右半部分。财务损失包括本金、应收利息，以及资金成本、费用等，事后相关追收的费用也会激增。随着清收时间的延续，损失将不断增加。

**2. 利率浮动区间**

利率的设定从零起步，上限是法定利率最高点（一般不能超过基准利率的 4 倍，超出视作高利贷，不受法律保护）。实务中，一般以央行发布的 LPR 定价利率为基准，针对不同的贷款对象及风险度，作上下的合理浮动。利率下限应当覆盖综合经营成本。

政策是导向利率最主要的因素，例如对房地产贷款利率的干预，对小微贷款、三农贷款的低利率指导等。总体来看，设定某一笔贷款的利率值，是信贷员对客户、对风险判断的结果；一家银行的综合利率，总体反映了对信贷客户群定位与风险偏好。在利率管理中，一是要求员工恰当地设置每一笔贷款的利率，二是要求分支行机构调控好总体利率的水平，确保实现信贷利润计划。

### 3. ROE、ROA 的合理区间

从经营周期看，ROE 呈现出经济上行期高、下行期低的特点。从银行业财务状态看，ROE 在 10%~20% 区间、ROA 在 1% 左右都是合理的；优秀的银行 ROE 十年平均值在 15% 上下。图 16-2 是四大银行在 2006~2018 年的 ROE 变动情况，其波动的状态基本上反映了经济运行周期的状态，波动原因主要是受到资产质量的冲击。

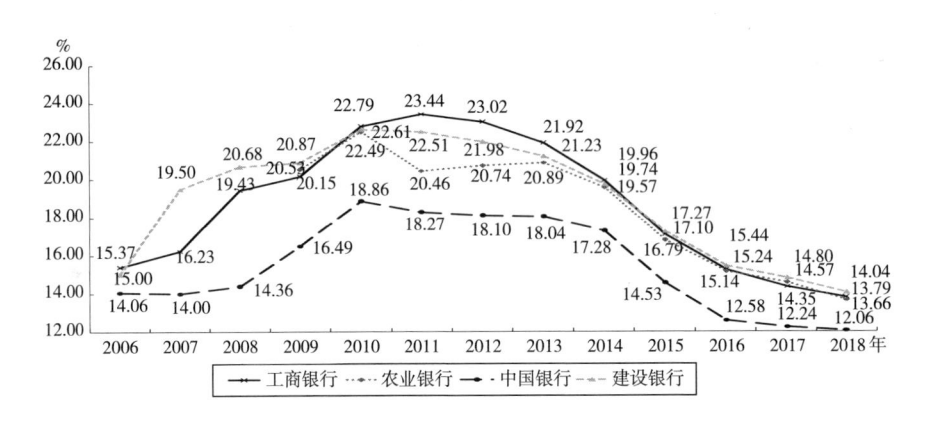

图 16-2　加权平均净资产收益率 ROE 折线图（国际会计准则）

## 四、信贷财务的秉性

各类银行的区域分布、规模与经营方式不同，但无论市场或政策的银行，对于信贷盈利的期待几乎相同，对不良率看管得都很严，绝不肯放松，这是信贷财务的秉性使然。银行间都以 ROE、ROA 比较资本回报，信贷的水准体现在能否比行业平均值多收一点，或少损失一点之中，去扩展盈利的空间，展示自身的竞争力。

## 1. 信贷的财务属性：风险低、收益高

贷款风险越低越好的观点，是片面，是外行所言。实务中，高风险有高风险的经营方式，低风险有低风险的经营方式，只需风险可控、有效盈利，没有对错之分。因为各家银行的市场定位不同，借款人群体不同，资金成本不同，所在的区域不同，信贷生存在各种环境下，只能采取相应的经营方式。风险永远是相对的，过于强调低风险反而无所适从，导致经营保守市场退缩、客户减少收益降低，使信贷孤立地位降低，也很难有效地支持其他相关业务。这绝不是资本的本意。

**为何不期待信贷低风险经营？**因为受到三大压力。第一，股东资本从来期待更多的红利，只要求不良率适当可控；第二，行政干预总是要求信贷进入风险更高的领域，不希望银行求稳守摊子；第三，高收益市场从来出自高风险领域，不存在低风险高收益的借贷逻辑。稳健经营 ≠ 低风险经营，稳健不是求稳当，而是要求信贷稳健地获取更高的绩效回报，谋求价值最大化目标。商业性＝盈利性，在风险与收益中追求银行利益的最大化，这是经营之道、信贷之道。

信用等级代表一家银行的经营风险状态，"评级最高的银行（AAA/Aaa）未必是最好的银行。"普华永道的专家们这样评价，因而 AAA 级不是银行的一种美誉和光彩，优秀的银行都不愿意去追求。

**案例**：1997 年我参加一次境外金融高级培训班，渣打银行财务总监在授课中说：银行并不追求 AAA。我当时十分不解：等级高有何不妥呢？继而问之。他说：AAA 级过于保守，商业银行股东需要更高的资本回报，不希望经理人过于谨慎。话中深含经营之道，颇让人回味，只是那时感受不深，直至工行股改上市后，才领悟到经营的商业本质。我也查找了实证：2005 年度穆迪公司对世界 50 大银行（按照所有者权益排序）的国际信用评级分析中（见表 16 - 1），3 家银行评为 AAA 级，占 6%，都是政府性银行；AA 级、BBB + 级只各有 1 家。其余，有 27 家银行评为 AA 级、AA - 级，占54%；有 18 家银行评为 A ++ 级至 A - 级，占 36%，两者合计为

90%，构成信用级别的主体，这个定位区间才是大多数商业银行对风险的选择。

表16-1 2005年度穆迪公司对世界50大银行的国际信用评级分析

| 级别 | AAA | AA+ | AA | AA- | A2 | A+ | A | A- | BBB+ |
|---|---|---|---|---|---|---|---|---|---|
| 银行数量（家） | 3 | 1 | 11 | 16 | 1 | 7 | 7 | 3 | 1 |
| 占比（%） | 6 | 2 | 22 | 32 | 2 | 14 | 14 | 6 | 2 |

**2. 积极有为去应对"两难"**

在等额风险下，财务追逐更高的收益；在同等收益下，财务力求更低的成本，求得相对高一些的利润，这是信贷财务的本能。

**（1）政策变化必殃及信贷财务，只有受伤没有说法**。行政与市场的冲突，社会责任与资本利益的冲突，反映出信贷的矛盾，体现为财务"两难"。

第一，股东资本的盈利诉求与政策常不一致。资本期待不断提升利润，不会因政策出台主动去降低对ROE、净利润的考核，国有、民营银行都是如此。例如，政策在驱动信贷去解决融资难融资贵，总理要求大银行的小微贷款增长30%，利率4.35%。但现实很严酷，"普惠金融口径单户授信在一千万元以下的小微企业的贷款，不良率在6.2%左右。"① 这种高风险形成对经营的冲突，是财务的难题。

第二，信贷拓展收益常与政策导向不一致。银行力图发展中间业务以增加服务性收益，弥补信贷收益提高资本收益率，但是，政府要求银行降低服务收费，釜底抽薪，直接取消了许多的收费项目等，并进行严厉的限制和监管处罚，抑制了创收动机。这种环境因素不会在短期内消失，至少在5年内存在。

**（2）变被动为主动，信贷财务要有所作为**。服从大局积极平衡，把握总体风险，服从政策指引，支持高风险类贷款，并安排弥补损失，这是我国信贷的特殊性。既要降低小微利率，又要提高营业收入，给国家作出贡

---

① 人民银行行长易纲在十三届全国人大二次会议新闻发布会披露，2019.3.10.

献；既要确保提高利润总额不下降，又要管住不良贷款率，看似矛盾，实则辩证。能否这样认识：通过管好现有贷款余额，减少不良率；在处置不良贷款中减少损失率；控制负债成本保持利差；控制费用成本增加收益；提高利率议价能力，不搞一刀切，提高对其他非小微贷款的收益，等等。这些都是保障信贷收益的有效措施，潜力不小，我们并没有做到位，应当能够主动地走出一条新路来。

财务的责任在担当，财务的本事在平衡，东方不亮西方亮，北方亏了南方补。收益与风险、增收与服务是永恒的矛盾，绝不是眼前一时发生的，几十年一直如此走过来，只是当前在经济发展的压力下更加突出，但依旧是原先的格局。这些年来银行利润照样增长、贷款风险照样得到有效控制，说明银行能够做到，做得不错，相信未来一定能够做得更好。

## 五、构造信贷的财务结构

从财务看信贷，信贷是方式，财务是归宿、是意图，信贷结构体现财务结构。正因为信贷收入是银行的主体收入，财务就应当能动地介入信贷业务，从结构入手管控信贷。财务约束信贷，不必指手画脚去干预贷什么、不贷什么——这是信贷专业的事，但是，财务一定是通过结构、利率、营收计划和质量指标去调控约束信贷行为，实现财务目标。这是财务的本能，是经营手法，是积极的信贷财务。

信贷的财务品质，是由高中低端风险贷款动态地组合而成，形成财务的结构。财务是经营之魂，财务机制的根本机制，风控偏好从财务中引出，确定当年可容忍的风险损失数额，要求建立怎样的风险资产结构，都受到财务计划操控。

**1. 信贷结构是财务稳健之根源**

无论理论与实务，单笔贷款都存在风险的不确定性，收回之前都处在未知状态。只有集成相当大的规模，才有风险概率的规律，对其实行结构性控制，才有管理的安全可控性。信贷专业管理与财务管理，两者缺一不可，却又差别很大。**财务管理融于信贷管理之中，主要表现为总体的结构管理以及核算，而对每一笔贷款主要是业务管理，财务只是机制与导向。**

各项业务都有其财务结构，成为业务平台的经营支柱。信贷财务结构，是由各类贷款、各种利率构成的区域分布的专业财务架构。财务管理是通过构造信贷财务的结构，从源头控制、构建可靠的基础，使信贷运行在财务机制的平台中，保障经营的稳定性。因此，**财务管理是战略管理，靠事前主动把舵，不是只做事后，被动地接受后果。**

信贷是感性的，在竞争与指标压力下去迎合市场，有冲动进取；财务是理性的，在综合经营中把控全局的平衡，更冷静理智。看大银行，数万个机构冲锋陷阵，贷款有起有落、有优有劣，风险曝出有先有后、有大有小，各地经济有强有弱、有进有退，需求差异大，环境不一，政策不同，靠什么去动态平衡？唯有财务能统筹兼顾一盘棋。

**2. 信贷要从构建稳健的财务结构着力**

假如信贷结构不合理，何以财务稳定？结构合理了，有进有退、有攻有守、有得有舍，有政策指导有市场精神，有重点发展有区域平衡，有谨慎有冒险……呈现出一种竞争状态和活力。

信贷有其惯性和惰性，愿意做熟悉的市场，不愿冒风险，但是政策与经营并不允许信贷任性。例如，大银行信贷必须大中小配置，舍弃一些大额的，配上一些高风险、高收益的，如小微贷款。为什么经营中要做这样的安排？

第一，以上浮贷款的利率收益抵销下浮贷款的利率，实现利息收益的总体平衡。

第二，政策有要求、市场有需求与银行有义务，支持民营经济，也能在高风险市场中激励、培育与提升市场能力。

第三，大中小企业是相互关联的，市场不可能隔离，形成合理的贷款客户组合，才有总体稳定的信贷与风险结构。信贷如同大坝，需要大石头、中石头、小石头和沙土，垒起来才更结实。

贷款组合是一门经营艺术，结构有效总体风险就下降了。大中小企业组合、各行业组合、长短贷期和区域分布的组合、不同种类和产品的组合等，对外为满足市场的需求，对内通过不同风险度的组合，形成总体有效的财务结构。在对效益风险的选择上，信贷的通病是兼顾收益较少，因此，只能运用财务去规划、督促和调控信贷结构，不能放任。

**3. 保障信贷投向重点市场，才有稳定的信贷财务**

保重点是财务的精神与导向。假如行政化平分给各地信贷规模，将有损全局经营。为什么？第一，行政化配置资源效益低，非市场类贷款常有亏损；第二，经济落后地区投入产出效率低，行际之间存在成倍的差距。信贷分配本身受到行政驱动，而财务机制具有绩效导向，引导高效，因此，要用财务杠杆促使信贷向效益倾向，突出重点，减少行政化，从源头上把住信贷的稳定性。

**（1）如何处理重点与一般的关系？** 配置信贷资源的原则是政策导向＋市场机制，前提是风险与效益的统一。关注和扶持重点应当从信贷配置开始，市场与政策互为兼顾结合，就是照顾一般、保证重点。必须指出，执行政策的底线是达到基本要求，平衡兼顾不是平均主义。由于资源有限，保证重点是普遍的原则，把更多贷款投向重点，提高投入产出效率。哪怕在不发达地区也要确保相对重点，不能机械地撒胡椒面。

**（2）落实政策导向与市场机制结合的一般做法。** 即将资源切为两块，一块用于保底线的基数分配，兼顾公平；另一块用于保重点的以价值取向，效益优先。银行股改转制已有十几年，经验告诉我们，可以从财务费用上关照不发达地区的分行，但任何时候绝不要从信贷规模上照顾，否则造成的信贷风险的残局，会发生十倍、几十倍于财务费用的再投入。这是信贷常识，曾有无数的教训。

# 六、利率是信贷的财务准星

有利率自主，才有信贷的财务活性，利率市场化是竞争力的核心要素。过去在利率行政定价下，利率要素僵化、淡化了，因而社会并不认为银行的商业化，银行很憋屈。信贷定价从来是经营的核心难题，如今利率市场化使灵魂回归，既多了博弈的工具，又激励了财务意识。不懂利率的人反倒成了门外汉，亟待人们去运用和管控。利率管理首要是驱动信贷的财务意识，信贷管理首要是驱动利率的市场意识。

依据商业可持续性原理，资本必须获取持续、稳定的合理盈利，才有可经营性、可持续性发展。信贷盈利的经营活动从贷款价格的利率开始。

**1. 信贷定价：利率市场化使财务有了准星**

贷款利率是秤星，标出一笔贷款的风险度，利率越高则对应风险越大，风险越大则利率应当更高；贷款利率是标尺，表明一家银行的定价能力，利率越合适经营越到位，经营市场化则利率越灵活；贷款利率是准星，是方向要盯住，是标准要对照，利率对信贷的意义如同准星对枪支一样重要。

**(1) 确定每一笔贷款的利率都不容易**。如同一张定价单，汇集了政策、经营、风控、客户与市场导向的诸多敏感点，综合多方的博弈，考验着银行经营的策略水准。从整体贷款利率中，能够看出一家银行的市场定位、风险偏好和经营思想；从利率定价的机制中，看得见一家机构的营销竞争力、风控盈利能力和信贷水准；从对不同客户利率的阶梯特征中，分得清银行对客户资信与风险评价的价格等级；从各地区利率水准和差异性中，可以分析出区域风险信贷的结构和机构市场化能力。利率如同一面棱镜，把各种颜色分辨得清清楚楚。

**(2) 每一次确定利率都是一次检验**。定价中，一面要看规模紧缺程度、企业风险状况，另一面受到财务指标的约束，在落实每一笔贷款的利率时，面临个性化定价。利率是抓手，市场化经营从利率定价起步，定价敏感又灵活，显露信贷的活性。它验证经营机制、评价功能绩效、展现竞争能力、定位风险偏好，与所有业务与产品命脉相联。一个员工如果不懂利率定价，如同买卖中不会适时调价；一个高管不能把控利率结构，容易造成全盘的失控。利率市场化逼迫每个人要对每一笔贷款思考，做出个性化选择，继而检验其风险财务意识。

**（3）利率是单价，能力在定价，责任落实到人。**负债业务的盈利依赖低息资金，降一厘等于赚一厘；资产业务的盈利依靠合适的定价，升一厘等于赚一厘；贷款利率有升降浮动，前提是做好对整体利率结构的把控配置，兼顾市场与财务经营，以实现总体平衡盈利。利率市场化是灵活的、有原则、有底线的，灵活才有市场竞争力，原则是实事求是服务经济，底线是保障安全与盈利的基本要求。因此，利率水准考验着每一个人的经营行为与能力，验证贷款人的市场观念与经营状态。

**2. 定价能力是核心竞争力要素之一**

**（1）信贷利率定价的原理：能覆盖风险 + 客户能接受 + 经营有利益。**具体确定时，依据贷款期限、数额规模、风险度及客户关系等基本因素，还有贷款的重要性、政策性、供求关系、同业竞争、开展其他业务等也影响利率的高低。各要素背后还牵涉多种技术性、综合性方案的比较、组合优选，才能确定市场性竞争式的报价，因而形成贷款利率的背景极为复杂。

**（2）资金成本价格的上浮，迫使信贷利率上浮。**假如风险锁定，则稳定绩效 = 稳定息差，扩大绩效 = 扩大规模，即依靠贷款增长来提升整体的财务收益，扩大经营规模自然成为一种发展的基本模式。因为在一般情况下，一家银行的存贷款利息差是相对稳定的，波动不大；信贷客户也很稳定，银行不会随意另找客户去提高息差，这样做风险很大。

问题在于，利率市场化首先提升了存款成本，导致利息差下降，严峻地挑战贷款的定价能力。例如，"当利率市场化带来存款成本提升，贷款利率总体会上浮，何况当前大多数企业经营状况堪忧。据统计，截至2018年第三季度末，73.8%的银行贷款的利率都是上浮的"（盛松成）。即在风险与存款成本提升的财务压力下，贷款利率的上浮早已成为现实。

**（3）多种市场因素都指向贷款利率，定价之难。**金融市场在变、客户差异化、需求多样化、经济的波动等，利率越来越成为挑战性难题。客户经营活动日趋复杂，促使贷款在利率与期限、用途、担保和还款等方面更加灵活组合、更具弹性去贴近企业个性化需求，真实地考验着信贷定价与综合服务能力。

实务中，在优质企业面前是买方市场，信贷利率不得不下浮；在中低档企业面前信贷才是卖方市场，利率才能上浮。信贷不能都要好客户，否则盈利难；需要配置一定比重的风险型客户去提高收益，这是经营准则，难度自在其中。如何减少下浮，或以其他收益弥补下浮的缺口？如何把控上浮与下浮的总体平衡？都是利率管理的重要内容、智慧和能力。当客户越来越计较成本，对利率更敏感、资金渠道更多时，竞争直接指向竞价，考验着信贷定价，使之成为一项核心竞争力要素。

## 七、浮动是利率之魂

利率市场化的灵魂是浮动。利率的浮动是金融改革的重要成果，没有浮动，经营就缺乏活力变得僵化死板，贷款风险就无法做出标识区分。利率的浮动常是市场与政策冲突的热点，借款人更关注能不能借到款，而政府在确定贷款总规模后更加关注价格；利率的浮动给大中小银行竞争划出了的不同的生存空间，将彼此分割开来，进入到不同风险状态的企业市场中。

近20年来，利率浮动机制成为了应对市场风险最重要的经营方式，成为资金定价的抓手。该浮就浮是一种经营意识，更是一种市场能力，该浮的不浮总有其背景原因，浮不浮都是经营的常态，不是合不合理的问题。银行在把握利率浮动上充满着技巧与策略，首先要弄清利率浮动的基本原理。

**1. 利率浮动对银行信贷净收益的影响**

在信贷收益中，资金成本与业务成本是两大基本要素，至关重要，而减值准备下的风险成本是经营中最大的变量。信贷收益率的计算公式如下：

$$贷款收益率 = 贷款利率 - 资金成本 - 业务成本 - 风险成本$$
$$= 贷款利率 - 刚性成本 - 风险成本$$

为便于计算，将（资金成本+业务成本）合并称为刚性成本，并取当下银行有关经营指标的中位数值，设定贷款利率为5%、资金成本为2.5%、业务成本为1%。

**如何设定风险成本？** 据央行披露，2018年中国银行业贷款核销1.016万亿元，约占贷款余额141.8万亿元的0.72%；2019年贷款核销1.06万亿元，约占贷款余额158.6万亿元的0.67%。如果去掉其中低风险的住户贷款，那么公司类贷款核销坏账损失率大约在1%，其中中小企业贷款损失率更高，相应中小银行核销的坏账也更多。因此，按照不同的上下浮动幅度，确定贷款利率，再设定在0%、1%、2%的三种坏账损失率下，分别计算出贷款的收益率，计入表格中。

相关数据填入上述计算公式：

贷款利率 5% - （资金成本 2.5% + 业务成本 1%） - 风险成本（1%~2%）= 贷款收益

表 16-2　　　　　　　不同浮动利率幅度下贷款的收益率

| 利率5%的浮动幅度 | 贷款利率 | 资金成本2.5%+业务成本1% | 风险成本0%时贷款收益 | 风险成本1%时贷款收益 | 风险成本2%时贷款收益 |
|---|---|---|---|---|---|
| 下浮10% | 4.5% | 刚性成本3.5% | 1% | 0% | -1% |
| 基准 | 5% | | 1.5% | 0.5% | -0.5% |
| 上浮+10% | 5.5% | | 2% | 1% | 0% |
| +20% | 6% | | 2.5% | 1.5% | 0.5% |
| +30% | 6.5% | | 3% | 2% | 1% |
| +40% | 7% | | 3.5% | 2.5% | 1.5% |
| +50% | 7.5% | | 4% | 3% | 2% |

**举例说明：**

贷款为基准利率5%时，当损失率为0，则有1.5%的利差；损失率为1%，还有0.5%的利差；损失率为2%，则亏0.5%。

当利率上浮 10%，贷款利率为 5.5% 时，损失率为 0，则有 2% 的利差；损失率为 1%，还有 1% 的利差；损失率为 2%，则为 0% 的利差。

依此类推。计算表明，成本对收益十分敏感，在资金成本、业务成本、风险成本三项成本要素中，每增加 0.5 个百分点，利率必须上浮 10% 才能消化，即需向下位移 1 层，否则就会形成该项贷款收不抵支。

如何有效控制成本，始终是经营的核心难题，成为信贷业务成败的关键。在利率市场化下，银行已经越来越难以把控资金的成本，因此，唯有从降低业务与风险成本入手，来保障收益，别无他路。审慎的风险管理和基于市场化的利率浮动管理，成为银行贷款持续发展的基础。

**2. 利率浮动是中小银行赖以生存的市场方式**

中大型银行在利率下浮或不浮动形成了经营亏损时，短期内仍可以用其他业务收入来弥补。但是小银行的贷款主体多是小企业，经营中存在资金成本高、管理费用高、借款人风险高的"三高"的特征，就谈不上亏损弥补问题。亏损会造成经营的困难，股东绝不会允许。

**案例**：温州民商银行。2018 年该行存款付息成本（不含同业）为 2.9%，缴付存款准备金率 11%（法定准备金存款利率 1.62%，超额准备金存款利率 0.72%），折算后资金成本为 3.22%；业务成本为 2.32%，两项合计的刚性成本为 5.54%，与上述计算中的刚性成本 3.5% 相比高出 2.03 个百分点。该行年平均贷款利率为 7.85%，比基准利率 4.35% 上浮了 80.46%。计算的贷款收益为：

$$贷款收益 = 利率 7.85\% - 刚性成本 5.54\% - 风险成本$$
$$= 2.31\% - 风险成本$$

利率浮动高了吗？如果依照小微贷款平均不良率扣减，则该行难盈利会亏损。温州民商银行开业不足 5 年，是经营最好的民商银行之一，几年来都是银保监会的模板。由于严格信贷管理，每年都保持了不良贷款为零，但仍需按规定提取减值准备。可见，该行盈利的两个要点：一是利率上浮；二是保障零不良率。在严格管理背景下，该行 2018 年资本收益率 ROE 仅为 6.86%，仍不及大银行的一半。因此，小银行经营难，利率上浮是无奈之举，上浮 8 成更是高风险经营定位，不可能长期持续，零不良率需要有很高的管理能力。

### 3. 结论：贷款利率浮动越来越敏感

温州民商银行案例充分显示，小银行筹资成本高，平均在 3% 左右，业务成本高过了 2%，两者合计高于平均值 2 个百分点，即贷款利率必须上浮 40% 才能消化。假如不良贷款坏账损失为 1%，那么，至少需要上浮 60% 才能维系较低的资本回报。如果按照监管对小微不良率控制在 2% 的要求，则还得再上浮 20%，即总共上浮 80% 才能保持经营现状。因此，浮动利率早已是经营之魂，触动它就会触及银行生存最敏感的神经。

**浮动的比率高不高？并不高。**

第一，据银保监会披露，2018 年 10～11 月银行业发放的小微贷款平均利率为 7% 多。这是贯彻解决"融资难、融资贵"要求下降后的利率水准。对比之下，该民商行贷款利率上浮相当于同行平均数，表明利率定位是审慎合适的，并依靠管理保障了不良率为零。

第二，该贷款利率只及民间借贷和小贷公司利率的 1/3～1/2。

第三，美国的银行对小企业贷款利率普遍在 5%～11%，对照也是可取的。易纲说："要坚持财务可持续，增强金融机构服务小微企业的内在动力。"[①] 他说到了经营的命脉，浮动是为实现财务的可持续性。

---

① 易纲. "第十届陆家嘴论坛（2018）"关于改善小微企业金融服务的几个视角，2018-06-14.

## ▶第 17 章 信贷的经营观

如果说，20世纪末的亚洲金融危机主要伤害了国企信贷，这是行政规律使然。那么，从2012年经济下行期以来，主要伤及非公有制企业信贷，这是经济规律使然。信贷的管理难点和重心从国企转移到了民企，走向市场方式，启动了经营方式的转型。

信贷的核心问题是风控、定位和模式，哪一项弱了都支撑不起信贷的基本平台。在银行，风控是最基本的管理能力与专业手段，能力的高低决定了这家银行能够走得多快、多远；定位是选择确定经营的市场板块与风险类别，形成信贷的市场特征；管理模式反映运行的特点，包括经营体制、机制和责任制。

少数优秀企业脱颖而出，多数企业快速分化，不少企业走向衰败破产。信贷艰难地面对企业的分化，尤其下行期的风险危机最大。怎么办？依旧是老办法，选择寻找安全岛，寻找不死鸟，从优唯优，企业能够活下去信贷就有希望。找到竞争性优质信贷市场，既是信用风控的重中之重，也是提升商业银行竞争力的基础工作。

## 一、有作为、不作为、乱作为？

**1. 行为三要素：合规经营、管住不良、保护好自己，缺一不可，撑起信贷作为的平台**

信贷经营的宗旨有两项内容，第一，以经济建设为中心，服务借款人等；第二，以资本增值为中心，服从银行经营。理想境界是实现两者的统一，但由于两者在市场选择、路径动力与社会责任等方面并不等同，因此信贷的冲突时有发生。

政策的本义是干预市场，往往需要银行舍弃小我的经营利益，例如，降低利率、提高风险容忍度去发放小微贷款，供给侧改革要去产能关停企业核销贷款等，从经营立场看信贷并不情愿，需承担损失和额外责任，常与经营考核利益的要求相悖。但必须记住，前者是大我，是经济与社会的利益，是原则与出发点；后者是小我，是资本与股东的利益，是经营与落脚点。前者是看得见的手、后者是看不见的手，不同的作用与机制都在支配信贷。

两者关系最终要依靠信贷员去把握，把好落脚点才能真正体现银行的经营水准。信贷行为的前提是合规守法，底线是管住不良，还要保护好自己，才有信贷的作为可言，哪一项出岔都是不完美的。

**2. 什么叫有所作为？表现为善于在经营发展中发挥信贷的领头与主导作用**

有作为的信贷应当完善自身的职责，体现在：

**（1）重视放贷，把配给的贷款规模及时地使用出去，保持合理的信贷总量和结构**。在现有存款准备金率下，一家银行的贷存比保持在70%~80%恰好，就是一种积极稳健的信贷态度。在现今经营模式下，比率低了或高了都不妥，低了影响收益，高了风险压力倍增。**这个比率实现了存贷款资金的自我平衡，符合流动性管理的要求，只要风险控制有效，可以获取资金利差最佳的利用效能，是机构有效经营的最为恰当的安排。**

**（2）管得住管得好贷款的质量**。只要信贷不良率持续控制在1%以下，绝对可以证明这是稳健的经营状态，经营管理达到了国际的先进水准；从周期看，十年间能够持续保持在1.5%以下，就是经营高手之作，不要再去怀疑行长的能力如何了。**这项指标体现了信贷风控的基本能力和经营本分。**

**（3）为银行构建起一个资产类客户群**。哪家银行都期待拥有一个有数

信贷与风险——信贷之门　风险之槛　经营之魂

量、有主体、有层次、有活力、有重要核心客户的企业客户群，客户关系活跃、稳定、紧密。这是在经营中通过不断地吐故纳新，主动地改善客户结构，经过长期经营的积累才能形成。**这是信贷的基本建设，为经营发展提供基础性市场支撑。**

**（4）有稳定的信贷综合财务贡献率，利差在2%以上，以及其他收益。** 信贷、资管、理财等资产服务类业务创新活跃，提供一揽子综合金融服务，满足市场新需求，在信贷延伸服务中获取更多收益。**这是能够发挥信贷功能，支持配合各项业务全面发展的基础平台。**

一家银行的信贷要做好上述四项绝非易事，需要通过五年十年持续不断地努力，方可形成良好的状态，做好了就是有所作为。

**3. 什么叫不作为？视信贷为压力负担，敬而远之，未能重视与发挥其功能和能量**

有的分支行的信贷在上述职能方面十分欠缺：该贷不贷、过度贷款或逃避惜贷、贷了又管不住质量，利差低影响财务收入、不能协同其他业务拓展，客户数量少结构差、信贷专业弱管理差、功能萎缩等。问题根源在于领导力、竞争力和经营力不足，常常是一把手不懂信贷、不熟悉、不会使用信贷这杆枪。

不少行长想逃避信贷风险的压力，总想把银行做成强负债业务、弱资产业务的机构，可是，**政府能赞许吗？经营会有效吗？上级能满意吗？**这种自我封闭模式只会使市场能量和活力大减，经营难以出色，功能散发不出去，当然不会有效。

也有银行"一朝被蛇咬，十年怕井绳"。2009年我去西部省分行调研，见不少省分行只有三四百贷款户，不及其对公客户数量的1%。贷款户的数量太少比重太低，无法体现在社会经济活动中发挥出影响力，竞争力萎缩，市场会认可这些银行吗？结果是，第一，自我抑制了信贷功能，变得明哲保身，在市场面前苍白无力；第二，信贷边际效益减少，经营难有起色。许多行长真的害怕放贷，总说环境太差一放就坏，只做一些承兑汇票贴现凑个数，以数字糊弄一下政府。信贷不强腰杆子就不硬，信心丧失抬不起头，信贷不作为行长何谈作为？真的应当反思。

**4. 什么叫乱作为？贷款超越了管控能力，就是不计后果，乱作为是制造风险**

许多地方信贷环境确实不佳，问题出在信贷的能力更不佳，内因外因合成了风险。有人以为重视信贷功能就是多放贷，增加贷款数量与比重，这种认识错了。

**什么叫重视信贷？** 是指领导者心中有信贷的地位，有管理好信贷的能力，有开发信贷市场的眼光，有抓好信贷基础工作的措施，有控制信贷风险的办法，有信贷责任制的考核问责机制，真正地将信贷纳入议事日程，扎扎实实地培养信贷人才素质、提高市场能力，打好管理基础，练好内功去抵御风险，形成一支强大的信贷力量，才能提高整体的信贷经营能力。此外，任何消极逃避、盲目上阵都是错误的，如同打仗，没有本领就上战场只会打败仗。

信贷是银行最强大可畏的市场功能，绝不能衰退。信贷不强岂能办好银行？一定办不好，只会焦头烂额。这是经营之本。

## 二、贷与不贷、贷多贷少、怎么贷？

信贷要有伸有曲，对好企业也要心中有数，冷静应对，切忌过热，因为借贷有风险，市场多变化。机会与风险同在，有时看似失去了，或许也避开了一次风险，丢一次也能收获经验教训，旁观者更清醒。这样的事情很多，市场很大，经营不计较一城一池之得失。

**1. 贷好的、贷得好**

贷好的与贷得好是好贷款的两层意思，贷好的是基本要求，贷得好是经典之作，这是信贷的两个层次。**贷好的**本是信贷的逻辑，是业务常态，包括客户好、风险低、收入高,这些都是为了实现一般的财务目标。**贷得好**体现信贷经营的市场目标,放好一笔贷款并成为了一种典范,贷后津津乐道,形成广泛效应,包括外部的社会效应、内部的经营效应,带来了新客户、新业务、新市场。一个信贷员总得有几笔优秀的贷款之作,一家银行迫切需要通过典型样本来激起热情,登上新台阶,提升市场影响力。

贷好不易,贷得好更难。信贷收益与损失并不对称,在一定的幅度内,贷款损失率是一个可控的经验值,各银行间有差异。动机和结果不完全对称,在贷款收回之前风险无法消除。由于企业贷款是许多笔循环不断的,贷款余额表明了承接企业经营的市场风险的大小,信贷充分地进入了市场,银行很难控制。因此,安全不是从天上掉下来,每一笔都要付出辛劳和精心努力。

### 2. 贷不贷、贷多少不由自主

从技术上讲,银行对企业的借款需求,一般根据贷款类别、还款能力、担保情况和同业比重等要素确定。对于单一客户、单笔贷款、小微或小额贷款,主要是审核数额的合理性;对大型企业、集团客户或重大项目,则要控制贷款总量以及同业占比。但是,在市场条件下,贷不贷、贷多少、怎么贷,绝不是银行的一厢情愿。当规程遇到市场、技术遇到不对称的信息,有时会变得苍白无力、死板不适,感性冲击着理智,一切变得复杂起来。

实务中,如果把贷款当作银行经营的市场武器,那么贷不贷、贷多少就要围绕着客户状况、市场战略展开,成为一种经营需要,渗透了经营的意图。

**贷不贷是艰难的抉择**。一是风险抉择,企业风险大不能再贷了,余额已多不能增加了;二是政策限制要退出了,政策控制只能有限进入,政策导向而你不愿贷;三是其他的因素,比如企业背景、同业竞争、历史因素、人际关系、管理要求等都会影响贷不贷的决策。

**贷多少是最难的决策**。定标在企业,对标是风险,成为市场与策略的结合点，情绪与规矩的交叉点，理性与现实的碰撞点。贷不贷、贷多少绝不是一个简单的数量问题，它包括：企业要多少、可贷多少、想贷多少、能贷多少、能批多少、争取贷多少、最终贷了多少。在多头贷款下，好不容易审批完，假如他行赶先贷了，一切忙碌付之于流水。强势企业压你，同业竞争挤你，政策指标卡你，客户关系纠结……常常不由自主。

信息不对称下贷多贷少永远是个不定式。在一个完全开放和充分竞争的环境中，按照公式计算的贷款额只是参照系，市场一看需求，二靠竞争，三是风控，四有底线，五讲规模。有时企业的真实底数搞不清楚，计算的贷款额很难准确；有的借款人有授信额度也不能贷。企业资金需求永远填不满，在市场与行政干预下银行说了并不算。

**3. 怎么贷大有技巧**

**放贷既有方法论，却不是纯粹的方法**。它包括：有没有资金与信贷规模、先贷还是后贷、什么时候贷、什么条件下贷、一次贷还是分次贷、或半途不贷了、什么贷款种类、或以其他方式融资。放好贷款不容易，不全由银行说了算，要与企业充分协商，也有与同业博弈，背后还是政策要求、银企关系、风险管理问题以及环境条件的变化，需要应对解决。

**该多大的占比为好？** 对某个企业贷款的份额，既有结构的定位，也是风控的定位。有时候尽全力去争取，全部拿下某个项目；有时候只得忍痛割爱，让出份额以减少风险。如何选择？要依据背景，不凭主观的愿望，更不靠公式的计算。信贷风险总是在预料之外，天灾人祸无法计算，再聪明的人都会犯低级的错误。中国特色也叫实事求是，塞翁失马焉知非福，市场很大，退一步海阔天空。一句话：优秀企业往里挤，优良企业不放弃，一般企业走着瞧，差企业得绕开走。

**怎么贷？在能力，没有金刚钻不揽瓷器活**。对中低端客户的贷款是高手的游戏，不靠胆量凭能力。越是对低端，越是需要高超的信贷技术、智慧和管理机制，没有措施把握、十拿九稳，别轻易乐观，否则一旦闪失铸成千古恨，有十张嘴也辩解不清。当然，也有不少银行定位在高收益风险档位上，管理到位，逐利所求，上浮利息敢于冲锋陷阵，比如小微小企贷款。尽管有一些管理弱、能力差者不断地失败倒下，也是正常的归宿。能力不足怎么办？至少别麻痹大意，认真地摸着石头过河，会少出一点事。

## 三、信贷运营的三种机制

**1. 应当用经营责任机制捆绑住信贷当事人（员工）**

贷款的成败与当事人是否尽职高度相关，主观能动性极为关键。因为**风险总是在细微处，假如平时能多留心挂在心上，多留意觉察丝毫，每一细小的不对称信息都会透露本质的风险**。捆绑责权利，考核到个人，主动性和责任心大了，工作更到位，减少了疏忽，完善了风控。

大企业、大项目的贷款主要依赖政策导向和银行品牌关系，带有一种组织的行为；而中小企业、小微户贷款靠的是经营责任制，有关于个人的行为。无数事实证明，单靠外在机械的流程、技术手段无法全覆盖风险，很难杜绝内在行为的纰漏。

所谓信贷责任制，其内核包括以下三个方面的内容：

一是分级负责制，该哪级的权限由哪级负责，授了权就别总起疑心；谁审批谁负责，承担责任，假如上级审批下级负责，一定职责不清出风险。

二是责权利考核机制，要落实到机构、个人。责任约束权力，风险与绩效挂钩，有激励才有能动性，三者构成了旋转的闭环，才得以良性地运转。

三是奖惩机制，制定失责行为鉴定规则以追究违规失责，不再靠关系而要靠业绩评定人才，奖优罚劣，引导人们踏实做事，真正树起信贷业务的旗帜标兵。

**2. 设法以风险与利益机制捆绑住借款人（企业）**

贷款与投资的根本差异，是以借款人自担风险为前提，而不是由银企共担风险。银行仅为了获得利息，确保还本付息才能放贷。企业该如何承诺还贷？凭口头表态不行，必须落实在资产保障上，企业最在乎自身价值最高的那部分资产，事关违约会造成的后果。因此，银行要特别关注、留意企业的违约成本，防备发生道德风险以及通过交易技术性漏洞逃避责任。

**（1）选择合格的贷款人，发放符合政策的贷款，制定完善的合同契约，从源头避免违规因素。**确保贷款合法合规没有错，流程、权限、手续没有瑕疵，经办人没有大的责任。

寻找好企业，锦上添花是信贷本性和市场机制，好企业代表先进生产力，贷款符合国家产业政策，是最佳目标选择。企业风险小，贷款对彼此有益，银企共赢信贷踏实，哪怕糊涂也安全。因此，吃得安全了才不拉肚子，吃坏了靠打针吃药麻烦大了，得花多少精力和成本，动多少力量关系去治病。选好借款人贷款才有好日子，信贷才阳光灿烂。

**（2）把控住违约成本是关键，寻求风险与利益的结合点。**实行将企业核心利益与信贷风险捆绑的机制，力求使借款人难以摆脱风险责任。通过贷款要素约束，捆绑锁定其根本利益，使其主观上积极还款、不敢不还贷、无法逃废债，若不能还贷款影响更坏，损失更大。这样锁定才得以信贷安全，少点担心。

银企借贷关系是一种以利益为核心的风险责任关系，远高于一般的服务关系。贷款前的一切手段办法都是为了预防逃废债，实务中逃废债不是个别现象，教训深刻，不能丝毫疏忽。

**（3）构建协作互利机制，寻求利益共同点，形成最佳信贷状态。**理想的信贷是力求在决策前把不对称降到最低，只剩有偶然性风险。但是要做到这一点，如果缺少对方真心主动的配合，银行永远难以搞清企业内情。怎么办？需要合作机制，互利共赢。

**案例：**一家商业大卖场很强大，是优质大户，商场内有百十家各种小店铺，怎么做小商户贷款？一位行长告诉我，他的做法：银行与商场合作中，先建议商场成立担保公司，可对商铺的融资进行担保。由于商场把控租金,最了解各商铺的经营及销货现金流量,因此可由它们提出贷款的建议名单,之后经银行审核发放商户贷款。由于银行贷款利率低,加上担保费1~2个点,也远低于小贷公司和民间利率,各方都满意。这就使银行、优质大公司、商铺各得其所,构成一个信贷的生态闭环。

### 3. 落实以经营机制捆绑住管理人(行长)

当今各家银行都建立了信贷管控的平台,体现出以审批权力与规则的核心机制。信贷机制一要盈利、二要风控,如同一枚硬币的两面,少了哪面都不完整。只讲风险必定管死,只要赚钱必出险灾,经营是权衡两者选其优。

**(1) 信贷管控平台要既监管又服务,缺一不可**。信贷的面广量大,放任机构各自为战不行,单凭人的觉悟和素质不行,要立规矩,用管理来保障。因为队伍参差不齐,人员流动性大,分支行及专业管理水平不一、各地千差万别,必须通过统一制度和管理平台,提供标准、提示风险、实施流程、设置权限。但是,平台只是一种规范与监控的管理工具,前提要为一线市场经营、为有效放贷、为信贷战略服务。多年来这个问题没有得到有效解决,一味严管则经营萎缩,一味收权则基层消极,对立的矛盾多。因此,管理要强化经营服务,监管+服务才有完整的功能。

**(2) 上下统查的督查机制**。督查是检查风险漏洞,检查违规经营。重点是要及时发现现有贷款的疏漏,而不是针对已收回贷款手续中的瑕疵。上级有什么责任?一是正确决策指明方向;二是督查发现问题,包括顶层决策和基层贷款作业两个方面的问题。目前最薄弱缺乏的是针对高层的督查。

> 我曾担任总行信贷委员会主任7年,工作哪能没有失误?只有自责,没有被问责,因为缺乏对上层督查问责的机制,从未对失误做过统计,哪怕出错也无反馈。我自身问心无愧,但能保证所有人都尽职?失误是正常的工作机理,上层也有决策失误、信

贷政策错误、资源配置及信贷管理方面的问题、有审批效率与风险责任的问题等，都需要督查机制约束。权力失控必生风险，这是所有银行信贷管理的软肋。

## 四、授权要前倾、下沉、人格化

所有的系统都会在运行中日益复杂化、繁琐化甚至老化，信贷也一样。改进、优化现有的信贷结构体系，将决策权"前倾、下沉"，让离市场最近、最敏感动态的分支行有权、明责，具有完善规制的发起权；让中后台和管理部门集中精力赋能、监管和决策，从而使前中后台真正地实现权力均衡、行为有序、协调合力。这样做很不容易，却是每一次改革的中心问题。

**1. 什么是授权？**

授权是分配事权，分级对风险事项实施按权限管理与控制。分为三类：

**(1) 职务的授权：** 是对职务权力的分配和内容的限制。层级制度的银行，实行以行政方式一级对一级分级授权，下级行对上级行负责，专业对机构负责，行使职务赋予的职权，在职责范围履职。事业部制的银行，是以专业分级授权。越权、失责者要被问责追责。

**(2) 业务的授权：** 依据岗位职责、专业资格水准和能力授予业务管理的权力。对不尽职或出事者要解除或降低权限，对违规行为要问责处罚。业务授权的特点是执行专业管理的规则标准，责任明确细化，审批中特别强调遵守制度、流程与权限，坚守职责。

**(3) 岗位的职权：** 是指对每个业务岗位设置的业务作业权。在岗位职责范围内，必须依据规定的内容、流程和管理要求作业，合规经营，违规、失职必问责。在业务链诸多环节中，谁做业务谁担当责任，对未尽职导致风险事件发生的，将追究相应的连带责任。

三者分别侧重于对行政、专业与作业的要求，但绝不能独立分开，应当以专业贯通，融为一体。西方银行的信贷授权十分强调专业能力，我们在授权中偏重于职务，容易出现行政与专业资格分离的状况。信贷实务中，对不同地区的分行、不同职务的高管授予不同的审批权；对某些大额贷款上报由总行审批，形成了对机构、职务与额度三种维度的管理，依据机构的风险状态，划分若干等级，区别授权即可。存在的问题是，容易忽视专业资格能力这个核心风险点，审批人理应具备与履职相适应的业务素质和能力要素，才最重要。

**2. 信贷授权制度的模式与趋势**

职务授权必须以专业能力为前提，这是上岗任职的资格。一个时期，只将其视作为职务附带的权力，分管就能审批，缺少对专业能力的评审考核，外行领导如盲人骑瞎马，风险后患严重。理想模式应当是实行人格化授权与专项授权相结合的授放权机制。

**(1) 实行"人格化授权"。** 信贷权力应当落实到有职务素质的人，实行内行管理。对有专业能力、经验丰富、责任心强的管理者实行考核授权，以后不管他调动哪里工作，都拥有相应的资格，可行使审批权限。这是差别化分类授权的依据，审批人应有信贷从业经验、理解辨识、风控能力和历史记录。

需要建立一套完整合理的考核、遴选制度和授权方法。以业绩为基础，考核其职业操守、风控能力、从业经历、专业知识和决策水平；评价其历史上审批的贷款总量与质量、能力水准情况，进行等级资格认定等；鉴定对信贷管理的责任心、事业心、原则性和灵活性等。一家银行应对所有审批人进行分等级、排位次，实行定期考核、动态化管理，并建立奖惩制度。这是一种对业务系列的资格评定，激励人们珍惜信誉、提升资格、信守职责。实行行政授权与资格条件相结合，等级资格不符合者不能审批。审批人可以在一家银行内部实行流动派遣。

**(2) 实行定向放权、授权制度。** 即按照客户、机构、产品进行定向的风险授权。

一是对指定产品的授权,例如对结算贷款、按揭贷款、消费贷款、小额度贷款、信用卡透支等安全性大的产品,可充分授权于城市分行办理。

二是对资产质量长期稳定、保持较低风险的机构,可以下放审批权,重在检查管理。例如,对不良信贷率长期(8~10年)基本保持在1%以下的分行,应当给于更大的权限。

三是对风险度较低的重要骨干企业、竞争性优质户,在授信额度内,可以下放授予一级分行、二级分行自主的审批权。哪些机构符合条件?每年进行审核评价,实行动态管理。

**(3)一定要对大中法人企业排队,形成对比的参照系标准**。在一个有万级数量借款人、千级数量放贷机构、各地千差万别的信贷管理场中,**除了采用纵向的制度管理方式,还必须要建立一种横向比较的结果验证体系,使之在公正的比较中,验证工作成效的差异性**。分类排序的借款人的信用状况应当在系统内公示。一个对信贷实效的排序,比一百次说教都简单明了;据以采取的管理措施,比一百个理由都说明问题,谁都无法挑剔辩解。

这种排队难吗?难在设计开发模型,需选择合理的指标要素,一经确定,事后的应用查询变得十分简单。开发并不复杂,各家银行都有现成的客户系统,只需补充相应的勾稽关系即成,框架按照企业、机构、产品系列。通过排序,还可揭示企业信贷史、经营状态的变动、对信贷的财务贡献,企业的重要性自然显现出梯度;也可以看出不同优劣企业的类型结构、区域分布、不同分行客户构成的优劣程度、调整方向与趋势等。

可实行对主要行业信贷总量的授权制度,与排序相配套。只唯优劣,界限分明,导向优质,退出差户。一家银行划定行业信贷总量的基准线后,差企业应减少贷款,好企业可增加贷款。借款人信用风险越低,审批权限的层级可下放,更贴近市场以增强竞争力;当信用风险提升,自动逐级上收授信审批权限,实行机控管理实时调整,有效实现管控风险的目标。

### 3. 审批既要有约束，又要有效率

信贷风险仅仅靠否决权不能解决，而需要依靠责权利一体化的经营责任制，实行全程管理约束，施行考核挂钩的机制更为有效。放权一定要与强化责任制相结合，使之在责任机制中形成主观能动性。审批不能靠经营道德与觉悟导向，而要靠能力与责任机制来落实。责任制是对经营行为的约束，要求更高，不仅是否决权。

前后台的经营目标一致，只是责任的侧重点不同，前台要把最合适的企业寻找回来，后台要滤掉风险，安全地审批出去。

**前后台如何协同？重在管理。** 例如，可以设计双重责任，一是以完成年度贷款发放总额为中心，分月按进度安排额度，若审批不足应当问责；二是以实现信贷绩效与质量为中心，两者同时纳入对审批绩效的考核。是否可这样分配责任：后台拟挂钩4成效率6成质量目标，如果审批额不足或效率低了，完不成计划，都要减分。由后台考核前台质量，实现对不良贷款率的控制；前台考核后台效率，否决比例应当受控。如果发生了不良贷款，一年内应由审批者和客户经理分担主要责任；二年后贷后管理者要分担主要责任等。

### 4. 与信贷管理相结合

管理的特征是适应政策、时势与市场环境而变，管理方式随之而变。授权管理落脚在与信贷管理相结合上，权限管理的核心是风险与绩效管理，包含三项内容：

第一，建立与落实责权利经营责任制度下的信贷机制，包括信贷分级授权的经营体制。责任在权限下，与奖惩、晋升相结合。

第二，制定专业标准、红线、底线围栏与规则。这些都是信贷管理的依据，包括对各级岗位的工作要求、人才资格标准及业务管理考核，并在形式内容上跟随政策、形势与监管的要求进行调整完善。

第三，信贷业务的审批、督查、风控、处罚等业务制度规程及机制，

这是保障体系。内容应当适时而变，在银行统一管理下，实施对下属机构进行专业管理，发挥好各级分支行的作用。

## 五、好苹果怎么吃？

"好苹果吃一半"是个悖论。有人问我：你起初为什么这样提出？我的原话不是这样。

2005年股改中工行剥离了不良资产，风险教训刻骨铭心。人人都在反思，几十万个国企并购破产案例直白地告诫我们：不能再包揽了。从上世纪80年代开始，银行一直包揽国企的流动资金贷款，命运与共，不能卸除，到国企改革时贷款受伤太重了。股改之后，我在一次总行信贷审查委员会上指出：好苹果不能再独占了，好企业最多贷七成，让出三成由市场分担。大家讨论中也都赞成。事后，有人将此话改作"好苹果只吃一半"流传开来，甚至当作一种信贷管理要求与意图在专业工作中贯彻，问题变味了。

不独揽大项目、不独占企业贷款，以包容开放的态度对待市场，是出于一种战略思维。因为旧时大银行喜欢霸道地独占，排斥合作不搞银团贷款。结果是，独占了收益与关系也独揽了风险，以至于转制中损失巨大、苦果独吞。好苹果该怎么吃？应该做个性化分析，针对企业大小、项目大小、贷款额多少做出具体分析，多少合适就要多少，实事求是不能搞一刀切。"好苹果吃一半"与我的本意不符，绝不赞同这种做法。

七成与五成之争，绝非是减了二成数量，而是量变转换为质变，成为是非之争。它涉及银行经营的核心问题，从大银行支持国企的责任到信贷功能的市场定位，一变俱变。如果只评价七成是高了或低了，人们对高低都能接受，因为原本比率就是动态模糊的，具体落到哪个企业都不同。但是，一旦轻率地实行对优质企业贷款限制在只贷一半，一定激起基层分行的众怒，无所适从，大倒退必引发思想大地震，彻底动摇信贷的经营观；

信贷与风险——信贷之门　风险之槛　经营之魂

一定造成市场导向的重大失策，铸定信贷的大败笔；一定引起客户市场退出的大混乱，出现不稳定性。从经营与市场看，这种试图摆脱国企牵制的动机太奇异、书生气十足，失去服务的粘性，企业不就远离而去吗？不信任了还能做什么呢。

**1. 从大银行的职责定位看，七成更体现对好企业的信心、责任与义务**

在国家专业银行时期，四大银行担当支持国企的使命，银行统管包揽别无选择。如今总以为国企不行，是因为它们的认识观脱离了国企改革的实际，今天的国企真的很强，前后不可同日而语。因为经过 21 世纪前后那场石破天惊的国企改革后，留下的多是核心骨干企业。**它们是国之栋梁、执政根基，与大银行同根而生。信贷无须指令，当义不容辞地去支持，敢于承担决无二心，无论外界如何指责，丝毫不能动摇这个信念。如果大银行不信国企了，一定是经营思想与宗旨严重出现偏离，这是大前提。**尽管国企中还会有被淘汰的企业，坚信银行完全可以在有效经营中规避化解风险，这只是个技术问题。

**2. 从服务的基本要义看，银行要市场、经营，更要伙伴，才行以致远**

在开放的市场上，银行选择企业，企业选择银行，彼此都是市场主体，信贷是见证关系紧密度的信号。七成占大头，当然关系稳定。**假如开户银行对好企业都冷漠无情，缩手缩脚，别人还能信任银行吗？假如把好企业的一半主动让给竞争对手，剩下另一半能保得住吗？企业很敏感，谁会交一个半信半疑的朋友？减压贷款常是一种不祥征兆。**

市场千变万化，银企关系亟需在战略指导下持续运作，审时度势，切忌近视眼，不能一有路况就踩急刹车。尽管政策总是急刹车，但市场需要软着陆，银企关系依赖日常培育，彼此都期待关系的稳定。对核心重要企业必须相互支持与包容，需要双方合作共同去应对周期性风险。例如，煤炭企业伴随着经济大周期，从 2010 年开始从最好变为最差，到 2016 年又向好转变，充满着波动性。唯有把握周期性，才能管好贷款稳定质量。银行关注企业的诚信度，企业同样在验证银行的诚信度，假如政策变脸经营情绪化，一有风吹草动你就收贷或不贷了，企业能不提防你吗？许多好客户就是这样被折腾走的。

**3. 从优化信贷资源配置看，增加好企业，信贷才能保持良好的信贷结构**

好苹果不多，差的又不吃，还能吃什么？从市场的逻辑看，好企业不足一成，中间类也就三四成，多半企业在风雨飘摇的分化中。**做市场的人都明白，好企业来之不易，到手的要珍惜，不能叶公好龙，得真心服务，因为它们决定命运。实务中，哪怕对中间类企业也不敢轻言放弃，它们如家常饭，不吃会受饿，只要把控好、多留神也能多吃几口，这都是市场化经营常识。**好苹果吃半个就扔，如纨绔子弟不懂珍惜，是理想化不懂得市场经营。每年都要投放那么多贷款，如果限制了好企业，必定有更多规模流入中低档企业，一有风吹草动必定损失巨大。这是一个基本事实，早有历史教训。

我国的银行仍未成熟，总搞一刀切，不时急刹车，缺乏成熟自主的信贷战略。信贷的经营仍然粗放，缺乏市场的细腻，一刀切反映了管理模式的低效僵化，急刹车是非市场思想在作祟。其实，"好苹果吃多少"并无实际的意义，在好企业多贷、差企业不贷的经营空间里，一切要因地制宜去把控鉴别。当银行都在竞争核心优质客户时，信贷能无动于衷吗？反之，当人们对某企业都避而不及，一定有风险痛点，别以为捡了漏——在激烈竞争下市场不会遗漏什么宝贝，一切靠眼光凭能力。

信贷是政策指导的，是银行经营的，不全是市场化，更不是专业的。信贷不能自私，要兼顾经营大局和各项业务发展，不能独善其身，不能自保自顾，它仅仅是银行经营的一部分。不能鼠目寸光，轻言从好企业退出的后果严重，核心客户离心离德会动摇各项基本业务的根基，使经营受损。

## 六、自我救赎：信贷在翻番，出路靠自强

　　人无远虑必有近忧，当人们埋头业务无所期待的时候，只饱受指标压力与不良率的痛苦；高管们天天如陷入救火之中，最抱怨不断扩张的信贷带来日益增长的风险。贷款越多压力越大，心里自然滋生出信贷恐惧，向往西方模式，期待信贷不再扩张。确实，风险来自信贷，利润由信贷创造，银行的本性正是借贷牟利，信贷是盈利之源也是风险之根，让人既爱又恨。国家要求信贷为经济建设冲锋陷阵，银行那两个点的不良率算什么？信贷从来是苦中作乐、风险从来是伟大的负担。

　　未来路上，困惑的依旧是信贷，心中在纠结：贷款还会成倍增长吗？涨到多大是个头？政府盯着、企业叫着、社会看着、银行挑着，轻重自己清楚，压力与责任太大，把控实属不易。西方银行自主决定贷款的模式与比重，经营止于风险前，而我们华山一条路，明知山有虎，偏向虎山行。该怎么办？没有救世主，靠自我救赎，凭自身本事。

**1. 我国的银行信贷比重在全球最大，未来还会翻番吗？会的，谁也挡不住**

　　**为什么不能再大、更大？从来没有高限。**国家两个一百年的宏伟目标才走到第一步，第二阶段的目标更加艰巨，经济发展战略需要贷款，信贷必须进取，不准退缩。至今没有出现取代信贷主渠道的金融力量，经济增长贷款能不增吗？信贷规模是由货币政策确定的，银行只能积极不能消极，同步担当起发展的责任才是真。谁不贷款谁下岗，这个行政管理准则你懂的。

　　**怎么去担当？大势面前，唯有迎接挑战。**经理人只有依靠自身素质，眼睛向内练好内功本领，以增强专业能力去履行职责，丝毫不怠慢，踏实做好每一笔贷款，才是出路。前些年有些银行误以为信贷是重资产，提出

走所谓轻资产之路，做大表外、同业，想回避信贷的增长。其实，所谓轻资产不就是将风险转移给别的金融机构吗？结果误入歧途酿成了大风险，教训深刻，最终还是重新回归本源。

**2. 不良贷款会颠覆银行主营信贷的模式吗？不会，是杞人忧天**

有些行长日日忧虑信贷多了、不良贷款压力大了，口口声声学西方，预言再放贷会出事。这个理由不充分。中西方是两股道上跑的车，西方银行的模式与中国特色下银行的经营格格不入，我们一直走着自己的路，踏实稳步地发展壮大。过去做得很成功，以后也难改弦易辙。

历史上，1998年四大行不良率一度高达40%多，银行严重亏损，不照样稳住了并转危为安了吗？2018年末银行业不良率为1.89%，盈利连年持续增长，而全球银行不良贷款率仍有3.74%，对比之下还担忧什么呢？在本轮经济金融周期中，表面看不良贷款来势凶猛，其实几年就平摊消化了，大多数银行的利润率依旧高企，有实力有底气，还忧虑什么？政府更清楚全局与局部、宏观与微观的轻重，银行的担忧只是部门之见，重要的是坚信国家能够掌好舵。

**3. 信贷增长模式会改变吗？一定会，转折点在存款增长乏力时，将约束贷款增长**

信贷多少由国家说了算，经理人唯有执行。为什么银行发展的很快？因为中国的银行仍处在成长期，如同中小学孩子们处在长身体阶段，长得快只表明未成熟。现在尚未到定论银行规模、模式的时候，为时还早，待什么时候到增速变小了，表明进入了成熟期——至少在5～10年之后。

当下信贷之难是一种"成长的烦恼"，不代表成熟银行的信贷特征。一切在转型变化之中，还有许多的市场空白点，不到那个历史阶段还看不清轨迹。现今所做的一切，仅仅是一种初级阶段的能力和经验，只是万里长征的第一步。别以为了不起，不值得过于炫耀，未来的信贷更加艰难，也更加辉煌。

**4. 谁能改变信贷增长的模式？是市场，未来市场的力量**

一定不靠政府，因为政府完全依赖信贷的力量，运行在信贷经济之下；一定要靠市场，因为信贷遵循着市场与经济的规律。现在无须提前去思考准备什么，船到桥头自然直。

**(1) 过早预测不能准确，未来模式只是远景，它是由生产力发展决定的，受财富规律支配的，现在谁都无法准确地预料**。况且国际国内矛盾何其多，信贷问题尚未成为主要矛盾，不必自扰，无须杞人忧天。今天，我们对财富规律的认识仍局限在小康社会的思想阶段，对什么叫富有还知之甚少，对现代化社会发达生产力下的金融银行模式只是猜想。

**(2) 市场与财富会自然形成格局，信贷模式会顺势而变，不用拔苗助长**。越走向市场化，市场规律的力量越强。在这个过程中，有形与无形之手在反复较量转换，贯穿着对央行货币信贷政策的金融改革。多年来，哪一步金融改革不是市场在推进？未来的信贷模式，一定是在市场进步、金融改革与银行经营规律的作用下实现。

**5. 是什么在推进信贷变革？**

三种因素招致信贷的变革：一是规模过大管不住了；二是风险过大管不好了；三是缺少存款不能贷了。其中，前两项是由银行经营管理规律支配触发的，后一项受财富的市场规律支配触发的。如同西方市场那样，当银行存款增量不多（目前西方大银行平均存款只及我国大银行的一半），经营方式自然改变了。因此，市场内力很清楚，一旦信贷增势趋缓或不增，那么，银行整个经营方式都将随之而变，一个创建现代化社会新银行模式的拐点将出现。

**当贷款总量再增倍翻番之后，该如何经营？**其实，信贷内核不变，银行本是资金经营商，未来一定是现有模式的传承延续。**信贷资产规模与经营管理方式关系紧密，信贷总量大不可怕，只要采用相适应的经营方式；数量大小≠粗放或集约，这本属两个范畴，有相关性，没有等同性**。经营落在管理方式上，大有大的模式，小有小的模式，小也有粗放，大也能精细。好的银行都精心细致，差的银行都管不到位，表现在管理精度、风控、客户定位与结构、流动性以及协调性等方面，依靠一整套有效的管理机制、能力和水平维系。

我国的银行自有经营特色，每个阶段性的目标都很高，10年一回首，发现已在高峰上。未来现代化目标刚准备起步，依旧是一种成长期的势头，自信、能力和勇气都在，能停下来吗？

## 七、对经济周期应当敏感

市场最重要的特征是周期性，你看证券业以周期为命，每一个投资经理、分析师都致力研究，试图揭示长短各种周期对股市的影响，分析判断走势。为什么？因为市场的股市无所依靠，唯有规律。再看央行与监管，始终盯着经济金融的波动，按照顺周期、逆周期实施调控，力图熨平波动。唯有商业银行很奇特，信贷本与规律衰荣攸关，经营受周期性约束，却对市场规律不作研究预测，不以为纲不闻不问，只盯着政策、指示、规模，埋头于微观信贷，只当是执行者。当下不关心是因未转型，以后一旦政府放手，定会视作生命。

**1. 信贷以政策为命，对周期并不敏感**

当下的银行信贷完全在政策指引和管理下运行，经济上行需要信贷加油，经济下行更需信贷加力，似乎与市场规律无关。

**（1）贷多贷少由央行调配，不直接受市场约束**。银行不能自主决定信贷规模，只是个纯粹的执行者，日常最关心央行给多少规模。不要少放，不能多放，不折不扣完成信贷计划是各家银行计划部门的重要职责，形成了"管理即贯彻、经营即执行"的信贷范式。

股东们只关注资本收益，不研究政策，并不关心经济周期问题，对经营者的考核目标与方式机制并非市场化，形成了依靠扩张增量才能增加利润的模式。经营中越来越淡化市场的动因，自然对周期性影响越来越不关心了。

**（2）政策规定多、变化快，导向与管制力强，信贷唯恐出现违犯政策的投向与问题**。银行奉行以政策为纲，做主动认真的执行者，保持一致性，缺少了探索规律的自主精神。长久以来，逐渐对规律迟钝不敏感了，不关注与周期有何相关，失去了那种随之而动的切身利益，更不去探索其他的规律。政府倡导支持企业，要求银行降息减收，解决融资难、融资贵的问题，也不全是采用经济的、市场的、经营的规律法则。因此，信贷越来越疏远了规律，除了感受到风险的周期性冲击之外，只想着大力扩张发展，不作周期性约束。

**2. 当一切受制于规律的作用，该是能动还是被动去适应？**

谁都说要市场化经营，可什么是市场管理与方式、该怎样经营？说不清道不明，身在市场中，却踏不准市场的节奏步子。在深化改革加快向市场化转型的背景下，信贷却不去关心市场规律是如何在发挥作用的，也是一种奇特的现象。看社会，国家层面、央行及理论界都在积极地探索和研究规律的变化，为什么只有银行漠不关心，只满足于执行呢？不该如此。

规律是市场的周期性表现，尽管政策干预会影响规律，但无法替代和改变它。金融运行在规律之下，深受其支配。研究不只是为了提高政策执行的有效性，而是要揭示和顺应趋势为经营服务，减少误判与失误。若盲从就失去能动性、预见性，随波逐流容易翻船。

眼下的银行对市场规律的生疏情有可原，但是，当未来越来越走向市场化，总不能永远指望由政策指令牵着走吧？在市场中自主经营不研究规律哪行？完全依赖政策的日子不会太长久了，政府越来越期待银行自主自立，以改善行政干预的方式。何况越来越多的市场业务要自理，只有充分掌握经济对经营的影响，才能有效地以市场方式解决金融难题。

**3. 经营中最需要研究什么？寻找两个拐点，发现异动现象**

经济规律对信贷的影响最大，信贷却对它生疏又冷漠。信贷实务不需要空洞的理论，却离不开务实的经营判断。对规律研究的侧重点应当在应用：

**（1）亟待精准预测，确定经济运行的下一个拐点，指导经营早走一步**。经营中应当关注两个拐点：

第一，在经济下行拐点出现之后的第 2 年，常常是新一轮信贷质量下滑的起始点。假如能够提前进行预测和安排，就能获得有利的时机和更多运作机会，及早安排去规避贷款损失，减轻受损害的程度。

第二，当经济下行见底、出现了向上的拐点时，常是信贷正向启动的起始点。此时市场低迷不定，但剩者总有希望，留下的企业存活率更高，在一片朦胧犹豫中，却蕴藏有难得的投资机会、获取信贷新客户的最佳机会，谁先下手谁就占得先机。

**（2）及早发现和确定经济异动、行业异动现象，有备无患早抢先一步**。经济规律会影响信贷行业政策和经营的市场战略，异动现象常是区域经济波动的预兆，也是企业状态变动的预警，早发现可以早做安排。现实告诉我们，早一步主动，晚一步被动，结果有天壤之别。最大的经营风险是在企业风险摊牌之后，当政府实行维稳式干预时，银行已无能为力，只能无奈地承认现实，采取什么动作都晚了。

# ▶第 18 章　信贷的市场观

如果你放出的第一笔贷款成了不良贷款，那么，一定是信贷观出了问题，未能识透借款人的风险面目，失控了；或是判断的逻辑方法和眼光出错了，眼睁睁误入了险恶。一般而言，第一笔最谨慎，自信十分把握才会放出，不该出事。若借款人的第一次交往就失信，你不幸遇到了个无赖，贷款被骗了，上当了。这种情况很少，大量是在感觉不错中慢慢地陷入泥泞，难以挣脱。

当借款人特别奉承你，非常想要这笔贷款时，问题就深了一层。你可要警觉，冷静下来多想一想，因为一般交往的氛围中热情和客气，不该是奉承。市场是资本博弈，没有无缘无故的爱，热情背后见动机。通常场景是，那些强势企业脾气都大，不太热情、不屑一顾，甚至挑动银行间竞争。而一些困难企业什么都会答应，以十倍的热情拉关系说好话，贷款到手就回避变脸。理性的银行与企业关系，应当是遵循诚信、公平的市场准则，不用态度掩饰风险。

信贷是市场的，踏着市场的脉搏。发展中市场的企业普遍是过度负债、过度投融资，杠杆大、财务成本高企。资本是逐利的，银行在这种市场环境中生存，无须多抱怨，只需思考该怎么去经营？风险与机遇同在，支持实体经济是信贷本源，不能惜贷不贷，不用消极逃避，而要认真去探索降低风险的规律、路径和方式。

市场可畏可爱，依托市场始得养分，自信自强始得发展。它是成功者的乐园，是失败者的风险境地。

第18章　信贷的市场观

# 一、信贷市场在哪里？

2007年7月，工行信贷总规模3.72万亿元，位居国内最大。当时忧虑的是：信贷太大了，再发展市场在哪里？12年后的2018年末，工行贷款余额达15.42万亿元，当年增加1.19万亿元，其中，公司贷款户10万多户，贷款9.42万亿元；住户贷款户1329万户，贷款余额5.64万亿元。人员少了，质量更好了，市场变得更大。但是，如今人们依旧忧虑新市场在哪里？与当年一样，还在疑问。回过头去看，才知这就是发展的逻辑，历史记下一个个里程碑。每前进一步，信贷都伴随着认识市场、增强自信，未来仍然是这样。

**市场在哪里？** 看看全局，反倒怀疑起自己的思维。

第一，据国家市场监督管理总局网站披露，2019年末全国市场主体实有12339.5万户，其中：新登记2377.4万户，日均新设6.51万户。其中企业3858.3万户，占31.27%，新登记739.1万户，日均新设2.02万户；个体工商户8261万户，新登记1621.8万户，日均新设4.44万户；农民专业合作社220.1万户，新登记16.5万户。新设立的公司如雨后春笋般涌现，本银行得到多少？只要收获1%的市场主体贷款，数量就惊人。

第二，是经济创造了信贷繁荣，6%以上的增速很不低，仍在持续领先增长，GDP基数已突破90万亿元，创造了金融需求和活力。信贷增量每年一个台阶，企业嗷嗷待哺，融资难融资贵都指向信贷需求，市场不用愁，只怕没有规模，只怕没有选好借款人。

第三，信贷融资仍占7成，近五年降不下来，无须忧虑被取代。信贷市场真的很大，未来30年建立现代化社会的宏伟目标已经确立，信贷仍在高速成长期，大有作为。

这三点是大格局大前提，实务中客户遍天下，靠慧眼识别、市场方法与沉下去的作风，去发现、发掘、培育和扶持，充分进取、自信方能创造一个个奇迹。

下文是 2007 年 5 月我在工行信贷培训班的讲话，是关于开发信贷市场的一部分内容，只稍作一点整理。尽管十几年后时过境迁，但精神和内容不过时，道理和逻辑依旧。转载如下：

不同区域的市场不同，不同的理念看市场眼光不同、不同的标准有不同解读，以制度、政策、经营、素质和管理视角看市场，结论都不一样。根子在经营思想，在经营管理水平不同。有人一直在说信贷市场难找，眼中没有好的，只是反映他的心态和眼光，不代表真实的市场。

**1. 永远不要怀疑市场，只需反思自己**

全国信贷市场真的很大，信贷始终短缺，多放几千亿元贷款理应不难。是难在观念上，看不到发展的前景与使命，看不到经济的增长与潜力。工行的贷款余额 3.72 万亿元，占比并不高，且逐年在下降；贷款企业 5.56 万户，不足对公客户总量的 2%。为何不能翻番到 10 万户？绝不是没有能力。在 2000 年时就有 24 万贷款户，是如今的 4 倍多，一样是管得很细很到位。如今，有住户贷款 421 万户、余额 6209 亿元，借款人数不足城镇人口的 0.77%。为何不能到 1000 万户？深层原因是心目中无市场、眼光近了，看不见客户，看不到机遇和发展，戴着有色眼镜一切都会暗淡。

应当尽快提升市场素质。我们总是低着头看账户，选来选去就那些贷款户，比来比去没几家顺眼的。好客户在哪里？需要市场理念与眼光。抬起头走到社会去找客户吧，看看工商局登记处整天在排队申请开立新企业，看看社会几千万数量的经济实体和法人企业，你坐得住吗？不能一叶障目，比比市场有百万贷款户，你这几万户是坐井观天，与大银行不相配。

好客户不是喂养出来的，而是市场竞争优选得来的。我总说，别自己种树，而要摘桃子，种树死亡率高、结果率低，品质不一定好。种树是风投，银行不是投行。小企业寿命才 2.9 年，淘汰率太高，很难定向培养。市场是开放的，摘桃子才是市场竞争方式，收割市场更有效。

## 2. 紧紧抓住新市场：新客户发源地

新客户年年增加千百万，也有几十万老客户衰亡，客户结构天天量变。每天都有新生产力诞生，经济发展催生大量好客户，包括全球性客户。信贷新市场潜力很大，每年增长16%，增量相当于一个工行的规模。老客户存量决定了盈利基础实不实，新客户增量表明未来的地位强不强，信贷竞争是对新市场、新客户、新资源的争夺，新市场比重的下降就是竞争力下降，丢失新市场必前景不佳。因此，为了明天宁可让出一些老贷款，也要争取新客户关系。一切为了得到好客户，不能规模不足就不去营销。

## 3. 靠同业竞争：寻找和扩大需要的优秀客户

市场是流动的，竞争才有发展，企业不属谁家的，要用服务、热情和诚信去赢得企业。可以查询一个城市中企业的总量，在各家银行如何分布，好客户有多少，应该心里有数。知己知彼，百战不殆。在银行业16.82万亿元贷款余额中（2007/4/30），工行只占22%。若扣除不良贷款1.25万亿元，那么在外面市场还有4/5的信贷业务量空间，加上更多待开发的客户，数量可观，何愁没有客户？

因此，要睁大眼睛往外往深处细看，市场海阔天空，看你有没有本事，不要像鸵鸟埋头在本行现存客户中打转。市场机制下，银行选企业、企业选银行是一种动态的平衡，是竞争中发展的场景，竞争才能带给信贷敏锐、机会、动力和活力，才能做深做好信贷服务。

## 4. 靠信贷创新：吸引和稳定客户

别指望纯粹的信贷产品创新，因产品已足够丰富，而利差的空间极为有限，再搞新品只是变变戏法，满足一些小众的个性化需求。创新的重点应当放在适应性、服务性，放在优化改善管理、提高效率上。

第一，产品创新的重点，主要是推动信贷与相关业务结合，协同功能、整合渠道、综合服务，在专业边界区间的需求最为活跃。

第二，进入过去生疏的多元市场，开发深层次、新技术、新业态、新领域市场。例如，工行信贷系统很难适用小企业的需求与管理，我国市场的差异性太大，用单一系统就会被管死，区域性产品、分行的信贷活力就会减弱。

思想理念创新带给信贷动力，去提升市场素质、人员素质、管理素质。规模不足就不想开发市场，满足于眼前贷出去收得回，必定止步不前。信贷机制需要创新，管理过于集中对市场不敏感、效率低。不久前我与董事长考察了义乌小商品市场、阿里巴巴，看到许多新兴市场正在兴起，外面的世界很大很精彩。客户有意见就是有需求，信贷应该随之起舞，闻风而动，在开发新市场上有所作为。当前对新事物不够敏感，应当及时灵活地反映市场需求，了解他们需要什么？银行还能做什么？去开发信贷业务附加值，以求最大的客户贡献度。

# 二、竞争未到激烈时

中西方银行的竞争，谁的更激烈？谁的更深刻？这个问题很难作比较，但必须揭示它。

**1. 竞争有阶段性，切忌简单比较**

中国银行业竞争激烈吗？不言而喻，每个行员都在沉重的竞争压力之下，不敢丝毫松劲。但是，这种竞争与西方的银行竞争相同吗？不太相同，不在一个市场的层次上，很难相比较。我们是初级阶段的市场机制与竞争方式，他们是成熟市场的竞争方式。我国银行的竞争远未能达到成熟市场国家银行竞争的深度、质量和程度，内涵不同，若只做简单形式的比较结论一定出错。

**（1）形式的热闹常是因内容的肤浅**。初级市场的竞争如同是在浅水区，彼此争斗扑通得水花四溅，表面热闹非凡，甚至乱象胡来。经营中违规动作很多，意气用事什么都敢拼敢做，甚至不顾成本与风险。底线与规则意识不强，后期的风险很大，核心仍然是粗放式经营，尚未生成深层规矩的市场行为意识。

成熟市场的竞争如同完全在深水区，水面看似平静没有水花，而动作在水下。水的深度事关生死，水下功夫才是经营的真本事，只有把所有资源和能力调动起来，才得以生存。深层次市场的竞争没有多余的动作，却有鲜明的经营意识，有底线和定位，讲竞技用工夫，讲规范有序，隐形的力量更强更专业，因为任何外露的违规与失效都会导致失误和失败。**这是未来市场的竞争形态。**

**（2）市场背景决定竞争方式**。竞争受其背景约束，市场未成熟，竞争也不会成熟。西方银行在较完善的法制环境与市场秩序中经营，我们在初级阶段市场，业务环境、场景、需求与竞争、规则的内涵差异会很大。我们也采用西方成熟国家银行的竞争方式行吗？不行，因为在不成熟市场中，客户需求、产品和业务也不成熟，客户的习性文化也不同，市场需求与监管都属初级阶段的。银行不可能跳出环境远远跑到市场前面去，这叫作需求决定论。

**2. 不同市场阶段有不同的生存与竞争方式**

我国银行业竞争的热点是存款，存款市场激烈就是充分竞争吗？不是。西方银行的竞争点不是抓存款，因为在金融化社会中，国民富裕之后存款少了、财富多了，银行的经营势必转向资管理财、投资市场与信贷业务，这些都是银行最为核心的业务，当然就是竞争重点、热点和经营核心。只因在中国，许多的金融市场业务尚未完全开放，很幼小，还不能做。我们的竞争具有两大特点：

**（1）竞争特征之一：更善于处理社会关系，当作竞争的抓手**。不完善的市场加上政府强势管理经济的特征，使得各级政府拥有强大的财政实力，直接掌控的资金量很大，这些资源依照政府领导人、管理人的意愿存入有关银行。政府管控着重要的企事业单位，影响和决定着存款和投向，还会关照和直接支持有关城商行、农商行，存入大量资金，包括大量的住房公积金等。

因此，银行一定会围着政府转，在协调关系上下气力，否则就很难得到政府手中的资源。这不是银行的一厢情愿，它构成了整个社会及客户交往方式的基调，彼此互动着。竞争的重要特征也在能不能搞好政府关系、重要客户关系，没有完全移位到以服务客户为中心，未能完全树立以银行功能效率与财务为导向上。

**(2) 竞争特征之二：低端业务竞争激烈，高端的竞争刚起步。** 在不成熟的市场环境之中，金融业务的层次和技术含量不够，处在低端产品竞争的区域。所谓低端高端，是指业务的技术与附加值含量，以及作业与风险管理难度。

西方市场竞争重点在资产管理、财富管理、金融市场与投融资业务，他们高端业务的经验更加丰富，风险管理能力更强，经营规范自律，十分讲究成本收益，会主动退出成本风险过高的项目。正是因为退一步，化解了针锋相对的拼斗，避免了恶意竞争，事情就变得简单。而我国的银行在初级低端产品市场竞争，相对简单粗放，常会不顾成本、不顾规则地拼死一搏。这些年在网络金融违规泛滥的环境中，银行的表现也不佳，正是这个原因。

## 三、借贷的姻缘

银行与借款人之间，有的百年合好，有的半路分手，有的争吵提防，有的无缘牵手，有的破产败家……但凡人间姻缘中的各种形态，都能够从借贷关系下的银行与企业关系中淋漓尽致地表现出来，这是一种十分有趣的现象。我们不妨借以说明借贷的关系。

**1. 借贷如同姻缘**

银行与企业相互选择与吸引，有一种缘分牵上了手。信贷与企业如同寻求姻缘婚配，茫茫的市场上有缘者相互挑选。企业如郎一求再求，信贷是女挑三拣四，婚前条件提得再高也是常情，一纸借贷契约下银企间都期盼着美满婚姻。一朝放出贷款如同出嫁了，企业健康则信贷安全了，企业发展则贷款会增加，信息相通互信互利，合作双赢。

好婚姻恩恩爱爱，企业如花似锦，信贷锦上添花。企业能干、正派又健康发展，充满阳光，婚后的日子过得如意，和睦相处相安无事。信贷找到了如意郎，向往着从一而终，持续不断地投入，延续美满的婚姻不想退出，哪怕出点问题信贷员也瞒着掖着，如期地支付利息就能帮着过关。可谓风雨同舟，百年好合恩爱互利，日子过得十分融洽。

可婚姻不都是美好的，婚前婚后不一样，结了婚，彼此慢慢都露出了原来的习性。常言道：好汉无好妻，赖汉占花枝。因为男人不坏女人不爱，男人们总会里外包装得完美无缺，叫女人猜不准、看不透，这叫信息不对称。若嫁错了郎无奈听天由命，放贷之后银行慢慢地摸到了真相，心里很不自在，可放贷后的信贷关系变化了，信贷成了小媳妇，得看企业的脸色，由夫家说了算。贷款到了企业的手中，亲家间争执多了，只得忍让难翻脸，控制权虚了难管了，只能期待在发展中好起来。当然，也有对簿公堂离婚退约的。另外，多头贷款会使银企关系从婚姻变为同居，少了诚信与责任感，随时能分手。

**2. 借贷姻缘中滋生的两种风险**

**一种是"男人"变坏了，贷款完了。** 有不务正业、不求进取、做了坏事的失败者，也有因技术、管理及市场风险导致的优胜劣汰，还有是银行未能选对借款人，或在客户变坏过程中未能及时察觉退出……都危及信用关系的稳定和持续。也有企业自身生存周期的因素，市场太无情，企业的寿命很短，稍不长进就被淘汰出局，小企业更命短，天灾人祸都有。银行信贷在衰亡期进入，则被套住后命运悲惨，在倒闭被清算中当了陪葬品。

**一种是"女人"多折腾，企业完了。** 一是政策反复折腾，时紧时松、时进时退摇摆多变，信贷以政策为命，令行禁止说变就变的信贷政策，必使许多企业受伤，这样的案例太多了，一次次地轮回重演。在政策严把控＋行政强监管下，企业银行都无奈。二是银行的管理多变不时地折腾、伤及信贷，一会儿机制变一会儿模式变，一会儿收权集中一会儿放权分散，改来变去在形式上做文章，而对市场定位等核心问题终不敢触及。信贷严密的流程岂容多变？这不是都在折腾企业吗？西方几十年都不变，我们有几年能安顿的？改来改去又回到原点，每次都留下一地鸡毛。企业最害怕这类金融"改革"，都在设防学会留一手，不在一棵树上吊死。

**3. 银行有自身的问题**

从银企关系中，彼此都要多检查自身的问题。成长中的信贷并非完美无缺，主要是：

一是对行业政策、趋势常看不准。一开始对企业挑三拣四看不上，待到企业名花有主时，银行反倒又降利率、减收费、降低条件等倒贴乞求，不良的竞争方式搅乱了秩序。

二是将企业一时之难当作灾难，将新事物新机遇视为风险，纠缠于经营中一时的问题。表明缺乏宏观判断能力、经营素质水平和能力并不到位，还自以为是，形成了纠葛。

三是银行非市场化的经营模式、不良贷款管理方式，与企业市场化的经营方式互不适应，惩罚式的信贷手段直接伤害企业。亦即，在与企业关系上，信贷如何回归支持实体经济的本源？存在许多实质性问题表明，在政策与市场结合上并未完美地解决。

# 四、贷款走向普惠

借贷是每个国民的权利，但也受到义务的约束，这就是守信还款；信贷是银行的经营，借款人受到合同的约束，这就是守约和履约；信贷是短缺资源，数量有限投向投量受约束，这就是国家的管控。因而，贷款受规模调控，受政策限制，受银行贷存比和风险管控，变得不随意，能贷到款的人少，只贷给守信、用途合规、能按时还款者。

信用卡、按揭是对个人的普惠性信贷消费类产品，但对法人企业、经营类借款人如何体现普惠性？是一大经营难题，涉及普及性与风险性的博弈。当国家严肃要求信贷大力投向小微企业，银行需要减少大中企业贷款转向小微，由于两者的管理方式不同，需要调整信贷结构与经营方式转型。

过去的信贷从来不提及普惠问题，信贷作为一种稀缺资源，又是货币政策杠杆，在严格管制下投放。这些年随着普惠金融政策的导向，才将普惠性提上议事日程，变得紧迫。

**1. 信贷如何普惠？**

何谓普惠信贷？具有两个特征：一是相对性，比其他非银行金融机构更加容易得到融资；二是普遍性，能够基本满足合理正当的贷款需求，不再贷款难。倡导普惠无疑为银行发展拓展了宽阔的市场，带来广泛的市场需求，成为最重要的政策导向的变化。

与其他非银行金融机构相比，信贷显然强大。股市只有万分之一的法人企业准入；债市只是少数大企业的融资市场；信托、租赁、保险等融资渠道更受专业性限制。相对而言银行产品最普遍，具有亿万数量级的个人透支与消费信贷、千万级的小微和法人企业借款人，惠及面广，还有存款、结算、理财等业务的大众服务，普及普惠性强。这正是银行的优势。

对于金融机构而言信贷具有普遍性，但是，对于市场需求而言绝对数却很小，普惠性不足。可从两个视角分析信贷的市场普及性：第一，从贷款的户均余额，分析借款人的层次定位；第二，从贷款户数量占总开户数量的比重，分析借款人群体的规模，两者共同描述了借款群体的社会性。

**2. 如今贷款户太少，不够普及**

筹集多数人存款，贷给少数人使用，是银行集零为整、集腋成裘的功能逻辑，也是银行得以配置资源、经营获利的常识。只有极少数人能够得到贷款，但是少到何种程度？了解它，才能更深刻理解信贷市场的范围。

据工行 2017 年披露，拥有 5.3 亿户个人账户、578.4 万户对公账户，巨大的数量代表了工行的社会性基础，也反映了城镇金融结构的基本状态。其中，住户贷款户是 1133 万户，法人贷款户是 10.7 万户。以此计算，住户贷款户占个人账户总量的 2.14%，法人贷款户占对公账户总量的 1.85%，比重很低。四大银行大同小异；中小银行的贷款户比重会高一些，贷款作为一种营销手段，功能更加充分，选择性更强。

全国贷款户总量有多少？缺乏披露的数据，但比重低是社会的基本状态。信贷还在深宫大院，只留给社会一个印象：融资难，信贷是选优的、稀缺的、不易获取的、受政策调控的，如果贷款很容易很普遍还调控什么？

应当指出，贷款户数量过少并不合理，它与社会企业的结构不适配，贷款集中在少数企业不公平，不利于创造平等的竞争环境，不利于支持经济发展的宗旨。在保障质量的前提下，应当扩大信贷受众面，满足更多正常的需求，也有利于解决不适管理、不当机制和不良作风问题，不能无端将正当借款人阻挡在贷款市场之外。

**3. 贷款不是轻易能够获得，融资难**

融资难的原因，一是体制、机制与制度的问题；二是信贷总量不足的问题。

**（1）不成熟市场风险更大，信贷规则严厉**。申请贷款不容易，借贷以诚信为基础，以还款为前提，以收息为条件，以用途为取向，以授信为控制，并受到政策与规模的严厉监管。银行审慎地风险管理，对新贷款户尤其严格。

贷款需经过严格的风险甄别筛选。具体把握中，银行都有各自稳定的客户群，建立起长期的信用关系，设有严密的信贷评审系统，经过严格的流程审核和有权人签字，关注额度、利率和风险。没有捷径，不能立等可取，在西方银行申请贷款的周期更长，我们相对较快。

**（2）国家确定信贷总量，央行分配规模管控结构，银监实施政策监管，商业银行在规模下经营，形成一套完整的社会职能链，管理着信贷**。信贷有门槛，什么能贷、什么不能贷，什么时候能贷、什么时候不能贷、每个季度贷款能够贷多少规模，全过程都受到政策约束、风险与财务管理。在这种层层严管、重责问责的体系下，贷款难是一句真话，也是中外银行的差异。

西方有融资难吗？西方对住户贷款放得开，对企业信贷却紧约束，例如美国企业负债中贷款不足 2 成，根子在企业风险更大。而我国正相反，对住户贷款紧约束，而企业借贷已占负债的 7 成，贷款呼声依旧。信贷规模受到总量控制，每年贷款增量不少却依然紧缺，增加小微贷款也就减少大中企业贷款，难以两全。

**4. 小微小企业信贷的比重将持续提升**

有关国际数据表明，**美国中小企业融资中股权融资占 49.6%，债务融资占 50.4%，银行信贷在全部融资中的比重只有 18.8%**，其余的债务融资来自财务公司、贷款公司、政府贷款，以及中小企业主的车贷、房贷、信用卡贷款等。根据世界银行国际金融公司（IFC）中小企业融资工作组 2010 年 9 月向 G20 首尔峰会提交的报告，在 G20 国家中，中小企业从正规金融机构获得过融资的比例为 10%~15%。

我国人民银行征信系统曾披露，获得过贷款的中小企业数量，占征信系统中登记中小企业总数的 15.8%，贷款覆盖率与国际水平大体相当。截至 2016 年末，征信系统已收录自然人信息 9.1 亿人，企业及其他组织信息 2210 万户。累计有 47.16 万户中小微企业和 9248 万农户获得银行贷款支持，贷款余额分别达 10.5 万亿元和 2.7 万亿元，分别增长 5.3% 和 9.3%，都表明国际国内的情况相差不大。

这些年来，国家倡导银行业大力支持小微企业贷款，缓解其融资难、融资贵的问题，因此贷款户的比重仍将不断地增长。以信贷为主导的社融模式也将逐步在小微企业中体现出来，这不是简单的数量与结构的变化问题，将改变经营方式与风控模式，推进银行的市场化转型，务必十分重视。

## 五、信贷需要市场盟友

商业化需要市场的行为方式，信贷中介应当有经营的市场套路。在客户关系上，保障核心客户的稳定性，增强彼此的忠诚度，银企是否也该结盟？旨在建立稳定的客户群，合情合理，理由不复杂。例如，当面对"不会倒"、"不能倒"的重要伙伴以及商业的优质骨干企业时，结成互信的盟友，发展深层的紧密关系，意味着应当长期合作共存，相互依靠共同发展，哪怕是一个时期的结盟，也是必要的。与其松散陌生地同行，不如携手共进，符合经营发展战略。

**1. 市场很严酷，面对风险需要同伴盟友**

市场讲效率、多风险，哪有不合作结盟的？你看那些大集团公司，都有成群的供应链伙伴、商业盟友、技术合作、投资参股、一致行动人等，命运一体生死与共，构造起长期互信的市场关系网。大概当下只有银行不善结盟，还能朝南坐，依据政策独行，单打独斗变脸快、人员轮换岗，讲原则不讲成本，不顾后果。银行缺少生存的危机感，经营近视眼，做一笔是一笔，无须想得太远，仍有一些体制性通病。

结盟与公平服务不矛盾，信贷服务只讲合同面前的平等，不谈选择的公平性。信贷以风控为前提，依据是否往来了解、是否有诚信记录、是否合乎政策、有没有规模为前提条件，决定权在银行。世上符合贷款条件的申请人多了，银行只选择自认为合适的。信贷自主经营、自担风险、自负盈亏、自担责任，对借款人有信任与否之分，关系上有生熟远近之分。不以社会评价为依据，不以少数服从多数，而以自身评定为前提。市场方式只兼顾公平，假如以公平分配贷款，只会退回到 30 年前计划经济体制下。

有没有核心客户圈，是不是结盟共赢，表明银行的经营意识强不强、商业化程度深不深、有没有战略思考。选择盟友是生存使然，是经营导向，前提是不违反政策。加盟银行的核心客户群，能提升企业忠诚度，免得相互提防，讲虚话假话。经营中谁不遇到麻烦？相互支持共渡难关，这是市场交往的逻辑。

**2. 建立核心客户群，才算经营落脚到客户**

市场本是由一个个利益群体的聚合，结成利益同盟。群体中心紧密层是最可信的伙伴，是核心客户群，或称为合作者、战略或财务的合作者，或利益行动人。看股市，不也有对蓝筹股、MSCI 明晟全球指数等类似的名单选择，被特别关注的吗？经营要体现重点、重要性，保持稳定性、可靠性。形式上银行也有交往的圈子，但不同专业客户群的特征不同。例如，存款业务的关键在价格，如有求于他，做贴心伙伴难；信贷是互利又担风险，必须要有更深层的了解合作。因此，信贷的盟友显得特别重要。

银行最应关注核心客户，一个领导人如果不懂、不善于去做好，只表明他的市场观不强，难以胜任，或是盲目的、临时应付和机会主义的，如同一个人没有真朋友一样。核心客户层是在长期交往中聚合的，是有故事、有深层关系的，还有私人的信任关系。通过建立深度合作关系，银行对他们给予更多的信息互通、更多服务的优惠便利，更高风险容忍度的弹性，更上心、用心去维护关系。

**3. 选择方法：名单制＋质量型＋排队选拔**

核心客户群是经营的支柱，入选盟友不该是轻率的行为，当然需要设立严格条件的门槛，通过规范的流程，而不是放低标准去乞求。

（1）实行严格的名单制，通过审批程序认定进入。

（2）风险为上，财务求次，不以贷款数量来划定，要以企业价值前景为准绳，无须对数量限制，但质量必须可靠。

（3）选择那些熟悉可信的、有长期交往的、有能量的优秀企业，以重要企业、中大客户为主，它们与银行经营关系更为紧密；对那些行业龙头、产品龙头、小而强的企业也在选择之列，认真地挑选进来。

（4）动态的排队机制，对那些游离不紧密的、新生成长的、不稳定的，需要一个观察排队期，继续进行验证和培育。

**4. 立足于解决发展难题：有仪式、有内容、有特色、有底线**

难点在维护关系，为什么"拿不住"客户？以往的平庸，是因为拿不出具有个性化、针对性的服务，或缺乏杀手锏产品，或未找到利益共同点等，结果浮于形式，感受不到结盟的意义。原因主要出在银行的肤浅，真不了解客户急待什么，也不懂能够解决什么，缺少了利器和抓手。银企各有经营利益的诉求，只有找到了共同点和难点，才能量身定制。

具体方式上，第一，需要通过某种仪式来确立关系，并建立客户经理责任制，维护好日常业务服务关系。

第二，明确告知特别优惠事项，使之感受到差异性、有效便捷、一揽子周全。力求人无我有、人有我优，提升解决企业发展性难题的能力，延伸开发新市场业务。避免靠压价搞乱市场，从开发新业务中提升收益才是正路。

第三，实施灵活有幅度、原则有底线的管理，具体落实到户。终究内外有别，对客户信息要敏感，把住风控点，定期分析掌握实情，及时调整策略，对衰退的客户要适时调整退出，保持整体的活跃进取。

## 六、竞争与合作：走向银团

市场是多头的，企业多头开户，银行多家竞争。市场以竞争使之生机勃勃，市场以合作使之有序发展，市场越复杂越期待合作，竞争越激烈越需要合作，从竞争走向合作表明市场走向成熟，合作规范竞争变得更加理性。风险是共同的难点，过度竞争生出种种弊端，何不多一点合作共赢？信贷的经营方式需要进化。

信贷的规则性很强，底线很明确，财务很清晰，对借款人要求很一致，形成了合作的基础，这与其他行业的竞争不一样。银行合作的业务方式常是银团贷款，银团的能力十分强大，不仅是融资规模更是智慧和能力，聚合成金融长城。因此，与其企业多头贷款，不如银行共同应对，管得住风险，尤其是道德风险。

银团贷款是西方银行普遍的信贷方式，银行不想把客户完全包下来，以免承揽全部风险，是一种典型的竞争与合作的业务方式。在竞争方面，哪家银行能够争做安排行并不容易，要靠价格（利率、安排费）以及承销能力。报价需要技巧，还有大量细致的贷款条件及工作，既要让借款人能够接受，又要使银行受益愿意参与，高了客户不接受，低了其他银行不参与，形不成银团。在合作方面，只要价格合适有利益的共享，安排行确定后许多银行都会乐于参与，也共担了风险。

银团贷款的好处显而易见：

第一，是便于分散风险，信息更加透明，借款人难以隐瞒。

第二，当借款人出现问题时，迫于大多数银行的压力，总得想尽一切办法去筹资还款；银行也会共同商议设法帮助客户渡过难关；从整个金融市场讲，也可以分散风险，避免因一家银行被一个企业压垮而引起整个金融系统的危机。

第三，对一些中小银行来讲，可以降低业务成本。因为贷款的评估尽调、组织工作、法律文件、管理以及不良贷款处理等都由安排行负责做的，其他行只是参与。

第四，银行贷款完全是市场方式，很少涉及以贷谋私的道德风险，一旦出了问题至多是多家银行集体看走了眼，包括著名的大银行。

**案例**：美国大通银行安排的某香港华资财团的一笔银团贷款[①]，利率的计算为"由借款人决定以本港同业拆息（Hibor）1个月、2个月、3个月或（如有的话）6个月息率计算"。这给了借款人很大的自由度，在息差固定的情况下可以选择基础利率。

承诺费方面，"承诺费按季度日平均未用贷款余额（一年按365天）计算：若季度日平均未提取贷款余额等于或多于授信额的50%，将以年利率0.125%计算承诺费；若季度日平均未提取

---

① 刘晓春. 银团贷款二三事［N］. 21世纪经济报道，2017-09-29.

信贷与风险——信贷之门 风险之槛 经营之魂

贷款少于授信额的50％，将以年利率0.15％计算承诺费。"

财务契约方面，"（贷款公司）将确保：（1）其总借款金额不可超过其已调整的综合资产净值的两倍。（2）其有抵押的总贷款金额不超过其已调整的综合资产净值的两倍。（3）其已调整的有形资产净值不少于250亿港元。"这是以法律的形式确保贷款以后该公司的负债率保持在一个合理的水平以下，以防风险发生。

特别条款方面，"（贷款公司）不会（并保证其主要附属公司不会）转让、出租、借出或出售全部或部分资产而引起致公司及其附属公司出现负面影响。是否违反特别条款则由大部分贷款人以合理理由决定。"

条款的决定看双方所处的地位，借款人处于有利地位，则贷款条款相对宽松；贷款人处于有利地位则贷款条款相对苛刻。

## 七、小微小企信贷事关命运

信贷风险与企业规模成负相关，不同规模有不同的风险法则，各类信贷都有其市场特性，经营方式不同。小额贷款风控依据大数定律原理，而大额贷款则是逐笔风控的原则，形成各自风险管理的特殊性。一般而言，中小企业、小微企业贷款比重大的银行机构，不良贷款率更高。

**1. 小微是企业的原始自然形态**

什么是小企业、小微企业？没有统一的口径，只有部门设置的专业口径，门类复杂、差异太大。**工信部定义为**[①]：从业人员在20人及以上且营业收入在300万元及以上的为小型企业，从业人员在20人以下或营业收入在300万元以下的为微型企业。这是企业规模的社会标准。**银监对小企业**

---

① 《关于印发中小企业划型标准规定的通知》（工信部联企业〔2011〕300号）。

**授信定义为**[①]：银行对单户授信总额在500万元（含）以下和企业资产总额在1000万元（含）以下，或授信总额在500万元（含）以下和企业年销售额在3000万元（含）以下的企业。2018年以后，监管的信贷标准定为1000万元贷款以下。

小微是经济实体的普遍形态，一部分逐步完善变成小企业，极少数再发展成为中等或更大的规模。起初，一个简单动机、一次市场机会、一种创业冲动都会从设立小企业开始。当然不会规范完善，粗放简陋、资本小风险大、死亡率高是基本特征，几十年、几百年来小企业这样走过来，走下去，这是社会生产力构成的基本形态。在银行眼里，它们很多不具备信贷的基本条件，这不是埋怨，是因为银行引入了各种现代管理指标，要求过高了，脱离了现实的市场。银行业深深地依赖这些如火如荼、生机活力的经济实体，得以生存发展的机会，这个广袤浩瀚的市场使银行如鱼得水。这是信贷业务中的矛盾。

**2. 离开信贷，哪有小微小企的繁荣？**

（1）据工商统计披露，截至2017年末，小微企业法人约2800万户，另外还有个体工商户约6200万户；2018年总量已过亿户。小微小企是占居9成的市场主体，谁都无法忽视其重要性，社会经济金融早已与它们息息相关。

（2）据央行披露，截至2018年第三季度末，国标口径小微企业贷款余额25.81万亿元，同比增长10.0%，增量占同期企业贷款增加额的22.4%。普惠口径下小微贷款（包括单户授信500万以下的小微企业贷款及个体工商户和小微企业主经营性贷款）余额7.73万亿元，同比增长18.1%。

（3）央行行长易纲指出[②]：中国金融对中小微企业的支持已经到了一种很普及的程度，有贷款的小微企业一共135万户，有贷款的个体工商户的经营性贷款有1103万户，有贷款的小微企业主的经营性贷款是411万

---

[①] 《银行开展小企业授信工作指导意见》（银监发〔2007〕53号）。
[②] 《中国货币政策框架：支持实体经济，处理好内部均衡和外部均衡的平衡》，2018-12-13。

户。加总起来，基本有1600多万的小微企业得到了普惠金融的支持。

以上述数据做计算，在2018年末市场主体11020万户中，小微贷款户约占14.5%，个体工商户贷款户约占17.8%，贷款额约占企业贷款余额的1/3，比重已经不低（不排除有多头贷款的重复户数）。面对平均寿命不足三年的小微小企业，银行是有所作为的，易纲的结论是"应该说力度是很大的"[①]。

**3. 基本事实：银行与小微小企已是命运共同体**

民营经济贡献了50%以上的税收，60%以上的GDP，70%以上的技术创新，80%以上的城镇劳动就业，90%以上的企业数量。小微小企是民营经济的主体，与银行有千丝万缕的联系：

第一，它们基本都在个人账户中开立运营结算户，个人账户的存款估计占住户存款总额的1/3以上。许多资金忙时用于经营，闲时用于理财。

第二，雇佣的员工占就业的8成，当然成为银行个人业务的主体。

第三，经营的供应链与大中企业紧密相连，既关联生产，又连着市场流通。

三方面业务都与信贷生存攸关，岂能不重视？其实，银行早已付之行动，从来是在服务中小户中生存的，这是信用服务的本性。重要的是深度开发市场，培育挖掘信贷客户。无论是政策要求和前景的诱惑，还是银行转型趋势的召唤，他们与银行命运攸关，绝不可忽视。

**可简单估算一下市场信贷需求的巨大容量：按照1亿户计算，哪怕只有1‰的特别优秀者，也有10万户；有1%的可靠诚信者就有100万户；有20%的正常经营者就有2000万户。如今小微小企贷款户已经有1600万户，依旧有很大的市场空间。** 更何况金融支持方式并非都是高风险的信贷业务，许多可以通过各种有效方式取得担保抵押，化解掉大部分风险，这方面银行都有丰富的经验。

---

① 《中国货币政策框架：支持实体经济，处理好内部均衡和外部均衡的平衡》，2018 – 12 – 13。

**4. 大银行做小微贷款需改革经营方式**

当政府要求大中银行大力增加小微小企贷款时,把经营体制机制的问题凸显了出来。

**(1) 不转型就不适应小企业需求**。试图简单地下达指标,传达动员一下,让分支行冲进市场,那一定碰个头破血流,尤其中西部对民营市场更缺乏经验。"2018 年 9 月末,湖北省小微企业贷款不良率为 2.6%,小微企业关注类贷款占小微企业贷款的 7.3%,单户 500 万元以下小微企业不良率为 5.2%。据了解,西部一些省份的小微企业贷款更高"[①]。客户、市场、环境背景不同了,原先形成的大中企业流程规则那些套路,面对着小微不适用,亟待创新经营模式。因为市场不同了,需改换另一种风险管理原理;方式不同了,需要大数据信息支持;要一户户上门察访细节,不能想当然;风险溢价高了,风险容忍度不同,考核机制要变……若不改则处处乱象,师爷死在乱拳中。小微小企信贷绝不是权宜之计,是永久的国策,已经成为基本的经营方式。

关键是经营模式。小微小企贷款依靠人盯人的人海模式,精简集约的大型银行人少怎么办?实践总是痛苦的,不跳下去呛几口水,哪能创建新模式?看来体制还得变,早变早成功,晚变多损失。

**(2) 照搬西方银行模式做小微小企行不通**。为什么?我国的小微小企在资本、诚信、市场运作、法制环境等方面隐含的风险更为严酷,冒险、数量大、无视规则、诚信度弱、寿命短等,加上政府驱动,理想模式常被异化了。易纲说[②]:中国小微企业的平均寿命是 3 年,相比之下,美国中小企业的平均寿命是 8 年,日本是 12 年。这才是风险的实质,迈开腿走自己的路吧。

**案例:** 这家银行(摩根大通)还提到他们对小微企业贷款也

---

[①] 《关于改善小微企业金融服务的几个视角》易纲"第十届陆家嘴论坛(2018)"演讲,2018 - 06 - 14。

[②] 《中国货币政策框架:支持实体经济,处理好内部均衡和外部均衡的平衡》,2018 - 12 - 13。

多数需要抵押（除了房产外，也接受存货、机器设备等抵押，一般只有50万美元以内的贷款可以采用信用方式），但并不是按抵押物价值的一定比例确定贷款额（据介绍美国也有银行主要依据抵押物价值放贷），贷款额原则上以过去三年现金流能覆盖还款为主要标准，现金流以纳税单为主要依据。**小企业贷款利率为5%~11%**，根据风险定价。举例来说，医生为开诊所贷款可能利率为6%，对餐馆贷款利率一般为8%~9%，但如果一个餐馆已开了10年，利率也可能低至6%。①

**(3) 2020年监管和银行发力的重点是普惠型小微企业贷款**。工作侧重点转向挖掘"首贷"小微企业客户。这对大中型银行是严峻的挑战，不能再以低利率去掐尖小银行的基本小微贷款户。从头做起将促使信贷方式的根本转型。

2020年1月13日国务院新闻办召开新闻发布会。银保监会副主席祝树民在发布会上表示，首贷比续贷要求更高，这项工作中，各家银行也都非常重视首贷业务。银保监会指导银行业协会自上年11月开始，在全国范围内倡导全国银行业金融机构开展"百行进万企"的融资对接工作。根据小微企业在银行开立基本账户的情况，一对一地建立对接机制，让银行从坐商变行商，深度调研小微企业融资需求。在银企信息充分交流的基础上自愿对接，实现银企良性互动。数据显示，全国已经有近800万户正常经营、正常纳税的小微企业纳入"百行进万企"范畴。

## 八、平台模式的信贷管理

假如大型银行抓住核心企业，构建起1万个供应链、商业圈

---

① 周琼."美国的小企业贷款没有不良贷款'责任追究'"，2018-11-23.

平台，各类平台互为交集，便可带动30万~50万个企业群，再辐射牵手百万千万级个人户，自然形成了强大的以优质客户为中心的专业客户链群，十分可观。这种经营新模式，相比直接面对数百万个企业、数亿个人，经营管理、效率方式不就都变了吗？

平台金融可能是未来信贷的新模式，有利于改善基本管理方式，从供应链定位核心客户，构建信贷平台式管理。链是一根纲绳，拉起来是一张网络，集成一个客户平台，信贷为何不利用它打造成平台模式呢？银行生来是网络形态，一定要紧紧地抓住各种链，启动平台经营。

银行是一个业务的金融大平台，平台才是运营方式的本质。网络只是平台的延伸、链接方式，互联网开启了沟通银客间新的方式和渠道，将平台业务辐射出去。如果以为互联网会取代银行模式，那是一知半解的非金融思维。正确的思路是应用各种技术方式和渠道，把客户吸引聚集到分类的金融平台上，银行就大有作为了，这当然是信贷转型的新机会。

**1. 平台是社会、经济、金融运行的基本形式**

社会是由一个个大大小小平台组合而成的，各类市场平台在不断形成中，各种有形无形的渠道网络将其链接起来，成为新经济发展阶段的重要特征。客户因平台而关联聚集，业务因平台而链接扩张，无数平台是平台经济的基本单元，金融应附着、服务于平台经济。这就是平台金融。银行如何与诸多平台互联，并改换成新模式，为平台用户提供营销与服务？是一个新课题。

**（1）行政体系的基本特征是社区集群、城市集群、区域集群、国家集群**。从社会看，所有的行政架构都具有平台集群的特征，政府通过设立行政服务功能的平台管理经济，得以聚合企业集群。各种经济开发区、特色小镇都是具有产业特色的平台，聚集各类新企业、新业态实体。金融为经济服务，需要具备平台式服务功能，才是最合适的经营模式，切合经济发展的特征。

从全球看，"一带一路"也是相关国家之间开展经济合作的大平台，聚合起域内国家形成国际性投资带。中国银行业全球化的最佳路径，是走上"一带一路"大平台。

**(2) 市场主体的特征是集团集群，联盟集群，以产品、资金、物流为载体的企业集群**。每个企业都不孤立，以物流、资金、供销、投资为纽带，结成了相互关联的供应链集群、资金链集群、投融资集群。例如，在各种百货、建材、家具、家电等大商场中，看似是商场在销售各类商品，其实商场里聚合着几十、几百家大小企业店铺，成为企业集群。如果行业代表了同类企业的产品特征，体现一种同行竞争的关系，那么集群代表了企业间密切的利益特征，更多是价值与合作关系。

从信贷视角来看，企业间形成了一个个相互关联的资金链、担保圈、借贷与投融资等金融运作平台，构成了紧密的市场关系，谁都需要依托这些平台，谁都脱离不掉，其成为企业在市场的生存方式。如同人群一样，谁都有可依赖的圈子，有自己关系紧密的群体或组织。

**(3) 许多企业都拥有庞大的用户服务平台，金融机构也一样**。看企业的经营，稍大一点的企业内部都隐含着上下游客户平台，服务类企业、消费品企业更有庞大的终端用户服务机构 call center 平台，视客户为上帝，作为重要的管理方式。例如，电信、水电、燃气等都有亿万、千百万级客户群；商场、航空公司都有会员；华为对高档手机户建有 VIP 客户群。企业更清楚其上下游用户的信用好坏。

**(4) 互联网企业拥有巨大的客户网络集群**。互联网营造起集群式大平台，云计算的社会云、企业云都是同类集合体。BATJ 电商们建立了商业平台，汇集的千万、亿万级客户产生了社会大效应。互联网银行正是利用客户信息发放贷款。

不少银行也跳出以账户为核心的客户体系，App 向非金融服务延伸，自建和外拓场景，拓展服务边界，延伸到 Ⅱ、Ⅲ 类账户，以及未绑定银行账户的 App 用户，构建网络用户体系，改变了经营理念，引导经营方式的转型。

**2. 金融形式的变化：从网络金融走向平台金融**

平台才是银行经营追逐的目的地，而不是在技术上喧哗忙碌。走过互联网等高新技术桥梁，各样平台决定着银行的经营服务方式。上述集群的基本特征，都是以核心客户为平台，形成了以链式放射和网络平台相连的两种结构模式。随着市场经济的深入发展，平台的地位和作用变得强大，各种经营平台模式都需要与银行合作，产融结合，获得金融支持才强大。

**(1) 当今市场平台化效应趋强，信贷要抓住机会转变经营方式。**

**技术是手段，平台是基础**。在高新科技的引导下，通过互联网的有效链接，业务从网络、渠道汇入平台，如同河流汇入湖泊。网络是河流，平台是湖泊，平台才是经济金融的落脚点、汇集点，融合各种经营场景、集聚能量信息与聚合辐射上下游的功能，使金融自身的平台效应更加充分，拥有汇集与配置资金的能量。

金融服务方式在转型，从点状机构（内部）→平台化（外部）特征；从关心节点（网点）→网络（互联网）→平台（辐射的区域）。

对企业的服务，从点式服务（集团内）→平台化（集团外）服务。供应链的物流、信息流、资金流都向核心客户的中心平台汇集，具有市场化的显著特征。

**平台经济金融业务的特征**。以平台链接的企业链，具有市场交易的显著特征：一是以商业信用、契约精神、供应链关系为市场的内核；二是构建信任服务的基础机制；三是以相关互利为纽带；四是以核心重要企业为依托。这些交易特征，都是信贷最为关注最需要掌握的业务要素，平台提供了极好的市场方式与机会。

**(2) 金融从网络向平台转型中显露出信贷新切入点。**

**企业集团内的金融平台已基本形成**。十几年来银行一直在积极探索创立金融服务平台，早已搭建实现了企业内的银行服务平台。例如，2001年工行构建起企业集团的现金管理平台，成功解决了集团对下属公司资金的归集与管理，成为平台化金融的起步。

**时代走到了建立企业之间金融服务平台的阶段，越来越紧迫**。银行对企业间财务交往与金融交易缺乏平台式服务手段，对其上下游供应商交易缺少金融服务平台，因而信贷模式难以进化。过去多在强调互联网的技术特征，未能意识到平台金融模式才是终极目标，而这恰是信贷转型的切入点。因此，在建立开发跨企业平台的过程中，信贷要抓住这个机会，尽早构建经营管理的市场新模式。

**3. 供应链是企业间最为重要的市场关系链，信贷要抓得住**

**（1）供应链金融成为重要的市场新课题**。国务院办公厅《关于积极推进供应链创新与应用的指导意见》①文件指出，"供应链是以客户需求为导向，以提高质量和效率为目标，以整合资源为手段，实现产品设计、采购、生产、销售、服务等全过程高效协同的组织形态。"其重要意义是落实新发展理念的重要举措，是供应链结构改革的重要抓手，是引领全球化提升竞争力的重要载体；文件提出了总体要求、重点任务与保障措施，并将"一行两会"列入部委分工负责名单。

国家把供应链创新与应用列为战略要求，可见其重要性，银行应当顺势推进，致力营造专属性共享式供应链业务平台，去归集解决企业间的业务和金融需求，变松散为紧密，加强与各业各类企业的金融合作。

**（2）要构建平台信贷的市场模式**。平台金融最重要是仍然平台信贷，起到核心的支撑作用，而其他业务多是服务。由于核心企业更熟悉供应链上下游企业的信用状态，又有产品供求支付关系，形成一种良好的信贷场景，营造丰富有利的信贷市场。信贷可通过平台去聚集和稳定相关的客群，从个别获客向平台汇集获客转变，成为网络时代最为清晰的获客渠道。但获客只是起点，借用企业间紧密的价值链关系，去优选客户、营销贷款、获取信息、做实担保抵押、把控风险、稳定关系、扩大业务和提高效率，才是最主要的内容。

技术推动经营方式转型，把专业平台做成专属平台，把机构平台做成辐射平台，把客户平台做成客群平台，把单一平台做成综合平台，把机构场景做成平台场景，把企业内部平台做成开放平台，都在催生经营转型。例如，专属平台可形成一种政策沟通、核算联通、业务畅通、资金融通、

---

① 国务院办公厅《关于积极推进供应链创新与应用的指导意见》（国发办〔2017〕84号），2017-10-05。

银客相通的效应,更能吸引好客户、新客户,并推出系列产品以整合资源,规范经营,去引导和改变客户行为方式,紧密银企关系,也能增加银行主导的管理权,改变被动式服务。

平台信贷的模式该是如何?过往的科技主要应用于信贷管理,平台信贷是一次难得的市场机会,谁能抓住谁将脱颖而出。

**案例**:温州民商银行是单一机构的组织模式,针对小微企业分散又远离市区、营销成本高、管理半径大、信息不对称等难题,逐步探索有特色、可持续发展的"一群、一圈、一链"批量营销模式,形成定位,打好了基础。

一群:以初建的小微工业园区入园企业与员工为重点目标客户,与园区进行深度战略合作,进行批量营销;以项目为标的对小微施工企业进行批量营销,形成有效切入点和突破口。充分了解并深挖企业需求,开发个性化信贷产品,大幅提高批量营销的效率。

一圈:以周边商业市场、专业市场等成熟商圈的商户为重点,营销客户群体。先对开发商、管理商授信,开展业务紧密合作,以此为抓手,全面掌握商圈内企业的经营模式、状况、资金需求等大量软信息,挖掘需求共同点、关注点集中营销,批量处理。

一链:试行"供应链"金融新模式。依托核心企业供应链和组织优势,借助其在销售中不可替代的信息反馈、风险过滤、榜样示范等积极作用,深度挖掘供应链上下游优质小微企业,拓宽担保、推销产品、渗入深层次金融需求,推动"供应链"金融在线化、批量化、标准化操作。

上述模式可**依托核心客户的信用**。例如,上游供应商能协助银行对其现金流进行封闭管理;实力强的工业园区、批发市场,可为区场内小微提供担保等。几年来在新业务模式下经营,服务小微、服务实体,形成显著的特色定位,成为银保监会发展民营银行的典型。据 2017 年统计,平台批量营销模式贷款余额 31.51 亿元,贷款户数 3231 户,分别占 82.7% 和 92.2%,不良贷款为 0。

# ▶第19章　五大信贷经营难题

成长期的银行一路在探索，探索体制模式、探索经营管理、探索发展方式；成长期信贷走着自己的路，形式上信贷指引很明细，实务中个个都有鲜明个性，规模、结构自成体系。信贷为中国借款人服务，在国情与市场环境下，服从于国家的政策与监管，服务于经济、企业与国民，唯有依靠以中国特色的经营方式运作，走出自己的路。

正因为发展得快，才有梦想的空间；正因为走在最前面，才要思考与开创未来。市场在进化、经济在改革发展中，满地是转型的冲突，满心是进取的意志，满身是坎坷与苦衷，我们正视各种矛盾，在解决问题中成长前行，发展壮大。

看历史，我们已经走了前半程，走到了全球最前面，后半程有满满的自信和信心，向着现代化的美好明天。

## 一、服务方向：宗旨内涵的冲突

主观为经营、客观为社会，还是倒过来？难在两者的有机统一。自主经营是法律规则，政策调控是行政导向，实务中信贷最难把握两者之间的矛盾，在微观与宏观的结合部、在业务与市场的界面上冲突多，执行者最难。

从经营来看，信贷为企业服务是在业务的过程中，为资本才是归宿，这是所有公司的市场属性。从国家来看，信贷为社会服务是金融职能的归宿，为资本只是过程，国家既要银行贡献利税，更要信贷以经济建设为中心去完善宏观效能，两者兼顾最为理想。从股东来看，既要资本获利又不能对政策有歧义，但他们不愿轻易调整考核指标。总理几次要求银行改进考核机制，放宽对小企业不良率的容忍度，因为兼顾中需舍弃一些资本利益。三个层面的矛盾都得由信贷经理人来解决，正是信贷为难之处。

**1. 社会效应更重要，国家管着信贷，信贷服从大局**

信贷的社会效应与银行利益，孰轻孰重？答案简单明确，要力求两者完美地统一。

（1）**自2012年经济下行以来，我国银行业总的不良贷款一直保持在1.9%以下，拨备充足，利润维持在高位，保持在全球先进水准**。历年银行业财务核销的坏账不足1%，例如2017~2019年贷款核销约占信贷总余额的0.60%、0.72%、0.67%，表明财务风险成本尚可控。

按一般规律，美欧银行在经济下行期的前三四年中，信贷类不良率普遍在3%~5%，处置期间利润极低以至亏损。对比之下，我国尽管处在经济低潮时期，银行业仍然保持高质量、高利润，运行谨慎管控严密，远未出现被社会忧虑的大风险，应当至少还有一倍多的风险压力承受空间。现存2万亿元的不良贷款额并不多，稍作减少利润就能够轻松地消化。

（2）**比较信贷自身的成本利益与社会从信贷中获得的成本利益，社会效应远高于信贷本息**。信贷的社会效应包括生产、就业、财富和社会稳定等，信贷促进了社会生产力和财富的形成，企业创造了GDP以及国家的税收利润，支持充分就业和社会的稳定，推动了社会的发展与进步。因此，信贷杠杆后续的社会效应，应数倍于自身获取的一点利息；信贷的宏观效能远比产生一点不良贷款更为重大，这是一种全局与局部、整体与部门的关系。

当两者冲突时，放弃一点银行本息以谋求社会效应，是国家必要的价值取向，也是常用的行政手段和政策的立足点。这是一种基本的行政规则与效应。

（3）**不能只盯着信贷的小账，更要算算带动经济发展的大账**。当连续大量的信贷投入后，且不说银行业得到了快速成长，取得了良好的业绩，更加表现在信贷对经济对社会不可估量的贡献。贷款只有 5% 的利息率，这样低的成本推动奠定了社会产业的快速发展，这就是信贷的投入产出效应。不能只盯着信贷与 GDP 的比率是高了还是低了，计算一下维系的经济金融大发展，答案便知。

以史为鉴，1865～1890 年美国铁路大跃进，铁路建设本身是泡沫化了，形成巨额的亏损，但它的带动效应却非常明显，包括沃尔特、罗斯托、马克思、熊彼特在内的学者们都认为，正是它带动了美国工业化。熊彼特认为："其他任何事情都取决于道路，它们要么是道路创造的，要么是以道路为条件的。"同样的道理，如今大量投资基础设施建设，其意义相同，如此评价信贷这本大账，会更容易理解。

**2. 难点在哪里？执行面最难**

政策指引与市场化取向，成为信贷经营的基本点、立足点，即在投向监管下作自主选择。宏观调控的难点落在设定目标与结构上，需要努力去避免目标短浅与政策折腾；信贷经营的难点落在选择对象与管控上，需要努力去提高择优水准与专业能力。平心而论，总体上国家对银行的干预是温和的，并不过度，完全在银行承受能力之内。这从经济低谷期的银行仍能获取较高利润、不良率低足以明证，表明国家完全在关照和保护银行的经营。

**（1）政策性与市场性、政治性与经营性贯穿于信贷业务始终，并非都是正向效应，常有逆向调控。**政策性体现在：一是制度规范，通过规程保障信贷的安全合规性；二是政策管理，贯彻执行国家调控市场的要求。经营是讲政治的，信贷行为受到政策与规则的严厉约束。例如，严禁信贷进入股市，严管信贷过度投入房地产，银行必须严格贯彻国家管理的意图，不得有丝毫马虎。又如，要求信贷调整投向支持小微小企，银行不能懈怠，要做好对相应风险损失的财务安排。再如，政策也有反复、折腾，一些先期鼓励支持的后来变成关停了，形成了贷款损失，原因有政策局限性也因经济转型，银行只能靠经营去认真消化。

**（2）一边摸着石头去探索新模式，一边小心翼翼去拆除旧体系，信贷承担着两头的风险**。例如：1993~2005年国企转型期间，银行既要维系放贷又要放弃债权；2008~2010年的"四万亿"，银行必须全力投入，去对抗美国金融危机的冲击，哪怕产生了不良贷款；大力对小微民营企业放贷，支持就业、防范经济跌落，大银行要带头有所作为……都是党和国家的政治要求，是履行银行经营价值观的使命。银行必须把服从大局放到第一位，并以专业精神去贯彻落实。信贷难在具体工作中，难在管理考核机制牵制着政策性要求，难在信贷能力对抗不了转型风险，难在政策一刀切未能软着落，难在企业负债率太高风险大……挑战中，信贷步履维艰。

## 二、规模控制：成长扩张的忧虑

信贷是扩张，还是以质量主导？融资需求旺盛，信用环境不佳，而信贷规模年年递增越来越大，担子越来越重，风险责任与日俱增，难在高速增长下守住风险。

**1. 企业的信贷依赖：生存依赖、发展依赖与死亡依赖**

三大依赖形成三大责任、三大沉重的压力。信贷与企业结成了命运共同体，深深地进入了市场，信贷引擎必须不断地给力，以支撑社会经济发展的运转。

**（1）生存依赖、发展依赖**。企业负债的七成多来自信贷，维系着生产运营，是生存依赖；更重要是发展依赖，每年的新增GDP必须投入相应的信贷增量（见图19-1），逐年增长。向新经济结构高技术产业转型，同样离不开高投入的金融支持，从资本到流动资金，企业需要更多的投融资。资金从哪里来？亿万中小微企业与上市无缘，融资难，只能依靠银行，每每企业缺钱都拿信贷说事，都有信贷责任。这是最基本的现实，也叫相依为命。

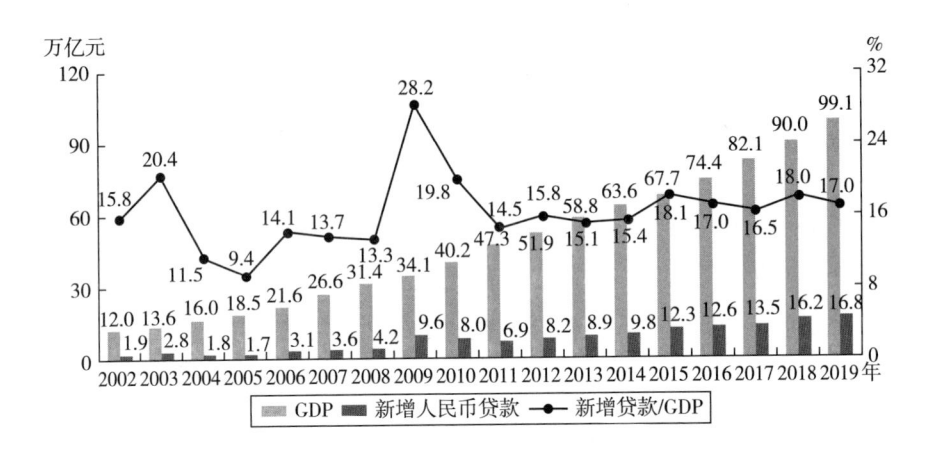

信贷与风险——信贷之门　风险之槛　经营之魂

图 19-1　2002～2019 年 GDP 与贷款增长的关系

**(2) 死亡依赖**。生存依赖必定有死亡依赖，带来痛苦与问责，日益不安。每个借贷企业死亡时都要由银行核销贷款坏账，方寿终正寝。一旦企业经营失败，损失的大头一定是信贷。据央行披露，2017～2019 三年分别核销贷款 7589 亿元、10155 亿元、1.06 万亿元，数量巨大，金融为经济转型承担了成本代价。银行的最大风险来自信贷，核销坏账资金依靠经营收益和利润。历史上在国企改制中核销贷款 3 万多亿元；如今又有无数僵尸企业亟待核销，或在诉讼裁决中，等待签发死亡证明。这是信贷之痛。

**2. 信贷仍处在扩张期，成长期信贷不会完美，也不必完美**

我国经济是信贷经济，信贷与经济相辅相成，命运绑在经济上，扩张中的信贷还在打基础练基本功，不可能完美无瑕。

**(1) 信贷质量只需管控在低位，做不到太好，经济发展仍需要信贷付出牺牲**。从经营压力来说，由于风险大责任重、环境不良，谁都不愿意无限地扩张信贷，银行期待着向业务深度广度、多元化拓展，向高附加值、高质量经营转型，以增添未来的竞争力与财务效应。但是，生产力品质与需求尚未到达这个阶段，那些良好意愿、西方经典经验，并不适用于我国现在经济改革与发展的国情。

谁都明白，提升信贷质量并不难，只要稍稍放慢一下贷款增量，只需通过三四年的盘整，再高的不良贷款都能回落下来。但是，经济发展与竞争激烈迫使银行不敢停步，稍作停顿便落下一程。而且，决定信贷质量的是经济、是企业，信贷无法自行其道，假如经济真不行，质量必定下滑。假如缺乏贷款增量，不良率也难消化。

**（2）未来 5～10 年金融的主要矛盾仍是资金短缺，是量不是质**。什么山上唱什么歌，什么市场阶段是什么品质，量与质都是经济的产物，经济结构优化才有信贷高品质。信贷无法独善其身，不能超越现实，超前必定浪费成本、失去机会、延缓发展，走两步还得退一步。品质是渐进的，需要量的积累，只能一个个台阶地逐步提升。品质与规模相适配，扩张做大了分母，也在发展中提升了消化不良的能力。待 15 年后现代化社会经济成熟了，信贷自然进入正常时期。

**（3）信贷扩张仍是大趋势，是历史的机遇和责任**。为什么要不断地扩大信贷？扩张不全是银行的经营行为，而是经济在驱动，也是企业融资的渴望，是国家的安排。在金融现代化进程中，我国银行业才走了前半程，后半程信贷还将成倍增长，因而半途中无须追逐完美，只求少出大风险。

可作预测，在基本实现社会主义现代化的第一阶段（2020～2035 年），信贷会扩大到什么程度？截至 2019 年末，本外币贷款余额为 158.6 万亿元（人民币贷款余额 153.1 万亿元），以此为基数计算。假如前 5 年递增 10%，中间 5 年递增 8%，后 5 年递增 5%，那么，5 年后信贷总量将达 255 万亿元，是 2019 年的 1.6 倍；10 年后达 375 万亿元，是 2019 年的 2.4 倍；15 年后将达到 479 万亿元，是 2019 年的 3.0 倍。

上述设定的增速并不高，历史上信贷增速从未低于 12%（见图 19 - 3，其中 2000 年、2004 年、2005 年和 2008 年增速降低是因四大银行转制剥离不良贷款的因素）。因此，无论预测的数据是否可信，哪怕总额再减少 10%，同样是一个巨大的数字。应当如何面对？银行必须做好担当重任的各项准备，顺势而行。

**3. 信贷仍要唱十年主角，主导地位不会改变**

十年只是弹指一挥间，**信贷主导的市场特征很难改弦易辙**。因为，信贷形式上是银行业务，实质是社会融资、政府关系、金融市场和资本要求

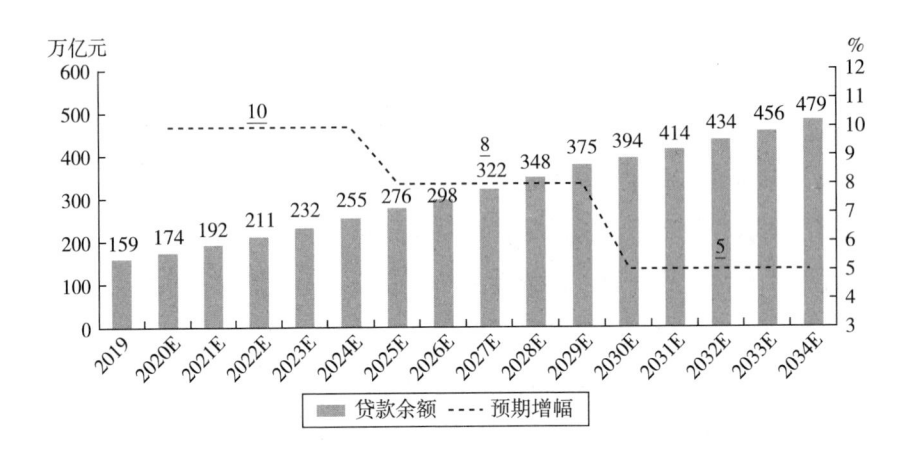

信贷与风险——信贷之门 风险之槛 经营之魂

图 19－2 未来 15 年银行贷款余额增长预期

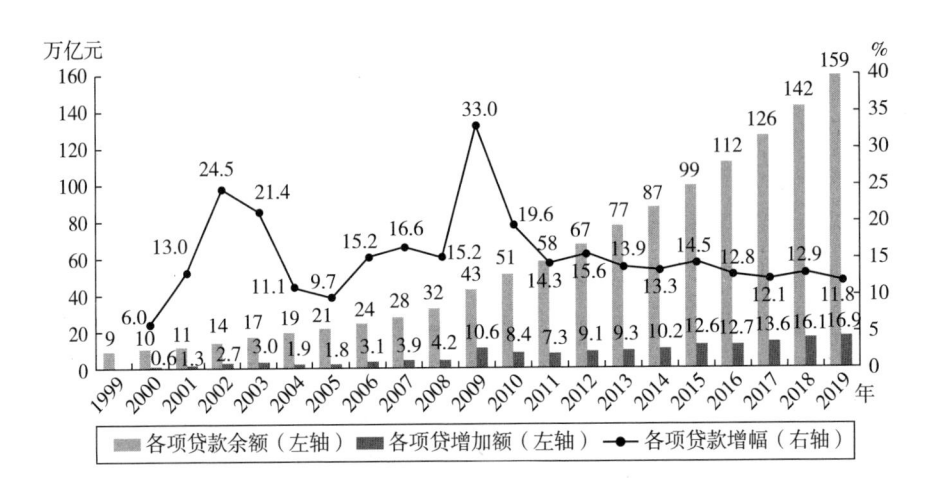

图 19－3 1999～2019 年金融机构各项贷款情况

等多种要素作用的结果，现时运行体系的改革只在量变，质变尚远。

从经营看，信贷由存款决定，假如存款不再增长，贷款就到了头；假如利差太少，银行就不愿放贷；假如直接融资发达了，信贷就减少了。只要有合理利差的盈利空间，银行就有动力放贷。从环境看，在经济运营的强劲惯性下，信贷无法特立独行，体制不变政府不会放手信贷调控；而市场繁荣不减，资金需求旺盛，资本市场直接融资还是远水，远水不解近渴；金融体制模式依旧，短期内改变信贷的基本力量不足，只能指望信贷继续挑担子，这是信贷的国情特征。

依据2019年人民银行的统计口径，截至2019年底，企业债券股票融资存量只占社会融资总规模的12.27%，2017～2019年三年间增量分别只占6.8%、14.8%、15.20%。过去的10年成长缓慢，预料后10年也难根本改观。假如每年直接融资提高一个百分点，则10年间仍不足3成。未来的状态是一个不定的谜。市场仍在逐步培育之中，这个过程欲速不达。当前，在国际环境对我国经济不利的情况下，信贷只能硬撑住，一旦降下来后果严重，别无分担的力量。

**案例**：2007年我在信贷会议上说，"工行贷款已是国内最多。为什么还要增？这是政策与市场说了算，资本牟利机制说了算，经济翻番的需求说了算，还有巨大的住户信贷市场刚启动，谁也挡不住。无须担忧存量太大了，市场很严酷，你不贷你下降，不要螳臂当车，而要提高能力去落实。"那年工行信贷余额为4.07万亿元，是十年前的1997年2万亿元的2倍，深感压力山大；到十年后的2017年升至12.7万亿元，又是3倍。2018～2019年又先后增贷1.15万亿元、1.39万亿元，不良率仅1.43%，经营指标都不错。经济呼唤信贷，增量越来越大，能力也越来越大，未来10年能不长一倍吗？忧虑吗？40万～50万亿元资产的大银行将呼之而出，才叫强大、至尊，我们从不自信到自信，有信心管好全球最大的银行。

**4. 鹤立鸡群只是显眼，高山矗立才真是强大，经理人有责任担当**

我国的信贷在全球银行业最大，是一个基本事实，重要的是还继续长得更大。大了行不行？那是国家决策的事，经理人的责任是怎么能经营好大信贷，创造新的经营模式。大不可怕，无须杞人忧天，因为做大本不易，想拆分变小就简单了，坚信未来金融体系强大后总有行之有效的办法。

**（1）信贷成长期有多长？何时增速会减缓？**历史见证未来，前20年信贷年均递增2位数，如同孩子在成长。只有当增速逐年降到了5%以下，才能稳定和定型，步入成熟期。预计在现代化社会的前 15 年，商业银行才真正强大起来。

如今的人们很难描绘出成熟期的银行形象，如同上世纪末无法预测今天一样，世纪之初四大银行是技术性破产状态，谁能料想仅仅十年跻身于全球之首？有一点应当肯定，前 20 年信贷转型中度过了两次金融危机，一路坎坷、悲壮始得辉煌；后 15 年同样会经历不安的痛苦转型，信贷之路绝无平坦，在历练中变得强盛。

**(2) 历史是从担忧银行资产过大之中走过来的**。早在 20 世纪八九十年代时人们就畏惧银行大了，也曾一次次提议过不少拆分银行的方案。其实，那时四大银行规模还不及如今一个省级分行。例如，2018 年工行各项贷款余额为 13.84 万亿元，而在 1988 年只有 5000 亿元，1998 年为 2.27 万亿元，2008 年为 4.57 万亿元，分别是 1988 年的 27.8 倍、6.1 倍、3.0 倍，每 10 年大翻番。市场从来没有规定资产大了不行，如今照样管控自如，可见当年目光短浅，是一种成长中的不自信。

**(3) 精彩和困难都在后头**。四大银行从 2012 年起陆续跻身全球第一梯队，如今总资产多于西方大银行的 1/4~1/3，确实不小了。其实，做大不可抗拒，也不可怕，重要的是用心去做，用实事求是的方法做。大在未来，顺势而为吧，经理人无须自寻烦恼，尤其是中小银行们，跟着大银行走就行。13 年前的 2007 年，苏格兰皇家银行总资产为 38079 亿美元，居全球第一，贷款 17127 亿美元；折合人民币（当年汇率 6.512）分别为 24.797 万亿元、11.153 万亿元，若按 2019 年末的汇率折算更高，与四大银行相当。我们达到这个规模才几年，有什么理由不能更大？假如未发生美国金融危机，会是谁执牛耳？

## 三、业务结构：结构的转型破局

以企业贷款为主、住户贷款为辅，还是倒过来？以贷款为主、类信贷业务为辅，主辅如何分布？还有国企、民营贷款的比例，大中企业、基建项目与小微贷款比例，东西部信贷的配置……一个个变化的不定式，各种力量都指向结构，调控信贷，结构最难。

**1. 结构何以最优？没有最优，都是相对的、变化的、阶段性的**

所谓最优，是与趋势合拍，与经营合适，与政策合理，与管理合规。各类银行都应构建自身特色的信贷结构，经营中逐步优化。

所谓结构之变，起于业务变革与发展，围绕着风控与财务的内核，依据市场财富规律、存款人动机与信贷需求的动因，银行自身要设计，政策也力图干预。

所谓调控，金融政策的切入点就在调整结构，因而它始终是政策与市场冲突的焦点。现有结构是以往长期运营的结果，所有经营问题都能在结构上找到原因，改变经营一定是从改变结构切入。

所谓转型，是从调节增量入手，通过改变其中的不适合部分，构建起信贷业务新平台，实现新结构与新经济更加切合，使之符合未来发展趋势的要求。这是基本方式、是战略任务，最为重要。

**2. 以企业贷款为主？以消费贷款为主？看政策的导向与干预**

从生产原理看，投资与消费只是起点与终点之别，组成社会生产循环中对资金的两个需求点。企业贷款是从投资端切入，住户贷款是从消费端切入，两种借贷行为只是环节不同，没有对错之争，都是社会正当合理的需求，一个都不能缺，只是两者间比重的安排。由于住户贷款以住房按揭为主，涉及房地产，会导致经济发展的不平衡，因此，社会争议最大的房价问题总是牵涉到信贷，进退两难。可见，信贷投向、结构比重体现政策的意图，受到国家强力的调控。

中西方银行的贷款结构不同，西方银行住户贷款的比重更高。例如，本世纪初美国银行业住户贷款的比重远高于企业贷款（见第7章），这是上世纪80年代后在市场驱动下逐步演变提升的，表明了西方信贷从消费切入的市场特征。

我国的信贷一直以企业贷款为主，但十几年来消费贷款势头旺盛，源

信贷与风险——信贷之门　风险之槛　经营之魂

于国家扩大消费的导向，或许也受一种信贷规律的支配。银行对住户贷款的热衷远高于对企业的贷款，这是基本事实，也是市场的支配。进入21世纪以来，企业贷款的比重在逐年下降，住户贷款比重快速提升到36.26%，尽管政策开始严控，但成为挡不住的趋势，未来占比提升到40%以上只是时间问题。

**为什么银行愿意发放住户信贷？**理由很简单，就是风险相对较低。例如，2017年银行不良贷款率为1.74%，其中房地产不良贷款率低于1%，住户贷款不良率为0.3%；按揭平均首付比在33%以上，新贷款平均首付比在37%，这在国际上是非常审慎的住房信贷政策[①]。质量直接影响绩效，企业贷款的风险大，核销坏账最多，其盈利与规模的比重严重不适配，有的甚至出现了倒置。相比之下，消费贷款因损失的坏账小而使得盈利的贡献大，尽管利率低、费用成本高，大中型银行照样抢着发放，尤其在经济下行期。近10年来，住户贷款迅猛增长与银行自身驱动有关，尽管央行从2017年以来开始一次次地干预，但效果并不显著，未来走势未卜。

**3. 信贷业务、其他资产业务、中间业务如何配比？心中无数**

道理很清楚，发展其他业务是经营的趋势，但做起来很难。在西方银行业务模式中，服务类收入一般比重在20%～30%，信贷收入在40%～50%，同业业务在10%～20%，构成了成熟市场稳定的经营结构。

十几年来，我国银行一直寻求挣脱信贷独大的状态，从中间业务、表外业务、同业业务突围，各家银行每年下达的中间业务增长指标都奇高，试图构建一个更安全稳当的资产负债结构。例如，大型银行曾设想信贷、中间业务、资金以5∶3∶2比例的理想模式，力求转型，创新探索不断。2013～2017年，银行显露一种惜贷情绪，热衷于发展表外、同业业务，做轻资产银行、交易型银行的思潮泛起，而疯狂的互联网金融泡沫也迎合裹挟了银行。

---

① 第13届人大新闻发布会上央行副行长潘功胜披露。

理想很丰满,现实很骨感,当这种期待与政策意图不相符合时,必定受到干预调控。例如,政府一次次地要求降低银行服务收费标准,取消了多种收费事项,严厉处罚了各种违规收费事件,釜底抽薪以纠正经营方向。支持实体经济是国情,企业更需要贷款,企业经营困难,政府在大力降低税费的负担。2017年的全国金融工作会议上,中央要求回归金融本源,重新牵回以信贷为主导的老路。贷款的比重越来越高,未来结构变化的趋势难以预测,但一定充满着反复曲折,不会风平浪静。

**4. 结构调整中会有满地风险,市场化转型不易**

信贷结构背后是经营结构、财务架构、人员配备与管理方式,银行发展战略、未来规划演变应当落在结构上。拟订未来的经营结构,也就设定了发展目标,调整结构是政策的期待。问题是,信贷政策都是短期的,货币政策是逆周期的,银行家并不清楚未来的银行应当是怎样的规模、模式和结构,不清楚上述的结构问题,走一步看一步就无法规划未来。因此,没有一家银行能够真正设定自身的远景规划,只能跟随着政策的变动顺其发展,无法主动调节走在前面。

每次重要的信贷结构调整都充满着艰难与风险,都要为之付出沉重的转型成本。调整方式有强烈的硬着陆,也有渐进的软着陆。若是硬着陆,信贷损失会更大。例如,整治环境污染和产业转型没商量,经济结构、产业结构调整中数以万计的企业关停搬迁,形成的不良贷款不计其数,不少小银行难以抵御处在风险状态,发达地区许多城市银行也同样难免。我国经济的大转型开始起步,未来10年会进入实质性阶段,前一时期的重点是淘汰低端过剩的产能,是最痛苦的;后一时期是发展高端技术产业产品,这才是对信贷工作最根本的挑战,是最艰难的。

# 四、市场选择:定位的迷茫

是否要定位,能不能定位,早已不是一个理论问题,再明确不过了。

信贷的客户定位、风险管控和管理模式三位一体，定位为首，风控与管理随之而变。经营的市场定位是银行成熟度的标志，模糊则是自欺欺人，缺少方位指引，遍地硝烟混战，岂能不出风险？

**定位是为经营定标，选择确定客户、产品的市场坐标。** 当西方银行早已划分市场有序经营时，我们的信贷还在一哄而上、春秋战国式全方位漫天竞争，各层次全面白热化，做得很乱很累。这表明，我们仍处在市场发育期，市场发展得太快，商业化不成熟，眼睛盯着领导指挥，而政出多门多变，信贷并非依据自身能力盯住市场趋势。信贷转型首要是培育具有经营特色的核心客户群，以战略定位和经营眼光去选择市场，有路标就不迷失盲从，有指向就不漫天打仗，有定位能培育相对优势，杜绝粗放走向精细，找准角色才能演成好戏，才有稳健审慎的市场基础。

**1. 客户无定位，信贷不稳定**

怎样的借款人用怎样的信贷方式，定位于大企业，有管控大公司的一整套做法；定位于小企业，有管控小公司的一整套做法；假如全方位什么都贷，那么，管理链、产品链、服务链都会很长，多重管理系统交叉并用，变得十分复杂庞大，管好就难了。

例如，对小公司贷款，一个客户经理至多管理 20～30 户，若每户 1000 万元，合计 2 亿～3 亿元贷款，从贷前调查核查做起，收集整理全套的信息资料，到贷后督管贷款使用，查访企业经营的变化……管到位的工作量极大，忙得不亦乐乎。一旦出现不良更麻烦了，一年下来，说不定还亏损挨批评。但若做大项目贷款，一个高铁项目百亿元，一条公路、一个电站都在几十亿元，一个客户经理少则管数十亿，多则数百亿元贷款，比小微贷款压力轻多了。

两种方式下，工作量、管理要求、忙碌程度、风险压力和绩效完全不同，何从比较？因此，当大银行大规模进入做小微贷款，假如经营方式未配套就铺开推进，一定漏洞百出风险剧增。结果可想而知，少有例外，这是管理的一般规律。

**没有定位哪有重点、何谈专长特色，这是经营的核心问题。** 银行商业化改革40年来,从混乱到有序,从很小到最大,格局体系已成型,至多再增设一些中小银行。但是,市场的分工分化刚刚拉开帷幕,过去在政策干预下,银行间只有规模大小之别,不讲客户分工,缺乏自成特色,被称为同质化,太雷同了。也有的银行在尝试,例如招商银行有了定位雏形,而多数银行在浑然中,不定位自由自在,经理人得过且过,股东们也搞不明白。

**2. 信贷定了位才算银行定了位,事关自主权、配置权、控制权**

信贷定位=银行定位,因为信贷是银行核心功能,受政策约束最强,其他如存款、结算均属普众性,开户办业务的选择权在客户手里。信贷每个时期都围绕国家中心工作,一个阶段支持国企和基建,是主导和基本国策;一个阶段支持购房,是扩大消费服务城市化;一个阶段支持民营、小微企业,是解决就业做实体经济等,都有政策指引,金融监管督促落实。无论金融体制如何改革,银行都是贯彻者。

国家未放手、不推进银行实行信贷定位,理由可以理解。在经济转型中,发展重点和薄弱环节都亟待金融支持,只能国家说了算,假如由银行说了算,一些难题如小微、民营的"融资难融资贵"很难解决。问题是,定位不明必乱章法,经营不自主责任必不清,市场错位必定风险更多,每每企业曝出风险都牵出十几家银行。出事怎能都怪银行?金融体制、市场环境与经济转型都有原因,市场化发展到了定位阶段。

**3. 市场定位一变,经营方式应随之而变**

2018年国家要求型大银行信贷大力支持民营、中小企业、小微企业,这是市场转型的重要信号。借款人变了,原有模式该不该变?我们以台州银行、泰隆银行的案例说明。

**银行的信贷方式随借款人而异**。大小银行的人均资产差异很大,经营方式完全不同。大型银行资产规模大,进入的市场业务更宽泛,而区域性中小银行依靠做深市场,但ROA、ROE无关资产大小,经营殊途同归。如图19-4所示。

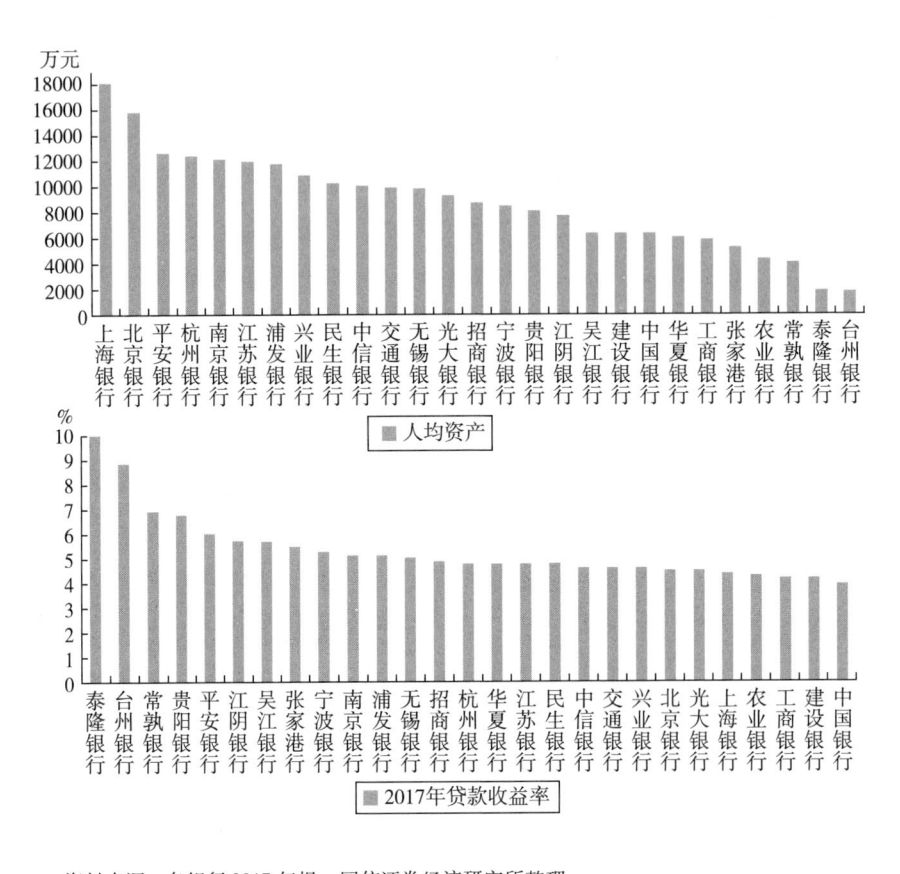

信贷与风险——信贷之门　风险之槛　经营之魂

资料来源：各银行2017年报，国信证券经济研究所整理。

**图19-4　2017年上市银行人均资产、贷款收益率**

**案例一**：2017年末，台州银行资产总额1574亿元，人均资产1775万元，位居上市银行最低；贷款总余额1033亿元，其中69%投向小微制造和批零业；贷款收益率为8.86%，位居上市银行次高；实现净利润33亿元。

**案例二**：2017年末，泰隆银行资产总额1433亿元，人均资产1871万元，居上市银行次低；贷款总余额885亿元，户均贷款仅有27万元，基本投向小企业，贷款收益率为上市银行最高；实现净利润24亿元。

两家银行都是典型的小微专业银行，在小企业这个细分市场中建立起自己的竞争优势。做小额贷款用人多，管理成本大，施行"人海战术"，以较高的管理成本约束风险成本，相对较高的利率获取高收益，使ROA、ROE超越行业的平均水平，成为国内最优秀的小企业的银行。它们的经营模式与大中型银行集约化经营全然不同，揭示了：当大银行转向做小微信贷，采用做大公司的套路行吗？显然不对路，以往也并不成功，将付出风险代价。

**4. 信贷转型必须增加信贷人员**

**（1）信贷的薪酬成本不高，与风险的比价很低**。我国的员工成本低，从收入成本率看，西方银行均值在60%以上，我国在30%以下。假设：一个员工年薪酬等各项人力成本为30万元；以大银行年新增10000亿元贷款计算，如果一般坏账损失为1%，损失额为100亿元。

算式为：100亿元÷30万元/人=33333人。

即相当于损失了3.33万人的薪酬支出；若坏账损失2%，即是200亿元，相当于6.67万人的开支。风险成本与员工成本相比，若轻若重？结论是：人力成本并不高，信贷损失的成本远远高于员工人力支出成本，在风险面前，不要吝啬增加信贷人员。

**（2）信贷转型中需要增加专业人员**。每年的信贷坏账损失额已经不小，例如，2017~2019年银行核销坏账分别为7586亿元、10155亿元、10600亿元，年均9447亿元，假如通过增加信贷人员能够减少10%的损失额，即年均减少944.7亿元。按照上述计算，相当于31.49万人的人力成本，还能够无动于衷吗？

信贷员占银行员工数量的比重大约为10%，因此，当大银行信贷定位从大项目大公司转向小微小企时，哪怕份额只占1/10，也会带来人员的陡然紧缺。这绝不是一个靠增强责任心所能弥补的缺口，与挖潜提效是两回事，而是需要经营模式的同步转型，面对风险不是儿戏。如今，大型银行仍在集约减员，岂不知，先进技术主要是减少了负债服务类的柜员。当信贷每年大增万亿元，核销坏账数百亿元，为何纠结于增加信贷人员呢？令人费解，股东们应当算算这本大账。

信贷与风险——信贷之门　风险之槛　经营之魂

## 五、经营机制：责权利的错配

国家从权责入手，推进中央与地方财政事权和支出责任划分的改革。针对长期存在的重审批、轻监管、弱服务问题，持续深化"放管服"改革，加快转变政府职能，减少微观管理、直接干预，注重加强宏观调控、市场监管和公共服务。五年来，国务院部门行政审批事项削减44%，非行政许可审批彻底终结，中央政府层面核准的企业投资项目减少90%，行政审批中介服务事项压减74%，职业资格许可和认定大幅减少[①]。

一切管理机制都围绕着责权利，当银行规模长大设立了层级，就发生了权责的分离。谁都喜欢权力，都畏惧责任，都需要利益，但责任与权力形影不离，权力受到责任与绩效的约束与考核。一旦信贷业务中权责利错位，在风险责任与利益分配上特别为难。

**1. 信贷的权力与责任如何在层级中分配？**

立足于两个基本点：第一，城市分行是信贷核算中心，是盈利与风险责任的担当者，责权利应当统一于这一层级；第二，机关是领导者、决策者与监督者，以经营效率为中心，应为市场、客户与基层服务。不管层级多少，责权利的分配以此为纲。假如责权利的设计与经营基本点脱离，经营中就麻烦不断，弊端不少。

层级化银行的每一级机构都依仗权力而生，从上往下分解权力，都企图获取关键的那一部分。但是，对责任如何分拆？思考得很少。看看文件中规定的部门职责，一般只是分工管哪些事项，都缺少承担什么责任方面的具体内容。理应责任随着权力走，分不开，现实中常被宕空了。当然，

---

[①] 李克强总理在第十三届全国人民代表大会第一次会议上的《政府工作报告》，2018年3月5日。

职责的界定很难，难在银行不是市场化经营体制，而是行政化主导，外部追责的要求与内部的经营逻辑不完全合拍，人们只是用国情体制来解释。存在不都是合理的，否则要改革干什么？每次的改革都伴随责权利的调整，使之适合经营的逻辑。

**2. 行政模式下经营管理发生的扭曲**

中西方经营的根本差异，在责权利机制。我国大中银行的层级依据党政层级设置，银行与政府的关系紧密，这是国情，是经营环境。各级党政都要领导与管理经济金融、委任与管理干部，地方拥有很大的财金资源、审批管理权。市场方式下的西方银行没有这一层最复杂的关系。

两种模式衍生的责权利完全不同：**市场方式下应当问责的，在行政方式下可能不问责**，例如过去对困难企业发放"饺子贷款"类的损失；**在行政方式下要问责的，在市场方式下可能不需问责**，例如西方银行对尽职的贷款风险一般不问责。两种模式下有两种机制：

**（1）市场机制的追责源头来自组织外部**。尽职则无责，只要符合法规、流程和权限，因此，当出现因专业水准、市场剧变等风险时，一般不处分经办人员。道理很简单，因为在银行风险是常态。西方银行很少受到政府的微观干预，只受到法律的监管，追责处罚一般都是针对经营违法行为。例如，瑞士银行帮客户洗钱被法国法院罚款37亿美元；富国银行员工为完成销售目标赚取佣金，伪造和操纵虚假客户账户200余万户，遭受监管的处罚，解雇了5300名参与失当行为的员工（约占该行员工总数的2%）。

**案例**：2019年2月20日法国法院历时7年调查后裁定[①]，在2004~2012年间，瑞士银行因帮助法国富有的客户逃税、洗钱，被罚款37亿欧元（42亿美元），另向法国政府赔偿8亿欧元；五位瑞银高管面临监禁，刑期待定。此次罚款相当于瑞银2018年全年净利润（49亿美元）。法国检方称，瑞银支持逃税客户是"系

---

① 华尔街见闻，微信ID：wallstreetcn。

统性的",税务欺诈的洗钱规模是"工业"级别的:通过高尔夫球锦标赛、古典音乐会和狩猎派对招募潜在客户(法国法律不允许);银行家们使用没有任何标识的名片,并装备可快速删除数据软件的电脑。瑞银否认有任何不当行为,将提出上诉。这不是瑞银第一次涉及类似案件,2009年帮助数千名美国公民向美国国税局隐瞒资金,被处罚7.8亿美元,同意交出数百名客户的信息,这严重打击了瑞士保护银行客户及其业务不受窥探的悠久传统。该案例表明,违法必究,严厉处罚。

**案例**:富国银行2016年9月8日曝出丑闻①。该行雇员从2011年起通过伪造和操纵虚假客户账户完成销售目标并赚取佣金。监管机构查出约有150万个银行账户和56.6万份信用卡申请。富国银行缴纳1.85亿美元罚款,缴纳500万美元"客户补救金",向客户退回了260万美元不该收取的费用,解雇了5300名参与失当行为的员工。此外,参议院银行业委员会9月20日举行听证会,传召该银行CEO John Stumpf作证。过去8年以来,富国银行曾因其他违规行为屡遭处罚,缴纳的罚金总额在全球银行排名第4(100亿美元)。该案例表明:参与者皆处罚。

**(2)行政机制的追责源头在组织内部**。行政方式的追责以工作目标与结果为依据,如果工作消极无效、失误失败形成风险后果,就要问责追责。哪怕是外来干预错了,干预者不会自咎责任,或不了了之,只会问责执行者的不尽职问题。在这种行政机制的导向下,**银行层级制中出现了责权分离,如是上级的失误一般不被问责,但对具体出了风险的分支行要问责**。这正是管理的逻辑,切记住:执行者永远是第一责任人。

上世纪八九十年代对信贷风险问责吗?没有,那时银行的信贷是政府职能的组成部分,连银行法都没有制定,谈何问责?真正的问责是从2000年四大银行剥离不良资产开始的。数十万家国企转制破产形成数万亿元贷

---

① 《富国银行丑闻:都怪盈利模式?》,《沃顿知识在线》,2016-09-23。

款损失，却从未追究哪个书记厂长的责任，也未问责地方领导、主管部门在干预贷款、逃废债造成风险损失的责任。但是，四大银行在股改处置不良资产过程中，根据要求严肃地实行责任追究制度，逐笔核查严厉问责，其中高管不在少数，足以警示。问责制度从此延续下来，但凡有核销都要核查问责，并成为一种工作机制（具体可见第422页案例）。

**3. 责权利分离不是市场的经营机制**

基本逻辑是：集权＝集责，收权＝收责，分权＝分责，放权＝放责。揽权不担责必定约束效率，使管理链失效。**行政机制要求政令畅通，起点在上级；而市场机制要求服务效率，着眼于市场。因此，当集权模式转向市场化改革，一定要以解决责权利为抓手，责权利本是市场机制的灵魂。**

**（1）市场机制才能解决责权利关系**。西方银行的运行模式中：第一，组织架构分立是基础，公司银行、零售银行、投资银行、信用卡公司等多个板块独立营运，财务核算到位；第二，采用事业部制解决责权利下的条块关系，独立核算与分配；第三，机构之间财务核算独立清晰，银行整个运行机制都以财务效率为中心，责权利匹配，不受外来力量的干预。

在行政主导的层级制下，责权利容易发生与市场化经营错配。第一，庞大的银行是统一法人，内部统一计价核算，各个机构部门不与市场直接挂钩，动力压力减弱；第二，实行业务部制，并非以市场价格独立核算，财务机制责任不清晰。中西方的事业部制全然不同，十几年来许多银行试行事业部制都未获成功。因此，解决责权利问题终究要依靠市场化进程。

**（2）未来的改革绕不开责权利**。我国大银行从2000年起逐步走向集中经营，至今业已长成大树。例如，2000年时工行总资产为39978亿元，人均681万元；至2019年第三季度末达30.43万亿元，人均6773万元，分别是2000年的7.61倍、9.95倍，经营压力不可同日而语。当初人均资产少，分散经营各自为王、管理混乱、状态千差万别，因而实行集权和国家干预是必须、必要和有效的。如今人均扩大了近 10 倍,尾大不掉能自如吗?

**出路在哪里?** 经理人不该去设想如何解除、何时摆脱行政干预,而要思考在现行体制下,怎么从优化和完善管理入手,去调整责权利机制,使之变得相对合理有效。未来十年的深化改革定会改变,相信时间在推动进步,市场化环境会越来越浓,责权利水到渠成。

# 第 20 章　鉴别求证好企业

信贷工作三部曲：第一是投向，能否选择合适的客户，体现了对信贷业务全部的理解、智慧与能力，也是最积极有效的风险管控，做好入口管理，保障后续的顺畅。第二是贷后管理，体现了执行、控制和管理能力，通过有效的管理措施得以防范出事和劣变。第三是转化清收，体现了综合经营、运作与协调能力，解决不良贷款是最大难题。

万事从寻找借款人开始，在充满竞争与博弈的市场上，找到好朋友好伙伴，一路同行才舒畅。

## 一、看企业，寻找贷款好市场

每家银行都要有核心客户群，这是经营的压舱石，是稳定的护城河，更是银行品牌的荣耀，银行家如数家珍百倍珍惜。但是，信贷好客户得来之难，管理维护更不易。因为在核心高端客户层面，从来不靠一般的经营策略关系，而是有血有肉的"市场+朋友"的战略伙伴，变得复杂和微妙。这是寻找培育信贷基本客户群的立场与视角。

**1. 信贷开门第一件事：选好借款人**

选择贷款对象是信贷经营的首要问题。从流程看：一是找到合适的借款人；二是确定合适的额度、期限、利率；三是制定契约合同和相应措施；四是放贷管贷到收回本息。因而找到借款人是贷款的源头起点。从重要性看，好的客户可优化信贷结构、提高质量，是最高的风控准则和行动纲领。选对了则贷后一切顺当，若源头出错则焦头烂额。

何谓信贷好客户？这个信用的根本问题，涉及规则、管理与财务等方面内容，基本条件不具备，信贷之门不轻易开启。客户有大小、新老、优劣之分，决定贷款的数额、绩效与风险；客户有所有制、经营状态、前景之别，决定贷款的政策、风控与投向。无论哪种分类，要害是能不能贷？安全吗？能否还本付息？因此，**信贷好客户的三项基本要求是：借款合规、风险可控、收益可得**。

**选好客户是稳定经营、防御风险最为积极有效的路径**。贷给好客户是最有效的财务管理，也是最积极的风险管控，抓住入口环节，解决"病从口入"问题。与好客户结伴，即从源头规避了风险，贷后变得轻松省事，心情真舒畅；沾上个劣质客户如同与魔鬼结伴，则风险缠身步步为难，日子真难过。因此，信贷的着眼点、落脚点在客户，信贷的眼光和水平主要在选好借款人，最重要是找到好的、合适的客户。

**选择借款人是一种紧迫持续的信贷日常工作机制**。实务中，市场朦胧不清择客不易，企业又在不断变化之中。规矩条件是硬性的，各方视角眼光不相同，正反都有理，但具体去分辨层次、识别真伪就很难。信贷一般是通过在接触式、渐进式中验证信用，识别真伪，避免失误。例如，主动营销是最好的方式，定向挖掘到的客户一般质量较好；与优质客户有供应链关系、交易量大的企业一般较好，可从其稳定的现金流中查证；而对找上门要贷款的企业，则需查明背景，尤其要搞清楚是不是他行退出的。

最重要的是留得住好客户，留住了，是他认可了你的服务，不想离去；留不住一定是有服务的问题，或是在竞争中失利。请记住：每走掉一户，也让多年培育管理的成本付之东流。

**2. 信贷择客方式：大浪淘沙、日积月累**

百年的信贷流水的客。信贷始终不断地筛选、发掘客户的价值，永远在"选择→更新→扩展→再选择"的循环之中，天长日久，积累起一批价值型客户，构造出一家银行的核心客户群。信贷依赖熟客，努力去营造客户群，持之以恒地做实基础客户平台。老银行的优势在于拥有核心客户群，价值型客户越多，银行经营的根基越实。

客户稳定是相对的，筛选、流动让信贷永不松懈。假如你每十年做一个统计，就会发现贷款户的数量、构成完全不同了，或许一多半变了。客户分化得太快，好客户变差，差客户也有变好，日日在变化中。借贷不是投资，银企做不了永久夫妻；企业的生存周期短，新陈代谢快，不断有新注册，也不时有淘汰。炒股买入容易卖出难，高手在卖出；贷款贷出容易收回难，难在收回本息。要用火眼金睛去觉察企业是否进入衰亡期，是否有危机，只有靠慧眼识别伪装，分清良莠真假；要有决断的意志把握好时机，把握政策与市场的结合点，都是重要举措。

**3. 信贷获客的路径**

市场营销的一般方法是，对大中客户是一户一户去寻访，有时收获到上下游供应链企业；对小客户常反过来做，通过联系行业协会、商会、政府主管局，成片成圈、整链整群地营销，顺藤摸瓜，再一个个去落实，寻找构建价值的网络。

做供应链（从核心企业切入）、做商圈（做商业闭环）、做网群（网上找群）等。依托核心企业有利于把控风险，因为它们有控制权、最知情、有办法，寻求与他们的共同利益点。通过批量化控成本、标准化控风险，解决经营中成本高、风险大的难题。当然，上述做法通常是大型银行掐尖收割小银行好客户的方式，它们惯用低利率掠夺，结果把小银行推向更底层。在大银行进入小微市场后，这种现象难以避免。

一个产品有千百个零部件，在十几个国家生产，形成一个长长的供应链。谁牵头在管理、谁把众多的上下游企业组织在一起，谁就是市场领袖、集群的灵魂。过去比单个企业谁的规模大，如今要看产业链集群、供应链纽带、价值链枢纽的辐射力。谁控制了集群，谁就是纽带的核心，就是这个价值网络的龙头枢纽。当今市场的力量，不仅是资本与核心技术，更是对市场的控制能力。**谁控制了产业链集群、价值链枢纽和供应链纽带，谁掌控结算枢**

纽、产业链纽带、供应链集群这三个点，谁就是巨头。这是企业领袖的产生方法和控制特征。

### 4. 好客户的基本要素

借债还钱是市场规则，也是诚信与道德准则，无可非议。何以证明能够还钱？口说无凭，市场有资本实力、资信与信誉等标志，据以判断。

**（1）股东好、掌门人好、经营班子好，更放心**。公平的市场真讲出身，股东证明从哪里来、想干什么？资本是对企业经营意图、决心的备注，股东是利益、力量的构成与制衡。企业行不行、能否经营好？先看股东，出资人是利益相关者，是经营把关人；掌门人是决策者、经营者、命运担当者，公司的行为从他起步、以他为中心，成败的分量很重。常说：国企看行业地位，民企看老板品质，都基于股东的核心要素。

**（2）良好有序的经营状态是依据，眼见为实**。经营好的标志是什么？如何鉴别？绝不凭规划与打算，而要查看交易留下的记录，用事实说话。单凭企业的账本不够，要看银行现金流水账，验证销售的真实性；要通过与行业的对比，看市场的状态。最直观的是看企业在满负荷运转还是开工不足？从销售、采购、税收、统计及水电费等诸多因素中均可查阅到。

**（3）查证诚信记录、诚实态度和表现，看品质**。过去有过失信吗？银行很讲究案底，从劣迹中分析品质，反证未来行为的可靠性。在经营正常期很难见证诚信度，一旦陷入危机，不良股东就会滋生逃废债念头，抽逃资金的手法五花八门，最后留下一个空壳。失信对信贷的破坏力最大，几乎每个老信贷员都有亲身经历和教训，极其重视企业品质。

**（4）有规模和实力，看负债率、到位资本金**。有没有多头借贷补窟窿，利用信息不对称做小动作？有没有账外债务？有没有过多的不当拖欠？资本是市场的通行证，警惕那些空手套白狼做无本生意、资本少生意大的——赢了是他的，亏了是你的。现金流是王，银行最关注，任何经营模式都需要有足够的现金流支持。信贷不喜欢现金流不足、只有抵押物的，银行不是典当行；信贷不喜欢依靠担保的，只是无奈而为，只求现金流稳定；企业负债低不成为贷款理由，也要查明原因，证明贷款的可靠性。

**（5）有适销的市场产品和技术**。从产品看市场从来是最重要的。一切经营运营、技术水准、人才管理终究要落脚在产品上，市场用产品来检验企业生存的寿命周期。产品技术含量高不高，有没有量产和生产规模，市场影响力大吗，后备新产品能不能推出？再看产品销售及货款回笼，考证产品的生命力，产品是靠降价倾销还是价格坚挺，在诸多产品中，主要产品竞争力强吗？处在成长期还是衰落期。

**5. 信贷不只与好企业打交道**

只与好企业交往的银行，其经营状态不会好，竞争能力不会强。因为：

世上优秀公司的数量比重太小，相应的业务量太少，它们对利率更为挑剔。利差低、业务小、收益少，单靠它们养不好银行，更需要一般客户的大市场。**这是银行经营的理由**。

世上没有十全十美的公司，市场不安稳，总是在分化变换中，都有经营难处、软肋和子公司的风险难题；有的表面风光，到突然崩塌时信贷无法抽身。**这是企业的风险属性**。

与好公司的交易很平淡，练不出好银行。信贷能力是在与差公司、坏公司交往中练就的，敢于也能与它们打交道，才使自身变得强大，并从中获利。客户定位本是个市场能力、风控管理的问题，无论客户优劣，只要有能力把控好，都有经营的机会。**这是成长历练的过程**。

巴菲特说：模糊的正确远胜过精确的错误。朦胧的市场中，借款人戴着各自的假面具，如何识别？唯有追求正确的定位和方向，在路途中探索调整，而不要维护鸵鸟式失败的精致管理。在交往中鉴别客户的成色，积极谨慎地前行，市场就是这样练成的。要追逐两种信贷境界：第一，必须清楚地判断每一个借款人，不放糊涂贷款；第二，能把控住基本投向与结构，不出战略失策。**这是专业态度与要求**。

**6. 客户关系的上位、中位、下位**

经营中的借贷关系，折射出市场的银企关系。围绕着趋势、形势、金融市场、经营状况等要素，充满信用的博弈。在银企彼此选择中，谁能知己知彼，认识与把握双方的优劣势，主动一步，便能赢得积极的站位。这不是简单的营销方法，而是一种市场能力。

所谓上位，是指在信贷博弈中，在利率、条件、管理方面处于有利的支配地位。需指出，大多数借款人并不都能认识到自身的优势，只感受到竞争难、经营难和融资难，有求于银行。银行常处在上位主动型位置，客户感恩并依赖性强。信贷要取得上位优势，必须做好精细的贷前调查，尤其贷后要跟进做好系列化到位的金融服务，将一时的主动变为长期的合作。

所谓中位，是银企双方都十分清楚地认识到自身的地位，交往中彼此平等合作。银行不敢大意，需要依靠技术性、策略性的方式相处，并努力通过金融服务来稳定关系，增进友谊。

所谓下位，是一些大企业充分运用优势的市场地位，利用银行竞争，使信贷变得十分被动，处于下位。例如，许多强势优质的大企业集团，迫使银行给予更多授信、下浮利率和减免收费，也有要求解决子公司经营不善的融资难题等，银行不得已而为之。当然，信贷只能从战略思考、全方位合作来处理银企关系。

但是，银行终究是债权人，在短缺市场的借贷关系中，地位应更强更主动，重要的是善于把握方法、讲究策略，确保信贷的安全和盈利。

# 二、看股东，从资本找好公司

市场主体是独立经营者，**法人人格独立和股东有限责任原则是公司法人制度的两大基石**。市场靠真功夫，出身好不等于经营好，父亲好不等于儿子好，关联企业弊端也严重。许多案例表明，它们制造的银行风险伤害也最大。这是信贷业务的基本点。

资本不简单、资本有来头。股东好出身好，带有资本基因和成长背景条件，有关联公司的庇护、有市场的衔接、有人才技术的支持、有经营管理的嫁接等，从一个较高的平台上起步，带来先天的优势和成熟的方式。社会十分看重有强大股东背景的公司。

最重要的是动机，若是抓住了新市场机会，以成立新公司的方式去开发，成功率更高，办法多而风险较小；也有以新设公司来隔离与集团的风险，还有多家公司以优势合作进入新市场。这些是市场一般的规律，自然成为银行选择判断客户的一项重要因素。银行分外看重股东与资本，借以有效认识，并利用股东关系开展业务、规避风险。

**1. 股东可以为借款企业做什么？**

股东是东家，是出资人。市场很讲究出身，资本从哪里来？有背景吗？表明人脉与资本的关联度，这种血缘关系成为内在的市场关系、关联关系、经营联系。关系最紧密的是大股东，尤其是控股股东，他们才是真正的提线人、实际控制者，更能代表资本意向，决定经营的意图，具有对贷款项目及其风险偿债能力内在的影响力。关注股东，要让股东多发挥正向作用。

诚信的股东对银行最是幸运，若诚信不足则隐患猜疑倍增。股东与资产负债表、利润表有千丝万缕的关联，有说不清道不明的利益关系，影响力太大太重要。审核贷款时，总会挂接上股东的态度、状态，是否支持并分担风险，得以判断信息真伪，影响信贷决策。

银行可以在以下两个方面，要求股东对借款公司进行支持：

**一是提供多方面的财务支持**。包括：增加资本，以改善负债率状态；减少分红增加资金积累，以提升偿债能力；提供融资担保，以提高融资成功率和降低价格；为新建项目投资，以减轻企业筹资压力与财务负担；提供股东借款，以改善债务结构与财务状况，提高信心；一旦公司出现了经营与财务困难，更需要股东出面支持。

**二是运用股东自身具备的优势关照企业**。包括：经营管理、生产技术、供销网络渠道、原料及产品共享、财务管理、引入人才和培训、危机处理以及运用市场影响力等多方面，提供经营管理帮助和支持，解决关键性的难题。

**2. 股东作用和关系是项目贷款调查审查的要点**[①]

当借款人是项目法人时,信贷调审中应当重点关注股东的 5 个问题:

**(1) 股东的综合实力及资信可靠吗?** 主要关注股东的行业地位、技术装备状况、经营管理水平、资产及收入规模、盈利和经营中创造现金的能力等。由于弱势股东难成强势项目,需调审查经营情况、财务状况和偿债能力,判断综合实力。核实股东及主要关联企业资信情况,对有失信或违约记录的借款人,原则上否决。了解借款人在集团的地位,是否属于核心企业、核心业务,慎对非核心或劣质板块融资。关注集团整体的状况及负债总量,若已过度负债,则要防止成员企业间的财务风险传染。

**(2) 股东的行业经验与技术强吗?** 经验与技术是项目成功的前提,在项目前期关系到生产能否正常投产,中期关系到质量成本能否有效管理,后期关系到产品能否顺利销售。投资陌生行业是市场之大忌,外行与内行相争的风险大,隔行如隔山,各业自有规律、规则与模式,掌握它要耗时间与成本。因此,对跨业投资或无行业经验的借款人,贷款需谨慎。

**(3) 股东出资能力及财务支持真实吗?** 重点考察出资形式、来源和能力。如果股东用货币及实物、知识产权、土地使用权等财产作价出资的,需经资产评估机构评估、验资机构验资,并提供财产权转移手续的证明文件。股东不得以劳务、信用、商誉、特许经营权或者设定担保的财产等作价出资,出资来源包括利润、增发股票、变现资产或转让股权等,信贷应重点核实来源的可靠性。若以利润出资,要特别关注利润是否有现金支持,以判定真实性。

**(4) 公司对股东的未来重要吗?** 掂量重要性,越重要越能获取股东的支持,一旦有了危机,股东越会出手去协调解决问题。因此,应了解借款人是核心子公司吗?公司项目是否涉及股东核心业务或长期战略?评价的意图是:信贷应当重点支持股东的核心子公司、长期战略的核心项目,才更加安全有效。

---

[①] 刘元庆. 信贷的逻辑与常识 [M]. 北京:中信出版集团,2016.

**(5) 股东愿意提供担保吗？** 主动性的背后是信心与利益。通过争取股东为贷款项目提供担保，至少是有条件担保或阶段性担保，以降低项目建设与运营初期的风险。常用的措施有：① 提高项目资本金比例，以降低贷款风险的比重；② 控制项目现金流量，力求全部归集至银行指定账户，按合同用于还款，以免流失；③ 限制新增债务、费用支出和分红；④ 制订分期还贷计划并督促严格落实。

如果发现借款人存在以下情况，应当尽力要求股东提供担保，并评估担保能力及关联性风险：① 借款人与股东之间的关联交易频繁，且关联定价不够公允；② 在建工程多，或新项目属"小马拉大车"，还款能力的不确定性大；③ 财务独立性差，受股东财务的控制影响大等。

**3. 股东与公司法人之间具有分界线，千万别误判**

必须划清股东与法人之间的财务界线，公司法人独立承担有限责任。**有两条法规：第一，独立法人财产权；第二，独立债务责任**。法人之间对融资风险是相隔离的，银行贷给某个借款企业，一旦发生违约，无法向股东追索（除股东提供担保外）。因此，应当警惕那些优质股东利用其影响力，通过银行为关联公司融资又逃避风险责任；也要防范股东利用控股关系，通过关联交易输送利益或逃废债务，加大了子公司的信贷风险。必须明确两条：

**(1) 股东好 ≠ 所属项目公司、集团子公司的信用就好**。注意避免将客户自身信用混淆为子公司信用，导致银行风险误判。这种情况经常发生，往往是多家银行都看好项目股东背景，竞争激烈，而股东很会利用其优势地位，迫使银行降低或放弃了股东抵押、担保和资金归集监管，达到降解风险底线的要求。

**(2) 集团公司优秀 ≠ 下属子公司都好，下属公司的经营差异通常很大**。在发放集团公司贷款时，银行一定要注意划清各法人公司之间的界限，防止和避免信贷融资大量落入公司的劣质板块以及非核心板块上。这类情况也经常发生，起因多是在信任中疏忽麻痹，或情面难却，也有大客户施加压力，留下了隐患，一旦风险暴露后悔莫及。

## 三、看债务，负债轻的更可靠

**一个基本的常识**：债务轻重时时牵动信贷风险这根弦。企业财务负担与还贷紧密相关，债务重则还款难，还款期长的眼前过得去，风险在后头大，拖长了不定性。

**一个简单的逻辑**：债务轻的客户常是好客户，债务重的不能算好客户。债务由重变轻，多是经营向好；由轻变重，常是经营由好转差的标志，警告你得尽快关注。

巴菲特最不喜欢高负债的企业，他说好像"开车时方向盘上绑着一把匕首，路面一颠簸，匕首就有可能扎到你的心脏"。

每个企业都有债务，它常是成功者的手段，也是拖垮失败者的锁链。债务负担没有限定的具体标准，但业界自有基本的界定和评判。市场上，企业家们天天苦于流动性不足之难，遭受还债时现金流不足之痛，心中都明白债务的轻重，都有对自身负债率的平衡点。但是，竞争发展的压力太大，企业总奔忙于筹融资，会把困难掩饰起来，以取得金融机构的信任。

企业普遍缺少资金是发展中市场的基本特征，高负债经营是常态，也是信贷工作的难点。应当理解企业多方举债去拼搏生存机会，有的是理智而风险可控的，也有的是盲目失控的，这种成败的概率，往往伤及债权人。信贷在这种背景下经营，该怎么办？信贷不能输，重要的是了解弄清真实性，以区别对待。**策略是**：对前景光明的企业必须帮一把，对危机型、衰退类企业要及早撤出来。如何去搞清实情？必须明察秋毫，采用专业手法去揭示。

### 1. 判断：企业过度负债的9个财务信号

过度负债必造成企业的高杠杆率，危及经营，直接牵动信贷的安全。过高的财务费用必定消减盈利能力，一旦市场逆转向下，产能过剩形成闲置、贬值或坏资产，既断了销售收入，资产也难以变现，还牵连关联企业、担保圈和供应链上下游，引发追债收贷的多米诺效应，形成区域性、行业性风险。**这是银行最为顾忌忧虑的，因为无法偿债与资不抵债，是形成企业破产的两个触发条件。**

过度负债是企业的不良财务行为，成为最重要的财务风险信号，常是信贷风险爆发的征兆。银行应当及早引起警觉，并区别情况及时采取对策，早一步发现主动，存有撤出的一点机会；晚一步发现被动，扣已系死、套在其中，因而绝不能麻痹大意，绝不能无动于衷。当然，想搞清企业负债的真实性绝不容易，越有问题越会掩饰。但是，只要发生了过度负债，总会有些异常财务现象。

依据经验可归纳出9大信号：

**（1）企业大多资产已做了融资抵押，再无剩余的有效资产。**负债率明显高启，表明负债总额已经达到了极限。

**（2）借债总额与销售收入明显不匹配。**去除企业项目建设的因素之外，如果生产出现短期负债的付息超过销售收入的一半，或利息总支出已超过年销售收入，表明融资问题已经过度严重。

**（3）向过多的金融机构融资。**如果一家小企业从3~4家银行融资，一家中型企业向7~8家金融机构融资，一家大企业向多家中小银行或从小贷公司往来融资，都是不正常的，是一种资金紧缺的征兆。

**（4）通过非银资管渠道过量地融资。**信贷融资的利率最低，当企业从银行借不到钱时，便会转向寻求成本更高、条件苛刻的其他渠道。一般做法是把资产或收益权包装成银行理财产品、信托计划或基金、证券、保险资管计划等。因此，假如这类融资的比重较高，一般是资金紧缺了。

**（5）通过关联企业的渠道，明里暗里虚构收入、利润的繁荣，进行多头的过度融资。**

**（6）运用障眼法，通过从总资产中挖出一块资产，去做特定融资。**例如贸易融资、商品融资、资产证券化、财产收益权信托计划等产品，获取过度融资。资产与债务一一对应，挖是变相窃取，必宕空对应的债务，增加了原有债权人风险，也表明企业已无剩余资产用于抵押。

**（7）私募债也是一种过度融资的渠道。**门槛低、披露要求低、流动性差、发行成本高,当企业发行公募债券困难时才会走向私募。

**(8) 藏有大量的隐性付息负债。** 有些产品债权、股权模糊,记账时有意将长期债务类的记入权益类。例如,租赁融资(售后回租)、回购类股权融资、长期含权中期票据和可续期债券等。售后回租属于长期付息负债;附有回购条款的股权融资,名是股实为债;含权中期票据和可续期债券属于还本付息类债务。形式上降低了负债率,实质是为掩盖过度融资。

**(9) 借入民间高利率资金。** 民间借贷不在人民银行征信系统内反映,也不进入企业资产负债表,很难核查其借款额、利率。正常的企业很少涉及,一旦要借入,表明资金链吃紧,无路可走不得已而为之。

**2. 企业债务轻重的预警值**[①]

**(1) 四个维度:全面看资产负债率:**

人们习惯于用资产负债率高低来衡量债务负担轻重,但方法并不全面,应当是多维度的。因为债务依靠经营创造的收入来偿还,逻辑上应与借款人的财务能力是否相匹配来衡量,包括与各项收入、经营活动的现金净流量、资产及利润四个维度。所谓过度负债,是指四个比率超过了合理幅度的范围,显露出各种危及债权安全的信号。

信贷实务中,可通过归纳设定一些经验预警值,可用来鉴别、对照与控制,见表20-1。

表20-1　　　　企业过度负债的部分经验预警值

| 项目/指标 | 财务指标 | 预警值 |
| --- | --- | --- |
| 债务规模与资产的匹配性 | 实体性企业的资产负债率 | >65% |
|  | 短期付息债务/流动资产 | >1 |
| 债务规模与收入的匹配性 | 总付息债务/销售收入 | >1 |
|  | 短期付息债务/销售收入 | >0.5 |
| 债务规模与利润的匹配性 | 利润总额/总资产 | <5% |
|  | EBITDA/总付息债务 | <0.15 |
| 债务规模与经营现金流的匹配性 | 经营活动产生的现金净流量/(营业利润-投资收益) | <1.2 |
|  | 经营活动产生的现金净流量/总付息债务 | <0.05 |

注:1. 该表以制造业为模板;
2. 债务规模与收入匹配性指标中不含在建工程债务;
3. 债务规模与经营现金流匹配性指标中应包括比重较大、产生现金净流量的投资资产。

---

① 刘元庆. 信贷的逻辑与常识 [M]. 北京:中信出版集团,2016.

**（2）四个关注：资产负债率的相关因素：**

① 关注资产负债率高低，更关注资产的质量、好资产的比重、创收能力、变现能力。因为资产是创造价值、增值增效的源泉，只要资产好就有希望。

② 关注债务总量的多少，更关注债务结构、期限、利率和偿还顺序。因为税收、员工工资、水电费、到期债券的强制性都高于银行贷款，执行在前。

③ 关注负债增速的快慢，更关注背景及原因，是陡然上升还是缓慢上升？是与资产负债同步还是不同增速，或一增一降？是向好还是差？因为方向决定走向趋势，背景极为重要。

④ 关注经营收入及盈利力强弱，关注产品周期、盈利趋势和创新能力，更关注企业经营活动与投资活动的创造现金能力，因为贷款终究要依靠现金来清偿。

四个关注也是着眼点，重要的是识别企业真实的经营能力与状态，只要经营能力强大，则一时债务高不可怕，信贷就有信心——信贷需要信心来支撑。反之，如果企业已日薄西山，一旦出现什么因素触动它，过度债务定将压垮企业。

### 3. 过度融资的过程 = 形成风险的过程

造成过度借贷融资一般有两种情况：第一，好企业融资易，多家银行垒大户，结果"喂撑"了企业。第二，差企业的过度融资，当经营萎缩，或项目停了、生产线转了，原有贷款应收而未及时收回。

有的企业移用并借机不还，也有银行未能盯紧收贷，风险开始形成。如果要问责，借款人有盲目贷款的责任，银行有不及时收贷的管理责任。既是过度，信贷员应当及时发现，将风险控制在事前，银行一定负有管理责任。无论是哪种情况，过度贷款一定害人害己，信贷难逃风险后果。具体是：

**（1）过程中一定潜藏着大量的虚假用途贷款。** 当融资远远超过企业经营的实际需求时，借款的实际用途必定与借款合同约定的用途不相符，银行担有审核合规性风险的责任；借款人不按合同正确使用贷款，违反了贷款规则与合同的要求，银行担有贷后管理不到位的责任，金额越大责任越大。

**(2) 一定会引发企业投资信用的膨胀**。好企业受到过量信贷资金的诱惑，会欲望膨胀不守规矩，盲目投向房地产、股市等高风险市场，经营失控造成不可控风险。尽管一时的经营和财务状况较好，一旦市场逆转形成风险损失，很快现金流短缺，入不敷出，直接引发财务风险，带来信用违约，爆发经营危机。这类案例太多了，许多原本优秀的生产企业从过度融资开始，进入房地产泡沫市场，结果走到了破产的败局，教训深刻。

**(3) 极易诱发非法运作金融业务的行为**。一些公司财务状况差，很难从银行贷款，就由企业集团出面向银行融资，再过手转借给这些企业，很容易引发关联风险；更有甚者是转手倒贷，将资金投向高利贷、担保公司、P2P、小贷公司或民间借贷，赚取高额利差。一旦这些高风险行业运行失败或资金链断裂，企业再好也会一蹶不振被拖垮，风险最终落到了贷款上。

## 四、看资信，寻找守信的借款人

资信是过去时，使用于当下，推断其将来时；资信是行为逻辑，观其过去现在，预测其将来；资信是重要前提，表达信用信誉，是信贷的依据。当然，资信好不保证能还款，信贷不能不防备，因为市场太复杂；资信差不等于收不回贷款，多了些忧虑，需要策略、手腕与机会。成败常是机遇、环境和银行工作力度的结果，需要措施得当、关系到位、决心下定才行。

**1. 资信是什么?**

资信是法人在市场的经营信用，成为市场交易中最重要的先提条件。市场涉及规则、信用、利益、责任与资本，资信如同一张诚信的市场证明，是对法人是否守则、守信的背书，因而成为极其重要的无形资产，体现法人的经营价值观与契约精神。简言之，资信的内涵主要是资本实力与诚信经营，实力代表能力，诚信表达方式。

**（1）法人企业的诚信与实力密不可分，实力决定了诚信，危机时见真实**。多大的资本能力做多大的事业，超越就需要借贷，有风险就得对债权人负责，涉及诚信、信誉的约束。由于法人只承担有限责任，市场风险必定殃及债权人，带来信贷风险。

何以检验企业的诚信度？需要对资信评价。市场法人多有不良的习性，言行不一是常态，光鲜的言论形象仅是一种外表，属于形式诚信，不一定代表行为的诚信。鉴别资信不容易，需要专业经验、技能与统计信息的积累，但是，尽管有市场突变、经营乱象的种种百态，总能够从蛛丝马迹中找到线索。

20 年来信贷在风雨中起起落落，揭示了一个真理：**企业资本实力是信用重要的奠基石，没有资本不谈信用，资信从资本开始，资本的风险必定危及信用**。无论是受政策更关照的国企，还是市场导向下的民企，都会将诚信当作口头禅，一旦资本消耗殆尽就显露本性。当企业无资信可言，贷款就得葬送，无数个失败企业都是一样的逻辑。

**（2）诚信度表明承诺履行还贷的意愿和可能性**。法人有别于自然人，企业品质是通过经营业绩与人格化表现出来的。资信体现为企业品质、经营能力和环境状况等核心内容，包括借款人品德、资金用途、还款来源、债权保障和公司展望等，都是信贷调查审核的重要事项。魔鬼隐藏于细节中，有时某一个环节出问题，都会导致全盘风险。

信贷以诚信至上，但不是不能交往不良企业，否则办银行太容易了。因为市场中诚信完美的企业太少，诚信也不是写在脑门上，不遇危机平时难以识别。信贷职业天天与风险打交道，对不良信用者，只是更注意防着点。**失信常是本性，有一次就会有第二次，基因不良必会重犯**。事实告诫人们，当对手有不良史，要多留个心眼，把风控做实到位。银行只信一次，或绝不在同一块石头上绊倒二次。这样的教训太多，每次都有大损失，根源出在经营体制机制上，靠人治而不记教训，禁不起市场诱惑与行政压力，经营素质尚未炼成。

诚信体现了企业的信用品质，不良品质者常会发生身份行为欺诈、财务欺诈、合同违约、制假造假、隐瞒重大负面信息，以及违法违规行为等。一旦诚信出问题，也会用包装粉饰、伪造欺骗来获取贷款。银行必须通过账户动态、社会信息及资信调查等途径，揭示借款人品质、信用状况、信用记录和还款意愿等，及时揭示问题和动向。

**2. 资信判断一定要有重点、有实据**

企业资信终究是一种主观的、过去时判断，只是一个轮廓和参考。社会没有完整的信息收集体系，信贷征信得靠自己；市场美丽的守信企业少，都善于掩饰包装，加上视角目的不同、商业纠纷难断、信息分割碎片化、各自保护商业机密等。而银行，既无介入信息源的法律特权，又受自身能力与经营成本所限，没有必要、不可能也无精力去收集海量信息，只需选重点、讲成本和有效性，只为贷款服务。

**银行一般核实借款企业六个方面信息：**① 银行借贷、结算交易、金融事务纪录；② 商业活动的往来；③ 财务管理及往来事项；④ 纳税记录；⑤ 社会活动的信息；⑥ 高管及实际控制人个人信用。内容繁多，要求具体详细，收集广泛，其中**最为重要的是银行、财务与领导人信用三项**，属于基础信息，来源于银行记录、企业财务报表和对经理人接触的评价，真实性有法律保证，具有可操作性，从银行发起能得到它。主要内容如下：

**(1) 银行信息的内容主要是：**① 贷款存量余额、品种、期限、贷款条件、增量及还贷、质量、融资渠道及各类债券、融资余额、利率、条件、结构及同业占比的合理性。② 企业在银行结算流量特征，在其他业务中的表现。③ 在各家银行开立账户的类别情况，查看回笼款是否真实合理，验证在本行账户的回笼与贷款是否匹配等。④ 评级授信情况。渠道是，查看本行核算记录、央行的征信记录等。账户交易最真实最丰富，应当充分挖掘利用。

**(2) 企业财务信息的内容主要是：**① 有对外担保的，看被担保人财务状态、质量及履行责任的可能性。② 资产已抵押情况、剩余空间，面临的状态。③ 上下游供应链企业是否有恶意拖欠、应收未付纠纷款、产品品质或瑕疵等。④ 核实有无财务造假事件。审核企业财务中分析的信用行为的真实可靠性。

**（3）企业领导人信息主要是**：企业领导人带有股东背景，也有社会关系复杂、真实身份与动机不外露、股东结构关系搞清难的状态。这项判断主要是通过在与企业不断交往中得到的感受，外加央行个人征信系统、查询法院、网络等渠道的信息，进行收集评价。

**3. 识别企业资信的 6 点要领**

**（1）看财务的规矩，风气见经营**。经营规矩形成于严格的管理制度，是一种管理文化。讲规矩的企业信用更为可靠，表现为日常财务管理的严肃性，经营守规矩，行为有规范，有严格的流程权限约束，受到企业制度、管理风气、文化等方面的保障。管理有底线、经营有红线，稳健量力而行，给人以正规可信的感受。银行信得过财务管理更为严格有序的企业。

**（2）看披露的真实性，诚实是真金**。是否有经常性弄虚作假、掩盖真相的行为？如果总是在躲藏隐瞒重要的负面信息，就该怀疑会不会也欺骗银行。银行应不难从披露的信息中验证自己把握的情况，来识别真假。尽管有严格的信息监管披露，但上市公司违反者仍不少；对更多非上市企业，银行应当连续进行分析，揭示虚假信息，而不能只为应付流程而去收集。

**（3）看记录的信息，凭数据说话**。记录是一面照妖镜，见其本来面目。经营有社会性，从不孤立、封闭不住，伪装总留下蛛丝马迹。单个数据从本质散发出去，又还原自身特征，观其横向纵向的联系，就能发现经营动机与趋势。一个企业的状态是综合、惯性的，也有突发事件，要从各种数据关系中发现问题，由表及里、由此及彼、找出规律，去揭示真相。

**（4）看交往的印象感受，日久见人心**。是否言行一致，是否会变脸，是否言行与数据相符？银行作为信贷债权人，应该做一个清醒的旁观者，在与企业长期交往接触中，每个信贷员都应当观察企业品性、领导人风格、财务的真实度如何。信贷员应具备起码的从业能力，在与企业交易中善于发现本性，并且不糊涂，不感情用事，不沾企业利益。

**(5) 看困难期的经营行为，危机见诚信。**危难是信用的试金石，平时花言巧语、大言不惭只是安慰剂，平时讲得都是口头信用，到危及利益的关头，企业品质的瑕疵才会暴露无遗。经济下行期违约跑路事件不穷，信贷欺诈时有发生。因此，银行轻言论而重实据，哪怕在企业经营最为辉煌的顶峰，贷款笃信规矩，以法律合同作依据保障，绝不通融，以防变局。

**(6) 看信贷史、往来史，让事实说话。**历史是最好的注脚，见证清白事实。信用是需要时间沉积出来的，为什么银行对新开户企业一般要从交往开始？通过在时间和过程中的考察，增加了解以至互信后，才逐步地安排增加贷款。历史凝聚成信用，只要发生一次失信违信事件，用多少年都难抹掉劣迹和阴影。银行最忌讳失信的企业，绝不容忍骗贷、逃废债。

## 五、鉴别的三点常识、六条线索

企业是优是劣，一般有两类排名：一类是以各种经营指标为坐标，以市场方式鉴别；另一类是以竞争力、知名度为口碑，以社会影响力鉴别。排位很客观，谁优谁劣只需看位次，无须解释。

实务中如何识别、判断、发现优质客户？不会简单地人云亦云，信贷有自身的逻辑与方法论，常以风险收益作为标准：第一，以绝对性与相对性作比较的方法，对诸多企业进行选择；第二，从经营周期性、政策导向性与市场稳定性，对企业状态进行判断。

**1. 市场的眼光：判断好企业的三点基本常识**

优质信贷客户常有一些表象，哪怕你得不到相关的资料信息报表，也能凭以做出大致的判断。这方面，具有长期实践经验的信贷员都有体会、有感知偏好与自身独到视角的判断方式。

**（1）任何行业的领头企业都相对优秀**。排在上位，至少排位前10%的更为可信，具有竞争力的相对优势，占据市场领先地位。过去我在分行时，十分关注统计局披露的信息，总是会盯住各行业中产值、利税排名前10名的企业，将其列为重点营销的对象。它们都是政府关注的重点和树立的榜样，相对更加可靠一些。之外，也紧紧盯住各家银行披露的授信最优企业（那时都在媒体上张榜告示），他行的重点户一定不会差。这两项成为信贷从当地优选企业最简单的入门。需记住，在一个充分流动竞争的企业市场上，摘桃子最有效，种桃子成功率最低。

**（2）看好具备资本硬实力和诚信软实力企业**。一是经营更为透明的客户使信贷放心，他们的信息对称度高、猫腻少、猜疑少，得以信任，可以建立起良好的相互合作基础。二是资本充足的老企业比新企业容易判断，例如，那些经历过多次的经济周期而不死，有市场优势、行业影响力，市场地位已经确立，尤其是技术基础强大，发展前景相对看好的企业。

优质客户通常都经历过时间的磨难、市场的洗礼，具备软硬实力，而对成立才几年的新企业不要急于定论，特别要关注注册资金到位的真实情况，防止假大空。

**（3）资产负债率低的更加稳健、可持续发展能力更强**。经营中那些能主动把控负债率的企业，一般是审慎借款人，尤其是现金流充沛稳定，还本付息能力强，少有不良行为记录的。负债率低就有了财务安全垫，危机小、倒不了、不易倒。

当今企业的平均资产负债率在55%~60%，普遍过高。凭经验而论，那些低于该数值10%~20%的，即**负债率在45%~50%的企业相对不错**；**负债率在40%~45%的企业已属优良**；**负债率低于40%以下的企业最为优秀，是一个理想值**。通过这些数据，都可以了解企业的经营状态与管理思想。

**2. 专业的视角：分析师识别和遴选的六个角度**

信贷分析师善于从企业经营与财务状况切入，层层揭开市场的真实性要素。

**（1）股东背景与资本实力如何？** 股东是企业父母，一张出生证决定了遗传基因的品性，以及资本背后的经营力量。从股东看企业，有一个强大的股东会让信贷更加踏实放心。资本金多大、是否到位？也表明了出资人的实力与态度，资本多、到位比例高则可信可靠，假如迟迟不到位则令人生疑。如果兴办一家企业，需要未来十几年靠盈利来补充资本，那么，信贷进入应当谨慎。

**（2）公司财务状态如何？** 财务状况如同一张市场名片，企业经营好坏一目了然，财务状态好则对贷款具有足够的"安全边际"保障。只需将利润率、负债率、流动比、速动比、现金流等技术指标与行业平均值作比较，就能揭示真实的经营状态。

看点是：一看债务轻重，持续负债率低的企业更稳健可靠；二看销售与货款回笼，存货和应收账款低的常是好企业；三看企业与上游供应商、下游采购商的交易关系，评价在供应链中处的地位、实力和稳定性。如果企业的采购可赊欠、销售有预付，表明了产品具有市场优势、经营地位强势。

**（3）企业控制人的诚信度如何？** 企业家好才是真的好，诚信是经营本源，好的企业主在业内的口碑一般较好。高管层尤其是一把手，决定着企业的经营思想与重大决策意图，其价值观与行为方式，都会直接影响企业诚信度。因此，不仅要查看报表，更要留意实际控制人有无不良手段与意图？考察实际控制人，历来作为审核企业最为重要的事项和内容之一，尤其针对中小企业、小微借款人的诚信人品，绝不可疏漏。

**（4）看信誉、查金融脉络是否清晰干净？** 如果企业少有对外的担保抵押、无民间借贷、无不良信用记录，表明企业经营是审慎规范且干净的。但凡优良的企业，从社会主渠道融资不难，银行等各类投融资竞相上门服务，也是好企业的标志。所为融资难，一定是企业经营问题已经显露，指标落到了风险标准之下，哪家银行愿意去惹风险呢？

**（5）了解上市公司股价波动的情况与原由。** 股价是一只灵敏的温度计，时刻反映投资者情绪，或市场的态度。由于上市公司信息披露得更加全面、真实和透明，因此，可以通过媒体评论、券商分析报告等，多维度地监测、分析股价的走势及偏离度，以及变动的起因及投资者态度，当作一种社会性验证。

**（6）观察跟踪其他银行的信贷行为和态度。**多头贷款引来了多头监督，容易发现蛛丝马迹，如同一张外部举证。

各家银行以不同的标准与视角去审视企业，组合成重要的市场参考信息。一是查企业是哪家银行的重要客户？看在各行的业务分布，看开户、贷款、存款的份额；二是了解他行对企业在融资策略、条件及数额变化吗？假如贷款在控、余额在降、利率上浮，方式从信用改为抵押，传达出态度转变的信息，就应当及早重视、细做分析。假如这是因为银企关系发生了疏密的变故，也会是营销的好机会；假如确实是因风险变故所致，就要早做预案以免被动。

# 第 21 章　是非成败缘由借款人

信贷的着眼点当然是借款人，盯着机会，立足经营，守住安全，追逐盈利，以风控作门槛，从借款人起步。找对了借款人放好了贷款，春风得意，绩效高受称赞，是心态最光明的一面；找错了借款人放坏了贷款，负担沉重，要问责受处罚，是心境最灰暗的一面。两类借款人构成信贷的两面人生，是非成败与功过都缘由借款人，信贷从寻找好客户起步，风险从摆脱差客户结束，一切围绕着借款人。

## 一、选好借款人不易

在革命年代，谁是朋友谁是敌人，是革命的首要问题。在市场时代，谁是信贷合格的借款人，谁不能贷款，同样是银行的首要问题。选择客户是商业的市场主题，信贷从把握客户开始，准入是源头第一道关口，一层层地揭开面纱弄清一个真实的借款人，只为了把钱借给守信者。

选择是为风险把关、为未来把关。如同交友，选好了对象很美满，选错了吃尽苦果，先天带病注定了后天痛苦缠身，围绕治病没了好日子。

**1. 好客户在心中，若你经历五年的市场磨练后，眼里自然生出了标准**

识别借款人需要火眼金睛，不以书本的、道德的、情感的、行政的、政治的标准，不是按图索骥，要以市场的、经营的法眼去识别。在茫茫的市场和不对称信息下，条件越精确越难找，起初只是些模糊直觉，在交往中识别、动态地筛选，相对做比较，逐步地清晰，逐年地积累起一个客户群来。这是选择好客户的一般方法。

过程中都会思考三个基本问题：是不是门当户对？是不是可靠可信？会存在哪些经营风险？

**(1) 客户定位也要门当户对**。相互适应、彼此了解、借贷相配，风险可控、利率、期限适当，管得了、管得住、可驾驭，能够行使落实各方面的管理要求。不同银行的标准不同，有定位才有取向与标准。例如，浙江某市的农商行，规定对500万元以上的贷款一律不接，按揭贷款一律不做，这是自行规定的对风控与盈利的市场经营定位。又如，小银行与国企一般没有借贷往来，也不会去打交道，因为利率低难伺候，相处不平等，心有芥蒂不接触。

**(2) 企业当家人要守信可信，有能力有实力**。银行与借款人之间是一种平等的合作，依靠诚信共守借贷契约。领导人是企业的人格化，做人讲规则才有信用基础，若企业再好但领导人蛮横、善言多变的，银行家都不愿意与之打交道。诚信为上，无信者不可交，银行在与其交往中鉴别品行、口碑、有无不良嗜好及不良信用记录，了解经营财务情况与风险等，可以交往才能维系下去。

**(3) 经营有益无害，有益是能够盈利，无害是风险可控**。经营始终围绕着盈利与风险双重因素在选择，信贷不冒险，风险莫测的不交往，十拿九稳才出手，底线是本息安全、服从管理。银企关系理应是单纯简单的，银行不干预经营，没有其他利益冲突，仅仅为了收回本息。客户风险是实质性风险，实行一票否决，而其他债项的特定风险因素（包括担保、金额、期限、利率等）次之，均可以通过各种风险缓释措施来对冲、抵御和化解。

一位银行的老总告诉我他前后2次去某家房地产大公司的感受。十几年前陪总行领导第一次走访上门，那时他们才起步，谦卑极了，留给他很好的印象。后来公司发达知名了，他凑巧再次陪总行领导上门调研时，对方判若两人不再朴实，口气做派架势压人，场景完全变了。他深有体会地说，资本在改变人，人变了，后来遭遇的危机也是必然的。

### 2. 不唯大小、不唯长短、不唯产品、只唯优劣

这是工行信贷投向的基本原则。大小、长短、产品都只是形式，大户小户与管理方式、成本有关；长短期限与利率、流动性配置有关，本不该简单地当作选择具体客户的门槛；优劣是对信用品质和风险的评判，是综合了大小、长短、利率、政策和风险等一系列要素得出的结论，借款人优劣才是信贷导向的核心标志。过去，银行存在的"贷大、贷长、贷集中、贷国有"不良倾向，典型是垒大户。"唯优劣"拨开一切表象的迷雾，揭示了信贷的基本原则。

什么是优劣？要兼顾借款人品质与银行风险绩效两方面作综合评价，评判优劣并不容易。容易识别那些已经暴露的劣者，其他的都在朦胧中，需要专业的眼光与查验经验，因而也是一个从实践中谨慎试错的风险过程。大多数信贷员心中有数，但也会屡屡上当。**解决融资难是一种社会责任，国家不允许信贷只贷给优秀者，况且真正优秀的借款人并不多，难点是找到次优、中优、尚可……能够保持归还本息、不危害贷款的合适的借款人，这才是优劣的底线**。因此，优劣是一个广义的经营概念。

寻求合适的借款人，可有四项要素作以参照评价：

第一，合理的利率和期限，资金档期能安排（流动性），形成合理的收入（盈利性）。

第二，合理的信贷结构和定位，符合政策，实现稳定经营（政策性、策略性）。

第三，建立起了良好的客户关系、市场关系与社会关系（社会性、经营性）。

第四，风险可控，信贷管理事项要求落到位（管理流程权限）。

### 3. 从授信看借款人的优劣

授信的过程是鉴别借款人优劣的过程，授信额度是对借款人的信用

评价。

**(1) 借款用途是红线**。授信的前提是借款用途真实、合理、合法。无论何时，一旦发现借款用途虚假，就应质疑借款人的品德，重新确认该笔贷款是否应当终止；如果在贷款后发现，更要严密监管，直至收回；如果发现多笔贷款都存在虚假用途，那么这种借款人很危险，千万少打交道，或采取更加谨慎的保障措施。如果某笔大额贷款被移用了，就得十万火急，绝不轻信借款人的托词，绝不再打交道，绝对盯住尽快收回贷款，违约风险已临头，一刻都不要拖延等待。切记住：对红线底线的问题没有"理解"二字，绝不认可、谅解借款人的做假行为。

**(2) 借款者人品是准绳**。企业品性常是实际控制人的行为品行，尤其中小微企业主的品行表现得更为直接。银行最看重企业主的诚信，作为授信的核心事项。习惯上信贷是先看人后定事，一旦发现了人品不可靠，立马就会终止贷款安排，不需要犹豫。如果在申请贷款的时候，企业主就支支吾吾不愿提供真实可靠的信息，或事后发现问题很多，也检验其诚信度。对那些不懂趋势、不懂政策调控的借款人，应当控制贷款总量，因为这样的人目光短浅，风险更大。

**(3) 还贷有五个层次的提问**。依据业务要求与借款人情况，进行实事求是地分析评价。

① 业主能通过经营赚钱还贷吗？关键看经营是否正常，现金流回笼是否充足强劲，这是还贷最重要的保障。

② 能通过融资还贷吗？借新还旧是负债企业的资金运行方式，融资正常吗？能否顺利融到资、各银行主动吗？债务比重可控吗？融资能力、及时性都是综合性信号。

③ 资产能变现还贷吗？即卖家当还贷，万一当经营失败后需处置资产时，质好量足易变现的资产更具有还贷的保障。

④ 能增添或采用其他措施保障债权吗？例如，通过第三方提供担保、构造第二还款来源等，在信用没把握的情况下必须采取保全措施。

⑤ 违约成本高吗？成本越高违约率越低，还贷可靠性增加，反之风险

更大。这不是一个指标条件，而是一项重要的综合性判断，使人冷静地再做思考。

## 二、借款人不是上帝，是债务人、是交易对手

在上世纪八九十年代，银行就尊称储户是上帝，带来了储蓄存款，存款是银行之源、立行之本。可是在信贷上，从来没有说过借款人是上帝，那时的信贷只有供给、管理的定义，以后才在商业化改革中转型、进化到经营的概念。如今的银行人，泛泛地都把客户称为上帝，成了口头禅，但其中对借款人要另当别论。

**1. 借款人不像是、也不该是上帝**

借贷是一种契约型信用，是债权人与债务人的关系。双方是合作伙伴，也是交易的对手，有利益博弈、有信息不对称、有政策监管、有反限制对策。银行业是服务中介，又是信用管理者，还是市场的参与者，贷款成为连接风险与利益的纽带，充满着风险与收益的不确定性，彼此都处在复杂的多种角色之中。

**（1）在借贷过程中，银企之间充满不停的较量和博弈**。银行核查报表，审核用途的真实性，谈条件、议数额、定期限和利率，绝不含糊。履约则可信、互利而愉快，一旦违约则彼此互不留情，一方追债、一方逃避，直至诉讼、破产。银行忧心忡忡，一切风控都在防范、针对那些失信变坏的企业，将其视作吞噬贷款的恶魔。从这个意义上说，借款人不像是可崇拜的上帝，而是市场上严峻的交易对手，包括少数可恶的失信者。

支持实体经济是信贷天职，是经营的宗旨。实体经济是无数个企业的集合，大中小的、好的差的、强的弱的，各种的区域分布、经济成分、行业业态、架构产品、技术水准，各种的信用风险度、管理状态、财务盈亏……千姿百态汇集于市场之中。但是，信贷不能施舍，发放中要坚守严格的标准，只选择少数合适的客户发放贷款，并自担风险责任。银行拥有

贷款的主动权、选择权、监管权，自然不该将交易对手捧为上帝，不能将自己视作子民。

**（2）信贷具有严厉的规制规则规范。法律法规确立了借贷准入标准，底线是守信用、能还款、符合投向政策**；对每一家银行来说，还有各自的客户市场定位、择客要求、企业关系和管理制度。例如，有开户的规定限制，有交往熟悉的认知过程，有经营风险定位，有对行业、区域的分布配置，有贷款的权限流程、额度控制、期限管理等各项规定。

国家对信贷的政策管理极为严格，有银监、审计的严肃监管，一旦发生投向偏离、违规风险都要追究信贷责任。**保障贷款投向投量符合政策，是履行宏观资源配置的职责；确保按时归还本息，是银行经营管理的职责，信贷在这两大前提下运行。**不是所有企业都能借贷，哪怕能如期收回也不行。银行给予贷款是支持，不过度贷款是支持，收回贷款用作其他企业也是支持，有效配置资源是银行的本职。因而，在企业的眼里银行更威严。

**2. 银行与企业谁是上帝？**

媒体说银行是上帝，企业只能乞求；银行说客户是上帝，信贷服务于企业；一位老板跟我说：谁都是上帝、谁又都不是，看球在谁的手中。这个球是指贷款，放贷之前银行是上帝，企业是孙子，围着银行转；放贷之后企业是上帝，银行是孙子，围着企业转。他将风险供求关系聚焦在贷款上，惟妙惟肖地挑明了市场的本性。哪一方不守信，都使对方陷入弱势而无奈无策。

银行与企业都是市场自主平等的主体，信贷实现了借贷双方的利益，即银行收获了利息，企业得到了资金的使用权，互利共赢才能稳定和谐。银企之间谁都离不开对方，社会关系的地位经常性在互换，例如银行求存款、求业务、求还本付息的时候，都处在下位；企业求贷款、求协同、求借新还旧时，都处在下位。相互都需要维护好关系，这是市场的行为法则。

所谓上帝应当是指信用，诚实守信才是市场的上帝，成为市场准则。

**按时归还贷款，其实是对信用、对未来负责，失去信誉则失去信贷的前提**。在信贷过程中银客关系总是发生着相互转换，市场是利益场，博弈是基本方式。既是博弈，就不该是上帝与子民的关系，而是在市场环境下平等的利益关系。谁都要求人，谁都会被人求，这是市场的基本形态。被求不忘相求时，求人时不失人格与底线，这样关系就会正常起来。

## 三、优劣只隔一张纸，捅破见真容

好客户是好姻缘、好伙伴，可靠可信、合作互利、牵手共赢。但优秀的客户太少，他们是市场的佼佼者，是通过在长期经营中不断地发掘遴选、培育积累而成。如今市场中，想找到门当户对者不易，常有企业在借款前行为举止如同绅士般，贷款后恶习暴露要对簿公堂。审贷的标准不靠企业表态讲故事，不看身份排场拉关系，只能依据其经营行为、财务绩效、交易关系、市场实力和诚信品质。因此，审视、挑选、淘汰客户成为信贷日常最为重要的工作，是事关成败的核心事项。

信贷难，难在完美可信的客户少极了，如同美女不多。**从对客户结构的一般估测，一家银行至多只有 1~2 成是优质客户，6~7 成是一般客户，令人担忧的总有 1~2 成**。哪怕净资产实力强的好户，也并非能让你睡得安宁，他们高居于市场很难省心，加上各家银行的争夺火上浇油，不时会提出各种各样的难题和条件。其他一般的客户就麻烦不断了，在市场的折磨下，企业饱经风霜缺陷多，都充满着生存危机感。

信贷不是施舍，它事关资本风险与盈利，要么收获盈利，要么收获风险，挑选客户时谁敢不尽职？难在怎么选择上。依据信贷审批条件和理论去按图索骥行吗？不行，本本主义行不通，华而不实极易上当受骗。只能层层剥茧揭开包装、掀起盖头来，揭示它符合信贷逻辑的风险真容。

**其实，优劣只隔一张纸，捅破就露出了真伪**。几十年的信贷经历，使我从不轻信企业报表的真实性，对国企如此，计划经济时期如此；对民企也如此，市场的企业都如此。这绝不是一个需要论证的命题，权威部门一次次通报过，我初当信贷员时也亲历过，至今依旧。以为报表是发放贷款依据，以为能分析报表就是分析师，那太书生幼稚了。报表只是一件外衣，只能半信，企业的风险魂灵总是深藏在层层的包裹之中，不轻信才能揭示它的虚伪性。

**假如只是按照报表数据、公式来认定贷款，很轻易会陷入预谋的逻辑，且不免放贷太容易了，还问责干什么？**不久前，东部大城市的一位行长告诉我，税务局的干部跟他说，只有很少几家企业给银行的报表与给税务的报表相同。这个话我在30多年前就听到过，如今依旧，可能夸张了点，但至少诫不可轻信报表，这早已是监管者的常识。揭示风险，实时地收集市场信息去验证和更新报表数据，始终是商业银行的软肋。但是，银行缺乏这种机制，没有专门的人才、部门做这件事，无法保证信息的真实性，就不能捅破那薄薄的一张纸。由此，也识别不出企业的好坏，贷款自然处在风险朦胧之中。何时银行具备了实时信息跟踪系统，才能最大程度地降低信息不对称性。

寻找好客户需要营建新的认证体系模式，关键针对解决信息不对称问题。好客户在哪里？不在高大上的招牌广告后面，不在企业家的出镜率，不在苦心修饰的报表里，而是在市场交易的流水数据、各种披露未披露的信息动态之中，去伪存真、去粗取精、由此及彼、由表及里去筛选寻找，去揭示分析判定，才能找到情投意合的好伙伴。

## 四、贷对的，别只想贷好的

都说要贷优质客户，道理不错但理想化。"贷好的"原理上无可非议，可在信贷实务中做不到，也行不通。

### 1. 为什么不能都贷好的？

实务中，银行几十万亿元的贷款都是贷给优秀者吗？绝不是。以个贷为例，阐述个中的道理，比如按揭借款人都是富裕者吗？绝不是；都是优秀者吗？不能这样说。信贷只管发放和收回，只讲诚信及合法用途，不介入其他。

问题出在定义上，不能以优劣来衡量借款人，如果用是否"贷对了"来衡量才更合适。因为诚实守信才是信贷的本质，而不其他的形式。贷对了，表明我们是能够尽职；贷好的，既要利率收益高，又要安全可靠，还要更多附加要求，就难找了，好事不多。原因不复杂：

**第一，什么叫优质客户？尚无标准定义，信息不对称下优劣难确定。**不凭媒体舆论、印象感觉或财务统计数据评判，因为社会与银行各有视角、各有标准意图，名副其实者难确定。

**第二，在竞争市场中，企业优劣只是个阶段性概念。**经济起落、技术淘汰、经营变换，成王败寇名单总是在变，昨日各家还在追逐，今天曝出跑路倒闭，被坑受伤害的总是银行。

**第三，企业表里不一，都在极力包装自己。**有多少家常青藤企业？披露的信息不完整，财务要害信息不明，市场充满风险变数，谁在发展中都困难重重，对企业从不敢轻信定论。

**第四，世上大多数企业并不优异，无论国企民企，能维系正常的经营就不错。**市场主体是由众多平凡的企业聚合形成的，正是百十万平常的公司借款人，组成了银行的信贷主体。

**第五，财务视角更看重利率高低及安全性。**优秀企业融资渠道更多更易，常严苛挑剔，银行因竞相压价减少了收益，反不如一般户，客户好不等于收益好，收益好不等于客户好。

可以大体计算一下有多少劣质客户：2018年末全国共有人民币贷款余额136.3万亿元，不良贷款率为1.89%，不良贷款为2.58万亿元。假如不良贷款户均为3000万元，即有8.59万户；假如户均为5000万元，即有5.1万户；如果户均更小，则户数更多。据央行披露的数据，当年共核销约1万亿元，估算相应有2万~5万户贷款企业倒闭，差企业、坏企业的数量还真的不小。

## 2. 为什么要贷对的？

**何谓优质的信贷？** 贷款能如期收回，借款人诚实守信地履约，就是不错，贷对了，这是底线，之外才有附加的各种社会性成果的评价。资金使用权让渡是借贷的本质，前提是如期还本付息，否则一切免谈，银行以此作为选择借款人最基本的条件。当然，如何求证借款人能否真实履约，全凭信贷专业能力的火眼金睛。信贷不求高大上，不凭身价形象，如婚姻过日子。天下美女不多，非要美女就难成家了，美女不都美也不都好，有美容、整容、化妆的假象，有花瓶也有品行不端的，颜值不等于美满。

经营本是运筹资金，贷款要在收益与风险之间做出有效选择，不受高利率诱惑做逆向选择，不因信息不对称做盲目决策。假如一味片面地强调安全，风险低则收益低，股东资本与高管并非会满意认可；假如一味强调谋求高收益，利率高则风险增，市场稍波动就危机四伏度日如年。

## 3. 信贷自有全面的经营思想与逻辑

在市场彼此博弈、同业竞争的环境下，操作实务与概念大不一样。一定不会是按图索骥、依样画葫芦，一定要实事求是地按照经营的思想逻辑运行，综合政策、需求与经营三方面要求，合理地发放和管理贷款。可从以下经营行为中体验：

**（1）银行为何争相对大项目放贷？**

第一，支持国家重点基础设施建设，这类项目以投资大、风险低而著称，小银行资本少无能为力，大中型银行当然志在必得。

第二，实行对资产的结构性配置，出自一种经营战略的安排。大中型银行人均资产额大，人员总量受限，因此，必须在资产配置中安排一定比重的大额贷款，构造起一个大中小户合理组合的贷款结构，以保持资产的平衡稳定，保障经营效率。尽管大额贷款利率低、财务少收，但保持稳定结构是必须的、合适的，符合经营原理、经营方式的特征。如同江河的堤坝，必须是由大石头、中石头和碎石泥沙筑成才结实，扛得住风浪。

**（2）银行都喜欢给国企贷款吗？** 银行不以所有制作为信贷投放的依据，这在政策上早已明确。国企并非都是好客户，不好贷也不好管，背后常有行政干预、官僚习气和寻租行为，动辄压利率、提条件，贷款上的麻烦事真不少。一般性国企贷款的安全性不高，历史上国企转型损失留给信贷深深的芥蒂。小银行对国企避而远之，道理就是利率低、贷期长、贷款量大、难交往。

但是，如今国企的数量已经不多，它们是党和国家执政的基石，是国民经济的主体，因而国企贷款肩负着政治责任和义务；国企贷款从来是大银行最重要的经营收入来源，构成了信贷稳定的经营基础，必须全力以赴。大型银行与国企是同根生，道理不说自明，一切皆在其中。

（3）小微信贷市场好吗？小微贷款风险大、成本高、管理难，一些法规制度的基本要求难以达到贯彻，造成每年的信贷损失很大，这就是国情现状。大型银行业务多信贷员少，无法用人盯人方式去把控小额、分散、多变、风险难测的众多借款人。知易行难，在这个市场中，那些寻找好客户的理论变得苍白，行不通。

但是，小微信贷同样肩负着国家大政、任务与社会责任，银行不能逃避只能担当，履行责任，服从转型期国家信贷政策的重要导向。贷款必须负责任地放出去，风控标准又不能随意下降，就涉及银行经营转型，是难点所在。明知山有虎，偏向虎山行，不以因小微企业品质低、信贷风险大而退缩，唯有尽力去提升自身的能力，贷对的、贷到位、贷成功。

无数不良贷款验证了一个道理：在发展中市场上，信贷做不到只贷优，找到合适借款人不易，结果贷差的不少；存量贷款告诉我们，重要的是贷对的、找合适的，这是经营之道。

# 五、对差企业能放贷吗？

尽管银行都设置了极为严格的准入门槛，但是，每家银行仍然都有为数不少的差客户。他们不断地产生、清除、又产生，如野火烧不尽，春风吹又生，尤其在经济下行期会大批地涌出。银行既无法完全控制住差客户的混入，也无法将差客户完全清除掉，信贷天天在与各种各样的借款人博弈周旋中，早已是一种常态的经营方式。

对差企业贷款是普遍的事实，主观上谁也不想贷给差企业，但结果无情，甚至还会增加贷款；哪家银行都无法摆脱差企业的折磨伤害，常常是，围绕着1%~2%的不良资产耗费了七八成的工作精力，着实考验着银行的经营水平和管控能力。这就是经营的普遍现状。为什么？业务的原因是信息不对称，难以鉴别；市场的原因是优胜劣汰的竞争法则，永无终结。

**1. 客户优劣很难甄选，凭借模糊的理性判断个体**

都欢喜好客户，都排除差客户，可鱼目混珠很难辨别。资本做假是市场的基本现象，借款人都善于包装，千方百计地掩饰经营与财务中的困难，若无法眼，真假难辨。就像人们喜欢化妆打扮一样，变得让人喜欢。尽管外形不是财富的标志，但在维护形象与关系上，老板们穿着时髦出手大方，很难界定贫富程度。以股市为例，在证监会施行极其严厉的法治监管下，依然在信息披露中做假不断，何况是未上市的公司呢？

信贷客户的优劣不是依照行业、技术、规模、新老、等级划分的，而是依据市场竞争力与资本财务状态做出的评价。尽管银行制定了风险尺度，但缺乏执法的权力，也就很难在模糊的市场中彻查信贷用途的真实性，很难评判企业的真实风险程度，更难把握市场变动与经济的趋势。因而，谁都很难准确地做出判断，常会发生找错借款人的问题。

**2. 无序的市场不停地分化客户，信贷变得复杂**

市场不断地分化客户，有新生必有败落，也有失败者涅槃，变化永无止境。放贷时企业不错，过一段不行了，无奈花落去，谁也挡不住分化退变。竞争无情，市场一个反复突变就被淘汰，衰败的企业都会拖住贷款作陪葬，叫银行难以脱身。

企业的生存周期太苦短，少有常青藤。在每隔十年一次的大风险周期，以及接连不断的风险冲击波下，大量的企业在走完上坡路后，逐步在挣扎中衰亡落败，被新兴企业取代。这是市场的基本规律。例如，工行在股改过程中，原有的 20 多万贷款户被清除，后来的贷款户八九成是新户。借款人始终在动态调整中，依靠领进新户、淘汰差户，时时演绎着好坏企业的交替过程，天天在与差企业打交道，从中提炼自身的竞争力、生命力。因而，与差客户共存是一种工作常态。

对差企业贷款并非都是银行想发放的，信贷员谁都清楚贷后的结局，但因受到政策、环境背景及经营的压力，顶不住也绕不开，不得已而为之。同时，一些原本不错的贷款，也会因政策转变、领导人变动、环境变化而发生根本性的劣变，好企业变成了差企业。这些都不是个别现象，唯有坦然面对，尽力去管理好。

**3. 管理差的借款人是银行最重要的信贷能力**

由上述原因可见，信贷无须惧怕差的借款人，它本是经营管理中的一项极为重要的职责，银行应当培育起经营差企业的强大能力。其实，对差企业发放贷款是高手的行为，是在所有风控管理措施落实之后所为，绝不是随意敢贷的，毕竟出风险要被问责。

相比之下，小银行借款人的风险度总体比大银行高，许多优秀的小银行一样如鱼得水，管理有效而盈利不低；那些民间借贷、小贷不也靠放贷赚钱活着吗，因为他们有办法把控风险并收回本息。大中型银行客户的档次总体比他们优秀多了，风控能力也不弱，应当自信自强去管理好差的借款人。如果能力与机制不行，即暴露了经营管理的软肋，表明信贷管理仍然不到位不强大。

实务中，一个信贷员如果不与差企业交往就不懂得风控，就缺乏市场经验，就不会成熟。所有银行都是通过与差企业打交道中发展成长的，所有成熟银行都有极为强大的管理差企业的经验与能力，都形成了一整套的管理办法和经验。这是走向成熟的必由之路。

## 六、基石客户的联络图谱

银行业最为依赖、最要感恩的是中国经济的强大背景，是国家拥有了一大批核心的基石企业打底，才开创了良好的经营局面。无论是风吹雨打经济起伏，还是金融危机大潮袭来，它们始终定海神针般稳定地支撑着，是常青藤，是不干泉，是不死鸟，是护城河，与金融是真正的命运共同体。信贷依靠它们奠基，成为发展稳定的压舱石。

每家银行都有自己的基石客户，构筑起核心客户群，分布在各专业、各产品之中，与银行业务紧密交往，使经营踏实稳定，朦胧中显示出基石客户群的坚实地位。就信贷而言，从公司到个贷的业务产品中，它们最值得信赖，使我们无忧，离不开它们，与它们一起成长壮大。

它们是谁？

**1. 市场的大小行业巨头、龙头企业，是市场领军者**

企业有风险而行业永续。登上领军者宝座不易，撼动行业领头雁很难，核心企业占有优势的市场地位，各领风骚。更多是中而强、小而强的科技型龙头企业，拥有技术工艺的绝对优势，成为小巨头，独占鳌头使人望其项背。尽管新技术领域总有颠覆者，但想让强者倒台不易，只是个别极少数。在市场中后来居上绝非轻而易举，需要长期的积累跟进。

实业巨头们拥有强大的技术、人才，占得绝对的市场份额，引导着发展方向。它们的风险多是受到经济周期性冲击，但是，哪怕一时陷入经营低谷，它们也能逐步在阶段性调整中走出来，更容易得到政府与银行的扶持。哪怕在产能过剩行业中，倒下去的总是抗不住的一般企业，剩者为王。那些龙头核心公司的安全底线更深，在去产能过程中反得其益，在行业整合中壮大巩固了地位。

因此，只要它们经营过得去，无可非议都是银行业的优质客户，无须多挑剔指责，彼此多一些尊重、协商和支持更好。大企业家们都是市场与经营的内行，除了从金融的视角对他们提出合理性建议之外，不要班门弄斧。有些不成熟的银行人员常犯这种低级错误，使人伤心，留下忌恨，教训很多。这类璀璨的公司举不胜举，数量很多，在大小行业、国有民营都有佼佼者，独占鳌头。经济以它们为荣，未来寄托于它们，它们让社会仰望，让银行瞩目。

**2. 国家重要基础设施行业中的骨干企业，最为优秀**

毫无疑问，能够承担国家重要工程建设的公司，多是中国一流的核心骨干企业，实力强大，地位极为重要，是国家不可撼动的经济基础。例如电网电站、铁路交通、能源化工、电信广电、航空、军工等国企和重要的股份制公司。它们当然是银行最为重要、最大规模的信贷客户群，动辄几十亿元、百亿元、千亿元贷款。重大项目都涉及未来国家发展战略的布局，银行会毫不犹豫地支持，无可非议。

需指出，这类贷款的资产质量是最好的，少有不良贷款。在未来相当长的时期内，它们的骨干地位与作用不会动摇，是最优秀的信贷基石客户，商业银行定会与它们结伴同行。

**3. 地方公共服务业中的核心企业，稳定可靠**

各级地方政府在城市管理中，都通过一批重要企业，来承担实施各项市政建设、服务与维护工程。它们直接在各级政府领导下，独家或几家经营，排他性强，由政府安排预算，也有市场经营收入，财务现金流稳定。基于这类公司稳定经营安全可靠，城市化进程中资金需求量大，当然成为银行的优质信贷客户群。哪怕是县区政府都有直接管理的企业，中小银行与它们的业务关联紧密。可分为三大类：

**第一类**：城市公共基础设施领域的企业。有水电热气、公交运输（地铁城铁、港口机场）、环卫设施、环保、垃圾及污水处理、管网管道、园林、物流和公共设施管理建设等门类的企业，多属行政垄断型企业，独占这片市场。

**第二类**：民生保障领域的文教卫生医疗等服务业，其中不乏知名的佼佼者。服务城市居民，涉及千家万户，与广大群众的个人利益密切相关。它们的经营具有地域性特点，生存周期长，现金流充足稳定，自然是银行产品全面营销的优质客户。

**第三类**：独占稀缺优越的自然资源、人文资源的企业。这种排他性，具有了旅游服务、稀缺重要矿产生产的市场优势，排除了竞争，形成资源垄断性经营。一般来说，随着时间的推移，旅游资源的潜在价值会越来越大。这类企业都是不可多得的优质信贷客户。

**4. 重要的地方国企和融资平台，有政府背景**

主要有两类，一是承担省市政府经营职能的地方大型骨干企业。例如，强大的省市级大中型投资管理类国企、房地产公司等。二是政府通过财政拨款或注入土地、股权等资产设立的，承担政府投资项目融资功能的企业。应当说，发达地区、省市级政府信用背书的融资平台，其信用可靠程度高，归还本息的资金有充分的保障。

**5. 上市公司是企业之花，千里万里挑一**

截至2019年末，我国股市共有上市公司3769家，只占同期全国各类市场主体的0.03‰，占法人企业总量的0.1‰，极其稀缺珍贵，当然是银行的重要客户资源。理由是：

其一，它们代表着我国公司最高层次的经营水准，除少量ST的差公司以外，总体经营业绩良好，资产负债率低。

其二，根据上市公司公开信息披露的严格规定，公司上市过程中经过了严格的审核，财务可信度高，至少在信息不对称问题上要比一般的公司透明，能够把握动态情况。

其三，只要公司经营良好，就能在资本市场上通过增资扩股补充资本来源，资本扩张能力强。

其四，对贷款使用情况相对比较透明并受到监督。因此，它们成为银行的一个十分理想的优质信贷客户群。更应当关注这些主体企业的供应链单位，能够连带组合起一个庞大的客户群体。

**6. 拥有"护城河"的企业，有安全底线**

巴菲特认为，企业要设有较宽阔的"护城河"，才能具有明显的、可持续的市场竞争优势。所谓"护城河"的基本特征是：① 拥有有价值的无形资产（如品牌、专利或法定许可），使得产品和服务具有明显的比较优势，使竞争对手无法效仿。② 用户对这种产品或服务难以割舍，转换成本高，企业拥有了定价优势。③ 企业通过流程、区位、经营规模、特有资产等，取得了明显的成本优势，价格远低于对手。上述特征构成了明显的长期竞争优势，这类企业的数量并不多，是商业银行努力寻觅、营销的优质信贷客户。

上述六类稍有交叉，数量上只是公司信贷客户中最优质的部分，此外，在中小、小微客户群中同样分布有基石客户，它们具有另一类的群体特征。过去银行都说要建立核心客户群，但缺乏具体的内容阐述，概念空洞，因为未弄清其本质特征。我称之为基石客户并揭示其特征，是想把它们与普通客户区别开来，目的是区别对待，并采用特殊的经营方法，继而寻找它们，有选择地结盟，更加去珍惜善待，真诚地服务与维护好它们。

**对贷款企业要研究、要排序，把握住两个方面的内容：**

第一，公司信息的真实性、发展的趋势、在行业位次、经营力强弱的变化……哪些是主体企业、核心企业、重要企业？企业是银行信贷的主体，天天要盯着分析、关注动态，抓住它们就抓住了中国经济的命脉。

研究公司就是研究市场运行方式，了解客户。公司的生存规律、经营规律、贷款资金转换规律、风险形成规律。从市场研究公司是为了营销获取最佳的借款人，研究本行的公司是要珍惜最好的公司，淘汰差的公司。核心是围绕着本银行客户，写实到户，并与整体市场作比较，弄清其特征。这种研究必须建立具有实操性的系统，而不是理论学术的，纸上谈兵坐而论道毫无用处。

第二，把贷款户中对本银行财务经营作出重要性贡献的，占据在前10%、20%、30%的借款人一一排序出来，并定期不断地以最新数据作以调整，关注排序的动态变化。它们是决定本行信贷财务收益命运的借款人，视为珍宝做好服务，千万要重视。

# 第 22 章　信贷责任与问责机制

信贷责任从任务、职责与权力引出，分为三项：第一，是否发挥了信贷功能，包括开发市场，发放各类贷款，竞争客户与拓展业务，这是市场责任。第二，是否管好了信贷风险，减少发生不良贷款风险，降低清收处置的财务损失，这是经营责任。第三，是否落实了专业管理要求，规范信贷基础管理，完成各项工作考核指标，这是工作责任。

三项责任中，第一项事关信贷的地位与作用，作为竞争力武器，行长都会充分运用信贷的力量拓展市场，实现业绩。第二项事关经营力与专业水准，直接关联信贷质量、财务，行长最为敏感。前两项常是行政领导层重点关心的。第三项涉及信贷日常业务管理工作，牵涉到与上级专业部门的关系，面对专业顶头上司的归口管理，不可谓不重要。

## 一、责任的区分：三类风险，三类责任

风有源头，险有出处，不同风险导致的责任不同，后果不一样。大多风险可以设防，也有的无法预防，或根本防不了；大多风险责任清楚，很难推脱，也有责任不全在你，你只是个执行者，但难逃干系；有的要你自担风险去冲锋陷阵，不能推诿或畏缩不前，否则必受差评，苦果比风险还大……一个银行经理人，如果不懂风险的来路，缺乏对应的套路，那就一定会懵懂，出了事还不知缘由。

责任与贷款内容的性质相关，风险责任大体也可划分为三大类：

## 1. 政策类风险：责任各不同

**（1）政策对信贷的干预有三类情况：**

第一，限制性的，划定了红线。限定某些领域是禁区，进入即触犯规则，违法违规。例如，贷款不得进入股市等，进入必究。

第二，限定性的，确定了贷款的规模和投向。例如，宏观调控中限定对房地产贷款的投量等要求，违反受罚。

第三，导向性的，指定了方向。例如，支持小微、"三农"、扶贫等风险大的贷款，不贷不行，大型银行抬高利率也不行。

对上述三个方面都实行了严厉的金融监管。前两类的本意也是在设防与保护信贷安全，规避进入高风险领域；后一类要求信贷为支持经济薄弱环节做出贡献，总体上合理问责，处置中温和，要求银行放宽经营责任制去适应这类贷款的风险特征。

**（2）真实的政策性风险有两类：一是国家调控企业转型中的信贷风险。**例如，上世纪末起实行国企改革并购破产，形成巨额的信贷损失类风险。**二是国家提高了环境及技术标准后形成的信贷风险。**例如，在整治高能耗、高污染中关停了大批不合格企业，贷款变成坏账。风险本属政策性成本，原有信贷并无大错，政策变了挡不住、避不开，还要主动去推进经济结构转型。这叫顾全大局，责无旁贷。

## 2. 行业类风险：总行有管理责任

每个行业中都有几万、几十万家企业和市场主体，同行是冤家，相互拼死竞争。企业之间只有纵向供应链的依存关系，横向存在对市场的争夺分割，少有合作。**市场遵循丛林法则、零和游戏。企业竞争背后是信贷之间的战争，一家家银行都为双方提供贷款的支撑。企业间你死我活，就是贷款的你死我活，当一批批企业被淘汰出局，结局常是一笔笔贷款随之死亡。**竞争越惨烈，信贷的代价就越惨重，竞争从国内一直延伸向国际市场。

一家银行如何控制行业类风险？如果说，不同银行支持各自企业的竞争具有合理性，那么同一银行分支行间贷款企业的拼争并不合理。如何减少损失？办法是做好行业信贷管控，需要总行加强统筹管理和指导。银行无法回避企业竞争，也无法押宝胜败，但绝不能无动于衷，消极观望贷款企业打架，损失了最终到银行来申报核销。过去**大量信贷损失都有行业政策失效之因，而战略管理薄弱的责任在总行，理应有所作为，理应通过战略管理去限制、调节和指导，减少内战的损失。**

行业风险属于信贷管理类风险，检验着银行对市场的战略管理能力。总体来看，银行业缺乏积极主动的管理意识，全局控制能力弱、水准低、执行力差，处于无为放任状态，成为信贷最薄弱的一环，小银行更加无能为力。例如，2012年前后贸易融资风险爆发，在全国大面积泛滥，一个个省市接连遭殃，造成了巨额损失，暴露了管理失控。这类风险天天在市场中上演，不能再熟视无睹了。

### 3. 企业类风险：经理人、信贷员应担责

企业类贷款风险是市场风险，与专业能力直接相关，责任在经理人，谁放贷款谁担责。风险的源头：第一，来自市场中企业生存的风险，企业生存周期短，死亡率高，竞争中优胜劣汰，企业失败导致贷款风险；第二，来自建设项目或流通环节的信贷风险，局部风险致使相应的信贷产品失败。例如，企业技改项目失败，结算贷款、贸易融资的风险等。

谁放贷谁负责，出现坏账个人有责任，这是信贷问责的逻辑。不管是什么贷款，一旦出了风险，执行者哪能没有责任吗？只需问：一样的政策要求下，为什么你的损失最大？你的理解贯彻能力与专业把控能力肯定存在问题，才导致更高的风险。当然，**现实也很复杂，集体出事，有时法不责众算了，有时处罚很严，但有一条，基层的集体决策不是对抗责任的理由。同时，责任的轻重有时不以损失多少而论，有损失不一定问责，无损失也有工作责任的问题，要看性质与影响程度，还要看领导人的态度。**

对执行者追责合乎逻辑，至于上级的领导责任本应由上级去定，不是你免责的理由。因此，信贷从业者一定要谨慎理智，无论是谁让贷款、压力多大，执行中对贷款的风险程度都要心中有数，做到以专业水准、尽职精神去防范与规避、消减风险后果，这是基本的职责要求与专业能力。无

论东西南北风,记住合规、风控与适度,认真把关不糊涂。

无论战场局势如何险恶,一个战士的本分就是守住阵地打准枪;无论信贷有多大的风险,一个信贷员的本分就是管好每一笔贷款。学者、监管、领导说的都是道理,信贷在做实务是真风险,市场风云变幻不测,尽职管好每一笔贷款才是落脚点。策略、水准、规程、权限、政策才是根本。宏观风险谁都无奈,微观是自己的阵地,守不住是失职,必受问责。所有政策、战略都落在具体业务上,所有检查都针对具体业务。抓好业务是归宿、职责和落脚点。对分支行来说,少谈战略多抓落实,最重要的是管好每一笔业务。

## 二、信贷责任的含义

**问责:从分清责任开始**

一个人放贷的不良多,是他的业务能力有问题,个人应承担主要责任。

一个行的贷款出事多,是分行的管理有问题,行长有重要的领导责任。

一个产品出了大风险,是系统设计与管理出了问题,部门负主要责任。

多个区域出了相同的问题,分行有经营责任,是直接责任;总行有管理责任,责任的程度应当看风险面和时间长度。如果涉及的省市分行数量很多,那么总行的管理责任更大,谓之系统风险。如果风险呈蔓延式推进,管理弱点、漏洞使得风险期拉长,上级行发现、制止晚了,会造成失控和风险扩展。

小微小额贷款有政策导向和指标要求,市场风险概率较高,应当可以容忍一定的风险率,但必须防范出现不良率高企,及时去查明原因,改善管理方式与责任制。信贷员担有具体责任，尤其对不良率最高的信贷员，需要具体分析解剖；分管行长有管理是否到位的责任。

大企业贷款出了事，问题多是逐年积累、逐步形成的，一般在过程中会出现多次暴露的蛛丝马迹。如果始终没有发现引以重视，那么是分管信贷员的失职；如果发现了，有没有报告？采取了什么应对措施？要查看记录，其中一定会有各种的思考与动机，涉及的各级机构、各个信贷岗位、分管行长、行长都有责任，尽管复杂但应当分清两级责任的大小和界限。行长们本应对大企业贷款关心、走访、过问，持有贷款否决权，一旦出事无可推脱。分管行长有直接的管理职责，责任更大，不能只问责信贷员。

个别贷款出点风险是正常的，如同生活中总有垃圾，信贷哪有不出事的？首要的是抓紧想尽一切办法去清收回来，别先纠结于责任而耽误时间。效率就是机会，快一步就少一点损失，需要智慧、能力与本事。出现大额不良贷款时，关键是领导必须亲自抓到位。化解不良贷款是日常工作，收回了转危为安，**没有出现实质性损失，或数额不大时，不用纠缠计较什么责任，只是要总结经验做好案例教育。只有在核销损失额较大时，才将责任问题提上议事日程。**

对有行政干预、上级指令的信贷事项，原则是谁干预谁担责，经办人不该担全责，只应担当操作过程中有没有违规失职那部分责任。但是，如果尽职调查中对存在的重大问题不请示、不报告，是一种严重失职，应当担责。

对越权行为必须追责，如一柄高悬的剑，管理中最忌讳越权和变相越权。分级授权划定了事权范围，必须在权限内经营，权限外报批，依权限履职问责，权责一一对称明确。行权不担责必有严重后果，权小责大必谨小慎微。既要看权限大小，也要看权力内容，按管理事项内容来确定相应的责任。一家银行应当建立起风险损失方面的确认问责制度。

这就是分清责任，也是责任的差异性。

**担责：分清责任不易**

责任不清而严厉处罚经办人，未必能管好信贷，反而生出逆反情绪。

株连式处罚丝毫不能触动市场环境与体制的病因,市场天天在变化,聘用再好的国际信贷专家都难以应对国情下的风险特性。

贷款是风险业务,责任建立在风险损失上,应当设立一个基准前提和责任规则。什么该承担,什么可以不承担,有责任的依据、问责的起点、豁免的事项。有了规则,人们才敢于进入并有所作为。如果问责的依据不当,则在风险面前会止步不前,变得消极不作为。有的银行简单采用处罚处分与核销损失挂钩的方式,看似有依据,其实在告知信贷不准有损失,这与信贷经营原理不符,并非实事求是,是糊涂人。

两种市场机制左右着信贷的行为,第一,**经营责任制是基本制度,实行权责利统一**,这是经营机制。第二,在信息不对称原理和信贷规则下,**以授权经营和流程管理为依据,实行尽职机制**。两者之间不应分离,不该复杂化,即权限内本该允许失误,只要尽职,这是一种保护机制。假如实务中不允许损失,不保护尽职者那信贷只能关门,因为信贷建立在市场风险之上。

**1. 贷款具有大生产式的流程,十分繁琐**

多个岗位、许多人都参与其中,责任相互缠绕、互为条件、各管一段。该如何划分?责任既由权力而生,用于对权力的约束,就不该有无责的空档。该如何分担?但凡过手的人,都应担有一份责任,权力大则责任大。

我前文曾举例一笔贷款经过了 24 个人的签字,自然 24 个经手人得共同承担责任。否则,要那么多人签字干什么?别以为环节越多越可靠,那只表明了流程中的需要,并不是责任。西方银行贷款就几个人签批,责任很明确。当然,如果 24 个人每个人都注明对其中哪些数据、哪一点建议负责,那倒也能使责任清晰,如今流程中签了字,可谁也不清楚要对什么负责、要负多大责。

**2. 多级授权管理模式下贷款变复杂了**

风险成因有太多的因素,牵涉多个环节许多人,因而需要分解责任,风险多大、错在哪里、涉及哪些人、有哪些责任？各个岗位责任有比重，是谁的由谁负责，若不明确很难落实。上级审批，下级放贷，出了风险，如何划分责任？多年信贷集中的事实证明了，有成绩上下皆争，一出事上下推诿，责任划不清。

世界太复杂，市场太诡异，人们盲人摸象说得都对，视角与职责不同自然扯皮了。小银行信贷集中管理有必要，大型银行的信贷要分权减少层次，按照权责利机制，一般贷款应由城市分行审批，如果集中太多，层次越多越复杂，责任越分不清。

**3. 贷款在漫长的贷期中责任变模糊了**

对一个企业的贷款连年不断，数量在逐年增加；分管信贷员在接力变动，行长在交流换班，前后许多人都改变了，贷款击鼓传花到了当事者手中。

风险责任该怎么界定？不能讲运气倒霉的宿命论，应当确立规则。时间是复杂的溶剂，责任被淡化，也铸就了成败。时间久了，早年放贷人的责任应当递减，接手者的管理责任应当增加，在交接时应当做出风险评价的结论，以免事后的责任纠缠。对于政策类的贷款责任、市场剧变的责任、工作不到位失职的责任，都应当区别对待。

对分行行长的责任也应全面评价。许多企业贷款是历届行长任期中延续积累下来的，前后很难划得清责任，贷有贷的责任，批有批的责任，管有管的责任。如果是项目贷款，上一届决策贷了，贷出就不能随意收，多年后风险了，问责时应当检查审批时的可行性报告，早先决策者应担其责，不能只问当任行长责任。

**4. 管理责任不能完全由个人承担**

当前，对分支行的信贷经营和管理能力缺乏评估——这是一种客观背景因素。年年都加码贷款指标和考核，但风控、资源配置与发展要求不匹配，人员素质跟不上，分支行之间的人均信贷额差距大，信贷人员配置的数量、分工、业务量、贡献率、分管企业的优劣、市场难度……都不

415

一样。

　　这种因组织管理造成的差异，责任该怎么区分？不能多干的责任大，少干的责任小，不能只问责而不解决承担的工作量、创造的营业收入的差异问题。前提条件不公平，问责会不得人心。管理不均衡问题，说明了我国银行业的信贷管理仍然是粗放式状态，缺少讲究市场绩效的精细化特征。

　　**5. 市场无情瞬即变化，改变着企业的状态**

　　信贷在无形、有形之手的发力下运作，国际国内政治经济局势在变化……例如中美贸易摩擦之无常，谁都难以预测。企业多头贷款、借新还旧、借东还西早已成为普遍的常态，一旦某个环节失控，会打断整个资金链。某家银行的贷放和收回，也容易打破原有的风险均衡，而借款人并非能向银行通报。这种市场经营环境的变化，谁也无法抗拒，信贷在这种市场方式下经营，个人有时真的很无奈，岂能一贯正确？

　　**6. 市场的本性是不诚信，借贷信息总是不对称**

　　哪怕最透明的企业，也不会将财务机密告诉外人，信贷不上当真有点侥幸与运气。市场依靠法律来规范，靠规则来限制，道德情义变得苍白而无约束力。银行只能依靠数据记录与报表分析，靠自身周密的调研去证实，何其之难。这方面的案例已经多如牛毛。

　　例如，信贷系统要求员工对输入数据的真实性负责。可在现实中，小微企业原本就没有规范真实的报表数据，贷不贷是态度，贷则留下违规的事实，一旦出了风险，成了问责之柄。该怎么解决？事关信贷员权益难以保障。

　　以上种种因素，在问责中能够无视吗？

## 三、问责的逻辑

　　有两种问责机制，一种是行政问责方式，以结果问责任，损失已经出现，因此要问责；还要看态度，讲工作表现、认识态度，看后果影响的严重性与上级意见，再定是否问责、怎样问责。另一种是市场问责方式，以流程、权限及法规问责任，因风险不可测，谁犯规了问谁责，实行"分清责任、尽职免责、违规必惩"的原则，开诚布公。两者各有特点，有不同的针对性，现今的问责制常见是双线并行，严厉却有不确定性。

### 1. 问责机制：市场问责讲过程，行政问责重结果

西方成熟市场的规则更侧重于过程和权限，只要符合规则即是尽职，一般不追究责任；我们实行经营责任制＋行政问责制，两者结合，实为由领导裁决。更关注结果，假如结果出风险了，以风险事实推断、坐实你未能尽职，是工作不到位，你有口难辩。可见，市场方式下的责任机制是简单的，而行政机制下的问责较为复杂。

行长在授权权限下经营，既然授权，对于合乎规程又在权限内的贷款，哪怕出了风险也不该过分问责，否则何必授权？如果不信任，则可给予降低权限，直至调离信贷岗位。为什么当下不能实行完全的市场方式？原因是，经营秩序和合规意识还处在初级状态，管理素质跟不上，违规行为太随意太普遍，后果太严重。因而只能将两种问责机制相结合，这是环境现实使然。未来，随着市场秩序的形成，会更加引入市场机制。

问责的出发点，是鼓励尽职，惩罚失职，治病救人，也是对责任人负责。一旦出现责任事故，应从历史、过程及交易背景作出全面的评价。假如一个人管理信贷的总体不良率很低，那么单笔贷款的风险只算是个案，予以理解与从轻。而对那些总是出风险的人员，可能是他们不合适做信贷，应当坚决地换岗调离。

### 2. 责任结构的缺失：高层缺失一种责任担当机制

每一级的有权人都应有相应的责任对象和决策内容，但是在现行问责机制中，对下严厉，对上苍白。当发生了系统性损失时，很难听到有哪位领导者作了检讨。明明有决策失误、战略不力、政策失败的原因，只对操

作者严厉处罚，似乎都是经办人造成的。理由也是"为什么别处、别人没有出事？"怼得你无言以对，其实正表明了缺乏实事求是的精神。因为出了大风险，各地各级都有各自的责任，都应当主动承担，才能汲取教训面向未来，才是积极进取的。

　　**许多问题出现在一线，根子在上级、在政策、在体制和环境。对下追责容易，权力在手中；难在对上问责，谁是执鞭人？**不是难在分清责任，而是给自己开刀难，缺乏执行机制，行为上缺少标准，从来是灯下黑，全社会都如此。西方政府不干预微观信贷，当然无责任，西方银行审批者担责，我们操作者担责的体制亟待改革，寄希望于及早突破，才能完善机制。

　　贷款由多级审批，责任分级形成，分级经营分级责任，需要各级责任区分的标准与机制。每每风险都牵连着系统性因素，不良贷款常是综合经营的结果，许多系统管理风险、产品类风险的源头都出自总行，分支行只是执行水准上的差异。有时战略失责失误的责任更大，只是人们很少去关注，就事论事处理了。为什么管理水准总在徘徊、风险问题重复出现？刨根问底，原因常是总行自身的领导责任不到位。只有上面的问题解决了、理顺了，下面许多事情就迎刃而解，管理得以简化。

　　有的分行贷存比一直很高，贷差行的收益自然高于存差行。但是，一旦周期性风险浪潮袭来，贷差大的分行一定损失大。这里存在总行信贷配置的责任，因专业部门不了解信贷周期性风险，未当作信贷规模分配的依据，以为业绩好就是经营有效。贷差大往往反映出存款业务薄弱，放松了负债业务，长此以往减弱了存款竞争力，成为软肋，经营偏重于抓贷款，处于不正常状态。问题是，对长期贷差的分行出现大量风险，上级有责任吗？该向谁问责？

### 3. 风控应当抓根源，去解决病因，完善对策

　　以管理为例，信贷风险定位了吗？投资策略可行吗？办法细则确定了

吗？监管是否到位？责任制是否明确？上级是否及时发现了问题？有没有安排合适的信贷员？控制信贷员权限了吗？集体审贷中是否揭示提出了问题？一切应当从整体管理入手，如果游戏规则不清楚，战略混乱，管理粗放，信贷行为难有约束。

又如机制，奖罚要并举，只罚不奖不作为，不奖不罚丢原则，只奖不罚养风险。问责应有操作标准的细则，责任条款明确可对号入座，分得清才落得实。领导者要勇于承担责任，不要推脱推卸，不能上级总是对的，一出事就严厉查处基层。这样既不公平，极易形成情绪，又难根除病因，事后会重犯，这些都是问责机制和制度本身存在问题。

**摘录**：美国的银行没有零售贷款"责任追究"。近期我们去美国一家大银行（美国四大银行之一）考察，发现它们在零售信贷（包括个人贷款和小微企业贷款）业务中就没有不良贷款"责任追究"一说。我们询问负责受理贷款申请和贷前调查的信贷经理：如果出现不良贷款是否要追究他的责任？**他奇怪地反问道，这是审批中心审批的，为什么要追究我的责任？对此回答深感制度的差异。**他解释说，如果员工有道德问题、蓄意欺诈，被银行发现就会开除。只要按规定操作了，不良贷款在经营中不可避免，不是员工的问题。我们再问，如果某信贷业务条线不良率高、盈利差，要有人承担责任吗？答道：盈利差肯定影响这条线人员的奖金，再差的话该负责人可能被更换。①

信贷依靠认识、素质与能力来约束风险，不能没有戒律。对疏于职守、不尽责履职以及违规人员当然要问责，这是金融从业的规矩。但是，惩戒违规者只是加强管理的辅助手段，越是走向市场化，越要引入市场机制。风险成因中内因是依据，外因是条件，尤其在大变革、大发展时期，金融从环境到规程并不完善，责任变得更加模糊，问责需要谨慎。

---

① 周琼. 美国的小企业贷款没有不良贷款"责任追究"[EB/OL]. 财新网，2018-11-23.

### 4. 个案追究的杀伤力极大

评价一个信贷员，当发生了1%的不良贷款时，不会因99%的正常率而得到宽容。有一种腔调："收回是应该的，为什么出现不良？"其实，收回是经过多少努力之果，出现不良也是常态。

不良贷款的成因较为复杂，不懂信贷才会武断地以结果定论。比如，是政策之故还是市场变化？是上级行审批未发现指出还是基层未搞清情况？是应当搞清的还是突发的？是主观因素还是客观原因？是企业欺骗还是工作失误？缺乏标准和具体的评价制度。这种背景下怎能简单问责？处罚是一种定性与结论，千万谨慎。风险损失已经发生，最重要的是务求找到原因吸取教训，提升自己不再重犯错误才最重要。

## 四、问责方式：
## 秋后算账是清算、了结风险与追责

什么是秋后算账？在农村，春耕秋收一年的辛勤劳作，卖了农副产品有了收入，先得归还早期预支的借款，刨去采购种子、化肥农药等各项成本，能结余多少，是亏了还是盈余，能分配多少，急待算个账。秋后算账充满着农民对劳动成果的分享，辛苦之后带着一种期盼与喜悦。但是，这个词用到信贷工作中就大不一样，暗喻着追究风险责任，带有一种苦涩和无奈。

### 1. 信贷的秋后问责十分无情

银行一般不担心某一笔中小金额的贷款出点问题，却十分警惕某一笔大额贷款出了事，更担忧一家企业曝出大风险，以致难以挽救。因此，秋后算账自然是针对企业、针对大额贷款曝出的信贷责任问题。所谓"秋后"，是指贷款触发风险后的那一时间；所谓"算账"，是对一家企业贷款的总清算，查清风险损失与责任，实为秋后问责。

银行实务中，信贷天天地轮回，风险时时会显露。真实版的秋后算账是：一旦曝出大额风险事项就要清算追究，造成重大损失必问责。但是，大风险并非天天都有，大事件也不多，平时多处在风险积累期，只有些零星事件。若到经济下行期企业接二连三爆雷、大额逾期贷款打压了资产质量，才是信贷最难过的日子。

秋后算账是无情的，因为一旦贷款风险暴露之后，一切假象都被揭去，问题摊出、真相大白，损失成为事实。原先的信息不对称问题，反倒印证了工作责任、是否尽职与专业能力问题，构成了工作失误的依据。例如，企业在屡次骗贷过程中，你为何未能及时发现？企业经营状态在不断下滑时，你为何没有觉察去压降贷款，反而继续发放？你确认的贷款理由为何是虚假的？……所有质疑汇集成你的守责、尽职能力与作风问题，成为上级主管、内审审核和处置决定的确凿依据，辩解变得苍白无力。接下来，一是问责追责，二是艰难地清收贷款，心态一落千丈，甚至伤心落泪。谁不怕秋后算账呢？

**2. 秋后算账：清算、了结风险与追责问责**

市场从来是通过算账来清算、了结和解决信贷风险损失问题的。借贷在事前、事中常常弥漫在信息不对称的混沌之中，风险真相被隐瞒掩盖了起来，理不清、看不明，直至暴露摊牌。债权人依法维护权益，是非在清算中大白，开始追究管理责任。

**(1) 风险事务的基本规则：谁承办谁担责、谁接手谁担责**。你放贷你担责，贷款在你管理期间爆了，你难以摆脱责任。由于管户信贷员经常发生工作调整，借贷的风险责任也在击鼓传花，因而责任需要交割划清。但是，接手者只要办理一次贷款展期，前任的风险责任就顺理成章地滑落到继任身上，就那么简单。

其次，信贷风险是逐步积累形成的，由于企业贷款是由多笔、多家、多类、多期限贷款的组合，信贷风险常常在转换配置中被掩盖、延后。多年积累的贷款，早已划分不清是谁任期的责任了，最后接任者很无奈。

需要告诫：**新人接管旧贷款时一定要重审企业，尽快尽量深入地搞清**

**真情，划清责任**。是否办理贷款展期成为责任转移的关键时点，若此事处理不好很容易受伤，千万要理智谨慎地保护好自己，不犯糊涂、不要迫于时间和压力。

**（2）应建立与秋后算账体制相适应的信贷问责制**。如何将贷款问责与保护员工结合好？这是管理的原则问题。目前，所有的审计、内控检查都是对着风险贷款而去，而在保护信贷员、提升素质能力方面欠缺。当下机制中，能者多劳多担责，多做多错、少做少错、不做无错，在审计与财务核销时只拿出错的贷款问责说事，因此，秋后问责总让人伤感。如何保护好从业者积极性，应提上议事日程。

应当告诫信贷人员，**在风险问题上，银行无情、制度无情、上级无情、机制无情、企业无情、政策无情、监管无情、市场无情、政府无情……处处是无情，自己岂能总有情？问责依据规则，损失面前无情面。信贷岗位风控至上，不主观轻信、不碍于面子，按流程守规矩，不越雷池一步，严格自律与操守，绝不犯风险幼稚病。活在当下，少些幻想，重要的是做好每一笔业务**。秋后算账如达摩克利斯之剑高悬在上，不善于自我保护的人不要从业信贷。

**案例**：上世纪90年代四大银行贷款质量逐年恶化。1999年国家成立了信达、华融等4家资产管理公司，剥离了1.27万亿元不良资产，仍难抵挡国企转制带来的贷款恶化浪潮。到2003年底，按五级分类法统计，四大银行不良资产余额有19168亿元，不良率为20.36%。在随后股改处置不良资产的过程中，各家银行根据政府要求，严肃责任追究制度，逐笔查审问责。例如工行，行政处分1.1万人次，经济处罚1.2万人次，其他处分1.5万人次，合计3.8万人次。同时，1999~2005年形成新不良贷款的责任人，有9153人次受到处分处罚。被问责的高管不在少数，执行之严厉，人人有份，足以警示，表明中国银行业风险防范机制是怎样炼成的。

## 五、职务责任、集体责任与个人责任

一位大型银行的境外独立董事到任后，对该行的贷款审批模式不解，询问：为什么是集体审批制而不是个人审批制？答曰：贷款项目太复杂，集体审查可以发挥集体智慧，减少失误。贷审会早已成为我国银行业贷款审批的基本制度，一旦改变则整个信贷模式随之而变。

上世纪九十年代前后没有贷审会议，贷款只需有权人批准，经手的层次不多，效率也高。那时金额小，多是几十万元、上百万元的，股长就批了，至多主任签个字就行，计划模式下没有不良贷款，也谈不上问责。如今动辄上亿元、几十亿元贷款的企业，风险放大了百倍，造成不良损失要追责，个人就显得势单力薄，谁承担得起？当然，除项目贷款之外，仍然有个人审批的体制，或是在特定情况下（如规模紧了、风险高了、金额大了）才采用上会机制，而且某些网贷、小贷更简单，实行自助式电子审批，发挥了高技术的作用。

集体审贷有其合理性，它主要对项目贷款，一个项目动辄几千万元、数亿元甚至数十亿元，金额很大。哪位信贷专家具有全方位的工业技术审核能力？涉及行业之广泛，哪位银行家懂得所有制造业的门类？况且，你懂得现有生产与技术，不见得懂得未来市场需求的变化，银行家对企业、技术、供销市场真是外行。所谓审贷，至多是从信贷管控风险的流程、逻辑和视角做出的预测，只是对未来经营风险的预判，不说明结论是否科学。这就是贷款的风险性。

既然银行对企业生产是外行，那么，专家集体研究审贷就十分必要，通过表决机制决策也是正确的。其实，西方银行决策大额融资前也都做详细的可行性论证，或向第三方咨询，通过研究人员的共同决策，银团贷款牵头行承担更多的论证责任，其他银行就跟随了。我们在完成可行性调查之后，又在审批环节表决了一次，只是形式上略有差别。

专家个人审批还是集体审批，哪种更加高效可靠？**不同模式下的国情政策、贷款种类和企业背景不同，各种方式都有成败的案例，利弊难作比较。决定贷款质量与效率的终究是"能力素质＋责权利结合的制度"**，除了政策干预因素之外，不管哪种方式都要落实经手人的责任，绝不可糊涂。

当前在信贷管理中，需要明确一些基本问题，主要有：

### 1. 明确职务与专业能力的关系：行政职务＋专业资格，合成授权

既然授了权，当权限内发生贷款风险时，理应不再追查个人责任。因为既能任职就该具备专业资格，既是授权就允许权限内的失误，合规性是基础。假如失误频发，应当降低其授权限额，直至完全取消授权、变动职务。这正是授权制度的科学性，它要求被授权人具备信贷专业能力，没有资格资质不能审批，这是大前提。如果简单地将授权附着于行政职务，不具备专业能力和水准，未通过考核上岗就批贷款，外行也在审批，不出事才怪。

存在的风险是，许多贷款中或多或少伴有一些违规因素，假如审批中未能发现而批准了，客观上便构成批准了违规问题，落下隐患和责任。因此，有权人必须尽职地发现其中的风险点，才能有效地保护自己。

### 2. 不谙熟信贷的高管千万别分管信贷，必须通过资格考核

如果一位高管不谙熟信贷、不是信贷专家、缺乏信贷的基本功，那么就不该分管信贷业务，不该被授予信贷审批权，否则在混沌中难以履职。尤其对于上级行的交流干部到分支行任职，同样要坚持上述审批信贷的规则，不搞特殊化。因为发放贷款的诱惑力很大，又是片面提高经营绩效的捷径，但是风险损失早晚会暴露。这类案例十分普遍，应当建立对交流干部任职风险的信贷约束性制度。

### 3. 全面地评价信贷员的业绩功过，不就事论事

**（1）在评定员工综合信贷能力之后再问责，即兼顾贷款类别、总量与质量，不就事论事**。如前所述，当某信贷员负责的不良贷款率始终在1%

以下，总体评价不错，那么对在正常状态下发生的个别贷款损失，处置中要合情理。不允许犯错不是好机制，风险行业不该如此，尤其做中小、小微贷款的风险很高，问责当谨慎。

**（2）集体审批同样需要设立问责机制**。一旦出现重大风险损失后，同样应当问责分管者，不因集体审批可以免责推脱。如果制度中不明确审贷会个人应承担的责任，表明了责任机制不够完善。

两级审核、分清责任是最基本的信贷管理原则，必须完善有效制度和机制，以避免在出现风险后上下推诿。如何划分责任？我曾在分行长会议上指出，总行审核的重点内容是行业政策、总体风险评价及趋势预测，贷审会在短暂有限的时间里，无法再行核实申报材料中各项数据的真实性，因此，分行应当对贷款项目承担数据真实性责任，一旦发生因虚假数据导致的风险，分行有关人员必须担责。

**4. 少点事后诸葛亮**

信息不对称是风险的成因机制，当不良贷款暴露时，若事后指问为什么事前未能搞清楚？显然不科学，这叫求全责备。正确的方法是：分清哪些信息贷前应当弄清，哪些是企业会隐瞒很难搞清的，哪些是政策与环境的变化，哪些是工作未能尽职？划分主客观原因，分清主次责任，从中真正收获经验教训，而不能教条式指责贷前的预判。这才是实事求是的态度。如果贷前都能搞得清楚，那叫市场经济吗？

## 六、贷审会的责任机制：
## 专家审贷，责任到人

一次贷审会上，由于投弃权票的人多了，致使项目不明不白流了产。为何要弃权？我即要求秘书处会后弄清原因，如果是项

### 信贷与风险——信贷之门 风险之槛 经营之魂

目资料不全、风险揭示不清的客观原因，就应当加强会前准备；如果是因工作态度与审贷能力方面的主观原因，就必须事前深入做好辅导沟通，对不适合者要更换，避免消极弃权。投票有一种信贷的风险责任，履职是神圣的。表决机制是信贷责任机制，我要求委员们别轻率弃权，要积极参与主动担当，珍惜投票的权利。

信贷走在盈利与风险的钢丝绳上，靠责任制度、专业水准、利益机制和敬业精神来平衡，稍有不慎就跌落下去，管理要落实到每个细节中。

**1. 首要是信贷责任，但凡风险类业务必须责任到人，缺失责任机制必定形成风险**

审贷制度中设置了弃权票，是否合理另当别论。表决中该不该弃权？我以为弃权不妥，理由是：第一，应当态度明确，做到尽职尽责；第二，应当向基层反馈结果与理由。如果你在清楚了解情况下选择了弃权，这是自主权；如果你在混沌的状态下行使弃权，至少表明未能尽职，履职不到位；如果你因审贷能力欠缺充当南郭先生，缺乏判断力又回避责任，那是占着位置贻误大事。

银行有授权制度，在授权范围内不尽职要问责，凡属工作职责就要担当，经营没有弃权一说。弃权是什么意思？信贷的审查不是政治性、社会性投票，**在权责利的经营关系中，弃权等于回避了责任。审贷本是裁决风险利弊，当事者理应具备资格能力，应当履职尽职担责，不能对付、逃避或取巧**。每个人都应当充分表达意见与观点，对贷不贷、贷多少、何时贷、利率期限以及附带约束条件等要做出明确表态。若有疑惑应当提交讨论真正搞清楚，如果做出不同意或弃权的，也应如实阐明理由，以便明确地反馈给基层，不能不明不白。

**2. 但凡风险类业务，必须由专家团队治理，若外行隔靴抓痒，必遗留风险隐患**

一般在贷审会前，大多委员并不了解贷款的具体事项，因此，在会上短短半小时即刻做出表决，业务要求和技术难度极大，只能依靠经验逻辑，凭直观决策。信贷审批属于微观决策，只有内行专家才有能力驾驭。贷审会委员理应具备成熟的信贷能力，不能徒有其名。你看西方的大法官不就几个人吗？个个是权威，说了算；你看西方银行实行个人审批负责制吗？人不在多，专家才行。

**(1) 专家审贷把得住命脉，内行发言点得准要害**。只有专家更了解信贷政策与制度要求，更熟悉贷款企业的风险，更懂得信贷经营的财务、资金等要求。现在许多银行的贷审会人员构成中，综合部门的派员不少，他们缺乏信贷工作经历、专业经验能力和独立见解，至多是做些合规性审议，提出跨专业视角的意见。但是，信贷审核的重点恰恰是企业风险的难题，让非信贷人员去把关贷款的风险性，实在勉为其难，风控大打了折扣。

**(2) 理想的贷审会模式**。贷审会是信贷决策的权力组织，其人员构成应包括信贷专家和咨询人员两部分，一是信贷专家7~9名（包括行级领导），他们拥有表决权，审批信贷事项并承担责任；二是非信贷专业若干人，他们列席会议不具有表决权，但有否决及建议权（例如设定两票即可否决），负责专业咨询事务但不承担责任，也出于保护他们。这种双层架构得以保证专业化、高效率和责任到位。

**(3) 专家从哪里选拔？**一家银行需建立信贷专家库及相应制度。人才从下属机构中发现、培养、选任和更新，包括资深业务人员、信贷专家、分管行长等，参会人员从专家库中推选。例如，可规定专家每人每年必须参加总行信贷审查会议3~5次，以这种方式增加上下沟通交流，培训专业能力，提高人才素质；亦可改变机关脱离市场、机构对政策制度生疏的弊病，构建有效的信贷管理模式。这方面可学习证监系统的上市审批模式。

**3. 审贷委员会只是一种仪式，风控在基层，责任在审核，每一级尽职才能整体尽职**

贷审会是怎样工作的？以工总行为例，一般每周一次会议，时长3小时，审核5~6个项目，平均每个项目约半小时。时间分配上10分钟汇报，15分钟讨论，5分钟表决。可见，会议只是最后的仪式，审查时，如果基层做得精细则上会只过个形式，材料粗糙则上会时处处见瑕疵，一旦过不了关，一切忙碌付之东流。

谁经手谁担责，关键是要划得清职责。每当出现不良贷款，只问责基层信贷员，显然是审贷会逃避了自身责任，不公平了，这是管理的"阿喀琉斯之踵"。**假如实行"上下同责、经手有责"的机制，每集中一项审批权力，就背上一份责任的十字架，有谁还愿意随意收权集权吗？** 如今喜欢收权，不正是没有问责之因吗？

风险在细微处，看谁能早一步发现和防控。多少年来贷款不都通过贷审会的吗？为什么照样风险不止呢？揭示了一个道理：不要过于注重仪式，更要关注内容。风险源头在企业，风险侵入于误判，从贷款的行为链看，只有各级行、各环节、每个人都尽职了，才是真的尽职。

### 4. 集体审批中的问责难

总行审批谁来负责？答曰集体负责。怎么负责？没有答案，集体负责落实不到人，等于无人负责。同理，省行集体审批要问责吗？市行集体审批要问责吗？要，总行绝不会因为分支行集体审批制而不问责，因而集体方式不是解脱风险的理由。**这是事务管理的逻辑。**

远离市场前沿，怎能感知市场运作？风险不切身，怎能认清风险之危？许多项目的力量都很大，会不遗余力地让你通过，得到合法的出生证。而一旦出了风险，又难以追究审批者的责任。因此，**我最大的感受是总行不该做具体审批事项，而要加强研究信贷经营对策，全面把控系统性、区域性风险，这才是要事大事，也是软肋所在，当然因为很难。** 未来的改革，一是放权，二是简政，至少不需要庞大的审批委员会，至多设立若干专家的审批组即可。

西方银行的个人审批制度值得借鉴，个人负责，依据业绩、能力和水准授权，并予以考核，责权利挂钩。它有利于培养信贷专业人才，使人珍惜信誉，钻研技术，关心市场信息和企业动态，独立自信，敢于负责，才能培育和发扬精细化管理的工匠精神。它一定是未来审贷改革的必由之路。

## 七、首要是保护好自己

　　**风险行业的雇员切记住，人在职场首要是懂得保护好自己，按规则行事伴随整个职业生涯，这是至理**。否则人被处分了，还成功什么？当然，这种保护是积极奋勇、努力作为的，而不是明哲保身、消极退避三分，讲规矩、有底线、有分寸，才能规避风险勇敢前行。

　　惩罚机制常会杀鸡儆猴，对风险个案追究、严惩不贷，不搞功过相抵，因此，千万别成了那只鸡。**所有银行都反对违规经营，绝不认可所谓为发展为公家而去违规，一旦出事不会保护你，只会毫不留情地查处。别以为做事出于公心，出事了就是你的事，不容申辩，违规就是私心，这是一个基本事实与逻辑**。如果以为这是交办的，去顶替领导犯错——那更糊涂了，现代管理不是帮派机制，不讲义气，自己不保护好自己还指望谁？当冤大头反成了牺牲品。

　　有一种事很难办：地方或上级领导向你推介了贷款——当然不是指好企业好贷款，又是非正式授意。这种事常有发生，省行、城市分行甚至县级行长都常遇到，这样的问题从不简单，许多人也曾跌过跟斗犯过错。该如何应对？考验着你的基本领导能力和处事规则。

　　处理时应当把握好几个环节：

　　**1. 任何事既有风险也是机会，关键凭职业能力**

　　应对其难最专业的做法是：态度热情而冷静、一切要走正规流程，不违反规则底线。首先，要热情对待领导的信任，给了你选择机会，认同人之善意和亲近关心的含义。其次，要以职业能力解决风险难题，不简单从事，力戒以人情替代原则。

　　一般而言，好项目、好企业贷款都能通过市场方式解决，企业找领导人出面总是遇到了难题：要么是开发规划急需启动资金；要么是遇到了麻烦和资金缺口，需要弥补；要么是企业经营困难，或有危机难关，需要政府出面疏通协调。

应当认识到，大多领导是出于公心，也有不了解情况，或假公济私、行政干预的……不管出于什么目的，难处是你不敢得罪，一旦出了事，风险责任全在你，而领导只是推荐。

**2. 要守得住底线，弄清规则和边界**

办事要有底线，即忠于职守、守法守规。哪些能做哪些不能做，违犯有何后果、问什么责任，都要明明白白。监管和各家银行都颁布了惩处违规的一系列规定，法律法规更为详细，剑在上警钟长鸣，天天发出警示告诫。这方面每个人都懂得，是为人做事的底线，守得住才有安全。

**流程权限是职场的安全边界，任何人、任何理由都不可逾越，人情世故、领导压力都不行，谁坚守谁能避灾，谁出格都将自食其果。** 世上谁能不犯错？贷款谁能不走眼？唯有按工作流程、权限做事，制度合规了，那么，即使出现了大的风险也只是个人能力水平问题，不至于被上纲上线翻了船。许多出了事的人，都是没有守得住底线，甚至上了贼船落个万古恨。

**3. 把得住分寸，以专业能力去降低风险后果**

市场方式下谁决策谁担责，这叫自主经营自担责任，出了风险受处罚天经地义，只要处罚合理总能接受，或自认倒霉罢了；在非市场方式下，常是他人决策却由经办人担责、上头决策却让下头受过，才是问题所在。

雇员都有为难处，一面是沉重的经营压力，一面是顶头上司的威严，还有人情世故的面子，哪一项都难以抗拒。明知有风险却难以脱身，不想做却不得已而为之，违心所为造就了风险。但是，终究要自己担责，有时谁都保护不了你。如何保护自己？既来之则安之，躲不掉就该去主动解决。

**(1) 认真做好调研，并如实地向领导反馈情况、问题和风险后果，可以提出建议。** 讲清楚了领导会感受到责任，或许知情而退了。如果仍要办，再进入实施的路径流程，该审批的审批，该上报的上报。若你不做调研而回避，更会被动。向上级请示报告是一种应对行政干预的有效办法，假如上级不同意，也就有了托词。

**（2）做事有度，把握分寸，不自作主张，不推波助澜，以专业能力实事求是去降低风险**。有时要做好风险的事后准备，记录有关背景、场景备忘录或日记，以免日后遗忘，留作清白的自证。万一灾难临头时，或许讲清事实能得以自救。

### 4. 守住道德的底线，避免引发其他的风险

金融从业者应坚守"忠诚、精业、干净"六字，忠诚即忠于职守奉公尽力，有激情、敢担当、有作为，领导最喜欢这样的忠臣；精业即业务精益求精，有立身的本领、能力和智慧，总能够出色有效地做好业务，这是自己的执业饭碗；干净是道德底线，即廉洁自律不谋私，不贪小便宜，守住自己无欲则刚，这样才有自由的人生人格，能挺起脊梁做人，不唯唯诺诺。当然也得讲究策略办法，维护人际关系，为人谦卑、与人为善，以柔克刚态度好，不要硬碰硬。

据说，某地政府在重组一家危机企业时要求银行不准收贷，已经收回的必须再贷出，说话很难听：你们的底细都清楚，是否要查查。许多案例告知，那些逢年过节常送礼的不良企业，偌大的开支怎能不记账？大账不写，一定记录在小本本上，一旦发生经营危机时，逼你低下高贵的头，成为拿下你的小辫子。看似金额不大，汇总起来令人后怕。

**案例**：浙江某贸易企业经营新疆棉花，某银行支行对该企业发放有2000多万元小企业贷款。2012年初该企业发生贸易纠纷，对方以商业诈骗向市公安报案被立案。经侦在核查贸易资金来源时牵涉贷款，老板交代了向银行贷款时提供的情况不实，报表数字做假。为此，公安部门依据银行法规和贷款制度侦查了贷款过程，未发现银行人员有经济问题。但针对应收款、库存棉花等是否去实地核实问题进行了多次传讯，两位银行客户经理承认未去实地核实，企业人员也证实他们只在企业核查财务报表，未去实地核实应收款和库存，银行贷款调查不实成立。2015年8月，司法认定该案属商业诈骗和金融诈骗罪，公司老板被判无期；两位

客户经理非法放贷罪名成立，被判刑三年缓期四年执行。

　　失责与犯罪仅一步之遥，案例真实印证了贷款审核的责任与风险，教训是：客户经理贷前调查不实，流于形式走过场，抱侥幸心理未落实职责，埋下了隐患。告诫人们，法律约束信贷，同时约束借款人和贷款人。

## ▶ 结语　历史见证未来

我们走过了一条特别艰辛的信贷转型之路，在接连遭遇两次全球性金融危机的危难环境之下，以无比的勇气走出旧信贷体制，进行了一次涅槃式的金融改革，成就了金融史上极其伟大的创举。尤其是四大银行在"财务破产"的经营状态下顽强地脱胎换骨，十年间又跻身于全球一流银行。

一部改革发展、奋斗崛起史，一部信贷业务复兴、模式再造史，一条中国特式实践、银行成功史，使我们对未来充满自信。

## 一、风险历程：四行涅槃，危机重生

读一读四大银行在风险转型中最危机的一章，就懂了什么是金融风险。那时我们身临其境，陷入在一种最深度的金融危机中，再也没有比此更严重的风险了。银行之所以还能够稳如泰山地有序经营，是因为依仗着强大的国家信用，这就是中国特色。不忘风险史，忘记意味着背叛，了解不良资产怎样聚成、又如何化解，充满信心地面对未来，就懂得为什么要风控、要认真做好信贷风控，无论前面有多大风险。再也没有比四大银行更深刻地了解什么是信贷风险，记录它才能记住它。

**1. 四大银行经历过生死涅槃**

**（1）大背景。**21世纪前后那场金融风险的降临，是不可抗拒的。它有三大政治经济的复杂社会背景：一是从90年代中后期全面启动了国企改制，从试点推动进入到实质性阶段，并购重组及破产，开始时平稳有序、分步可控，后期局面难控了；二是经济改革推进中的各种巨大的财务损失溢出涌入银行，十分严峻，包括整治金融三乱、机关单位停止办三产等，国家从严整治金融；三是遭受到亚洲金融危机的严重冲击，打乱了正常的经济秩序，迅速造成巨额贷款的恶化。三者的共振加大危机损失，短短几年中，四大银行和大批企业都陷于灭顶之灾。

**（2）大抗争**。大山倒了挡不住，面对山洪暴发般的不良贷款，一代银行人奋力抗争。2000 年底我在总行分管风险管理，那年工行不良率是 34.44%，工作目标是要求每年下降 3 个百分点，5 年减半。全行笼罩在一片悲壮的鏖战中，全面动员，各自为战，人人负重自救，天天是生存保卫战，打扭亏翻身仗，考核压力之大，欲哭无泪，薪酬打折，唯有竭尽全力拼争。一种从未有过的压抑，迸发出从未有过的激情，全面对抗逃废债，不惜得罪一切阻挡者。上下同欲者胜，这种悲壮的场景孕育着力量，九牛爬坡个个使劲，我们做到了。这是真实的，当时还处在大批减员撤并机构、收入很低、大批人被问责的背景下。这场战斗一直持续到 2005 年股改，只有亲历者才懂得熬过来的艰辛，不该忘记曾经为了四大银行转型奋斗的人们，尽管他们多已退休了。记忆永远镌刻在心中，但历史只记录下碎片的数字。

**（3）大伤害**。风险危机伤害了银行，更伤害了企业。银企难兄难弟，不良贷款断了骨头连着筋，银行财务破产，国企并购关停，损失同样的惨重。信贷以企业为本，命运与共，当天天服务的、曾经依赖的几十万家工厂关并了，当工行贷款户从 37.4 万户直降到 6.6 万户时，还需说明惨烈程度吗？早已是灾难浩劫，信贷员充满着困惑，真的伤了心。为什么这样？是信贷做错了么？风暴中自顾不暇，没有解答，现实只告诉人们金融风险太可怕了。在危机下，市场无情、机制无情、问责无情，信贷的清收机制是凶狠的，只想全力清收以减少损失，有点像黄世仁逼债，置借款人于死地。而有许多企业原本可以不死，多数企业同时垮掉一定有成因机制与环境，哪个国家的金融危机都如此扫荡企业，其中信贷扮演着重要的角色。

历史翻过去了，留下一种深深的内疚，留给银行最深刻的风险管理经验与教训，千万防范金融危机的再现。

**2. 不良贷款的形成及严重的状态**

（1）**银行贷款质量迅速恶化**。按四级分类法，1990年末四大银行不良贷款总额为2200亿元，不良率为12.2%；1995年末不良贷款升至9000亿元，不良率为25%；1997年末不良贷款达14841亿元，不良率为29.2%，见图1。此时，风险拨备缺口已经超过银行资本总额，资本金名存实亡，外电认定："中国的银行业在技术上已经破产，是定时炸弹。"

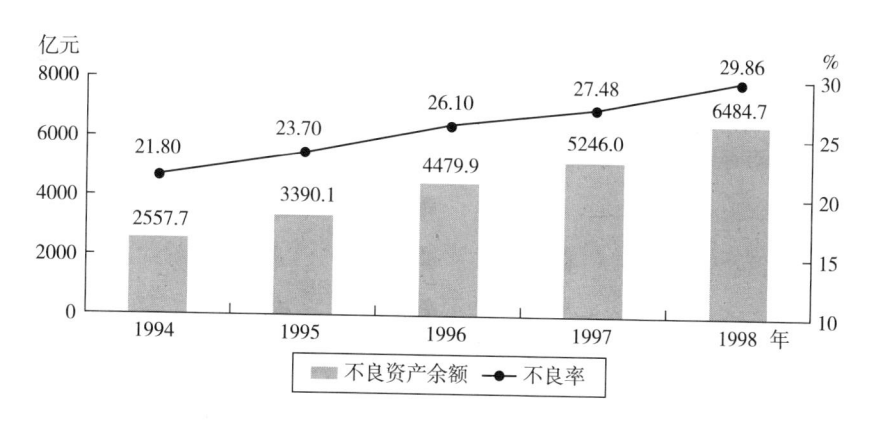

图1 1994~1998年银行业不良资产情况

1999年国家成立了信达、华融等4家资产管理公司，四大银行剥离了12709亿元不良资产，其中：工行4077亿元，占其余额的14.45%；农行3458亿元，占12.26%；中行2674亿元，占20.04%；建行2500亿元，占15.41%，但难以抵御洪水般涌出的继续恶化。按五级分类法，截至2003年底，四大银行的不良资产余额为19168亿元，不良率为20.36%。此外，还有数千亿元的非信贷类不良资产损失。

（2）**从不良资产结构透视成因背景**。依据对不良资产成因分类分析："大约有30%不良资产来自各级政府直接的**行政命令和行政干预**，大约有30%的不良资产主要是为**支持国有企业**形成的，另外大约有10%的不良资产来自地方的**行政环境和司法执法的环境**。也有10%左右的不良资产来自国家主导的**产业结构调整**，包括主动关停并转的一些企业。另外大约有

20%的不良资产，是来自银行自身经营管理的问题，也包括机制方面的问题所产生的原因。"①

上述不良贷款中，行政干预、支持国企、司法环境的因素约占80%，银行自身经营及机制因素占20%。计划经济下的主体企业是公有制企业，经济转型与国企经营困境是形成不良贷款的主因。还有银行接收了城信社破产、信托等机构撤并、账外经营并账，以及党政军法等机关团体、人行办三产关停等损失，都落在不良资产中。之外，还有贷转股，将正常贷款转为对大型国企的资本金，为转制企业解决资本不足减负。可见，不良贷款不是一个简单的经营问题，有其复杂的社会经济环境背景。

**案例**：以工行为例，在剥离的不良贷款中，东北老工业基地和中西部地区有3980亿元，占63%；制造业和批发零售业两大传统产业有5436亿元，占86%；国企和集体企业贷款超过80%；停产、半停产、关闭或各类政策性破产企业贷款有5182亿元，占82%；大多是企业生产经营中的铺底资金。结构表明，工行长期以来承担国企资金供给职能，信贷质量与国企经营状况完全相关。1998年开始从国家专业银行向商业银行转型，信贷资产质量才得到有效管理。

1999年国家为减轻国企负担，对部分国有重点企业实行债转股，3年中累计减负约690亿元，相当于国企利润的30%。这些剥离的贷款多为正常类贷款，银行承担了大量国企改革的成本。例如，2000年国家对重汽集团分立重组，核销多家银行贷款共17.87亿元，其中有工行对山东潍坊柴油机厂、杭州柴油机厂的部分贷款，两家都是优质企业，核销是为了解决重组资金的缺口。

### 3. 大面积不良资产的成因分析

**(1) 信贷质量变化与政策变动相依**。在国企改革并购破产重组中，大

---

① 中国人民银行行长周小川在"2004北京国际金融论坛"的演讲。

量逃废债是不良贷款急剧上升的主要原因。1992年起国家实施国企优化资本改革试点,要求到20世纪末完成,但未能如愿。因为牵制银行转型与企业改革的是同一块信贷问题,企业要将贷款用于启动改革的成本,银行要守住不流失,数万亿数量太大,无法两全。2000年国家调整为分步走,国企改革先行,银行剥离贷款,先舍信贷救助企业,再转身解决银行问题。事实证明国家的这一决策完全是正确的。

1999年起国家对银行实行新老贷款划断管理,对新增贷款实行严厉的质量考核,但要求将老贷款收回再贷出的也纳入新发放的范畴,若再发生不良贷款要问责。在这种机制下,大多国企就很难获得贷款了,原本企业资本不足,老贷款到期又被收走,高负债下资金链断了,生产难以为继,市场萎缩。大批企业缺乏现金了,步步失血走向停产。应当说,银行商业化机制强化了贷款管理,步步抽紧,旧经济下的国企制度走到了尽头,大部分已无法挽救,付出了惨重的代价。

**(2)六大外部原因,是信贷风险不断涌出的环境根源**。

① 商业银行经营的法制环境尚未形成,在1995年5月《中国商业银行法》出台后在相当长时期内,缺少实施及监管细则,无法可依,何谈依法经营。

② 银行统一法人形同虚设,商业化经营机制缺乏,政企不分,行政干预。风险约束机制缺失,信贷成为政府的出纳。1998年前在地方党政与银行双重管理体制下,地方对干部、对信贷有控制权。

③ 合规经营意识薄弱,90年代初始社会金融乱拆借、乱融资、乱贷款泛滥,当亚洲金融危机袭来,信贷资产质量风险暴露涌现。

④ 在货币通胀及经济下行的困难时期,国家通过信贷对困难国企进行政策性救助,如过年贷款等,以稳定社会渡过难关,信贷付出了代价。

⑤ 存在经济结构及体制的根本问题。国企独大,重复建设严重,负债率极高,企业规模小,产业集中度差,效率低,难以实现最优生产的规模。银行贷款结构简单,无消费贷款,社会非公有制企业很少,也无小微个私贷款,因此,当国企不行时,贷款别无出路。

⑥ 国家有关土地、房产等抵押权的产权制度不适应市场化发展，国企基本是划拨土地，使银行债权落空，成为诉讼失败的主因。

**数据**：90 年代中期全国第三次工业普查数据披露，我国大中型工业企业 2 万多个，占全部工业企业的 2‰，其中大型企业仅占 0.5‰，产值仅占工业总产值的 25.5%。同期美国 100 家最大的工业企业产值占工业总产值的 50%，英国最大 100 家工业企业产值占 60% 以上。在靠规模经营的汽车、机械、钢铁、石化等行业中更突出。例如汽车，国际先进企业的生产规模为 100 万辆左右，而我国最大汽车企业的年产量仅 18 万辆，120 多家企业分布在 22 个省。又如，**钢铁**企业最佳年产规模在 1000 万吨以上，而我国有 1700 多家钢铁企业，年产 500 万吨以上的只有 5 家，最大的年产 800 万吨，企业数量占全球的 2/3，产量只占 10%。

**(3) 四大内在根源，成为堵不住风险的体制性缺陷。**若不改制，则经营者对核心风控问题无能为力，主要是：

① **银行公司治理制度不完善（经营体制问题）**。首先是制度缺陷、不适、漏洞及有章不循。股改以前，银行没有全面风险管理的公司治理结构，没有完整的风险管理架构和机制，没有风险管理战略及量化的风险定位，没有独立的风险管理机构体系。缺乏对高管层的督察机制，缺乏风控意识和风险文化，违规擅权、有章不循的操作风险普遍发生，案件久治不愈。

② **银行资本不足构成最大的经营风险（资本金问题）**。资本充足率是风险管理最重要的监管指标，是衡量抗风险能力、清偿能力的重要标志，多大资本只能做多大信贷。一边是银行业资本金不足、不到位、被不良贷款蚕食，资本充足率低、拨备覆盖率低、风险抵御能力差，财政补充难；一边是资产规模持续快速发展，经济促使信贷扩张，成为本世纪初最为显著的银行特征。

80 年代后期银行业发展加快，而资本增长远赶不上信贷资产的扩张,使资本充足率逐年下降。1987~1996年,四大银行的贷款余额增长5.25倍,而资本只增长了1.88倍,资本充足率下降至4.37%。尽管1998年财政部发行2700亿元特别国债补充了资本金,达到了8%的最低标准,但仅仅维持几年又急速下降。同时,贷款质量的恶化使得拨备覆盖率不足10%(国际排名前100家大银行近10年覆盖率平均为100%),而财务状况差也使银行无法补充资本。

③ **资产单一、信贷比重过大,使风控难以平衡(资产结构问题)**。1998~2002年,一是信贷占银行总资产的比重过大,公司类贷款接近87.5%,无法规避企业转型牵连的风险。二是工行借款人中公有制企业贷款占85%,这两项都反映出我国银行鲜明的风险特征。直到2005年国企改革总体完成以后,政策性贷款基本消除,客户结构才开始变得合理。

在信贷转型中贷款企业数量逐年急剧地下降,总量极大缩减:1998年末,工行公司法人贷款户总数为37.4万户;1999~2003年末,法人贷款户剩下22万户。2005年初,法人贷款户剩下18万户,其中正常贷款户为3.8万户,占17%;不良贷款户18.2万户,占83%;2005年5月剥离后只剩下6.64万户,与1998年相比下降82.25%,总量减少30.66万户,如果去掉期间新增贷款户,共计减少9成以上;不良贷款户降到1.28万户,比重为19.25%。

从所有制结构看:在剥离的6350亿元不良贷款中,国企占67.52%;集体企业占14.35%;国有控股企业占3.65%;其他类占14.48%。公有制企业比重超过85%。

2005年处剥离结束时,1999年以后的新发放贷款占总贷款比重已达91.55%;老的存量贷款只占8.45%,次级类贷款多。法人贷款余额占总贷款的83.93%。住户贷款占总贷款余额比重也提高到15%。

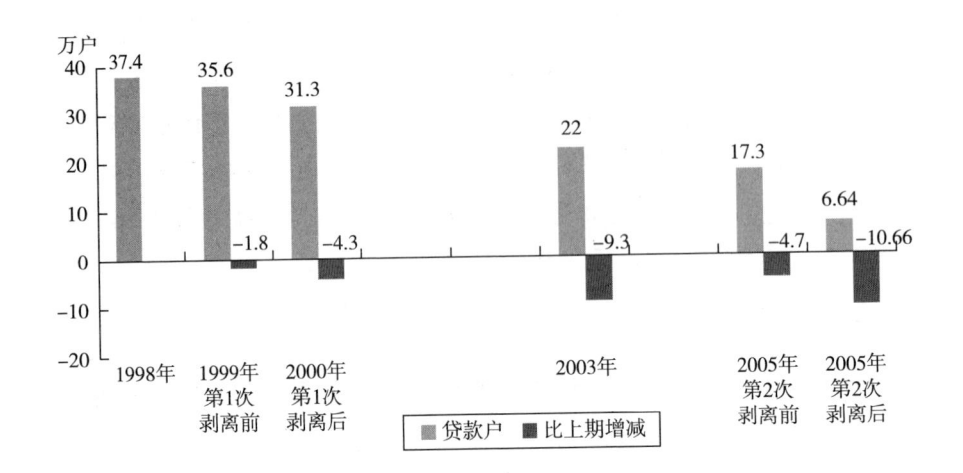

```
万户
40  37.4
        35.6
              31.3
30
20                              22
                                          17.3
10                                                  6.64
                 -1.8  -4.3           -9.3     -4.7      -10.66
 0
-10
-20
   1998年  1999年  2000年   2003年   2005年  2005年
         第1次   第1次           第2次   第2次
         剥离前  剥离后           剥离前  剥离后
              ■ 贷款户  ■ 比上期增减
```

**图 2　1998~2005 年某商业银行公司贷款户数量**

④ 到股改后银行垂直管理体系才基本形成（内控体系问题）。旧时期总行管理失权、失职和失控，35 家省市分行处于各自为主、各行其是状态，业务管理和内控监管制度被架空亦不完善，实质性作用不力。1998 年的银行商业化改革，开始设立系统党委，垂直管理，改变了分行归属地方管理的状态，减少了地方干预。四大银行通过数据集中统一核算，到 2005 年后陆续完成了管理信息化，真正成为"一个银行"，业务职权才真正地落到位。

**4. 剥离后续还债情况**

四大银行两次剥离不良资产，如快刀斩乱麻。一是为了迅速推进国企改革，银行放弃债权，解决国企改革启动资金，不良资产的消除也缓解了银行资本充足率过低的问题。二是从 2004 年开始的第二轮剥离，是深化银行改革重要的一步，达到上市基本条件。各行经营发展情况很好，例如，工行股改后利润持续增长，股利分配额年年提升，至 2011 年共管基金基本已经还清（见表 1 及案例）。

表 1　　　　　　　　2006~2012 年工行盈利及分配

| 年度 | 2006 | 2007 | 2008 | 2009 | 2010 | 2011 | 2012 |
|---|---|---|---|---|---|---|---|
| 净利润（亿元） | 494 | 820 | 1112 | 1294 | 1660 | 2084 | 2385 |
| 股利分配率（%） | 60 | 55 | 50 | 44 | 39 | 34 | 35 |
| 股利分配额（%） | 296 | 451 | 556 | 569 | 647 | 708 | 836 |

**案例**：工行剥离不良贷款模式。2005年4月，国务院决定使用外汇储备150亿美元，通过汇金公司向工行注资。同时，财政部保留了股份，设立"共管基金"方式，由工行用财政部股权分红以及工行的税收等偿还。6月，工行剥离6350亿元，将其中的可疑类贷款4590亿元分为35个资产包，采取市场招标方式处置，华融、长城、东方和信达四家公司中标金额分别为226亿元、2570亿元、1213亿元和581亿元，平均中标价格为贷款额的26.38%。其财务处理方式：各公司申请再贷款，按中标的贷款本金向工行支付，中标价对应的再贷款由各公司负责归还，差额部分挂账。工行所得出售资金全部购买人行票据。

**5. 对风险管理的思考**

亚洲金融危机这一场躲不过去的暴风雨到来，谁也没有预料和准备，在无奈和惨重损失中，深感银行的无力、缺陷与弊病，也有了深刻的反思、作为和进取。

**(1) 开始生成抵御风险的基因**。80年代的信贷没有"风险"二字，只是统管分配资金，当信贷挣脱计划体制走向商业化时，总有一种莫名的放纵，什么都想做都敢做，如同一个不懂世故的孩子，未经风险危机的洗礼。90年代这场暴风雨从头淋到脚，暴露了信贷对市场风险的幼稚，毫无抵御意识与能力，因而成为四大银行分设十几年来最为重要的教训。这次遭遇的危机磨难，是商业银行成长中的必经之路，这一课早晚遇到，越早越好，从困境中练就抗风险能力，弥补缺陷，才能形成市场的素质。

银行的心态发生了根本变化，头几年资产质量恶化时都懵了，不知所以然，出路和前景在哪里？两三年奋斗中看到了清收的成果，找到了路子，萌生了信心。2004年工行清收1194亿元不良贷款时，自信已经生成，并将每年清收1000亿元作为基本目标。2000~2004年四年间全行累计清收3611亿元，还消化了2388亿元新冒出的不良贷款，实现不良余额累计下降了1223亿元，不良率下降15个百分点，年均下降3.74个百分点，可见当时的清收强度，见表2。同时完善了风险管理体系，提升转化风险的能力,发展与进步很快。因此到股改前,内生性管理基础逐步形成,假如不实施剥离,也能以自身能力在 5 年内化解风险问题,有了充分的自信和能力。

表2　　　　　　　　不良贷款变化情况(剔除剥离因素)

| 年度 | 不良贷款余额 | 年新恶化额 | 年清收额 | 年下降额 | 不良率 | 年下降 | 净利润 |
|---|---|---|---|---|---|---|---|
| 2000 | 8246 | — | — | — | 34.44 | — | 52.89 |
| 2001 | 7948 | 528 | 826 | -298 | 30.12 | -4.32 | 62.44 |
| 2002 | 7590 | 340 | 698 | -358 | 26.01 | -4.11 | 69.02 |
| 2003 | 7181 | 484 | 893 | -409 | 21.68 | -4.33 | 224.94 |
| 2004 | 7023 | 1036 | 1194 | -158 | 19.47 | -2.21 | 311.18 |
| 合计 | 累计额9411 | 2388 | 3611 | -1223 | 还原39.3 | -14.97 | 720.47 |

注:不良贷款累计额为9411亿元,即 7023+2388;还原初期的不良率为39.3%。

十载春秋度日如年,在整治风险中煎熬过来,练就了信贷的风险机制和能力,银行真正变得强大了、完善了、成熟了。又过了 3 年多,当 2008 年美国金融危机袭来时,我们已经具备了抵御能力,很快在全球银行业衰退中逆势而上,到 2012 年跻身于全球之首。这与那场风险的锤炼分不开,有了这碗酒垫底,什么酒都能应对,四大银行能够在市场之路上自立前行了。

**(2)完成了转型的成人礼**。在剥离中,国家实行对信贷风险十分严苛的问责与处罚,四大银行第一次全面地贯彻责任追究制度,逐笔查审,对责任人进行行政处分或经济处罚,被问责者不在少数。当时在职的数万名信贷员,几乎都受到追究和处罚,史无前例。在深刻反思总结的基础上,银行总结制定了一整套风险管理制度和框架体系,强化了管控方式,得到了高质量的落实,从后来的运行中证实是行之有效的。这是制度性成果。

许多人想不通,为什么数十万企业破产之后领导人都没有受到追究?为什么那么多搞逃废债的领导人都没有被追究?许多是在行政干预下贷款的,偏偏只有银行人被问责追责。这个问题问得真好,答案也很简单,因为银行的职责是看守住风险,你是签字人,当然问责承担责任,这是最基本的逻辑,未来依旧如此。这段痛苦经历锻炼与教育了银行,转变了观念,最终弄明白了问责机制的内核:一旦出事谁都不会救你。不再轻信上帝,不再轻信言辞,必须抵押担保,落实责任追究制,合规经营意识提高了。

**(3) 社会诚信道德的倒退**。重要的是维护和倡导诚信为本的社会道德。社会对逃废债未能追究、对债权人保护不足、对失信者未受到谴责,是一大憾事。那些年形成了全国性的、基于违法的逃废债,例如,地方压价核销、加价拍卖获利,今天要求银行贷款、贷到手马上宣布破产等政府失信行为;有的领头逃废债,留下了对社会诚信伤害的严重后遗症。

早在600年前,佛罗伦萨的马基雅维利就有劝言:千万不要浪费一场好危机。假如在巨大的信贷损失后面,又未能借以提升社会的诚信与法制意识,真的是浪费了一场难得的危机教育,以至今日还得花费大气力去倡导诚信。

风险伤害了银行名誉,地方的逃废债似乎占了些便宜,但输得也不少。逃废债背后常是地方与中央的财政博弈,围绕着国企改革资金的来源,想方设法在贷款押品的无效性上做文章,不少地方在两难中选择失信,也为之付出代价。形式上肉烂在锅里,但道德风险泛滥了。银行很无奈守不住,但也会对失信的省市采取信贷裁。例如,对某大省减少安排几十亿元贷款,釜底抽薪;又如当年银行业宣布武汉为失信地区,使其信誉严重受损。

**案例**:银行在不断地探索处置不良资产的路径方式,增强了处置能力,创造了多种有效的处置模式。其中,2003~2004年工行与天津、重庆市政府的合作,共处置不良贷款226.56亿元,本金回收率32.19%,本金加表内利息受偿率30.93%,本息受偿率18.94%。其意义:这是合作共赢的方式,既减轻了损失率,也开启了两市国企分步骤有序推进改革的新局面,减轻了转制总体压力,还成就了泰达、渝富两大知名的资产管理公司。

信贷与风险——信贷之门　风险之槛　经营之魂

# 二、审时度势：对银行业风险趋势的基本判断

未来信贷风险的趋势，始终是商业银行经营的着眼点、出发点。认识风险应当把握两个基本点：第一，当下没有形成信贷大风险的环境背景，不要因为眼前信贷实务中的风险影响情绪、自信和决心，不要因为经济转型的环境风险压力犹豫不决，影响前进的步伐。当前的信贷依然处在一个良好的发展时期，以此去认清信贷新风险，判定趋势。第二，战略上藐视风险，战术上重视风险。所谓藐视，是定位清晰，清醒地了解状态和变化趋势；所谓重视，是实务中一仗一仗地打，一个一个地化解不断出现的风险问题。风险是常态，既藐视又重视，有战略思考的心态，有解决问题的实干，才是谨慎前行。

**1. 当前不具备前两次金融危机的诱因和背景**

信贷风险不是凭空而起的，有其大环境的经济外因，有借款人的经营内因，缺一不可。

**(1) 上世纪 90 年代亚洲金融危机形成的因素不复存在，我国银行业发生了根本性变化，早已不在一个量级和品级上。** 那时的经济困难底子薄又落后，如今的 2018 年 GDP 已是 1998 年的 10.57 倍[①]；那时的银行体制未转型又弱小，2018 年银行业资产已是 1998 年的 23.94 倍；那时的贷款户是国企、大集体，转制中 8 成企业并购破产，如今经济结构合理，信贷有了良好的抗风险结构；那时的四大银行不良率高达 40%，至 2018 年只有 1.5%，趋势仍在降，有定海神针在，经营心态、状态两重天。21 世纪之初的十年是银行体制转型、经营恢复期，幸有一个良好的发展环境，一些风险基本病因得到了根治，进入一个健康的发展状态。

**(2) 我国银行业风险以信贷为特征，与经济发展紧密联系，不存在美**

---

① 1998 年 GDP 为 8.5 万亿元，2018 年为 90.0 万亿元；1998 年末商业银行总资产 10.64 万亿元，2018 年为 254.7 万亿元；1998 年四大银行不良率为 40%，2018 年为 1.5%。

444

**欧危机成因的流动性风险**。2008年袭来的次贷危机对中国银行业不全是坏事，正如高盛首席经济学家吉姆·奥尼尔说："对全球而言，金融危机是一场可怕的危机，但是对中国而言，金融危机是一场带来机遇的危机。"[①]10年来我国银行业转危为机，保持了持续稳定快速发展，积累资产实力，具备了经营本领，早已跻身于全球最前列，银行家们从来没有这么自信，充满激情。这不是简单的数量扩张，而是通过企业制度改革，完善了公司治理，找到了中国特色的经营方式，具有了扎实的经营基础架构，各项指标都是健康的，这是持续推进金融改革取得的硕果。

只有认识风险特点，才能了解清收的难度。两次信贷风险的属性不同，在形成背景、借款人、清收方式、难度和效果上完全不同。

① 风险主体的借款人不同。上次是解决国企转制的改革问题，本次重点是民企经营中的风险问题。

② 政府的态度不同，上次担负安置国企职工和财政补助的沉重压力，政府处在一线；本次有维稳压力，民企与财政利益关系不大，政府是旁观者。在各种不让抽贷、压贷、停贷的做法下，信贷也要顾全大局地忍受风险。

③ 过去国企的财务账清楚，只是怎么分，即留多少借款用于安置员工，多少归还银行，核心是中央与地方的利益分配，是明里瓜分；本次非国企的账务不太真实，账实不符、资产虚假或转移掏空，留一空壳破产，是暗里逃废。

④ 过去相关企业相帮还债，顾及信用与规则；如今不讲信用地逃废债，反以为荣地与银行周旋，信用风气变了。

**2. 信贷已走到质量的谷底，总体风险应当可控**

国际国内复杂的政治经济形势以及受到新冠肺炎的严重冲击，使经济

---

[①] 高盛首席经济学家吉姆·奥尼尔在第二届博鳌亚洲论坛国际资本峰会上的讲话，2009年9月15日。

遭遇到前所未有的困难。国家推进经济转型，调整产业结构、淘汰落后生产力、治理污染，加上整治影子银行等，信贷难免遭受到风险冲击。但应相信，国家能够控制住大风险，至多是延续几年苦日子。

**(1) 在不良贷款连续 6 年涌出后，大头基本溢出抚平，拨备额回升，盈利上行，结构合理了，这些好兆头表明风险质量定局了**。在经济转型中信贷最为受伤，强力冲击波一般是在政策出台的初期，行政的推动将潜在风险提前、同时溢出，加上矫枉过正。例如，关停过剩产能、治污不达标企业等，大批不良贷款随之曝出。如今疾风暴雨式的冲击波过去了，在一定阶段中不会再大批恶化，至多是边缘的少量劣变。哪怕经济再下跌，殃及企业的数量也已有限，难以形成大潮。如今政策面已经调整为"稳"字，信贷结构逐步清晰，信贷质量走向稳定期。

**(2) 信贷质量的谷底已经显露，周期性命数已到**。从规律看，经济金融都会发生周期性调整，信贷风险的大周期约为 10 年，期间积累的风险得到一定程度的化解。在 1998 年亚洲金融危机中，四大银行为化解不良贷款经历了 8 年，到 2005 年总体好转。这次信贷风险自 2013 年形成势头，至今算来下行期已过 7 年，到了强弩之末，总体应当走过了最艰难阶段。这些年来国家严厉有效地整治了金融风险，消除了大的风险隐患，恢复了抵御风险的基本实力和信心。从企业看，仍会有一些抗不住的风险暴露，也有一批中小、小微企业垮掉，但只要国家以强力的政策驱动，恢复的力量也很强大。按照周期性的规律，经济下行之后总会阶段性上行。

**(3) 大中银行不良贷款指标走过最高点，逐年下降**。主体银行质量走过了最低的拐点，成为最重要的标志。从化解信贷风险的过程看，2012 年不良贷款从浙江温州最早曝出，至 2013～2014 年在全国蔓延形成势头。5 年后的 2017 年浙江最早走出了风险，至 2019 年上半年银行风险状态已明显改善。每年核销万亿级的贷款损失，这一阶段是冒出与清收的博弈、拉锯式的持久战。总体风险压力释放，不良余额下降。资产质量显著回升，少数受伤严重的机构也已止血；整体上看只是尾部还没有走出来，受伤害较重的是城商行、农商行仍然困难，不良贷款率在 2%～4%，最后依靠金融体制的改革解决问题。

**案例**：银行风险周期与国家经济运行周期趋同，表现为局部性、区域性风险。例如，2012年不良贷款首先在**温州**集中爆发，出现了互保链断裂、老板跑路。据年报披露，2012年**浦发银行**新增不良贷款的75%来自温州，近90%的不良贷款发生在制造业和批发零售业。**平安银行**不良贷款余额同比增长108.36%，其中浙江的三家分行增加额约占全行的80%。据媒体报道，到2013年上半年，**苏浙鲁三省**新增不良贷款分别为182亿元、94.4亿元、34.15亿元，合计310.55亿元，为全国新增不良467亿元的六成，主要是地方融资平台、房地产融资、产能过剩行业和理财产品四大板块。

需指出，我国大中型银行化解不良贷款的方式是以确保利润稳定不减为前提的，这种方式较为稳妥，也符合处置周期长的特征。假如采用西方直接减少当年利润的方式，那么如今的质量指标会更加漂亮，只是当年财务指标会变得很差，实质是一样的。

**3. 只要经济稳定与发展，信贷就发展，风险就可控**

信贷与经济同根同源，风险与经济同命同运。未来的信贷质量指望经济健康发展，经济的血脉依旧离不开信贷的源泉。国家从一场局部的金融风险泡沫中走出来，如今，经济下行的谷底显露，处在逐渐向上的转折期。当前的压力是黎明前的黑暗，曙光在前头，充满着希望却最难熬。

**（1）经济发展是信贷安全的大前提**。银行的成长期没有结束，在未来的5~10年，我国银行业仍处在高速发展时期，因为经济仍在发展期，信贷要紧跟为其服务。至今看不到其他金融能够替代信贷主渠道地位，信贷必须担当，信贷资产总量只能随之翻番。只要经济稳定，就不会有大面积的风险恶化。银行具备解决一般性风险的能力与自愈机制，信贷风险都能从发展中化解和消除，这是信贷的基本专业能力，也是银行的风险经营观。

解决经济转型中积累的风险,不能靠停步休整。发展是硬道理,也是应对风险最有效之药;不发展风险更大,尤其小银行仍需要在发展中集成规模,解决船小难以抵御风浪之险。经济是金融之命根,最担心发展速度大幅下跌,没有了财富增量就缺少了新的资源。借贷是最简单、最谨慎的金融活动,借贷方式简捷到没什么可创新的程度,发展中信贷的内核就是靠发展,增量是活水,以增量盘活激活存量,在循环调整中服务经济,保障质量。

从历史上看,1998年亚洲金融危机时期我国经济非常困难,四大银行不良贷款率多年在30%~40%,财务状态极差。银行是依靠国家信用在稳定发展,平稳地走过来,并跻身于全球第一梯队最前列。2019年6月末,银行业不良率才1.85%,况且10年来利润持续增长不降。这一点不良率国家值得忧虑吗?总体上无需担忧(记住,2011年次贷危机中美国不良率为5.5%,英国为3.9%,意大利为11%,且银行严重亏损),关键是不能让经济垮下去,山倒下来才可怕。这是国家大局,银行要有所作为,支持实体经济发展,不可消极对待。

**(2) 未来信贷的路径是明确的**。本次风险的重点是民企,大量中小企业关停倒闭有其必然性,有十几年积累的因素。对信贷来说最重要的是,中央关于支持民营经济发展的根本问题真正得到了解决,排除了信贷市场的所有制障碍,形成了稳定的经济动力源。

从管控风险的方法看未来,一是依靠提高信贷人员素质与专业水准,最为核心;二是提升管理能力去防范系统性风险,最为重要,未来信贷需要依托一流的人才与管理。

从治理风险的结构看未来,小银行的风险是痛点难点,它们处在市场化最前沿,首先受到经济变动的冲击,最为担忧。未来10年是改革发展最重要的窗口时机,也是最后解决的时限,最为关键。

### 4. 只要国家持续严管金融,风险就不会演变成危机

只要在严管严控风险的背景下经营,信贷就谨慎到位,风险就浅而有

限；在一个有限周期中，宽松期短而严管期长，出错时间就短暂（宽松易出风险），不良贷款量就少。这是两条基本的信贷行为逻辑。

**（1）十年中造就了严厉风控的环境与规矩**。从 2004 年 6 月至 2008 年 10 月，四大银行经历剥离不良资产转制上市，前后 10 年信贷行为变得谨慎稳健。到 2009 年后信贷出现爆发式增长，仅宽松了 3 年，经济又进入了下行常态。2012 年后信贷风险逐步显露，随之而来的是更加谨慎，至 2016 年信贷风险全面暴露，其间哪家银行都不敢松动。

2017 年中央金融工作会议之后，实施了最为严厉的监管整治，导向从紧管控，问责处罚到位；2018 年起开展防范化解金融风险的攻坚战。在一系列持续整治的组合拳下，各家银行采取了大量有效的风控措施，银行的市场意识越来越增强。这是一场最深刻的经营思想的风险大教育，是成长中不可缺少的一课，是转型中脱胎换骨最重要的一关。

**（2）信贷规避了社会性金融风险一劫，是一种万幸**。由于信贷一直运行在严监管的合规性运作中，因而泛滥的社会金融风险对信贷的伤害并不严重，银行的主要风险出在表外和同业、在资管及理财业务中。信贷是中流砥柱，它的基本稳定，决定了不良率一直保持在 1.9% 以内，带来利润的稳定增长。当社会办金融的泡沫落下，整治影子银行基本到位，恢复了金融秩序的常态，信贷的未来就有了稳定的社会基础。

**5. 结论与观点**

2020 年初爆发的新冠肺炎疫情，是一场意料之外的全球性流行病大灾难，至今各国都在抗役中。全球经济金融已经遭遇到巨大的影响和冲击，风险远高于一场金融危机，前景未卜，经济衰退将成为事实。这是信贷面对的另类风险灾难，给了我国银行业刚刚缓解的不良率重重的一击，是前所未有的遭遇，远在一般的经济规律、风险逻辑和管理思维之外。未来或将有重要的政策出台，或发生重大的格局转变，而现在无从预测评价，只能做好充分的思想准备，并需要付出代价。面对危情应当坚信，在党中央的坚强领导下，我国一定能比西方做得更好，这就是信念。经过这些年来的快速发展与有效地整治金融风险，形成了扎实的基础，完全能够应对疫情带来的风险，趋势也在恢复好转中。

信贷领导者应当自信：只要经济运行能保持住基本态势，就有信心和希望；只要国内信贷质量稳住了，就顶得住国际市场的风浪冲击；只要总体风险可控，就可平抑某些贷款的局部风险；只要大中银行稳住，信贷风险就能控制和稳定；只要经济金融有序稳定，就能在未来几年中解决信贷风险的难题。**这是判断与把控风险的基本立场与观点。**

## 三、未来信贷的风险挑战与难点在哪里？

未来新的风险在哪里？无论政治家、银行家、企业家，上上下下都充满着思考与忧虑，它事关市场命运，每走一步都在瞻前顾后。成功者的进取精神从不是鲁莽冒险，而是审时度势，做出正确预测、估量风险，才有敢于一搏的科学决策，在保护好自己的同时勇往直前。

**1. 寻踪未来，首先要有正确的立场与方法论**

未来是未知的，不同世界观具有不同的认识，不同价值观具有不同的视角，不同方法论具有不同的结果。探索中国的金融风险，离不开中国国情大背景，有两个基本问题不能动摇：

**（1）依据规律与现状，心中就有市场参照系**。市场发挥基础性、决定性作用，经济周期的规律永在，它是技术、制度、管理与市场进化在起作用，无法摆脱，只能遵循。在经济大规律面前，政策只是在调控、修正运行的偏离，违背经济发展的市场规律必会有风险失误。现状是未来的平台，立足我国银行强大的实力和能力，以中国特色经营，自信才能担当起使命。

**（2）坚信国家的力量，心中自有大国的底气**。国家是金融发展的定力和源泉，我国的金融一次次受到全球危机的侵袭，过程中各种风险却始终未形成全球性危机的特征，都是在政策干预下成功地化险为夷。改革开放中银行一次次走过大风大浪，取得成功，有什么理由怀疑不能消解未来的信贷风险呢？这是成功的基本逻辑，坚信才有自信，有底气心中才充满光明。

**2. 国家最为关注"守住不发生系统性和区域性金融风险的底线"**

从历年国务院总理的《政府工作报告》中，完全可看到国家对金融风险的忧虑，这是对金融与监管的要求，当然成为银行工作的重点与方向。

2010 年表述为"防范各类金融风险"。

2011 年是"加强和改善金融监管，建立健全系统性金融风险防范预警体系和处置机制"。

2012 年是"建立健全系统性风险防范和监管协调机制，增强抵御风险能力"。

上述从 2010～2012 年 3 年中的报告中，只是一般性提及金融风险，表明风险症状还不明显，尚无形成对社会对经济的全面损害与压力。

2013 年起表述为"守住不发生系统性和区域性金融风险底线"，"引导金融机构稳健经营，加强对局部和区域性风险以及金融机构表外业务风险的监督，提高金融支持经济发展的可持续性"，指出了两大风险，表明风险已形成了势头，重在守住。

2014 年是"守住不发生系统性和区域性金融风险的底线"。

2015 年是"创新金融监管，防范和化解金融风险"，提出了防范化解。

2016 年是"扎紧制度笼子，整顿规范金融秩序，严厉打击金融诈骗、非法集资和证券期货领域的违法犯罪活动，坚决守住不发生系统性区域性风险的底线"，针对影子银行曝出的风险。

2017 年为"对守住不发生系统性金融风险的底线，我们有信心和底气、有能力和办法"。

2018 年为"守住不发生系统性风险的底线"。

2019 年为"长期积累的诸多风险隐患必须加以化解，但要遵循规律，讲究方式方法，按照坚定、可控、有序、适度要求，在发展中逐步化解，坚决避免发生系统性、区域性风险"，再次提及"守住不发生系统性风险的底线",成为6年来年年提及的警句。

综上所述,从 2013 年以后的各届人大《政府工作报告》的不同表述中,看得到金融风险在逐步形成、加深的动态,且风险在持续,明确指出了风险控制工作的重点和底线。

**3. 现状与格局:信贷天平逐步向民营倾斜,风险更加市场化**

世纪之初,四大银行股改和国企转制从此改变了市场主体的结构,信贷市场方式的基本格局开始形成,这是具有重大意义的转折。生产力要素中庞大的国企数量急剧下降、比重剧减,以所有制导向的信贷方式式微,逐步形成一种国有民营共发展、民营更快成长的新格局,非公有企业贷款开始成为信贷的主体。

2000 年前,工行的公有制贷款占八九成,非公有制贷款企业很少。到 2012 年末,工行国企贷款户数量比重已下降到 8.14%,贷款余额占比下降到 51.7%,降幅很大,至今基本稳定,这是根本性的转变。据披露,到 2016 年末银行业贷款余额中,国企贷款余额占 53.93%(见图 3),其中,大型国企占大型企业贷款余额的 72.7%,中型国企占中型企业贷款余额的 49.6%,小型国企占小型企业贷款余额的 37.8%,小微国企占小微企业贷款余额的 35.9%。当然,这些比重与中国经济结构并不适配,因而改变是一种大趋势。

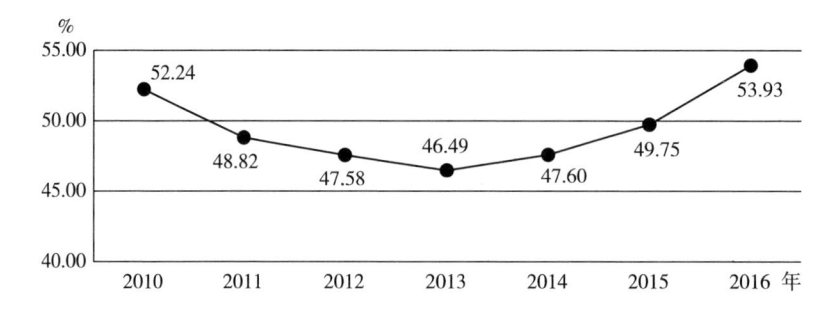

资料来源:Wind,人民银行,公布至 2016 年末。企业性质划分为国有控股、集体控股、私人控股、港澳台商控股、外商控股。

**图 3 国有企业贷款余额占境内企业贷款比重**

2018年习近平指出，公有制经济、非公有制经济应该相辅相成、相得益彰，而不是相互排斥、相互抵消。民营经济是我国经济制度的内在要素，民营企业和民营企业家是我们自己人。民营经济是社会主义市场经济发展的重要成果，是推动社会主义市场经济发展的重要力量，是推进供给侧结构性改革、推动高质量发展、建设现代化经济体系的重要主体，也是我们党长期执政、团结带领全国人民实现"两个一百年"奋斗目标和中华民族伟大复兴中国梦的重要力量[①]。这正是未来发展的纲领。

为什么当下国企贷款的比重还比较高？因为国家重大基建工程贷款的数量大，从高铁、电力电站、通信、军工等都是国计民生的重大项目；还有大量的地方政府平台类贷款，信贷必须支持。民营企业总体实力仍不足，尚无力全面承担，对许多低收益项目也不愿参与，以后民企参与信贷一样会支持。未来的5～10年国家基建高潮将逐步过去，贷款结构会随之改变，而民企及多种混合经济的公司也越来越强大，所有制概念自然越来越模糊。

**信贷的市场化走向风险的市场化，**公司类信贷呈现以下新特征：

第一，未来非公有制企业数量增长加快，一批骨干企业形成壮大，贷款规模也大幅增长，改变国企贷款过高的比重，在分化中风险市场化特征愈加明显。

第二，由于经济快速成长，企业高负债率在10年内难改观，贷款额与风险度会同时提升；一些企业不良贷款动辄引爆几亿元、几十亿元的风险不时出现。

第三，小微、中小企业贷款的剧增与风险面扩大，管控难，使信贷的风险责任增大，亟待改变管理方式。假如出现经济波动向下，可能引发新的不良潮。

市场从来是最重要的风险之源，这种格局基本形成，在本次经济转型中充分地体现出来，已成为未来信贷的基本模式。这种趋势已不再回头，

---

① 2018年11月1日习近平在京主持召开民营企业座谈会并发表重要讲话。

信贷与风险——信贷之门　风险之槛　经营之魂

只会更加明显强化，成为未来信贷风险的动向、主要特征以及处置方式。

**4. 未来有哪些信贷风险？在哪里？**

从经营看，信贷风险主要会发生在全球化经营、小企业贷款和金融市场业务的风险领域。从制度看，形成于深化金融改革中，例如人民币国际化、利率市场化和金融市场推进等方面。从总体看，这些风险仍然是局部有限的，是市场化发展中的，只要经济强盛，风险就能管控住。

**(1) 新市场业务的风险程度依然是未知数，唯有去经历才能生成免疫力**。主要来自三个方面：

第一，利率市场化、人民币国际化等风险，这是金融制度改革中形成的新风险。例如，利率事关产品定价，如今只是形式的市场化，监管并未真正放手，把控得很严，银行尚无充分的自主权，管制下无法感知风险深度。

第二，金融市场开放带来的新风险。未来业务终究要进入货币市场、资本市场和资管市场等领域，在资产管理、财富管理、证券经纪、金融衍生品交易、期货市场等业务中，潜伏等候着未知的许多风险，缺乏专业人才、系统、经验和管理体系，不做不知，不做则无能。

第三，银行混业经营中业务交叉的新风险。经济的复杂性形成信贷与投融资的不可分离性，信贷已从简单封闭的企业贷款，到事实进入了股市救市，构成了风险的复杂性。因此，在管理架构、市场风险防范隔离、交易风险判断控制等方面，面临新风险管理的压力。

**(2) 违规经营、非理性竞争与市场分工定位的风险**。主要是：

第一，各地区的重复建设、同质化市场竞争，背后都是银行间、分支机构间的争斗，无论哪家企业垮台，背后都造成信贷的损失。外来风险的侵入，非银金融机构、互联网金融等转嫁的风险；同业不理性的市场与价格竞争，都导致整体效益下降与风险上升。

第二，任何大规模的信贷行政干预，高潮过后都极易形成大量的不良贷款。例如，对小微、小企大量的贷款投入，如果只是机械地贯彻而未能认真地掌控住风险，那么今后几年相应的不良贷款也会涌出。

**(3) 全球化经营的风险最大，亏损会在境外市场**。西方的中小银行一般不做跨国市场业务，全球跨国银行的数量有限，都十分谨慎。银行以风险盈利为目标，不争地盘边界的虚荣，这是中外银行经营方式、经营思想的根本差异。

我国的银行缺少风险约束与规矩，资本问责机制未到位，小银行想走出省市，大了一点想走出国门，理想做得更大，都以为外面的市场很精彩。现实不是这样，那是残酷的弱肉强食的世界，步步风险责任重大，盈利不易，一点都不好玩。国内国际的经营方式完全不同，目前不少大银行的海外机构仍在依靠国内母行资金、业务、客户上的支持下得以生存。

我国的银行尚不具备全球化、国际化经营能力，切忌盲目走快了。风险在于：一是经营方式不适应，在国际市场的风控力、生存力不强。境外各国的差异性太大，如何适应当地法规与监管要求，避免合规性风险，是发展初期经营的难题。二是缺乏国际竞争力，面对国际资本市场、货币市场、商品期货市场、本外币一体化等市场交易风险，极易上当失误、跌入陷阱，或遭至长臂管理等无端风险。国际化尚需 10 年甚至 20 年的进程，绝不可自以为是。

**案例：国开行投资英国巴克莱银行**。2007 年 7 月，该行以 14.5 亿英镑（22 亿欧元）购入巴克莱银行 3.1% 的股份，每股成本约 7.20 英镑。不久美国次贷危机爆发，巴克莱银行爆出巨额资产减记与亏损，股价节节下跌，次年降到 3 英镑。所持股份的账面价值缩水了 58%，账面亏损超过百亿元人民币。巴克莱银行为渡难关，2008 年 7 月 4 日新增配售 1.69 亿普通股，17 日完成了公开售股，其中从公开渠道募集到有效公开股申请约 2.67 亿股，其余约 11.40 亿公开股有条件地配售给卡塔尔投资局、Challenger、国开行、新加坡 Temasek 以及一些机构投资者。国开行再出资 1.36 亿英镑增持了巴克莱约 5000 万股。可见国际市场动荡难测，让投资者担惊受怕。

**案例：民生银行投资美国联合银行**。美国次贷危机爆发初期，一些银行的金融资产价格低得诱人。2007年10月、2008年12月，民生银行先后两次以6.83亿元、2.04亿元人民币入股美国联合银行，最终持有该行9.9%的股权，成为单一最大股东。但至2009年11月6日，美国联合银行难以为继宣布破产，被监管当局关闭，民生银行初始投资的8.87亿元打了水漂。

**（4）诚信与法制的环境问题没有根除**。这不仅是信贷业务的风险，更容易形成责任的风险。整体社会信用环境仍然不佳，三五年中难以成熟完善。信用评级机构、不良资产市场体系仍在发育初期，信用评级准确性、权威性欠佳。不良资产清收处置的社会体系与机制未健全，效率低、问题多。监管的市场化、专业性和有效性有待提升。社会对风险的承受力单薄，政府在维权与维稳面前，常选择后者，执法依然有行政取向，不少银行不得不放弃了诉讼。

社会诚信文化是信贷的土壤和阳光，道德约束的力量是对法制的有效补充，建立起来很难，而垮掉却很快，在诚信与法制两弱的环境下经营信贷，唯有靠更高的专业水准、更负责任的态度和更尽职的工作，靠自身的强大去战胜风险，好自为之别无他路。

2020年银保监会在防范化解金融风险方面明确了9大重点工作[①]：

①稳妥处置高风险机构，压实各方责任，全力做好协调、配合和政策指导。完善银行保险机构恢复与处置机制。②继续拆解影子银行，大力压降高风险影子银行业务，防止死灰复燃。③加强资产质量监管，持续加大不良资产处置力度，提高资产分类准确性。④坚决落实"房住不炒"要求，严格执行授信集中度等监管规则，严防信贷资金违规流入房地产市场，持续遏制房地产金融化泡沫化。⑤对违法违规搭建的金融集团，在稳定大局的前提下，严肃查处违法违规行为，全力做好资产清理，追赃挽损，改

---

① 2020年1月13日国务院新闻办召开新闻发布会，银保监会副主席黄洪披露。

革重组。⑥深入推进网络借贷专项整治，做好存量资产处置、停业机构退出和机构转型工作。加大互联网保险规范力度。⑦继续努力配合地方政府深化国有企业改革重组，加快经济结构调整，化解隐性债务风险。⑧有效防范化解外部冲击风险，做好银行保险机构压力测试，完善应对预案，稳定市场预期。⑨进一步弥补监管短板，加大监管科技运用，加快建设监管大数据平台，完善监管制度，强化监管队伍，有效提升监管能力和水平。

## 四、我国的金融模式：信贷唱主角

这十年，是应对美欧危机、贸易摩擦最为复杂艰难的时期，在经济下行压力、金融风险积聚，以及政策强烈调控下，信贷的作用最为显要、杠杆最充分、增长最快。在改革与严厉整治下金融回归本源，信贷地位更加凸显成为金融的主要力量，形成了一种重要的信贷格局与态势，在未来相当长的阶段不会大变，也已固化为一种模式。因为，经济的基础状态短期内不变，其他分流信贷的渠道和替代力量未生成，信贷内因的贷存比还能维系，只能继续以信贷作舟，领军向前。

**1. 未来取决于现状，木已成舟形成特定模式，未来5年无望改变"三高"**

评估未来的市场需求、信贷方式与风险走势，只能以现状为起点，实事求是。一切脱离国情现实的设想都没有意义，银行只作出切合实务的判断。

**（1）几十年来信贷承担市场重任的状况一直未变。**信贷占社会融资比重太高、占企业融资比重太高、占企业新增贷款比重太高，呈现持续的"三高"特征。金融改革总设法去改变，但又无法改变，表明它早已成为我国经济的基础状态，未来发展仍然建立在这个基础上。看具体指标：

第一，贷款占社会融资的比重居高不下，余额始终保持在6~7成，加上外币更高。

第二，贷款占企业融资的比重基本保持在65%左右，加上表外融资更高。随着企业规模的扩张，2018年末企业信贷总量已增加到86.83万亿元（2019年为97.3万亿元）。企业杠杆率提高到155.1%，负债率维持上行，在全球居高位，信贷风险压力不减，见图4、图5。

第三，企业新增融资构成中，贷款比重在50%~60%，仍将持续，不见转变。

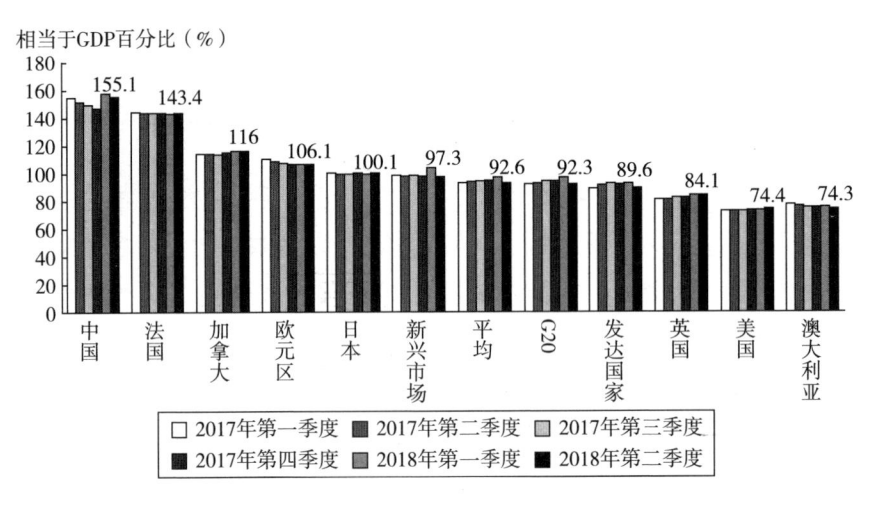

资料来源：国际清算银行。

**图4 企业债券**

资料来源：Wind。

**图5 非金融企业部门杠杆率国际比较**

**（2）十年间企业融资从表内走向表外、从信贷走向多元，只是渠道产品变了，却依旧围着信贷转**。企业间接融资的比重依旧高企，**贷款＋表外融资余额占企业总债务平均达 88.1%**，债券融资仅有 11.9%。当然，由于表内外融资的借款人不同，风险在不同金融机构间存在一定的错配，但总体风险压力大，表明了信贷并未脱离高风险区。

在与不少行长的交流中，都能听到这样说：表内贷款多少，表外还有多少，相加起来才是放贷总额。这是普遍的状况，也是 2010 年后出现的新特征。银行以理财为渠道，通过委贷、贷款等投向"非标资产"，承接企业的资金需求，**表明企业对银行依赖只增未减**，形式上企业金融债务多元化了，其实是大量信贷分置在表内外，表内指标不错，贷存比也合适，可加上表外就令人警觉，皱起了眉头，带给信贷的风险压力不低。

**（3）企业高负债率隐含高风险，信贷风险未变，形态更加隐秘**。借贷出表后复杂难控，多元融资信息更加不对称。许多非标资产仍是类信贷业务，在整治中很多重归表内。出表原因有规模不足的转移，有做中间业务的意图，银行为扩大盈利空间承接风险，企业愿意以更高的成本获取融资。两相情愿，因而脱不了风险干系和责任，只是不良属性被模糊了，监管松了。

看看历史，以国企经营状况为例。据国务院发展研究中心的一份报告显示，上世纪 90 年代国企亏损面超过了 40%，负债率平均高达 78.9%，十年间资产增长了 4.1 倍，而债务增长 8.6 倍。高负债率意味着如临深渊。接着进入了全面并购破产阶段，大部分关停并转了，信贷不良率高达 40%，银行只能靠剥离改制以求生。如今，企业表内外融资负债率太高，是一个极需警惕的不祥信号，放贷时心中不该打怵吗？但凡倒闭的企业都首先从负债率上暴露出来。

**（4）"三高"环境基本成型，未来仍将持续，很难转变了**。国家致力于降低国企的高负债率，但持续多年却改变甚微，经济难时反弹很快；民企的负债率也持续提升。无须指望出现天降的奇迹，因为只能依靠资本积累才能改变，发展中的企业正是缺少资本。当然也无须过度担忧，因为这

信贷与风险——信贷之门　风险之槛　经营之魂

20年来，高信贷尚未出现过大的风险，这一轮经济下行已到尾部，风险尚可控，哪怕未来再变差，也一定是一个渐进的过程，在调控措施下不值得畏惧，重要的是做强信贷去适应环境。

**2. 未来"高信贷"会改变吗？看有何种力量、从哪里来、向哪里去**

未来会不会改变路径？看新路在哪里，依靠什么资源，有多大的力量。如果没有别的路，**信贷依赖是否就是我国初级阶段的金融特征？就是发展中企业的基本经营规律？如果是这样，我们应当坦诚面对。**

**(1)"三高"告诉我们什么？**至少有两点：

第一，经济发展对信贷形成了紧密依赖，我国长期以来是信贷型经济，社会融资仍然需要依靠间接金融挑重担。理论上应当增加直接融资比重，减少银行贷款，但仅是一种奢望，因为市场化转型的环境基础未完善，仍然需要相当长的过渡期，这是一个渐进的量变进程。

十分期待直接融资兴起，以分流信贷，释放信贷的整体风险。**目标很简单，只要信贷下降5~10个百分点，从7成降至6成，就是重大的突破。假如下降10~20个百分点，信贷进入相对安全区，风险得以有效缓释。**

第二，预示未来的5~10年难有大变化，银行与企业依然会延续传统经营方式的惯性。直接融资远水不解近渴，短期内无望改变，还得靠信贷担当。这就**注定了信贷的命运——只要比重仍在6成，就得唱主角挑重担。信贷依然以现有方式的惯性向前行，尤其是在经济下行期。**

**(2) 经济对信贷的依赖有三大外因：社会融资总量、企业融资渠道与信贷调控体系。**改变信贷依赖就要改变三大因素，假如三者不减弱、不改变，信贷只能走强，继续尽力地为经济发展供血铺路。实际上，由于信贷的基数已经巨大，积重难返，若要改变信贷依赖性，至少需要10年的漫长而渐进过程。哪怕每年调整一个百分点都是重头戏，资金量很大，转型引起的震动一定很大。一点小资金、小渠道无能为力，至少是数万亿级的能量，短期从哪里来？

我们不清楚未来信贷究竟该扮演什么角色，是主角还是配角，我们无法去支配控制未来，市场会在进程中显露出路径与方向的迹象。因此，与其猜想，不如踏踏实实地做好当下，继续当好主角，更加重视信贷，做好业务与管理。

我认为，冥冥之中信贷主角已定，改换不易，至少在未来 10~15 年改变的可能性不大。这种信贷主体模式的要素在本世纪初聚集，前 10 年逐步形成雏形，如今重要的是优化强化，使之成熟定型，形成未来模式的基本框架。**不用去担忧信贷再大了怎么办？而要思考怎么去加强管控能力？怎么去营建有效的信贷模式？**解决好这两个核心问题，再大的信贷也心安理得。风控到位、步步为营，自强自信就什么都不怕，这是风险治理的底层逻辑。

**3. 结论：我国的金融特色是信贷，无须总想去改变信贷为主的体系，而是要去完善它，稳定是成功，合适即模式**

**（1）"高信贷"模式已经成为一种定势，成为未来走向现代化社会的金融模式，何时会改变，谁也无法预计**。30 年来中国只有 3769 家上市公司，约占法人企业总数的 0.1‰；如果期待开放中有 1‰的法人企业上市，数量将达 4 万家，增加 10 倍，几乎相当于全球主要股市的总量，显然中国股市无能为力承接。因此，股市不是解决企业融资的出路，唯有信贷别无出路。未来只能在这种状态下前行，这就是中国的模式，有没有必要去改变、有没有能力去改变、有没有渠道去改变？谁也说不清，若变不了说明体系业已形成。

有人以为中国应当走欧美直接融资为主的市场模式，那是西方开给国人的解决方案。但几十年来我国经济发展中始终没有出现这个雏形，而是走出了一条信贷为主体的金融路，形成了一种中国经济金融模式，与西方根本不同。是继续走下去还是改弦易辙？必须指出，改换现有的信贷模式不易，难在整个金融管理体制要随之变更，牵一发而动全身，结果会是祸害还是成功？敢冒险吗？

**（2）信贷模式问题本应由市场主体的企业来决定**。西方模式下企业很强，有强大的社会信用背景，公司贷款的比重低。假如我国的企业资本也能达到 50%，负债率降低到 40%，还担忧什么？这才是根本，是决定信贷模式大难题的金钥匙。信贷从来是紧随市场而变,即企业模式决定了信贷的模式,信贷只是补充,无须喧宾夺主。

得出的结论是:

第一,信贷早已是企业最稳固的基础融资方式,十年来形式上企业融资在多元化,主要还是信贷分流到表外的因素。只有企业强大了、资本充足了,信贷格局才会下降,别无力量。

第二,银企关系密不可分,风险亦不可分,结为一种生死纠缠。企业风险大了信贷风险就大,假如一家企业经营出现危机,一旦抽逃10%的资金,信贷风险立马坐实,无可奈何了。

第三,从现状看未来,信贷以本性定位,以惯性前行,以形式应变,走出一条中国特色的信贷之路,任重道远。"高信贷"模式一如既往,发展中市场的国情注定了信贷的艰巨性。